国家级一流本科专业配套教材

工程项目管理

（第三版）

主　编　郭庆军　刘　渊
副主编　方　放　孙　鸽　张　磊

科　学　出　版　社
北　京

内 容 简 介

本书系统介绍工程项目管理的基础知识和实践应用，能够使读者理解工程项目管理的核心内容，从而对现代工程项目管理有一个整体认识。本书主要包括工程项目管理概述、工程项目组织、工程项目招标投标管理、工程项目进度管理、工程项目质量管理、工程项目成本管理、工程项目管理策划和工程项目管理智能化等内容。每章有导读、问题引入、导例、复习题、延伸阅读和第二课堂等六个特色版块，进一步引导读者理解和思考本章知识。内容编排上理论与实践并重，依据工程项目管理最新规范，重点介绍工程项目三大目标管理的内容，又不乏工程管理领域具体、生动的案例，强调对项目管理基本理论和应用领域的系统掌握。

本书可作为高等院校土木工程、工程管理、智能建造等土建类高年级本科生或研究生教材，也可作为建设领域执业资格考试的培训教材，同时可作为工程技术和工程管理人员学习项目管理的参考资料。

图书在版编目（CIP）数据

工程项目管理 / 郭庆军, 刘渊主编. -- 3 版. 北京 : 科学出版社, 2024. 12. --（国家级一流本科专业配套教材）. -- ISBN 978-7-03-079049-1

I. F284

中国国家版本馆 CIP 数据核字第 2024TL9283 号

责任编辑：方小丽/责任校对：姜丽策
责任印制：张 伟/封面设计：有道设计

科学出版社 出版
北京东黄城根北街 16 号
邮政编码：100717
http://www.sciencep.com
北京市金木堂数码科技有限公司印刷
科学出版社发行 各地新华书店经销
*
2015 年 2 月第 一 版 开本：787 × 1092 1/16
2019 年 7 月第 二 版 印张：21 1/2
2024 年 12 月第 三 版 2024 年 12 月第十六次印刷
字数：510 000

定价：58.00 元

（如有印装质量问题，我社负责调换）

第三版前言

《工程项目管理（第二版）》自 2019 年出版以来，被众多高校和培训机构使用，并获得陕西省 2022 年优秀教材二等奖。《工程项目管理（第三版）》是国家级一流本科专业（土木工程）和陕西省一流本科课程（工程经济与项目管理）的建设成果。依据教育部高等学校土木工程专业教学指导分委员会编制的《高等学校土木工程本科专业指南》（TML-TMGC-081001-2023）中智能建造方向“工程项目管理”课程要求的知识单元，围绕施工阶段，结合最新理论和最佳实践，同步数字资源，提高教材的科学性、先进性和适用性。

一、修订遵循原则

1. 坚持“共性+特色”课程思政，培育军民两用人才

深入贯彻党的二十大精神，全面落实习近平新时代中国特色社会主义思想进教材，依托陕西省课程思政示范课程（工程项目管理），增加新案例（含国防土木工程管理案例），有机融入中华优秀传统文化、可持续发展、生态文明和军民融合教育等，体现爱国精神、工匠精神、劳动精神、兵工精神和创新精神等，使学生有感悟、有获得。将价值塑造、知识传授和能力培养三者融为一体，助力学生立志做有理想、敢担当、能吃苦、肯奋斗的新时代好青年。

2. 系统实施“三融”教学内容，培养创新精神和实践能力

推动产教融合、科教融汇、职教融通，强化产学合作、科教协同，加强产教研协同，教学改革新成果、学科专业发展新成就进教材。产教融合，邀请行业专家、企业专家、优秀校友参编，将产业界资源优势转化为教材优势，替换延伸阅读内容，反映工程实践新经验；科教融汇，联合科技部门，凝练科研项目，形成前沿案例，充实第二课堂内容，反映学术研究新进展；职教融通，职业资格考试新内容、职业新要求进教材，突出非技术能力、职业素养，贯通“教岗赛证”，反映社会需求新变化。

3. 深融信息技术与教育教学，激发学习兴趣和创新潜能

根据专业转型升级，以软硬一体、虚实互补方式，优化线上配套资源，增加智能化内容，拓展教材功能和表现形态，拓宽教材呈现途径。将静态、单向传递转变为动态、互动反馈，适用于多种信息化教学环境和学习工具，更加适宜教与学。尊重学生认知规律和教育教学规律，新增案例贴近学生生活、学习、思想实际，内容可认知、可理解、可执行。每章以三个问题引入，每章中间穿插问题的答案，让学生将最初的观点与答案

对比，章后添加思考题，启发学生积极思维，体现高阶性、创新性和挑战度。

二、修订主要内容

本次修订在保持第二版的主体框架下，对以下内容进行完善。

第一章　工程项目管理概述

更新项目管理知识体系、工程项目的分类、工程企业资质和人员执业资格，增加项目和项目成功的未来定义、建设工程施工项目经理岗位职业标准。

第二章　工程项目组织

更新工程项目组织的特点、不同发承包方式引起相关组织关系的变化、全过程工程咨询模式，增加工程总承包宜采用的组织形式、工程总承包项目经理应具备的条件。

第三章　工程项目招标投标管理

结合《中华人民共和国招标投标法（修订草案公开征求意见稿）》，更新第一节和第二节内容，删除第三节内容，增加“工程总承包招标投标”“电子招标投标”。

第四章　工程项目进度管理

勘正部分图表和文字。

第五章　工程项目质量管理

更新工程质量管理概述、质量事故的原因和预防、质量事故处理依据和程序；第二节“工程施工质量验收”改为“工程施工质量控制”，更新本节内容。

第六章　工程项目成本管理

按照《住房城乡建设部关于修改〈建筑工程施工发包与承包计价管理办法〉的决定（征求意见稿）》更新本章内容，如第一节的全部内容、第二节的部分内容。

第七章　工程项目管理策划

勘正部分图表和文字。

第八章　工程项目管理智能化

本章为新增，如工程施工管理信息化、建筑信息模型及其应用、智能建造和智慧工地。

附录　综合分析题

勘正部分文字。

每章前增加问题引入，每章后的复习题、延伸阅读和第二课堂进行了部分更新和完善。

三、修订分工情况

本书为西安工业大学规划教材，由西安工业大学郭庆军、中国人民解放军火箭军工程大学刘渊主编，西安欧亚学院方放、西安思源学院孙鸽、西安欧亚学院张磊副主编，郭庆军负责统稿。分工如下：郭庆军负责第一章和第八章，刘渊负责第二章和第三章，张磊负责第四章和附录，方放负责第五章，孙鸽负责第六章和第七章。感谢参与完成第一版和第二版的老师、硕士研究生和出版社编辑。在本次修订过程中，西安石油大学周宇承担了部分图表绘制，硕士研究生钱宣青、赵倩倩、卢进、赵明玥、王延明承担了部分图表绘制和文字核对，为教材的出版付出了辛勤的劳动。

感谢广联达科技股份有限公司、西安三好软件技术股份有限公司、鲁班软件股份有限公司、用友网络科技股份有限公司、深圳市斯维尔科技股份有限公司、广州拓欧信息技术有限公司、陕西合友网络科技有限公司提供教材线上工程项目管理智能化案例。

教材得到教育部供需对接就业育人项目"'双元合作、产教互通'土建就业实训实习基地建设模式实践"（20230112748）的支持，为"国家数字建筑行业产教融合共同体""全国土木工程双碳行业产教融合共同体""全国公路智能养护与建造产教融合共同体"建设的阶段性成果，是国家级线上一流本科课程"项目管理"、陕西省精品课程"工程项目管理"、陕西省线下一流课程"工程经济与项目管理"的教学参考书。

由于编者水平有限，书中疏漏和不足之处在所难免，敬请读者批评指正。

编　者

2024 年 12 月

第二版前言

教材自 2015 年出版以来，被众多高校和培训机构使用，并获得 2018 年陕西省普通高等学校优秀教材二等奖和 2017 年第六届兵工高校优秀教材二等奖。近年来，行业法规、管理规范、建设条例进行了一定的调整和完善，数字化是教材发展的必然趋势。教材的建设结合专业规范，辅以数字资源，完善知识内容，扩充知识面，提高教材的适用性和实践性。

一、修订遵循原则

1. 遵循行业最新规范，体现行业新时代特征

《建设工程项目管理规范》（GB/T 50326—2017）、《建设项目工程总承包管理规范》（GB/T 50358—2017）、《建设工程施工合同（示范文本）》（GF-2017—0201）、《工程网络计划技术规程》（JGJ/T 121—2015）等规范、标准和规定先后颁布实施，工程总承包、全过程工程咨询、特许经营模式大力推进，工程管理领域出现了一些先进理论、成熟方法和实践案例，将学科研究新进展、实践发展新经验、社会需求新变化及时纳入教材。

2. 依托网络化教学资源，打造“纸质+数字”教材

扩大第二课堂内容，将现代信息技术融入教材，打造智慧学习环境，构建线上线下相结合的教学模式。教材修订以数字化为抓手，借助慕课、微课等社会优质教育资源，转化为教育教学内容。结合“超星”网络教学平台，建设“工程项目管理”线上课程，支持泛在化学习新环境。课后作业、学科前沿等内容可通过在线获取，形成“线上网络课程+线下课堂教学”的互补教学形式。鼓励学生多形式学习，提高学习效率，提升自主学习能力。

3. 结合创新创业教育，体现协同培养模式

落实创新创业教育，面向实际，深入实践，与学生创新、创业、就业结合，与学生全面成长、成才、成功结合，与工程项目结合，与社会资源结合，满足应用型人才培养要求。强化实践教学环节，突出产学合作协同，围绕培养学生系统工程观展开，丰富人才培养内容，完善协同育人方式，使教材做到“以知促行、以行求知、知行相长”，培养学生新时代核心竞争力。

二、修订主要内容

本次修订在保持第一版教材的主体框架下，对以下内容进行完善。

第一章　工程项目管理概述

更新项目管理、建设工程项目、建设工程项目管理、分项工程的概念，以及项目成本管理、IPMP 认证级别、工程企业资质等级、从业人员执业资格的主要内容；增加项目管理流程、工程项目管理的六大特征、工程监理制度改革。

第二章　工程项目组织

更新工程建设合同管理制度、工程建设招投标制度、国内外工程项目管理模式；增加全过程工程咨询模式；删除项目经理和项目经理部，增加项目管理责任制度。

第三章　工程项目招标与投标管理

更新工程项目投标的概念、招标的范围和规模、招标公告、资格预审、中标人条件、投标保证金等；增加项目采购管理、电子招投标、招标投标改革方向。

第四章　工程项目进度管理

增加计算机辅助进度管理，勘正部分图表。

第五章　工程项目质量管理

更新工程项目质量管理概念和特征、质量验收程序、质量事故概念和特征；增加工程项目施工质量计划的内容与编制方法、质量创优、装配式混凝土建筑的施工质量验收。

第六章　工程项目成本管理

更新工程索赔的分类、依据和前提条件，以及工程质量保证金和缺陷责任期的内容。

第七章　工程项目管理策划

更新工程项目管理策划概念，以及项目管理规划大纲和项目管理实施规划内容、编制依据和程序；增加项目管理配套策划内容和编制依据。

三、修订分工情况

该教材为西安工业大学规划教材，由西安工业大学郭庆军主编并统稿，哈尔滨理工大学荣成学院张云鹏、长安大学许曦丹任副主编。参加修订人员及分工如下：西安工业大学郭庆军负责第一章和第五章，西安工业大学郝亮负责第二章，西安工业大学北方信息工程学院孙鸽负责第三章，长安大学许曦丹负责第四章，西安工业大学姜冰清负责第六章，哈尔滨理工大学荣成学院张云鹏负责第七章和附录。感谢参与完成第一版的老师、硕士研究生和出版社编辑。在本次修订过程中，硕士研究生吴博汗、蒋国强、卢天麒、李博森和陈里加等承担了许多资料查询与校对工作，为教材的出版付出了辛勤的劳动。教材得到了陕西省高等教育教学改革重点研究项目“转型期地方高校土建类专业人才协同培养体系的研究与实践”（17BZ035）的支持。

由于编者水平有限，书中疏漏和不足之处在所难免，敬请读者批评指正。

对该课程在线内容感兴趣的师生可通过以下途径了解：http://mooc1.chaoxing.com/course/97531147.html。

编　者

2018 年 8 月

第一版前言

现代项目管理形成于20世纪50年代美国的航空航天领域，我国现代项目管理起源于20世纪60年代华罗庚教授推广的“统筹法”，经过50多年的理论研究和实践探索，基本上形成了较为完善的学科体系。工程领域是项目管理学科应用的重要领域之一，自20世纪80年代我国建设领域学习、借鉴、推广鲁布革工程管理实践经验以来，工程项目管理的理论研究和实践应用得到了长足发展。工程项目管理是一门系统理论学科，是管理科学、工程技术、工程经济、建设法规等众多学科理论和知识的集成，需要从对象、原理、规律和应用特点等现代项目管理知识体系去研究；工程项目管理又是一门实践性很强的学科，既有系统的理论观点，又有明显的实践特征，既要遵循相关法律、法规的规范化要求，又要遵循规范化原则下突出个案运作的特点。

一、教材的主要内容和特点

本书以工程项目质量、成本、进度三大目标为对象，以国家现行的建设法规、规范、条例等为依据，阐述工程项目管理的基本理论、方法和应用。内容主要包括工程项目组织、工程项目招标与投标管理、工程项目进度管理、工程项目质量管理、工程项目成本管理和工程项目管理规划等，本书内容丰富、结构严谨、简明实用，主要特点如下。

（1）工程项目管理理论和方法充分汲取了国家最新规范、国内外最新研究成果和先进经验，与新规范的规定保持一致，并将近几年颁布的相关法规、条例融入教材中，丰富了工程项目管理理论。

（2）满足应用型人才培养要求，注重工程背景和工程案例的引入，具有实用性和可操作性。每章增加了导读、导例和延伸阅读，导读便于学生熟悉章节之间的关系和该章的主要内容，并以古代或近现代案例为导例，使学生对该章内容有一个感性认识。在学习完该章内容后，以现代工程作为延伸阅读内容，与工程实践相结合，重点对工程经验进行学习，让学生接触到现实世界的问题，有利于扩展学生的知识面。

（3）编写方式具有时代特征，以学生为主体，考虑学生的思维习惯、学习方式和特点。在延伸阅读后增加第二课堂的内容，充分利用电子化、网络化教学的优质资源，通过提供相关网址、软件、期刊或书籍的名称等形式，鼓励学生通过多种途径学习该章内容，巩固课堂知识。

（4）为了使课程学习与执业资格考试结合起来，教材参考了一级建造师、监理工程师、造价工程师、咨询工程师（投资）等执业资格考试相关的知识和内容，书中的例题和练习题大多来源于这些执业资格考试的真题，使学生对执业资格考试提前有所了解和认识。

（5）为便于学生掌握和巩固所学知识，书中列举了一些例题和案例，每章附有复习题，有利于学生巩固该章所学内容。附录中的综合分析题为多章知识点的融合，且为执业资格真题，对学生整体能力要求较高，学有余力的学生可作为练习使用。

授课教师可通过与出版社联系，获得该课程的课件和复习题答案，以便于教学。

此外，本书对部分内容进行了取舍，减少与“工程造价管理”“工程监理”“工程经济学”“土木工程法规”等课程内容的重合，重点围绕工程项目三大目标展开，适合40～50课时，如果还需要学习合同、采购、职业健康安全、环境、资源、信息、风险、沟通、收尾管理等内容，可在后续课程中增加。

二、该课程在专业中的位置及与其他课程之间的关系

高等学校土木工程学科专业指导委员会在《高等学校土木工程本科指导性专业规范》中，将工程项目管理作为专业知识体系中“工程经济与管理知识领域”的核心知识单元；高等学校土建学科教学指导委员会和工程管理专业指导委员会在《全国高等学校土建类专业本科教育培养目标和培养方案及主干课程教学基本要求——工程管理专业》中，将工程项目管理作为管理平台课程。本书撰写的主要目的就是为该类课程提供教材。通过本课程的教学，使学生在学习技术、经济、管理等相关专业基础课程的基础上，掌握工程项目管理的基本理论和基本方法，熟悉具体管理方法在工程项目上的应用特点，培养学生有效从事工程项目管理的基本能力。

“工程项目管理”课程是建立在已修“土木工程施工”“土木工程法规”和“管理学”上的一门综合性专业基础课，与其他课程之间有很密切的联系，如图 0-1 所示。

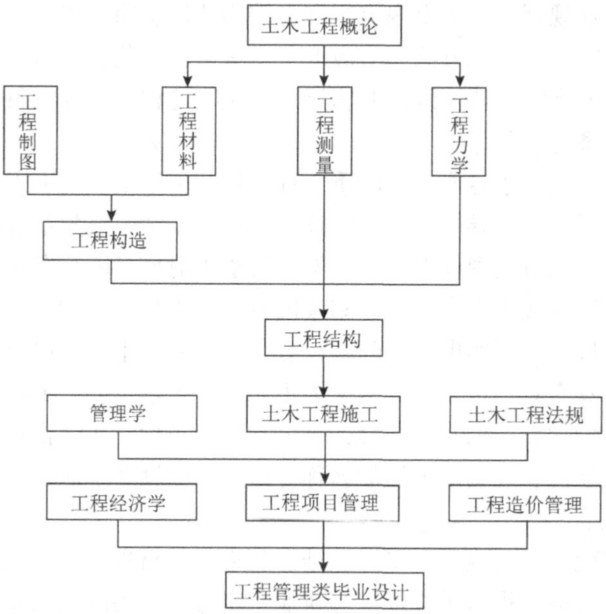

图 0-1　课程之间的联系

本书共有七章。第一章是基本概念部分，要求理解基本概念；第二章至第六章是基

本理论和方法部分，要求掌握基本方法；第七章为实践应用部分，要求熟练应用基本方法解决工程实际问题。本书的内容体系如图 0-2 所示。

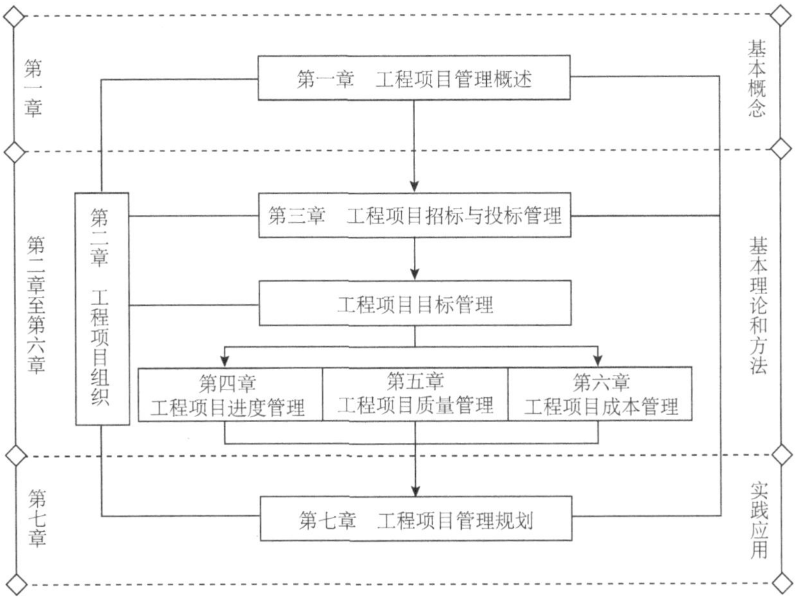

图 0-2　本书内容体系

三、本书分工情况

本书由西安工业大学郭庆军主编并统稿，哈尔滨理工大学荣成学院吕宁华任副主编。参加编写人员及分工如下：西安工业大学郭庆军负责编写第一章、第二章、第五章、第七章，西安工业大学北方信息工程学院孙鸽、哈尔滨理工大学荣成学院殷升负责编写第三章，哈尔滨理工大学荣成学院吕宁华、延安大学西安创新学院王婷负责编写第四章、附录，西安科技大学文艳芳、西安电力高等专科学校张淑艳负责编写第六章。西安建筑科技大学李慧民教授、西北工业大学白思俊教授、西安建筑科技大学闫文周教授对书稿提出了许多宝贵的建议并提供了相关资料，在此向他们表示深深的感谢。此外，在本书编写过程中，硕士研究生张惠惠、王金龙、常珊珊、朱海阔、强譞做了许多资料查询、绘图和校对工作，为本书的出版付出了辛勤的劳动。本书为西安工业大学规划教材，并得到了陕西省高等教育教学改革研究项目（13BY57）的支持。

本书在编写过程中，参阅了相关项目管理学者的研究成果，尽可能在参考文献中列出，但仍可能有疏漏，特在此表示衷心的感谢，敬请见谅。由于编者水平有限，不足之处在所难免，敬请读者批评指正。

编　者

2015 年 1 月

目　　录

第一章　工程项目管理概述

☆导读

本章为全书的概述，主要对相关概念进行阐述，叙述项目管理的发展历程，介绍我国工程项目建设的程序、工程项目管理的类型和工程企业资质的情况。本章是后续章节的基础，通过本章学习，可对工程项目管理有一个整体的认识，明确工程项目管理的主要任务和核心目标。本章各节关系如图 1-1 所示。

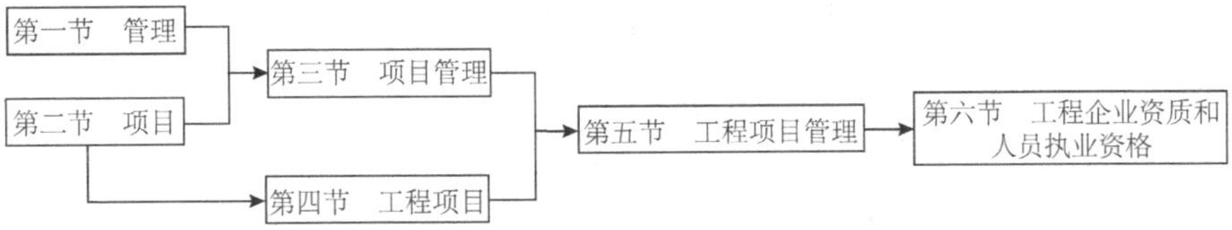

图 1-1　本章各节关系图

问题引入

1. 工程经济与工程管理的区别和联系是什么?
2. 工程项目成败的判定标准是什么?
3. 新型基础设施建设与传统基础设施建设的区别和联系是什么?

【导例】都江堰水利工程

战国秦昭王时，约公元前 256 年，蜀郡守李冰为治理水患，造福于民，率众兴建了都江堰水利工程。这项工程位于岷江上游，是全世界迄今为止年代最久、唯一留存、以无坝引水为特征的宏大水利系统工程。工程主要分为三个部分，如图 1-2 所示。

（1）鱼嘴分水堤。鱼嘴分水堤迎水卧于岷江江心，把岷江分成内外二江。西边为外江，是岷江主干道，流向长江，主要用于排洪。内江在东边山脚流向宝瓶口和飞沙堰，是人工开凿的引水渠道，主要用于灌溉。由于内江河床略低于外江河床，枯水季节水往低处流，大部分岷江水流进内江，经宝瓶口进入成都平原，内外江分流量约为 6∶4。洪水期间，鱼嘴以上的河道弯段使大部分洪水顺水势流入外江。同时，弯道环流又迫使急流的底层水挟带沙石趋向外江。内江由于弯道长，流速相对缓慢，流进的则是含沙量少的表层水，内外江分流量约为 4∶6。这样，鱼嘴的设计充分起到了正面取水、侧面排沙、分四六、平涝旱的理想作用。

（2）飞沙堰。飞沙堰溢洪道的主要功能是泄洪排沙。飞沙堰高出内江江底 2 米，堰长 240 米，当内江水深度在 2 米以内，刚好全部进入宝瓶口，确保灌溉；当内江水量超过宝瓶口上限时，多余的水便从飞沙堰自行溢出到外江。更妙的是，飞沙堰刚好在内江水进入宝瓶口的急转弯处，内江洪水越大，冲向东面山脚陡岸上所产生的回流越急，被托起的泥沙、卵石便会奇迹般地从飞沙堰上面抛进外江，避免了宝瓶口和灌区的淤积。古时的飞沙堰是用竹笼和卵石堆砌的堤坝，假若遇到特大洪水，它还会自行溃堤，让大量江水回归岷江正流。

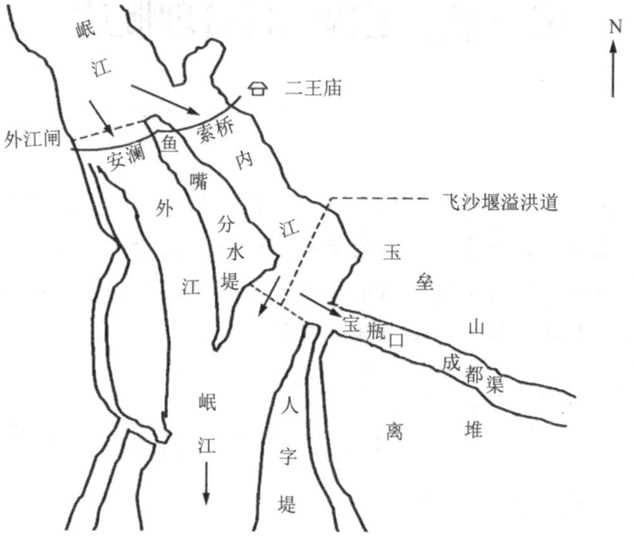

图 1-2 都江堰水利工程示意图

（3）宝瓶口。宝瓶口处在内江的南端，是内江水向东流进成都平原的咽喉。它是在岷江东岸的玉垒山伸向岷江的长脊上开凿的，因形似瓶颈而功能奇特，被称为宝瓶口。宝瓶口宽度和底高都有极严格的控制，古人在岩壁上刻了几十条分划，取名“水则”，是我国最早的水位标。当内江流量大于 330 米^3/秒时，不能及时通过狭窄宝瓶口的洪水，便被拒之口外，迅速回流。有口无闸的宝瓶口，使成都平原免受洪水灾害。内江水流进宝瓶口后，通过干渠经仰天窝节制闸，把江水一分为二。再经蒲柏、走江闸二分为四，顺应西北高、东南低的地势倾斜，一分再分，形成自流灌溉渠系，灌溉成都平原及绵阳、射洪、简阳、资阳、仁寿等市县近 1 万平方公里①，1000 余万亩②农田。

鱼嘴分水堤、飞沙堰、宝瓶口这三个部分巧妙地结合成一个整体，使都江堰水利工程兼有防洪、灌溉、漂木、行舟等多种功能。该工程持续不断的岁修养护制度，使工程经久不衰，至今仍能充分发挥它的效益。工程建设充分体现了完善的整体观念、优化方法，以及开放的、发展的系统思路，即使从现在的观点来看，仍不愧为世界上一项宏伟的系统建设之典范。

资料来源：周直（2000）

第一节 管 理

管理是人类共同劳动的产物。管理同人类社会息息相关，凡是人类社会活动皆需要

① 1 平方公里=1 平方千米。

② 1 亩≈666.67 平方米。

管理。从原始部落、氏族部落到现代文明社会，从企业、军队、学校到政府机构、科研单位，都需要计划、组织、协调、控制，这些都离不开管理。随着人类社会活动向广度和深度的延伸，管理的含义、内容、理论、方法等也都在逐渐变化和发展，管理的重要性也日益突出，以至于在现代社会，管理和科学技术一并成为支撑现代文明社会大厦的两大支柱，成为加速社会历史前进的两大动力。

管理的核心和实质是促进社会系统发挥科学技术的社会功能，取得社会效益和经济效益。作为社会经济与科学技术的中间环节，管理具有中介性、科学性和社会性三项基本特征。科学技术通过管理物化为生产力的各要素，推动社会经济的发展。离开了管理的中介作用，科学技术将成为空中楼阁。要把科学技术转换为生产力，必须运用科学知识系统（如系统论、信息论、控制论、经济学等）、科学方法（如数理统计、物理实验、系统分析、信息技术等）和科学技术工具（计算机等），必须遵循社会系统的固有规律。因此，管理应当具有科学精神、科学态度、科学手段和科学方法。管理是人类的一项社会活动，人在管理过程中起着核心作用。人既是管理手段的主要成分，又是管理对象的重点内容，因此，管理活动必然受到人们社会心理因素，特别是受到社会成员的价值、准则、意识、观念的影响，还会受到社会制度、社会结构等因素的影响。

管理成为一门科学是与社会生产力的发展紧密联系的。管理工作者在长期、大量的工作实践中总结并提出各种不同的观点和方法，不断深化管理学的理论和技术方法，拓展管理学的应用范围，推动社会生产力的不断发展，管理科学也在生产力发展中得到迅速的进步。

第一位使管理从经验上升为科学的人——弗雷德里克·温斯洛·泰勒（Frederick W. Taylor，1856—1915）（图 1-3），由于在科学管理方面所做出的突出贡献，他被人们誉为“科学管理之父”。泰勒于 1856 年出生于美国费城，18 岁进入费城一家工厂学习制模及机工手艺。4 年后，他来到费城的米德维尔钢铁厂。泰勒发现该工厂的工作效率极其低下，企业管理者不懂得用科学方法来进行管理，不懂得工作程序、劳动节奏和疲劳因素对劳动生产率的影响；而工人则缺少训练，没有正确的操作方法和合适的工具，这些都大大影响了生产效率的提高，于是泰勒开始进行劳动时间和操作方法的研究，他结合多年从事机械生产的经验开始进行艰苦的探索。泰勒的探索主要反映在他的三个最有名的试验：通过搬运生铁的试验，摸索出工人每天合理的工作量，从而为实行定额管理奠定了基础；通过铲具试验，探索出铲物效率最高时的铁锹形状，从而为实行工具标准化奠定了基础；通过金属切削试验，为制定各种机床进行高速切削和精密加工的操作规程提供了科学依据。这些实验使泰勒的科学管理思想深深地扎根在科学实验的基础上，使管理逐渐具有科学的理论和方法。

图 1-3　弗雷德里克·温斯洛·泰勒（1856—1915）

泰勒的科学管理开创了西方古典管理理论的先河，在其被传播之时，欧洲也出现了一批古典管理的代表人物及其理论，其中影响最大的首推法国管理学家亨利·法约尔（Henri Fayol，1841—1925）（图 1-4）及其一般管理理论。法约尔在一个煤矿公司当了

图 1-4　亨利·法约尔（1841—1925）

30 多年的总经理，创办过一个管理研究中心，他率先对经营和管理进行了区分，认为这是两个不同的概念，管理包括在经营之中。他定义了管理的计划、组织、指挥、协调和控制职能，提出了管理的一般原则和方法，这些观点和理论经不断完善而沿用至今。法约尔的一般管理理论关注的焦点是什么类型的专业化和等级制度才能使组织效率最大化，以及劳动分工、等级与职能过程、组织结构和控制范围。法约尔的一般管理理论对管理学的发展产生了巨大的影响，奠定了管理过程学派的理论基础，成为该学派的开山祖师。因此，继泰勒的科学管理理论之后，一般管理理论被誉为管理学史上的第二座丰碑。

由此可见，管理并不是脱离实际的空中楼阁，几乎所有管理原理、原则和方法，都是学者和实业家在管理实践过程中总结管理工作的客观规律形成的。管理不仅是一门科学，更是一门艺术。管理学并不能为管理者提供解决一切问题的标准答案，它要求管理者以管理理论和基本方法为基础，结合实际情况，采取恰当的对策和措施，以求得问题的解决和目标的实现。

第二节　项　　目

人们所从事的各种各样的社会经济活动按其是否具有重复持续性的特征，大体可分为两种类型：一类是具有连续不断且较稳定的重复性特征，称为“运作”或“作业”（operation），如一般社会行政事务活动、企业日常的商务活动和生产活动；另一类则具有较明显的一次性特征，称为“项目”（project），如某项工程的投资建设活动、某项新产品或新技术开发过程、国家特定的某项政策法规的制定，如图 1-5 所示。

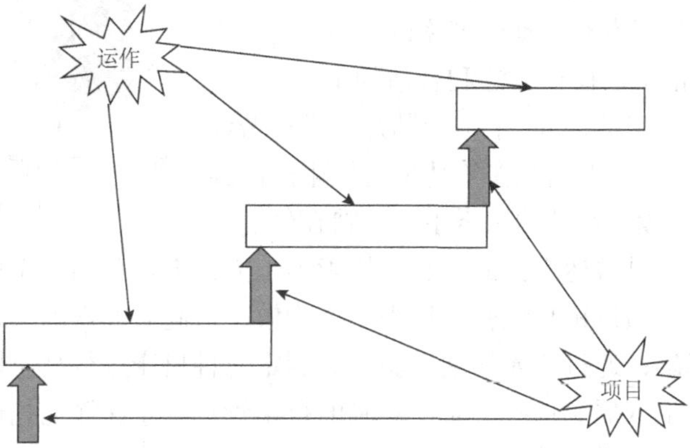

图 1-5　组织中两种不同类型的活动

这两种不同类型的社会经济活动，具有不同的运作规律和特点，因而需要不同的管理方法和组织形式，前者构成了一般的行政管理、社会管理或企业管理的对象，后者则构成了项目管理的对象。这两种类型活动的主要区别如表 1-1 所示。

表 1-1 项目与运作的区别

属性	运作	项目
目标	常规的	特定的
组织机构	职能部门	项目组织
负责人	部门负责人	项目经理
时间	周而复始，相对无限	有起止点，有时间限制
持续性	重复性	一次性
管理方法	确定型	风险型
资源需求	固定性	多变性
任务特征	普遍性	独特性
计划性	计划无终点	计划性强
组织的持续性	长期性	临时性
考核指标	效率和有效性	目标和任务为导向

一、项目的概念

关于项目的定义，国内外许多相关组织和学者都尝试着用简单通俗的语言对其进行抽象性概括和描述。在项目管理领域比较传统的是 1964 年 Martino（马蒂诺）对项目的定义："项目为一个具有规定开始和结束时间的任务，它需要使用一种或多种资源，具有许多个为完成该任务（或项目）所必须完成的相互独立、相互联系、相互依赖的活动。"美国项目管理学会（Project Management Institute，PMI）在其《项目管理知识体系指南》（简称《PMBOK 指南》[①]）中将项目定义为"为创造独特的产品、服务或成果而进行的临时性工作"。德国标准化学会（Deutsches Institut für Normung, DIN）在颁布的 DIN69901 中指出，"项目是指在总体上符合下列条件的唯一性任务（计划）：具有预定的目标；具有时间、财务、人力和其他限制条件；具有专门的组织"。

随着"项目"一词越来越广泛地应用于社会经济活动的各个方面，项目的含义有了新的扩展："项目是由一组有起止时间的、相互协调的受控活动组成的特定过程，该过程要达到符合规定要求的目标，包括时间、成本和资源的约束条件。"

哈罗德·科兹纳博士在其著作《项目管理 2.0》（2015 年）中，对项目和项目成功的未来定义做了全新阐述，认为项目是计划实现的一组可持续的商业价值，项目成功是在竞争性约束条件下实现预期的商业价值，这从根本上颠覆了传统意义上的项目定义和三重约束下的项目成功定义。

项目是一系列复合工作的统称，是一项有待进行的活动，不是指完成工作后的最终成果，也不是组织本身。例如，某新产品、新技术的研发，项目指的是研发过程，不是

① PMBOK 即 Project Management Body of Knowledge，项目管理知识体系。

研发者，也不是研发的新产品、新技术。

项目是临时性组织为完成特定的目标所进行的一次性任务。项目的含义极为广泛：可以是建设一项工程，如修建一座水电站、一栋大楼，也可以是从事某项科研课题，或开发一项新技术，举办一次体育活动，甚至写一封信。但是否要作为项目来管理，还取决于项目的客观特征和管理目标能否带来一定的效益（经济效益、社会效益或生态环境效益）。许多相对简单、不甚重要的一次性事务未必需要作为一个项目来管理。

二、项目的特征

（1）一次性。项目的一次性，也称项目的单件性，是项目的最主要特征。就项目任务本身而言，项目的一次性是指没有与这项任务完全相同的另一项任务。因此，只能对它进行单件处理，而不可能成批完成，也不可能是重复过去的某一项任务。一次性主要表现在项目的目标、功能、环境、组织、过程等诸方面的差异。一次性是就项目整体而言，并不排除项目实施过程中其内部子项目或某项具体工作存在着重复性。

（2）明确的目标。项目的实施是一项社会经济活动，而任何社会经济活动都有其特定的目的。所以，项目必须有明确的目标，即项目的功能性要求，它是完成项目的最终目的，是项目的宗旨，是项目产生、存在和实施的依据。明确的目标同一次性特征一样，也反映了项目独特性的内涵。

（3）约束性。项目是一项任务，任务的完成总是有相关制约和限制条件，这些限制条件就构成了项目的约束条件，主要包括质量、费用、时间等方面的限制或要求。没有约束性就不能构成项目。有些项目的约束性是明显的，有些项目的约束性则是暗含的。项目的约束性为完成项目任务提供了一个最低的标准要求，也是项目一次性和有特定目标的具体表现。

（4）系统性。当某项任务的各种要素之间存在着某种密切关系，只有有机结合起来互相协作才能确保其总目标的有效实现，这时就需要将其作为一个系统来处理。无论规模大小，项目的目标、任务、计划和实施过程监控等，都要以系统的思想和方法进行管理。

（5）生命周期性。项目既然是一次性任务，就必然有确定的生命跨度，具体表现为有明确的开始和结束时间。任何项目都会经过启动、规划、实施、收尾这样一个过程，人们通常把这一过程称为项目的生命周期。

（6）后果的不可挽回性。项目目标与任务的独特性、项目实施过程的一次性，都体现出项目实施后果的不可挽回性。项目成功了，会带来一定的经济效益、社会效益或生态环境效益；项目失败了，损失显而易见，其后果不可挽回。如果重新实施，就会变成另外一个项目。项目不可能是“复制品”，也不可能完全复制一个项目。

三、项目的生命周期

一个项目由始到终的整个过程构成了项目的生命周期。为便于管理项目，一般将这个过程划分为启动、规划、实施和收尾四个阶段。

在项目管理领域里，界定项目生命周期的意义在于：第一，虽然不同项目实施内容各有不同，甚至千差万别，但是不同项目在实施过程中都会经历几个类似的阶段，这是项目的一般规律性，为项目管理提供了理论基础；第二，将项目生命周期划分为几个不同的阶段，可以更方便地管理项目，更好地借鉴以往类似项目在各个阶段的经验和教训。

将项目的生命周期划分为启动、规划、实施、收尾四个阶段，是一般项目所具有的共性。但是在实际的生产生活中，所实施的项目种类和内容千差万别，几乎没有完全相同的项目，因此，项目生命周期的长短和具体阶段的划分也会有很大的不同。有的项目生命周期仅有几天或几个星期，而大型项目的生命周期需要几年甚至几十年。项目生命周期的阶段划分也不一定局限在启动、规划、实施、收尾四个阶段，根据项目的特点和项目管理的需要，某些复杂的项目可以划分为七八个甚至十几个阶段，而某些小型或者一些非正式的项目，就可以简化合并为一两个阶段，应视具体情况而定。具有代表性的项目生命周期划分见表 1-2。

表 1-2　项目生命周期的划分

划分类型	第一阶段	第二阶段	第三阶段	第四阶段
项目管理学	启动	规划	实施	收尾
工程项目	可行性研究	设计	施工	验收
世界银行	项目选定	项目评估	付款与监测	总结评价
美国防务系统	方案探索	论证确认	全面研制	生产使用

四、项目的分类

从不同角度，按不同分类方法，可以将项目分为不同类别。

（1）按项目成果的实体形态，可将项目分为工程项目和非工程项目。前者如建筑工程、水利工程、市政工程等，后者如软件开发、技术改造、文艺演出等。

（2）按项目的规模，可将项目分为大型项目、中型项目和小型项目。

（3）按行业领域，可将项目分为国防项目、环保项目、农业项目、公路项目等。

（4）按项目所属主体，可将项目分为政府项目、企业项目、私人项目等。

（5）按项目生命周期长短，可将项目分为长期项目、短期项目等。

（6）按项目复杂程度，可将项目分为大型集成项目、复杂项目、一般项目等。

五、项目利益相关者

项目利益相关者（项目干系人）是指积极参与项目，或者利益因项目的实施或完成而受到积极或消极影响的个人或组织，他们还会对项目的目标和结果施加影响。

（1）用户（客户）：使用项目实体或成果的个人或组织，任何项目的开发都是为项目客户或用户服务的。

（2）业主：项目的所有者、投资者或项目所属的企业、政府成立专门的组织或委派专门的人员负责项目的管理者。

（3）投资者：项目的直接投资单位、参与融资的金融单位，或项目所属的企业。投资者可以是一个人、一个组织，也可以是由众多股东或银行组成的一个团体，有时，投资者和业主可以是同一个人或组织。

（4）承包商：承包商按委托方要求进行项目建设，一般通过招标、投标的形式来选择有竞争力的承包商。承包商通过消耗各种资源，为业主提供项目产品或服务。

（5）供应商：为项目的建设提供商品或服务的组织。

（6）政府：对项目做出审批、实施监督和管理的政府部门。

只有对利益相关者的需求和期望进行管理并施加影响，调动其积极因素，化解其消极影响，才能确保项目获得成功。

第三节 项目管理

一、项目管理的概念

项目管理是指在项目实施过程中对项目的各方面进行策划、组织、监测和控制，并把项目管理知识、技能、工具和技术应用于项目活动中，以达到项目目标的全部活动。项目管理是一种管理思想和管理模式，是以项目为对象，以合同为纽带，以项目目标为目的，以现代化技术为手段，按项目内在客观规律组织项目活动的科学化方法。

PMI 在其《PMBOK 指南》（第七版）中将项目管理定义为“将知识、技能、工具和技术应用于项目活动，以满足项目的要求”。《中国项目管理知识体系》（C-PMBOK2006）对项目管理的定义为：“以项目为对象的系统管理方法，通过一个临时性的、专门的柔性组织，对项目进行高效率的计划、组织、指导和控制，以实现项目全过程的动态管理和项目目标综合协调与优化。”

项目管理的根本目的是满足或超越项目有关各方对项目的要求和期望。项目的不同利益相关者对项目有着完全不同的要求和期望。例如，业主要求以最小的投资获得最大的效益，承包商期望以最小的成本获得最大的利润，政府要求扩大就业和提高社会效益等。

二、项目管理的特征

1. 普遍性

项目作为一次性的任务和创新活动普遍存在于社会生产活动之中，文化物质成果最初都是通过项目的方式实现的，持续重复活动是项目活动的延伸和延续，人们各种有价值的想法或建议最终会通过项目的方式得以实现。项目的这种普遍性，使得项目管理也具有了普遍性。

2. 目的性

一切项目管理活动都是为实现“满足或超越项目有关各方对项目的要求和期望”。

目的性不但表现在要通过项目管理活动去保证满足或超越项目有关各方已经明确提出的项目目标，而且要满足或超越那些尚未识别的潜在需要。例如，建筑设计项目中对建筑美学很难定量和明确地提出一些要求，项目设计者要努力运用自己的专业知识和技能去找出这些期望的内容，并设法满足甚至超越这些期望。

3. 独特性

项目管理的独特性是指项目管理既不同于一般的生产运营管理，也不同于常规的行政管理，它有自己独特的管理对象和活动，有自己独特的管理方法和工具。虽然项目管理也会应用一般管理的原理和方法，但是项目管理活动有其特殊的规律性，这正是项目管理存在的前提。

4. 集成性

项目管理的集成性是把项目系统的各要素（如管理信息、技术、方法、目标等）有机地集合起来，形成综合优势，使项目系统总体上达到相当完备的程度。相对于一般管理而言，项目管理的集成性更为突出。一般管理的管理对象是一个组织持续稳定的日常性管理工作，由于工作任务的重复性和确定性，一般管理的专业化分工较为明显。但项目管理的对象是一次性工作，项目相关利益者对于项目的要求和期望不同，如何将项目的各个方面集成起来，在多个相互冲突的目标和方案中做出权衡，保证项目整体最优化，是项目管理集成性的本质所在。

5. 创新性

项目管理没有一成不变的模式和方法，必须通过管理创新去实现具体项目的有效管理。现实生活中，即使以前有过类似的项目，但由于新项目在内容、时间、环境等方面的改变，仍然需要管理创新。

尽管项目管理有许多特性，但项目管理是管理科学的一个分支，项目管理与一般管理在原则上是一致的，它与一般管理也有一些共性，只是在内容和方法上有所差异。

三、项目管理的产生与发展

（一）国外项目管理的产生与发展

项目管理的发展是人类生产实践活动发展的必然产物。项目管理从经验走向科学的过程，经历了相当漫长的历史时期，从原始潜意识的项目管理经过长期大量的项目实践之后，才逐渐形成了现代项目管理的理念。

1. 潜意识项目管理阶段

从远古到20世纪30年代以前，人们是无意识地按照项目的形式运作。人类早期的项目可以追溯到数千年以前，如古埃及的金字塔、古罗马的尼姆水道、古代中国的都江堰和万里长城等。这些前人的杰作在展示人类智慧的同时，也展示了项目管理的成就。

但是直到 20 世纪 30 年代以前，项目管理还没有形成一套科学完整的管理方法，对项目的管理还只是凭个人的经验、智慧和直觉，缺乏普遍性和规律性。

2. 传统项目管理阶段

这一阶段从 20 世纪 30 年代到 50 年代初期。本阶段的特征是利用横道图进行项目的规划和控制。早在 20 世纪初，人们就开始探索管理项目的科学方法。1917 年，科学管理领域的一位先驱亨利·劳伦斯·甘特（Henry Laurence Gantt，1861—1919）开发出横道图，又称甘特图。横道图按一个水平的时间尺度显示一批任务的计划和实际进程，可以进行一一对比。第二次世界大战前夕，横道图已成为计划和控制军事工程的重要工具。

横道图直观而有效，便于监督和控制项目的进展状况，时至今日仍是管理项目的常用方法。但横道图难以展示工作间的逻辑关系，不适应大型项目的管理。1931 年，卡洛尔·阿丹密基（Karol Adamiecki）研制出协调图，以克服上述缺陷，但没有得到足够的重视和承认。与此同时，在规模较大的工程项目和军事项目中广泛采用了里程碑系统。里程碑系统的应用虽未从根本上解决复杂项目的计划和控制问题，但却为网络图的产生充当了重要的媒介。项目管理通常被认为是第二次世界大战的产物，始于 1942 年 6 月至 1945 年 7 月美国研制原子弹的曼哈顿计划，这一阶段明确提出了项目管理的概念。

3. 近代项目管理阶段

这一阶段从 20 世纪 50 年代初期到 70 年代末期。本阶段的重要特征是开发和推广应用网络计划技术。20 世纪 50 年代，美国军界和各企业的管理人员纷纷为管理各类项目寻求更为有效的计划和控制技术。在各种方法中，最为有效和方便的技术莫过于网络计划技术。网络计划技术的开端是关键线路法（critical path method，CPM）和计划评审技术（program evaluation and review technique，PERT）的产生和推广应用。CPM 是由杜邦公司（DuPont，Inc.）在 1956 年开发出来的，在次年应用于杜邦公司的一个投资千万美元的化工项目，结果大大缩短了建设周期，节约了 10%左右的投资，取得了显著的经济效益，该方法由凯利（Kelly）和沃克（Walker）于 1959 年公之于世。计划评审技术是由美国海军与布兹–艾伦·汉密尔顿（Booz-Allen Hamilton）和洛克希德公司（Lockheed Corporation）合作，于 1958 年为北极星导弹项目开发出来的。在实践应用中，计划评审技术一直主要用于研发项目。网络计划技术克服了横道图的缺陷，能够反映各工作间的逻辑关系，能够描述各项工作的进展情况，并可以事先进行科学安排。网络图的出现促进了系统工程的发展，项目管理也有了科学的系统方法，并逐渐发展和完善起来。

4. 现代项目管理发展

这一阶段是从 20 世纪 80 年代到现在。此阶段的特点表现为项目管理应用范围的扩大，以及与其他学科的交叉渗透和相互促进。进入 20 世纪 80 年代以后，项目管理的应用范围由最初的航空、航天、国防、化工、建筑等领域，广泛普及到医药、矿山、石油、电信、软件、信息、金融等领域。计算机技术、价值工程和行为科学在项目管理中的应用，极大地丰富和推动了项目管理的发展。在这一阶段，项目管理在理论和方法上得到了更加全面深入的研究，逐步把计划和控制技术、系统论、组织理论、经济学、管理学、行为科学、心理学、价值工程、计算机技术等与项目管理的实践结合起来，并吸收了控制论、信息论及其他学科的研究成果，发展成为一门具有完整理论和方法的学科体系。

（二）国内项目管理的引进与发展

中国项目管理的发展最早应起源于20世纪60年代华罗庚推广的“统筹法”，现代项目管理学科是由于统筹法的应用而逐渐形成的。此外，我国“两弹一星”研制中推行的系统工程方法也是项目管理体系形成的重要基础。

1. 项目管理方法的产生和引进

20世纪60年代初期，华罗庚教授引进和推广了网络计划技术，并结合我国“统筹兼顾、全面安排”的指导思想，将这一技术称为“统筹法”。当时华罗庚组织并带领小分队深入重点工程项目中进行推广应用，取得了良好的经济效益。20世纪80年代，现代化管理方法在我国的推广应用，进一步促进了统筹法在项目管理过程中的应用。此时，项目管理有了科学的系统方法，但当时主要应用在国防和建筑领域，项目管理的任务主要是强调质量、费用和进度三个目标的实现。

2. 现代项目管理体系的引进和推广

1984年，在我国利用世界银行贷款建设的鲁布革水电站引水导流工程中，日本建筑企业运用项目管理方法对这一工程的施工进行了有效的管理，使得该工程的投资总额降低了约40%，工期也大大缩短，取得了很好的效果。这给当时我国的整个投资建设领域带来了很大的冲击，人们切身体会到项目管理技术的作用。基于鲁布革工程的经验，1987年，国家计划委员会（以下简称国家计委）、城乡建设环境保护部等有关部门联合发出通知，在一批试点企业和建设单位要求采用项目管理施工法（项目法），并开始建立中国的项目经理认证制度。1991年，建设部进一步提出把试点工作转变为全行业推进的综合改革，全面推广项目管理和项目经理负责制。例如，在二滩水电站、三峡水利枢纽建设和其他大型工程建设中，都采用了项目管理这一有效手段，并取得了良好的效果。

3. 项目管理专业学会和协会的成立

1991年6月，在西北工业大学等单位的倡导下，成立了我国第一个项目管理专业学术组织“中国优选法统筹法与经济数学研究会项目管理研究委员会”（Project Management Research Committee，PMRC），PMRC的成立是中国项目管理学科体系开始走向成熟的标志。PMRC自成立至今，每年都在开展专业的项目管理学术活动，推动了我国项目管理事业的发展和学科体系的建立，促进了我国项目管理与国际项目管理专业领域的沟通和交流，推进了我国项目管理专业化和国际化发展。目前，许多行业也纷纷成立了相应的项目管理组织，如中国建筑业协会工程项目管理专业委员会、中国国际工程咨询协会项目管理工作委员会等，都是中国项目管理日益得到发展和应用的体现。

四、项目管理的要素

项目管理的要素是指与项目本身相关活动的总和，项目管理人员必须对项目的组成要素有正确的认识和足够的了解。

1. 项目范围

正确的范围界定是项目成功的关键。从利益相关者角度来看，范围是指项目中可交付成果的总和，界定项目范围常用的方法是工作分解结构（work breakdown structure，WBS）。以前类似项目的工作分解结构对新项目的分解具有重要参考作用，虽然每个项目是唯一的，但是工作分解结构经常能被“重复使用”，多数项目在某种程序上具有相似性。某高速公路建设项目工作分解结构如图 1-6 所示。

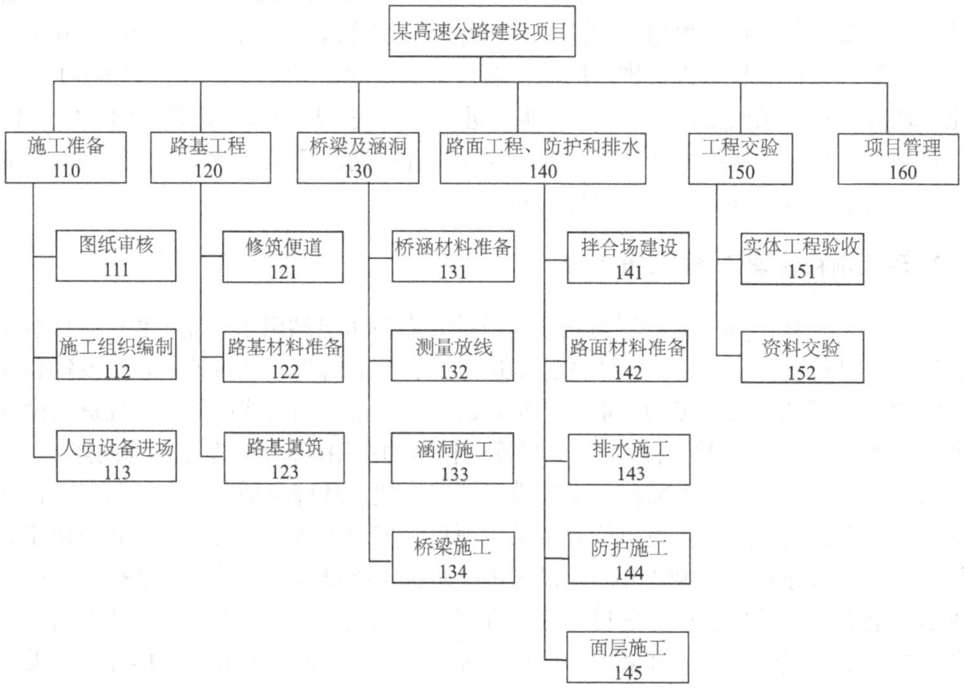

图 1-6　某高速公路建设项目结构分解图

2. 项目组织

项目组织是为完成项目而建立的组织，一般也称为项目经理部、项目班子、项目管理班子、项目组等。项目组织的具体职责、组织结构、人员构成和人数配备等会因项目性质、复杂程度、规模大小与持续时间长短等而有所不同。项目组织可以是另外一个组织的下属单位或机构，也可以是单独的一个组织。例如，某企业的新产品开发项目组织是一个隶属于该企业的组织。项目组织结构类型很多，常见的有项目型、矩阵型和职能型，不同类型的组织结构适应不同的公司规模和项目需要。

3. 项目质量

项目质量不同于产品质量，也不同于服务质量。项目兼具产品和服务两个方面的特性，还具有一次性、独特性和创新性等特征，所以项目质量的定义与内涵也具有双重性和过程特性。

4. 项目成本

项目成本是为实现项目目标而开展相关项目活动，从而消耗资源形成的各种费用的总和。项目成本管理主要包括项目成本计划、成本控制、成本核算、成本分析、成本考核等。

5. 项目时间

项目时间进度包括每项工作的计划开始日期和期望完成日期，项目时间进度可以用提要的形式或详细描述的形式表达，也可为表格、图形方式。项目进度表示形式主要有横道图、网络图等。

项目管理的五个要素中，项目范围和项目组织是最基本的，而质量、时间、成本可以有所变动，是依附于范围和组织的。

五、项目管理协会及其资质认证

1. 国际项目管理协会

国际项目管理协会(International Project Management Association，IPMA)创建于 1965 年，是国际上成立最早的项目管理专业组织，是一个在瑞士注册的非营利性组织，它的职能是成为项目管理国际化的主要促进者。截至 2023 年底，IPMA 已有 70 多个成员国组织，由代表该国最具权威性的项目管理专业组织经申请成为 IPMA 成员国代表，这些成员主要来自欧洲发达国家，还有部分来自非洲和亚洲发展中国家，它们在各自特殊的文化背景下推动着不同类型项目管理的专业化发展，用自己的语言服务于本国项目管理的专业需要。同时，IPMA 与北美洲、大洋洲和南非全国协会的制度接触，实现了 IPMA 工作真正意义上的全球化。IPMA 为促进世界各国项目管理的发展和经验交流，于 1967 年在维也纳主持召开了第一届国际会议，项目管理从那时起即作为一门学科而不断发展。截至 2021 年，IPMA 已分别在世界各地举行了 32 届年会，主题涉及项目管理的各个方面，如“网络计划在项目计划中的应用”“项目实施与管理”“按项目进行管理”“无边界的项目管理”“全面的项目管理”等，范围极其广泛。第 20 届项目管理全球大会于 2006 年 10 月在我国上海举行，主题为“项目管理——创新时代发展的关键”，有来自世界 80 多个国家和地区的千余名代表参加了本届会议。第 32 届国际项目管理协会世界大会于 2021 年 9 月 21 日在俄罗斯圣彼得堡召开，该届大会的主题是“数字化转型时代的项目管理”。

IPMA 的项目管理专业资质认证体系的总称为 IPMP（International Project Manager Professional，国际项目经理资质认证）。IPMA 的项目管理专业资质认证标准为个人能力基准（Individual Competence Baseline，ICB）。ICB 包括项目管理、项目集群管理和项目组合管理三个领域，将各领域个人能力定义为知识+技能+才能，以及关键能力指标，从环境能力、行为能力和技术能力三个方面挑出项目管理能力要素 28 个，必须具备一组特定的能力才能成功地管理项目。结合各国的一些特殊要求，形成国际上认可的本国项目管理专业资质认证标准——NCB（National Competence Baseline，国家能力基准），并以 NCB 作为在该国进行国际项目管理专业资质认证的考核标准。IPMP 认证有四个级别：特级项目经理（Level A），承担项目组合管理；高级项目经理（Level B），承担大型项目管理；项目经理（Level C），承担一般项目管理；助理项目经理（Level D），承担专业项目管理。

2. PMI

PMI 创建于 1969 年，PMI 在推进项目管理知识和实践的普及中扮演了重要角色，PMI 的成员主要以企业、大学、研究机构的专家为主，它卓有成效的贡献是开发了一套 PMBOK。在 1976 年的一次会议上，有人提出能否把已有的项目管理共性的实践经验进行总结，形成项目管理标准。1981 年 PMI 组委会批准了这个项目，1983 年取得了初步成果，形成了 PMI 项目管理专业化的基础内容。1984 年 PMI 组委会批准了进一步开发项目管理标准的项目，1987 年发表了研究报告。此后的几年，广泛地讨论和征求了关于 PMI 主要标准文件的形式、内容与结构的意见，1991 年提出了修订版，并分别于 1996 年、2000 年、2004 年、2008 年、2012 年、2017 年、2021 年进行了修订，成为现在的 PMBOK。

PMI 认证体系包括八项认证，分别是 CAPM（Certified Associate in Project Management，助理项目管理专业人士）认证、PMP（Project Management Professional，项目管理专业人士）认证、PMI-ACP[PMI 敏捷管理专业人士（Agile Certified Practitioner）]认证、PMI-PBA［PMI 商业分析专业人士（Professional in Business Analysis）］认证、PgMP（Program Management Professional，项目集管理专业人士）认证、PfMP（Portfolio Management Professional，项目组合管理专业人士）认证、PMI-SP［（PMI 进度管理专业人士（Scheduling Professional）］认证和 PMI-RMP［（PMI 风险管理专业人士（Risk Management Professional）］认证。PMP 的考核标准是 PMBOK。《PMBOK 指南》（第七版）主要包括 12 项原则（管家式管理、团队、干系人、价值、系统思考、领导力、裁剪、质量、复杂性、风险、适应性和韧性、变革）和八大绩效域（干系人、团队、开发方法和生命周期、规划、项目工作、交付、测量、不确定性），12 项原则可以归类为人（管家式管理、干系人、领导力、团队）、流程（系统思考、风险、裁剪、质量）和商业环境（价值、变革、复杂性、适应性和韧性）三大主题领域。

3. PMRC

PMRC 成立于 1991 年，是我国跨行业的项目管理专业组织，其上级组织是中国优选法统筹法与经济数学研究会。PMRC 覆盖了航空、航天、信息技术、冶金、煤炭、水利、建筑、造船、石化、矿产、机电、兵器、教育及政府部门等。PMRC 于 1996 年加入 IPMA，是 IPMA 的成员国组织（national association，NA）。

IPMA 已授权 PMRC 在中国进行 IPMP 的认证工作。PMRC 已经根据 IPMA 的要求建立了“中国项目管理知识体系”（Chinese Project Management Body of Knowledge，C-PMBOK），这些均已得到 IPMA 的支持和认可。PMRC 作为 IPMA 在中国的授权机构，于 2001 年 7 月开始在中国全面推行国际项目管理专业资质的认证工作。C-PMBOK 自 1993 年其概念被提出以来，经历了知识体系结构研究（国家自然科学基金项目），知识体系文件开发（C-PMBOK2001）、试行与修订四个阶段，于 2006 年正式推出了《中国项目管理知识体系》（C-PMBOK2006），将项目管理知识划分为范围管理、时间管理、费用管理、质量管理、人力资源管理、信息管理、风险管理、采购管理和综合管理 9 个领域，概念、开发、实施、结束 4 个阶段。该体系以项目生命周期为主线，将项目管理知识领域分为 115 个模块，其中，基础模块为 95 个、概述模块为 20 个。

六、项目管理规范

1. 建设工程项目管理规范

为规范建设工程项目管理程序和行为，提高工程项目管理水平，住房和城乡建设部、国家质量监督检验检疫总局于 2017 年 5 月 4 日颁布《建设工程项目管理规范》（GB/T 50326—2017），2018 年 1 月 1 日起实施。该标准适用于建设工程有关各方的项目管理活动，是建立项目管理组织，明确组织各层次和人员的职责与工作关系，考核和评价项目管理成果的基本依据。其内容主要包括：项目管理责任制度、项目管理策划、采购与投标管理、合同管理、设计与技术管理、进度管理、质量管理、成本管理、安全生产管理、绿色建造与环境管理、资源管理、信息与知识管理、沟通管理、风险管理、收尾管理、管理绩效评价。

2. 建设项目工程总承包管理规范

为提高建设项目工程总承包管理水平，促进建设项目工程总承包管理的规范化，推进建设项目工程总承包管理与国际接轨，住房和城乡建设部、国家质量监督检验检疫总局于 2017 年 5 月 4 日颁布《建设项目工程总承包管理规范》（GB/T 50358—2017），2018 年 1 月 1 日起实施。该标准适用于工程总承包企业和项目组织对建设项目的设计、采购、施工和试运行全过程的管理，是规范建设项目工程总承包管理活动的基本依据。其内容主要包括：工程总承包管理的组织；项目策划；项目设计管理；项目采购管理；项目施工管理；项目试运行管理；项目风险管理；项目进度管理；项目质量管理；项目费用管理；项目安全、职业健康与环境管理；项目资源管理；项目沟通与信息管理；项目合同管理；项目收尾。

3. 建设工程监理规范

为规范建设工程监理与相关服务行为，提高建设工程监理与相关服务水平，住房和城乡建设部、国家质量监督检验检疫总局于 2013 年 5 月 13 日颁布《建设工程监理规范》（GB/T 50319—2013），2014 年 3 月 1 日起实施。该标准适用于新建、扩建、改建建设工程监理与相关服务活动。其内容主要包括：项目监理机构及其设施；监理规划及监理实施细则；工程质量、造价、进度控制及安全生产管理的监理工作；工程变更、索赔及施工合同争议处理；监理文件资料管理；设备采购与设备监造；相关服务等。

4. 工程网络计划技术规程

为规范网络计划技术在工程建设计划管理中的应用，统一工程网络计划的计算规则和表达方式，住房和城乡建设部于 2015 年 3 月 13 日颁布《工程网络计划技术规程》（JGJ/T 121—2015），2015 年 11 月 1 日起实施。该标准适用于采用肯定型网络计划技术进行进度计划管理的城乡建设工程。其内容主要包括：工程网络计划技术应用程序；双代号网络计划；单代号网络计划；网络计划优化；网络计划实施与控制；工程网络计划的计算机应用。

5. 建设工程施工项目经理岗位职业标准

为规范建设工程项目经理的项目管理行为，促进建设工程项目管理规范化、科学化，中国建筑业协会于 2019 年 6 月 20 日发布《建设工程施工项目经理岗位职业标准》（T/CCIAT 0010—2019），2019 年 8 月 20 日实施。该标准适用于建筑企业和项目经理的施工项目管理活动，对建造师执业具有重要参考价值。其内容主要包括：项目经理及其责权利；施工准备管理；施工过程管理；施工合同及文件资料管理；竣工验收与结算管理；施工项目管理总结评价。

第四节 工 程 项 目

一、工程项目的含义和特征

1. 工程项目的含义

工程项目是最为常见、最典型的项目类型，它属于投资项目中最重要的一类，是一种既有投资行为又有建设行为的项目活动。这里的“工程”不是一般广义的工作或劳动，而是指最终成果，是一个“实体”的工作或劳动。因此，工程项目是指通过特定工作劳动建造某种“工程实体”的过程。工程实体一般指建筑物或构筑物。建筑物是满足人们生产、生活需要的场所，如工业建筑、民用建筑、农业建筑和园林建筑等。构筑物是人们不直接在其上生产、生活的场所，如路桥、隧道、水坝、线路、电站等。

建设工程项目是为完成依法立项的新建、扩建、改建工程而进行的、有起止日期的、达到规定要求的一组相互关联的受控活动，包括策划、勘察、设计、采购、施工、试运行、竣工验收和考核评价等阶段。

2. 工程项目的特征

（1）在一定的约束条件下，以形成固定资产为特定目标。约束条件主要包括时间约束，即建设工期目标；资源约束，即资金、设备、材料等投入目标；功能性约束，即一个工程项目都有预期的生产能力、技术和质量水平或使用效益目标。

（2）工程项目的建设需要遵循必要的建设程序和经过特定的建设过程，即一个项目从提出建设设想、方案拟定，到评估决策、勘察设计，再到施工、竣工投产这样的一个有序的全过程，这个过程也就是项目的生命周期。

（3）工程项目建设的周期长、投资大、不确定因素多、风险大。一项工程项目的建设少则需要几百万元，多则需要数亿元的资金投入。例如，三峡工程静态投资 1352.66 亿元、动态投资 2078.73 亿元，总工期 17 年；英吉利海峡隧道工程耗资约 150 亿美元，历时 8 年多，工程技术人员 1.1 万名，全长 153 公里①，水下长 38 公里，是当时世界上最长的海底隧道，缩短了英国伦敦到法国巴黎的距离。

（4）工程项目建设活动具有特殊性，表现为建设地点的固定性、设计施工任务的一次性、机械设备及生产力的流动性。

二、工程项目的分类

为了适应科学管理的需要，可以从不同角度对工程项目进行分类，工程项目的部分类型如图 1-7 所示。

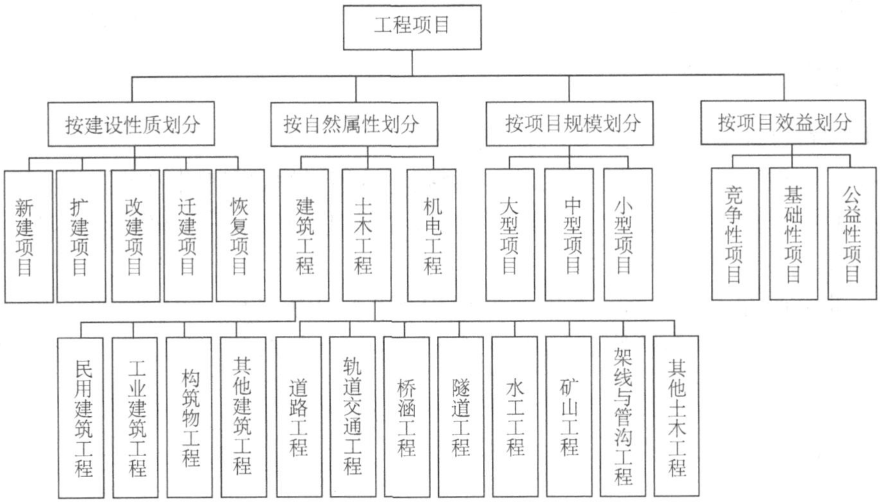

图 1-7　工程项目的部分类型

① 1 公里=1 千米。

1. 按自然属性划分

依据《建设工程分类标准》（GB/T 50841—2013），按自然属性，可以分为建筑工程、土木工程和机电工程三类。建筑工程按照使用性质可分为民用建筑工程、工业建筑工程、构筑物工程和其他建筑工程等；土木工程可分为道路工程、轨道交通工程、桥涵工程、隧道工程、水工工程、矿山工程、架线与管沟工程和其他土木工程；机电工程可分为机械设备工程、静设备与工艺金属结构工程、电气工程、自动化控制仪表工程、建筑智能化工程、管道工程、消防工程、净化工程、通风与空调工程、设备及管道防腐蚀与绝热工程、工业炉工程、电子与通信及广电工程等。

2. 按建设性质划分

工程项目可分为新建项目、扩建项目、改建项目、迁建项目和恢复项目。

（1）新建项目。新建项目指根据国民经济和社会发展的近远期规划，按照规定的程序立项，从无到有的工程项目。

（2）扩建项目。扩建项目指在原有场地内或其他地点，为扩大产品的生产能力或增加经济效益而增建的生产车间、独立的生产线或分厂的项目；在原有业务系统的基础上扩充规模而进行的新增固定资产投资项目。

（3）改建项目。改建项目指为了提高生产运行效率、提高产品质量，对原有的设备、设施、工程进行改造的项目，包括不增加生产运行规模的辅助设施建设。

（4）迁建项目。迁建项目指根据自身生产经营和事业发展的要求，按照国家调整生产力布局的经济发展战略需要，或出于环境保护等其他特殊要求，搬迁到异地而建设的项目。

（5）恢复项目。恢复项目指因在自然灾害或战争中原有固定资产遭受全部或部分报废，需要进行投资重建来恢复生产能力、工作条件和生活水平等的工程项目。

3. 按投资作用划分

工程项目可分为生产性工程项目和非生产性工程项目。

（1）生产性工程项目。生产性工程项目指直接用于物质资料生产或直接为物质资料生产服务的工程项目，主要包括工业建设项目、农业建设项目、基础设施建设项目、商业建设项目等。

（2）非生产性工程项目。非生产性工程项目指用于满足人民物质和文化、福利需要的建设项目，或非物质资料生产部门的建设项目，主要包括办公用房、居住建筑、公共建筑等。

4. 按项目规模划分

为适应对工程项目分级管理的需要，国家规定基本建设项目分为大型项目、中型项目、小型项目三类；更新改造项目分为限额以上项目和限额以下项目两类。不同等级标准的工程项目，国家规定的审批机关和报建程序也不尽相同。

5. 按项目效益划分

工程项目可划分为竞争性项目、基础性项目和公益性项目三种。

（1）竞争性项目。竞争性项目主要是指投资效益比较高、竞争性比较强的工程项目。其投资主体一般为企业，由企业自主决策、自担投资风险。

（2）基础性项目。基础性项目主要是指具有自然垄断性、建设周期长、投资额大而收益低的基础设施或需要政府重点扶持的一部分基础工业项目，以及直接增强国力的符合经济规模的支柱产业项目。政府应集中必要的财力、物力通过经济实体进行投资，同时，还应广泛吸收企业参与投资，有时还可吸收外商直接投资。

（3）公益性项目。公益性项目主要包括科技、文教、卫生、体育和环保等设施，政府机关、社会团体办公设施、国防建设设施等。公益性项目的投资主要由政府用财政资金安排。

6. 按投资来源划分

工程项目可划分为政府投资项目和非政府投资项目。

（1）政府投资项目。政府投资项目在国外也称为公共工程，是指为了适应和推动国民经济或区域经济发展，满足社会文化、生活需要，以及出于政治、国防等因素的考虑，由政府通过财政投资、发行国债或地方债券、利用外国政府赠款及国家财政担保的金融组织贷款等方式独资或合资兴建的工程项目。

（2）非政府投资项目。非政府投资项目指企业、集体单位、外商或私人投资兴建的工程项目。这类项目一般实行项目法人责任制，使项目的建设和运营实现集成管理。

三、工程项目的组成

工程项目即单位工程，对于规模特别大的工程，单位工程可划分为若干个子单位工程。根据工程特点，按结构分解的原则将单位（子单位工程）划分为若干个分部工程。在分部工程中，按相近工作内容和系统又划分为若干个子分部工程。每个分部工程（子分部工程）又划分为若干个分项工程。

1. 单位工程

对于建筑工程，单位工程的划分应按下列原则确定。

（1）具备独立施工条件并能形成独立使用功能的建筑物或构筑物为一个单位工程，如一所学校的一栋教学楼、办公楼、传达室，某城市的广播电视塔等。

（2）对于规模较大的单位工程，可将其能形成独立使用功能的部分划分为一个子单位工程。子单位工程的划分一般可根据工程的建筑设计分区、使用功能的显著差异、结构缝的设置等实际情况。在施工前可由建设、监理、施工单位商议确定，并据此收集整理施工技术资料和进行验收。

（3）室外工程可根据专业类别和工程规模划分单位工程或子单位工程、分部工程。

2. 分部工程

分部工程是单位工程的组成部分。对于建筑工程，分部工程的划分应按下列原则确定。

（1）分部工程的划分可按专业性质、工程部位确定，如建筑工程划分为地基与基础、主体结构、建筑装饰装修、屋面、建筑给水排水及供暖、通风与空调、建筑电气、智能建筑、建筑节能、电梯十个分部工程。

（2）当分部工程较大或较复杂时，可按材料种类、施工特点、施工程序、专业系统及类别将分部工程划分为若干个子分部工程，如主体结构分部工程中就包含混凝土结构、砌体结构、钢结构、钢管混凝土结构、型钢混凝土结构、铝合金结构、木结构等子分部工程。

3. 分项工程

分项工程是分部工程的组成部分，是按不同施工方法、材料、工序及路段长度等将分部工程划分为若干个分项工程。例如，混凝土结构子分部工程按主要工种分为模板、钢筋、混凝土等分项工程；按施工工艺又可分为预应力、现浇结构、装配式结构等分项工程；检验批可根据施工、质量控制和专业验收的需要，按工程量、楼层、施工段、变形缝进行划分。

四、工程项目建设程序

建设程序是指项目在建设过程中，各项工作必须遵循的先后顺序。建设程序是对基本建设工作的科学总结，是项目建设过程中客观规律的集中体现。

（一）决策阶段

1. 项目建议书阶段

项目建议书是拟建某一项目的建议文件，是投资决策前对拟建项目的轮廓设想和初步说明。建设单位通过项目建议书的形式，向国家推荐项目，供国家决策部门选择项目，也是建设单位向有关部门报请立项的主要文件和依据。

项目建议书应根据国民经济发展规划、市场条件，结合矿藏、水利等资源条件和现有生产力布局状况，按照国家产业政策进行编制。主要论述建设的必要性、建设条件的可行性和获利的可能性，并按国家现行规定权限向主管部门申报审批。项目建议书被批准后，可开展下一阶段的工作，但项目建议书不是项目的最终决策。

2. 可行性研究阶段

可行性研究是在投资决策之前，对拟建项目进行全面技术经济分析和论证，是投资前期工作的重要内容和基本建设程序的重要环节。项目建议书被批准后，可组织开展可行性研究工作。对项目有关的社会、技术和经济等方面的情况进行深入的调查研究，论证项目建设的必要性，并对各种可能的建设方案进行技术经济分析和比较，对项目建成后的经济效益进行科学的预测和评价，是对建设项目能否成立进行决策的依据和基础。

可行性研究报告经批准后，不得随意修改和变更。如果在建设规模、产品方案、主要协作关系等方面有变动，以及突破投资控制数额时，应经原批准机关复审同意。可行性研究报告批准后，应正式成立项目法人，并按项目法人责任制实行项目管理。经过批准的可行性研究报告，是项目最终决策立项的标志，是据此进行初步设计的重要文件。

3. 项目投资决策行政管理程序

2019 年 2 月 12 日，国家发展和改革委员会等 15 部门联合发布《全国投资项目在线审批监管平台投资审批管理事项统一名称清单（2018 年版）》（以下简称《清单》）。《清单》包括当前各类投资项目开工前需要办理的 42 项审批、核准、备案类事项及需要提交审查的 258 项申报材料，同时明确各项审批及其申报材料针对的项目类别和适用情形。

推行由政府统一组织对地震安全性评价、地质灾害危险性评估、环境影响评价、节能评价等事项实行区域评估。环境影响评价、节能评价、地震安全性评价等评价事项不作为项目审批或核准条件。取消施工合同备案、建筑节能设计审查备案、工程方案设计招标备案、分包合同备案等事项。对通过事中、事后监管，能够纠正不符合审批条件的行为且不会产生严重后果的审批事项，实行告知承诺制。

（二）实施阶段

1. 设计阶段

可行性研究报告批准后，工程建设进入设计阶段。我国大中型建设项目的设计阶段一般采用两个阶段设计，即初步设计和施工图设计。重大项目或特殊项目，根据各行业的特点，实行初步设计、技术设计、施工图设计三个阶段。民用项目一般采用方案设计、初步设计、施工图设计三个阶段。

2. 建设准备

项目在开工建设之前要切实做好各项准备工作，其主要内容包括：征地、拆迁和场地平整；完成施工用水、电、通信、道路等接通工作；组织招标，选择工程监理单位、承包单位及设备、材料供应商；准备必要的施工图纸；办理工程质量监督和施工许可手续。

社会投资的房屋建筑工程，建设单位可以自主决定发包方式。可将用地预审意见作为使用土地证明文件，申请办理建设工程规划许可证，用地批准手续在施工许可前完成即可。地震安全性评价在工程设计前完成。建设工程规划许可证核发时一并进行设计方案审查，由发证部门征求相关部门和单位的意见，其他部门不再对设计方案进行单独审查。将消防设计审核、人防设计审查等技术审查并入施工图设计文件审查，相关部门不再进行技术审查。环境影响评价和节能评价在施工许可前完成。

将工程质量安全监督手续与施工许可证合并办理。申请办理施工许可手续时，应当提交危险性较大的分部分项工程清单及其安全管理措施等资料。申请领取施工许可证，应当具备下列条件：已经办理该建筑工程用地批准手续；依法应当办理建设工程规划许可证的，已经取得建设工程规划许可证；需要拆迁的，其拆迁进度符合施工要求；已经确定建筑施工企业；有满足施工需要的资金安排、施工图纸及技术资料；有保证工程质量和安全的具体措施。将供水、供电、燃气、热力、排水、通信等市政公用基础设施报装提前到施工许可证核发后办理，在工程施工阶段完成相关设施建设，竣工验收后直接办理接入事宜。

规划、国土、消防、人防、档案、市政公用等部门和单位实行限时联合验收，统一竣工验收图纸和验收标准，统一出具验收意见。对于验收涉及的测量工作，实行“一次委托、统一测绘、成果共享”。

3. 施工安装

工程项目经批准新开工建设，项目即进入施工安装阶段。项目新开工时间，是指工程项目设计文件中规定的任何一项永久性工程第一次正式破土开槽开始施工的日期。不需开槽的工程，正式开始打桩的日期就是开工日期。铁路、公路、水库等需要进行大量土方、石方工程的，以开始进行土方、石方工程的日期作为正式开工日期。工程地质勘察、平整场地、旧建筑物的拆除、临时建筑、施工用临时道路和水电等工程开始施工的日期不能算作正式开工日期。分期建设的项目分别按各期工程开工的日期计算，如二期工程应根据工程设计文件规定的永久性工程开工的日期计算。

施工安装活动应按照工程设计要求、施工合同及施工组织设计，在保证工程质量、工期、成本及安全、环保等目标的前提下进行，达到竣工验收标准后，由施工承包单位移交给建设单位。

4. 生产准备

生产准备是项目投产前所要进行的一项重要工作，是建设阶段转入生产经营的必要条件。建设单位在项目进入施工阶段以后，应加强施工管理，并适时做好有关生产准备工作，保证工程一旦竣工，即可投入生产。生产准备是从建设到生产的桥梁，是保证收回投资的重要环节。生产准备的主要内容有：生产组织人员准备、生产技术准备、生产物资准备、正常的生活福利设施准备等。

5. 竣工验收

竣工验收是投资成果转入生产或使用的标志，是全面考核基本建设成果、检验设计和工程质量好坏的重要环节。竣工验收合格的项目即从基本建设转入生产或使用。竣工验收对促进建设项目及时投产、发挥投资效果、总结建设经验，都有重要作用。当建设项目的建设内容全部完成，并经过单位工程验收，符合设计要求，完成竣工报告、竣工决算等文件的编制后，项目法人按规定向验收主管部门提出申请，根据国家有关部门规定的验收规程，组织验收。国家对建设项目竣工验收的组织工作，一般按隶属关系和建设项目的重要性而定。特别重要的项目，由国务院批准组织国家验收委员会验收；大中型项目，由各部门、各地区组织验收；小型项目，由主管单位组织验收。经验收合格的项目，写出工程验收报告，办理固定资产移交手续，交付生产使用。

（三）后评价阶段

建设项目进入使用阶段后，一般经过 1～2 年的生产运营，要进行一次系统的项目后评价，主要内容包括影响评价、效益评价、过程评价。项目后评价一般按三个层次组织实施，即项目法人的自我评价、项目行业的评价、主要投资方的评价。

为规范建设活动，国家加强工程项目建设程序的贯彻和执行力度，工程项目的具体建设程序如图 1-8 所示。

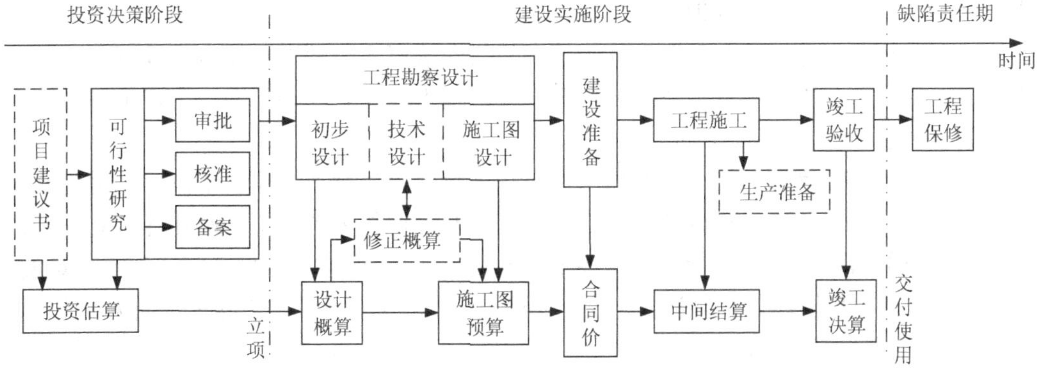

图 1-8　项目建设程序

五、项目管理流程

项目管理机构应按项目管理流程实施项目管理。项目管理流程应包括启动、策划、实施、监控和收尾过程，各过程之间相对独立，又互相联系。启动过程应明确项目概念，初步确定项目范围，识别影响项目最终结果的内外部相关方；策划过程应明确项目范围，协调项目相关方期望，优化项目目标，为实现项目目标进行项目管理规划与项目管理配套策划；实施过程应按项目管理策划要求组织人员和资源，实施具体措施，完成项目管理策划中确定的工作；监控过程应对照项目管理策划，监督项目活动，分析项目进展情况，识别必要的变更需求并实施变更；收尾过程应完成全部过程或阶段的所有活动，正式结束项目或阶段。

第五节 工程项目管理

一、工程项目管理的概念和特征

1. 工程项目管理的概念

工程项目管理是以工程项目为对象，在有限的资源约束条件下，为最优地实现工程项目目标和达到规定的工程质量标准，根据工程项目建设的内在规律性，运用现代管理理论和方法，对工程项目从策划决策到竣工交付使用全过程进行计划、组织、协调和控制等系统化管理的过程。建设工程项目管理是运用系统的理论和方法，对建设工程项目进行的计划、组织、指挥、协调和控制等专业化活动。

2. 工程项目管理的特征

遵循策划、实施、检查、处置的动态管理原理，识别项目需求和项目范围，确定项目管理流程，建立项目管理制度，实施项目系统管理，持续改进管理绩效，提高相关方满意水平，确保实现项目管理目标。

（1）工程项目管理具有复杂性。工程项目投资规模一般较大，项目组成复杂，建设周期长、阶段多，工程项目生产工艺技术和建造技术具有专业特殊性，决定了项目管理工作内容的复杂性。

（2）工程项目管理主体是多方面的。工程项目建设过程涉及建设单位、监理单位、设计单位、施工单位、材料设备供应商、投资者及其他相关者等。其站在各自立场上，出于自身目的对同一项目进行管理，既有冲突又有统一，增加了项目协调和沟通的难度。

（3）工程项目管理具有科学性。系统理论是现代项目管理的理论基础，计算机技术、信息论、控制论等现代化技术是工程项目管理的主要手段和方法。

（4）目标管理是工程项目管理的核心。工程项目管理的基本目标就是有效利用现有资源，在确保工程质量标准的前提下，用尽可能少的费用和尽可能快的速度建成项目，实现项目的预定功能。因此，工程项目管理目标可概括为质量、费用和工期三大目标，它们是实现项目“功能”目标的基础和保证。项目三大目标互相联系、互相影响，某一目标的变化必然引起其他目标的变化。

（5）合同管理是工程项目管理的纽带。工程项目建设参与者众多，他们的目的既对立又统一，为实现项目总目标，各主体及当事人都要通过签订合同来明确自己的责任和义务。严格履行合同是确保项目顺利实施的主要措施之一。

（6）社会经济环境是工程项目管理的组织保证。社会制度、经济环境、法律法规体系等决定了工程项目的管理模式、程序及制度，对项目管理效率有着直接的影响。

工程项目管理的宗旨是“以项目为主线，以合同为纽带，以目标管理为核心，以制度创新为保证，顺利实现项目目标”。

二、工程项目管理的类型

从不同角度可将工程项目管理分为不同的类型，通常是按管理主体不同进行分类。从管理主体看，大致有以下几种工程项目管理。

（一）业主方的项目管理

1. 业主方项目管理的目的

项目业主是指项目在法律意义上的所有人，是由各投资主体依照一定法律关系组成的项目法人（1996 年，国家计委将原来的项目业主责任制改为项目法人责任制）。业主方的项目管理是指由项目业主或委托人对项目建设全过程进行的监督和管理。

业主对项目管理的根本目的是实现投资者的投资目标，保证工程建成后在项目功能和质量上达到设计标准和使用要求，并且要将工程投资控制在预定范围之内。

2. 业主方项目管理的特点

（1）业主对工程项目的管理表现了各投资方对项目的要求。

（2）业主是工程项目进行全面管理的中心。

（3）从管理方式上看，业主对工程项目管理大都采用间接方式。

3. 业主方项目管理的主要任务

（1）项目决策阶段的主要任务：①对投资方向和内容作初步构想；②选择专业咨询机构，组织编制项目建议书和可行性研究报告；③办理项目建议书和可行性研究报告的审批工作，并落实项目建设相关条件。

（2）项目准备阶段的主要任务：①取得项目选址、资源利用、环境保护等方面的批准文件，以及原料、燃料、水、电、运输等方面的协议文件；②明确勘察设计的范围和设计深度，选择勘察设计单位进行勘察、设计工作；③及时办理有关设计文件的审批工作；④组织落实项目建设用地，办理土地征用、拆迁补偿及施工场地平整等工作；⑤委托监理咨询机构，组织开展设备采购、工程施工招标及评标等工作。

（3）项目实施阶段的主要任务：①需由业主办理的项目有关批准手续，如施工许可证等；②解决施工所需的水、电、道路等必备条件；③向承包商提供施工场地的工程地质和地下管线等资料，协调处理施工现场周围地下管线和邻近建筑物、构筑物，以及有关文物、古树等的保护工作，并承担相应费用；④协调设计、施工、监理等方面的关系，组织进行图纸会审和设计交底；⑤确定水准点和坐标控制点，以书面形式交给承包商，并进行现场交验；⑥督促检查合同执行情况，按合同规定及时支付各项款项。

（4）竣工验收阶段的主要任务：①组织进行联合试车；②组织有关方面进行竣工验收，办理工程移交手续；③做好项目有关资料的管理工作。

（二）咨询监理方的项目管理

咨询监理方的项目管理是指咨询监理工程师接受业主的委托，为保证项目的顺利实施，按照委托的工作内容，以执业标准和国家法律法规为尺度，对项目进行有效的组织、监督、协调、控制、检查与指导。

1. 咨询监理方项目管理的目的

（1）保障委托方实现其对工程项目的预期目标。

（2）按合同规定取得合法收入。

2. 咨询监理方项目管理的特点

（1）咨询监理方的工作具有较强的科学性和知识性，属于智力服务性工作。

（2）咨询监理方的管理内容视委托合同而定。

（3）不直接从事工程项目实体的建设。

（4）职业的规范性。

（5）服务的有偿性。

3. 咨询监理方项目管理的主要任务

根据委托，咨询监理方对工程项目的管理可以是项目某一个阶段，或项目建设全过程的管理工作。

（1）项目决策阶段。①根据国家宏观政策与发展规划，结合市场调查分析，提出项目的建设内容、产品方案、工艺技术方案、建设方案、厂址布置、环境保护方案等；②在项目相关方案研究的基础上，根据有关要求，进行项目的融资方案、投资估算，以及财务、风险、社会及国民经济等方面的评价，完成相应报告；③按委托方及有关项目审批方的要求，对项目的可行性研究报告进行评估论证；④根据委托，协助完成项目的有关报批工作。

（2）项目准备阶段。①受业主委托进行项目勘察设计招标和监理工作；②按业主委托要求完成项目进度安排、融资方案落实及相应协议的起草工作；③协助业主完成或接受业主委托进行设备采购、施工招标工作；④协助业主完成项目有关设计文件及项目开工等报批工作；⑤按业主要求，向施工单位进行设计图纸的技术交底工作；⑥按业主要求和国家有关规定，做好项目设计内容的调整和修改工作；⑦业主委托的其他工作，如征地、周边关系的协调等。

（3）项目实施阶段。①根据委托和授权，对项目施工过程进行监督管理，并对有关问题进行妥善处理；②及时向业主报告有关项目进度、质量和费用等方面的情况；③为项目投产后的运营做好人员培训、操作规程和规章制度建立等准备工作。

（4）项目竣工验收和总结评价阶段。①协助业主做好项目的竣工验收和试生产工作；②开展项目的后评价工作；③业主委托的其他工作。

（三）承包商的项目管理

1. 承包商项目管理的目的

承包商分为设计承包商、施工承包商等。承包商对工程项目的管理是指承包商为完成合同约定的任务，在项目建设的相应阶段对项目有关活动进行计划、组织、协调、控制的过程。承包商对工程项目管理的目的主要是在项目建设与设备制造过程中实现其相应的收益。

（1）保证承包的工程项目或设备制造达到合同规定的要求。

（2）追求利润的最大化，承包商在完成合同规定的任务后，有权取得相应的报酬。

2. 承包商项目管理的特点

（1）承包商项目管理直接作用于工程项目实体。承包商管理的对象是项目的组成部分或该部分的劳动者、原材料和设备等。

（2）以承包合同为基本要求。承包商在实施管理的过程中，对项目的管理和控制完全以合同规定的内容为依据。

3. 承包商项目管理的主要任务

作为承包商，采用的承包方式不同，项目管理的任务不同。

（1）工程总承包方项目管理的主要任务。在设计施工总承包的情况下，业主在项目决策之后，通过招标择优选定总承包单位全面负责工程项目的实施过程，直至最终交付使用功能和质量符合合同文件规定的工程标的物。因此，总承包方的项目管理是贯穿于项目实施过程的全面管理，既包括设计阶段也包括施工安装阶段。其性质和目的是全面履行工程总承包合同，以实现企业的经营方针和目标。显然，总承包方必须在合同条件约束下，依靠自身的技术和管理优势，通过优化设计和施工方案，在规定的时间内，按质、按量地全面完成工程项目的承建任务。

（2）设计方项目管理的主要任务。设计单位受业主委托承担工程项目的设计任务，以设计合同规定的工作目标及其责任义务作为设计管理的对象、内容和条件，通常简称设计项目管理。设计单位只有以设计合同为依据，依靠项目管理才能贯彻业主的建设意图和实现设计阶段的投资、质量和进度控制目标。

（3）施工方项目管理的主要任务。施工企业为履行工程承包合同和落实企业生产经营方针目标，依靠企业技术和管理的综合实力，对工程施工过程进行计划、组织、指挥、协调和控制的系统管理活动，简称施工项目管理。其管理的主要任务是：①制定施工项目管理规划，经监理工程师审定后组织实施；②按施工规划组织施工，认真组织好人力、机械、材料等资源的投入；③按施工合同要求在工程质量、成本、进度方面进行过程控制；④遵守有关部门对施工场地交通、施工噪声和环境保护等方面的管理规定；⑤做好施工现场地下管线和邻近建筑物及有关文物等的保护工作；⑥保证施工现场清洁，使之符合环境卫生管理的有关规定；⑦按规定程序及时主动提供业主和监理方需要的各种统计数据报表；⑧及时向委托方提交竣工验收申请报告，对验收中发现的问题及时进行改进；⑨负责已完工程的保护工作；⑩向委托方及时完整地移交有关工程资料档案。

（四）金融机构对项目的管理

1. 金融机构对项目管理的目的

为项目提供资金贷款的金融机构，对工程项目管理的目的如下。

（1）保证资金的安全性。

（2）保证资金的流动性。

（3）保证投入资金的效益性。

2. 金融机构对项目管理的特点

（1）管理的主动权随着资金的投入而降低。

（2）主要采取金融手段。

（3）主要是监控项目资金的安全性。

3. 金融机构对项目管理的主要任务

对工程项目的管理分为贷前管理和贷后管理两个阶段。

（1）贷前管理：①受理借款人的借款申请，进行贷款基本调查；②对借款人进行财务评价和信用评价分析；③对贷款项目进行评估；④制定贷款的法律文件，主要有借款合同、保证合同、抵押合同和质押合同等；⑤贷款审批；⑥贷款发放。

（2）贷后管理：①贷后检查，指在贷款发放之后，定期或不定期地对贷款运行情况进行检查分析；②贷款风险预警，通过对项目的绩效追踪及一些与贷款密切相关情况的收集和先行指标的测算，及时预测和发现贷款可能存在的风险，以便采取相应措施；③贷款偿还管理，主要包括本息的催收，有限延长还款期限的贷款展期，对结清贷款进行评价和总结等。

（五）政府对项目的管理

1. 政府对项目管理的目的

政府对工程项目管理的目的主要在于维护社会公共利益，保证社会经济能够健康、有序和稳步发展，保证国家建设的顺利进行。

（1）保证投资方向符合国家产业政策的要求。

（2）保证工程项目符合社会经济发展规划和环境与生态等要求。

（3）保证工程建设项目遵守有关的工程技术标准与规范。

（4）保证国家整体投资规模达到合理经济规模。

2. 政府对项目管理的特点

（1）具有权威性和强制性。

（2）具有指导性。
（3）管理手段以宏观管理为主。
（4）加强市场准入，强调行业协会的作用。

3. 政府对项目管理的主要任务

（1）制定各种宏观经济政策。
（2）制定经济与社会发展规划。
（3）加强重要资源的管理。
（4）加强环境与安全管理。

三、建设项目管理与建设监理的联系和区别

建设监理是对工程项目建设参与者的行为进行的监督和管理。工程监理单位受建设单位（或投资者）委托，根据法律法规、工程建设标准、勘察设计文件及合同，在施工阶段对建设工程质量、造价、进度进行控制，对合同、信息进行管理，对工程建设相关方的关系进行协调，并履行建设工程安全生产管理法定职责的服务活动。建设监理是工程建设领域推行的一项科学管理制度，旨在保证建设行为的合法性、科学性和经济合理性，以提高建设水平和投资效益。

（1）建设项目管理与建设监理的目标相同。虽然监理单位以获取咨询监理服务费为其生存发展条件，但从业务内容看，它是受建设单位委托，对项目实施过程进行监督管理，以保证项目按建设单位的预算投资、合适的工期、预期的质量和功能建成。

（2）两者管理权限及所处地位不同。建设单位属于委托方，具有最终决策权，监理单位属于受委托方，权力大小取决于建设单位的授权，只享有委托合同范围内的权力；管理范围不同，建设项目管理是项目建设全过程管理，建设监理取决于合同委托的范围；与承包单位关系不同，建设单位与承包商是合同关系，监理单位与承包商是业务工作关系。

（3）推动工程监理制度改革。主要目标：工程监理服务多元化水平显著提升，服务模式得到有效创新，逐步形成以市场化为基础、国际化为方向、信息化为支撑的工程监理服务市场体系；行业组织结构更趋优化，形成以主要从事施工现场监理服务的企业为主体，以提供全过程工程咨询服务的综合性企业为骨干，各类工程监理企业分工合理、竞争有序、协调发展的行业布局；监理行业核心竞争力显著增强，培育一批智力密集型、技术复合型、管理集约型的大型工程建设咨询服务企业。主要任务要求：推动监理企业依法履行职责；引导监理企业服务主体多元化；创新工程监理服务模式；提高监理企业核心竞争力；优化工程监理市场环境；强化对工程监理的监管；充分发挥行业协会作用。

第六节　工程企业资质和人员执业资格

我国实行工程企业资质和工程从业人员执业资格相结合的市场准入管理制度，并将

逐步发展为以个人执业资格管理为主的管理模式，这是完善社会主义市场经济体制的必然要求，也是与国际接轨、达成国际互认、参与国际竞争的迫切需要，对促进我国建设事业持续健康发展具有重大意义。

一、工程企业资质等级

资质是国家为适应发展社会主义市场经济的要求，维护建筑市场秩序，准许建筑类企业依法进行建设工程承包、监理、造价咨询、经营等活动而设立的一种资格。

（一）施工企业资质等级管理

1. 资质等级分类

施工企业资质分为施工综合资质、施工总承包资质、专业承包资质和专业作业资质四个序列。施工综合资质不分类别和等级；施工总承包资质设有 13 个类别，分为 2 个等级（甲级、乙级）；专业承包资质设有 18 个类别，一般分为 2 个等级（甲级、乙级，部分专业不分等级）；专业作业资质不分类别和等级（表 1-3）。

表 1-3 建筑业企业资质分类

序列	类别	等级
施工综合	不分类别	不分等级
施工总承包（13 个）	建筑工程、公路工程、铁路工程、港口与航道工程、水利水电工程、电力工程、矿山工程、冶金工程、石油化工工程、市政公用工程、通信工程、机电工程、民航工程	甲级、乙级
专业承包（18 个）	地基基础工程、起重设备安装工程、预拌混凝土（不分）、建筑机电安装工程、消防设施工程、防水防腐保温工程、桥梁工程、隧道工程、模板脚手架（不分）、建筑装修装饰工程、古建筑工程、公路工程类、铁路电务电气化工程、港口与航道工程类、水利水电工程类、输变电工程、核工程、通用（不分）	甲级、乙级，部分专业不分等级
专业作业	不分类别	不分等级

2. 业务范围

（1）施工综合资质企业和施工总承包资质企业。该类企业可以从事资质证书许可范围内的相应工程总承包、工程项目管理等业务。施工总承包工程应由取得施工综合资质或相应施工总承包资质的企业承担。取得施工综合资质和施工总承包资质的企业可以对所承接的施工总承包工程的各专业工程全部自行施工，也可以将专业工程依法进行分包。对设有资质的专业工程进行分包时，应分包给具有相应专业承包资质的企业。取得施工综合资质和施工总承包资质的企业将专业作业分包时，应分包给具有专业作业资质的企业。

（2）专业承包资质企业。设有专业承包资质的专业工程单独发包时，应由取得相应专业承包资质的企业承担。取得专业承包资质的企业可以承接具有施工综合资质和施工总承包资质的企业依法分包的专业工程或建设单位依法发包的专业工程。取得专业承包资质的企业应对所承接的专业工程全部自行组织施工，专业作业可以分包，但应分包给具有专业作业资质的企业。

（3）专业作业资质企业。专业作业资质实行备案制，具有企业法人营业执照且拟从事专业作业的企业在完成企业信息备案后，即可取得专业作业资质。取得专业作业资质的企业可以承接具有施工综合资质、施工总承包资质和专业承包资质的企业分包的专业作业。

施工资质与设计资质在一定条件下可互认。鼓励施工单位申请取得工程设计资质，具有施工总承包资质甲级及以上的单位可以直接申请相应类别的工程设计甲级资质；鼓励设计单位申请取得施工资质，已取得工程设计综合资质、行业甲级资质、建筑工程专业甲级资质的单位，可以直接申请相应类别施工总承包甲级资质。完成的相应规模工程总承包业绩可以作为设计、施工业绩申报。

工程总承包资质是同时具有与工程规模相适应的工程设计资质和施工资质，或者由具有相应资质的设计单位和施工单位组成的联合体。设计单位和施工单位组成联合体的，应当根据项目的特点和复杂程度，合理确定牵头单位。工程总承包单位不得是工程总承包项目的代建单位、项目管理单位、监理单位、造价咨询单位、招标代理单位。

（二）工程监理企业资质等级管理

1. 资质等级分类

工程监理企业资质分为综合资质、专业资质 2 个序列。综合资质不分类别、不分等级；专业资质设有 10 个类别，分别是建筑工程、铁路工程、市政公用工程、电力工程、矿山工程、冶金工程、石油化工工程、通信工程、机电工程、民航工程，分为 2 个等级（甲级、乙级）。

2. 业务范围

（1）从事建设工程监理活动的企业，应当取得工程监理企业资质，并在工程监理企业资质证书许可的范围内从事工程监理活动。

（2）综合资质可以承担所有专业工程类别建设工程项目的工程监理业务，专业资质可承担相应专业工程类别建设工程项目的工程监理业务。

（3）取得工程监理资质的企业，可以开展相应类别建设工程的全过程工程咨询、项目管理、技术咨询等业务。

（三）工程造价咨询企业资质等级管理

工程造价咨询企业是接受委托，对建设项目投资、工程造价的确定与控制提供专业咨询服务的企业。从事工程造价咨询活动，应当遵循独立、客观、公正、诚实信用的原则，不得损害社会公共利益和他人的合法权益。

工程造价咨询业务范围包括以下几个方面。

（1）建设项目建议书及可行性研究投资估算、项目经济评价报告的编制和审核。

（2）建设项目概预算的编制与审核，并配合设计方案比选、优化设计、限额设计等工作进行工程造价分析与控制。

（3）建设项目合同价款的确定（包括招标工程工程量清单和标底、投标报价的编制和审核）；合同价款的签订与调整（包括工程变更、工程洽商和索赔费用的计算）及工程款支付，工程结算及竣工结（决）算报告的编制与审核等。

（4）工程造价经济纠纷的鉴定和仲裁的咨询。

（5）提供工程造价信息服务等。

工程造价咨询企业可以对建设项目的组织实施进行全过程或者若干阶段的管理和服务。

（四）工程咨询单位管理

1. 专业类别

工程咨询是遵循独立、公正、科学的原则，综合运用多学科知识、工程实践经验、现代科学和管理方法，在经济社会发展、境内外投资建设项目决策与实施活动中，为投资者与政府部门提供阶段性或全过程咨询和管理的智力服务。对工程咨询单位实行告知性备案管理。工程咨询单位应当通过全国投资项目在线审批监管平台备案：基本情况、从事的工程咨询专业和服务范围、备案专业领域的专业技术人员配备情况和非涉密的咨询成果简介。

工程咨询业务按照以下专业划分：①农业、林业；②水利水电；③电力（含火电、水电、核电、新能源）；④煤炭；⑤石油天然气；⑥公路；⑦铁路、城市轨道交通；⑧民航；⑨水运（含港口河海工程）；⑩电子、信息工程（含通信、广电、信息化）；⑪冶金（含钢铁、有色）；⑫石化、化工、医药；⑬核工业；⑭机械（含智能制造）；⑮轻工、纺织；⑯建材；⑰建筑；⑱市政公用工程；⑲生态建设和环境工程；⑳水文地质、工程测量、岩土工程；㉑其他（以实际专业为准）。

2. 服务范围

（1）规划咨询：总体规划、专项规划、区域规划及行业规划的编制。

（2）项目咨询：项目投资机会研究、投融资策划，项目建议书（预可行性研究）、项目可行性研究报告、项目申请报告、资金申请报告的编制，政府和社会资本合作（public-private partnership，PPP）项目咨询等。

（3）评估咨询：各级政府及有关部门委托的对规划、项目建议书、可行性研究报告、项目申请报告、资金申请报告、PPP 项目实施方案、初步设计的评估，规划和项目中期评价、后评价，项目概预决算审查，以及其他履行投资管理职能所需的专业技术服务。

（4）全过程工程咨询：采用多种服务方式组合，为项目决策、实施和运营持续提供局部或整体解决方案以及管理服务。

承担编制任务的工程咨询单位，不得承担同一事项的评估咨询任务。承担评估咨询任务的工程咨询单位，与同一事项的编制单位、项目业主单位之间不得存在控股、管理关系或者负责人为同一人的重大关联关系。

有关工程设计、工程造价、工程监理等资格，由国务院有关主管部门认定。

二、施工相关从业人员执业资格

执业资格制度是市场经济条件下国家对专业技术人员管理的通行做法。执业资格是指政府对某些责任较大、社会通用性强、关系到国家和公众利益的专业（工种）实行的准入控制，规定了专业技术人员从事某一特定专业（工种）的学识、技术和能力的必备标准。

在市场经济比较发达的国家或地区，实行执业资格制度已有 100 多年的历史，形成了一套完整的法律体系和管理体系。我国在建设行业建立执业资格制度的探索始于 20 世纪 80 年代末，随着改革开放步伐的加快，为规范市场秩序，保证工程质量，也为推动我国建设行业走向国际市场和引进外资项目，我国按照国际惯例颁布了相关执业资格考试和注册办法，在工程监理、建筑设计、施工等领域陆续建立了监理工程师、造价工程师、结构工程师、建筑师和建造师等执业资格注册制度，如图 1-9 所示。我国已基本形成了以专业评估（认证）、执业实践、资格考试、注册管理、继续教育和信用档案为主要内容的管理体系。与工程项目管理相关的执业资格考试主要包括一级建造师（准入类）、监理工程师（准入类）、一级造价工程师（准入类）和咨询工程师（投资）（水平评价类）等。

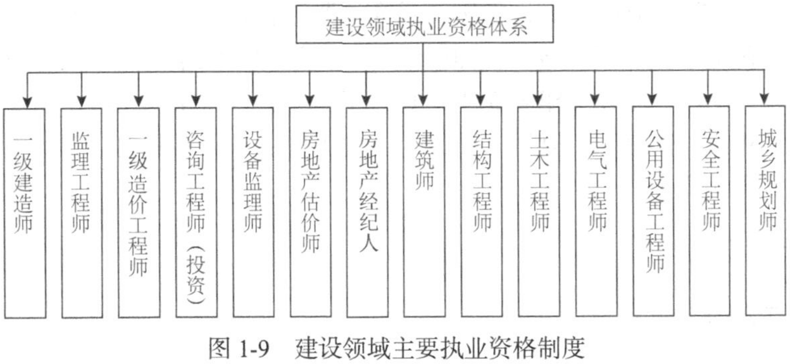

图 1-9　建设领域主要执业资格制度

（一）建造师

1. 建造师考试科目

一级建造师考试设“建设工程经济”“建设工程法规及相关知识”“建设工程项目管理”“专业工程管理与实务”4 个科目。“专业工程管理与实务”为专业科目，分为建筑工程、公路工程、铁路工程、民航机场工程、港口与航道工程、水利水电工程、矿业工程、市政公用工程、通信与广电工程、机电工程 10 个类别，应试人员可根据实际工作需要选报其一。

二级建造师考试设“建设工程施工管理”“建设工程法规及相关知识”“专业工程管理与实务”3 个科目。“专业工程管理与实务”为专业科目，分为建筑工程、公路工程、水利水电工程、矿业工程、机电工程、市政公用工程 6 个类别，应试人员可根据实际工作需要选报其一。

2. 一级建造师报考条件

取得工程类或工程经济类专业大学专科学历，从事建设工程项目施工管理工作满 4 年；取得工学门类、管理科学与工程类专业大学本科学历，从事建设工程项目施工管理工作满 3 年；取得工学门类、管理科学与工程类专业硕士学位，从事建设工程项目施工管理工作满 2 年；取得工学门类、管理科学与工程类专业博士学位，从事建设工程项目施工管理工作满 1 年。

（二）监理工程师

1. 监理工程师考试科目

监理工程师考试设“建设工程监理基本理论和相关法规”“建设工程合同管理”“建设工程目标控制”“建设工程监理案例分析”4 个科目。“建设工程目标控制”和“建设工程监理案例分析”为专业科目，分为土木建筑工程、交通运输工程、水利工程 3 个类别，应试人员可根据实际工作需要选报其一。

2. 监理工程师报考条件

具有各工程大类专业大学专科学历（或高等职业教育），从事工程施工、监理、设计等业务工作满 4 年；具有工学、管理科学与工程类专业大学本科学历或学位，从事工程施工、监理、设计等业务工作满 3 年；具有工学、管理科学与工程一级学科硕士学位或专业学位，从事工程施工、监理、设计等业务工作满 2 年；具有工学、管理科学与工程一级学科博士学位。

（三）造价工程师

1. 造价工程师考试科目

一级造价工程师考试设“建设工程造价管理”“建设工程计价”“建设工程技术与计量”“建设工程造价案例分析”4 个科目。“建设工程技术与计量”和“建设工程造价案例分析”为专业科目，分为土木建筑工程、交通运输工程、水利工程、安装工程 4 个类别，应试人员可根据工作实际选报其一。

二级造价工程师考试设“建设工程造价管理基础知识”“建设工程计量与计价实务”两个科目。“建设工程计量与计价实务”为专业科目，分为土木建筑工程、交通运输工程、水利工程、安装工程 4 个类别，应试人员可根据工作实际选报其一。

2. 造价工程师报考条件

1）一级造价工程师

（1）具有工程造价专业大学专科（或高等职业教育）学历，从事工程造价、工程管理业务工作满 4 年；具有土木建筑、水利、装备制造、交通运输、电子信息、财经商贸大类大学专科（或高等职业教育）学历，从事工程造价、工程管理业务工作满 5 年。

（2）具有工程造价、通过工程教育专业评估（认证）的工程管理专业大学本科学历或学位，从事工程造价、工程管理业务工作满 3 年；具有工学、管理学、经济学门类大学本科学历或学位，从事工程造价、工程管理业务工作满 4 年。

（3）具有工学、管理学、经济学门类硕士学位或者第二学士学位，从事工程造价、工程管理业务工作满 2 年。

（4）具有工学、管理学、经济学门类博士学位。

（5）具有其他专业相应学历或者学位的人员，从事工程造价、工程管理业务工作年限相应增加 1 年。

2）二级造价工程师

（1）具有工程造价专业大学专科（或高等职业教育）学历，从事工程造价、工程管理业务工作满 1 年；具有土木建筑、水利、装备制造、交通运输、电子信息、财经商贸大类大学专科（或高等职业教育）学历，从事工程造价、工程管理业务工作满 2 年。

（2）具有工程造价专业大学本科及以上学历或学位；具有工学、管理学、经济学门类大学本科及以上学历或学位，从事工程造价、工程管理业务工作满 1 年。

（3）具有其他专业相应学历或学位的人员，从事工程造价、工程管理业务工作年限相应增加 1 年。

（四）咨询工程师（投资）

1. 咨询工程师（投资）考试科目

咨询工程师（投资）考试设“宏观经济政策与发展规划”“工程项目组织与管理”“项目决策分析与评价”“现代咨询方法与实务”4 个科目。

2. 咨询工程师（投资）报考条件

取得工学学科门类专业，或者经济学类、管理科学与工程类专业大学专科学历，累计从事工程咨询业务满 8 年；取得工学学科门类专业，或者经济学类、管理科学与工程类专业大学本科学历或者学位，累计从事工程咨询业务满 6 年；取得含工学学科门类专业，或者经济学类、管理科学与工程类专业在内的双学士学位，或者工学学科门类专业研究生班毕业，累计从事工程咨询业务满 4 年；取得工学学科门类专业，或者经济学类、管理科学与工程类专业硕士学位，累计从事工程咨询业务满 3 年；取得工学学科门类专业，或者经济学类、管理科学与工程类专业博士学位，累计从事工程咨询业务满 2 年；取得经济学、管理学学科门类其他专业，或者其他学科门类各专业的上述学历或者学位人员，累计从事工程咨询业务年限相应增加 2 年。

三、企业资质和执业资格改革趋势

1. 完善企业资质管理制度

深化建设工程企业资质管理制度改革，修订出台企业资质管理规定和标准，大幅压减企业资质类别和等级，放宽建筑市场准入限制。下放企业资质审批权限，推行企业资质审批告知承诺制和企业资质证书电子证照，简化各类证明事项，实现企业资质审批“一网通办”。加强企业资质与质量安全的联动管理，实行“一票否决”制，对发生质量安全事故的企业依法从严处罚，并在一定期限内不批准其资质申请。充分利用信息化手段加强资质审批后动态监管，将违法违规行为、质量安全问题多发或存在重大质量安全隐患的企业列为重点核查对象，不符合资质标准要求的依法撤回。

2. 强化个人执业资格管理

完善注册建筑师、勘察设计注册工程师、注册建造师、注册监理工程师和注册造价工程师管理制度，进一步明确注册人员权利、义务和责任。推进职业资格考试、注册、执业、继续教育等制度改革，推行注册执业证书电子证照。提高注册人员执业实践能力，严格执行执业签字制度，探索建立个人执业保险制度，规范执业行为。在部分地区探索实行注册人员执业行为扣分制，扣分达到一定数量后限制执业并接受继续教育。弘扬职业精神，提升注册人员的专业素养和社会责任感。

复　习　题

一、单项选择题（每题备选项中，只有一个最符合题意）

1. 项目是在一定的约束条件限定下，为实现其特定目的（　　）。
   A. 进行的一次性活动　　B. 完成的最终成果
   C. 进行活动的组织机构　　D. 进行活动的研发者
2. 项目最主要特征是（　　）。
   A. 一次性　　B. 约束性　　C. 系统性　　D. 生命周期性
3. 项目管理是以（　　）为对象，按项目内在规律组织项目活动的科学化方法。
   A. 合同　　B. 项目目标　　C. 组织　　D. 项目
4. 项目管理的根本目的是满足或超越（　　）对项目的要求与期望。
   A. 业主方　　B. 项目有关各方　　C. 承约商　　D. 用户
5. 开发和推广应用网络计划技术是（　　）阶段。
   A. 潜意识项目管理　　B. 现代项目管理
   C. 传统项目管理　　D. 近代项目管理
6. 国际项目管理协会的项目管理专业资质认证体系称为（　　）。
   A. PMI　　B. IPMA　　C. IPMP　　D. NCB
7. 美国项目管理学会简称为（　　）。
   A. IPMA　　B. PMI　　C. PMRC　　D. PMP
8. 下列项目，属于工程项目的是（　　）。
   A. 一次载人飞船发射　　B. “五个一”工程

C. 开发一个软件　　D. 京沪高速铁路建设

9. 由于工程项目具有（　　）的特点，其建设会受到项目所在地气候、地质等条件的约束。

A. 整体性　　B. 固定性　　C. 目标的明确性　　D. 周期性

10. 每个工程项目都有确定的终点，都不是一种持续不断的工作，这体现的是工程项目的（　　）特征。

A. 一次性　　B. 短期性　　C. 唯一性　　D. 固定性

11. 某办公楼的主体结构是一个（　　）。

A. 建设项目　　B. 分项工程　　C. 单位工程　　D. 分部工程

12. 在下列工程项目生命周期内所包含的各项工作中，不属于实施阶段的是（　　）。

A. 编制设计任务书　　B. 编制项目建议书　　C. 施工图设计　　D. 技术设计

13. 建设工程项目生产过程的总集成者和总组织者是（　　）。

A. 总承包商　　B. 供货商　　C. 业主方　　D. 政府有关部门

14. 施工许可证手续由（　　）办理。

A. 建设单位　　B. 施工单位　　C. 监理单位　　D. 设计单位

二、多项选择题（每题备选项中，至少有两个符合题意，多选、错选不得分）

1. 以下属于项目特征的是（　　）。

A. 一次性　　B. 目标明确性　　C. 创新性　　D. 集成性

E. 约束性

2. 项目管理的基本特性有（　　）。

A. 普遍性　　B. 目的性　　C. 约束性　　D. 集成性

E. 创新性

3. 中国项目管理知识体系框架中，将项目生命周期分为（　　）阶段。

A. 概念　　B. 开发　　C. 实施　　D. 结束

E. 总结评价

4. 下列项目中，被称为工程项目的有（　　）。

A. 大型国产新飞机研制项目　　B. “神六”发射项目

C. 国家体育场建设项目　　D. 武广铁路客运专线建设项目

E. 国庆 60 周年阅兵项目

5. 关于工程项目的含义和特点，下列说法中正确的是（　　）。

A. 项目的目标是形成固定资产　　B. 项目是一次性的任务

C. 项目的投资目标具有不确定性　　D. 项目建设的产品具有临时性

E. 项目建设的产品具有唯一性

6. 按照工程项目的建设性质不同，将工程项目分为（　　）等。

A. 新建项目　　B. 扩建项目　　C. 改建项目　　D. 预备项目

E. 投产项目

7. 按管理主体不同，工程项目管理可分为（　　）。

A. 施工项目管理　　B. 项目运营方的管理

C. 业主方项目管理　　D. 项目总承包方的管理

E. 设计项目管理

8. 属于施工方项目管理的任务有（　　）。

A. 与施工有关的组织与协调　　B. 施工合同管理

C. 施工信息管理　　D. 施工成本管理

E. 建设项目与外部环境的协调

三、简答题

1. 项目的特征有哪些？

2. 工程项目管理具有哪些基本特征？
3. 政府对工程项目管理的主要任务有哪些？
4. 工程项目建设程序是什么？
5. 列举 3～4 个项目的例子。
6. 拆除项目、拆迁项目和迁建项目之间的区别是什么？

四、思考题

1. 如何理解管理既是一门科学又是一门艺术？
2. 传统项目管理与创新项目管理的区别和联系是什么？
3. 查阅相关资料，了解三门峡水利工程、小浪底水利工程、阿斯旺水坝的策划、建设和运营过程，以及美国田纳西河的治理，分析影响这些工程成功或失败的因素。
4. 了解宋皇宫修复工程（丁谓）和灵梁水利工程的施工过程，分析古代工程的建设过程和管理方法。
5. 了解红旗渠的建设过程。
6. 了解北京南苑机场和杭州笕桥机场的历史沿革。

【延伸阅读】中国尊

2010 年，北京市对 CBD（central business district，中央商务区）核心区域的 Z15 地块进行招标，文件要求在这里建设北京“第一高楼”。参加评审的专家希望看到一个具有文化特色的设计方案。最终，中信集团以设计的中国尊方案（外形取自中国古代祭祀时用的礼器——樽，为酒杯的意思）参加竞标，与富有文化底蕴的北京城相得益彰，这个方案一展示出来就得到一众评审专家的青睐。中信集团从包含万达、SOHO 在内的 61 家竞标企业中脱颖而出，中标这块面积为 11 478 平方米的地块。中国尊的设计还融合了其他元素：其表面一节节好像竹子编成的肌理，设计灵感来自竹编；方块形的楼顶设计来自孔明灯，在夜晚灯火通明，呈冉冉升起之态。

1. 工程概况

1）中国速度

中国尊的每层施工时间最快为 3 天，每层平均施工时间为 3.5 天。2013 年 7 月 29 日，中国尊正式开工，2017 年 8 月核心筒结构封顶。短短 48 个月的工期，建造了 500 多米的主结构。

大楼在施工中采用了大量创新科技，创造了多项世界之最：按抵御 8 度地震烈度设防的全球最高建筑（528 米）；双轿厢电梯提升高度全球最高（508 米）；施工所用跃层电梯提升高度全球最高（514 米）；施工采用的顶升钢平台为全球智能化程度最高；全球地下室最深、层数最多的超高层建筑；全球底座面积最大（6084 平方米）的超高层建筑。

2）地基施工

（1）挖深 40 米。中国尊的基坑核心筒部分深 40 米，其他部分 38 米；东西长 136 米，南北宽 84 米，这么大的基坑世界罕见。

（2）基础桩。中国尊大底板下打造了 896 根基础桩，核心筒下面的基础桩深 44.6 米，桩径 1.2 米；核心筒以外下面的部分基础桩深 40.1 米，桩径 1 米。

（3）铺设筏板。在基础桩上面铺设筏板，在筏板上面铺设钢筋，最后用混凝土浇筑大底板。

核心筒下的大底板厚度 6.5 米，过渡区域的厚度 4.5 米，侧边区域的厚度 2.5 米。大底板一次浇筑而成，共使用 5.6 万立方米的混凝土，其体积相当于 30 个标准游泳池。历时 93 小时，使用了 200 多台混凝土罐车，经过 2000 多名工人共同奋战完成。大底板和 896 根基础桩组成中国尊的地基，承担起上面中国尊的全部重量。

2. 工厂里盖楼

1）智能钢平台

2014 年 12 月 10 日，经过一年多的施工，中国尊渐渐露出地表，开启了它不断“长高”的新征程。

从 2014 年 12 月 10 日到 2017 年 8 月 18 日，塔冠钢结构吊装完毕，主结构封顶，短短 2 年 8 个多月的时间，中国尊核心筒从 0 米“长”到 528 米，“长高”速度之快，体现了高效的“中国速度”。其奥秘在于我国自主研发的新一代智能钢平台（空中造楼机），拥有 14 项专利，其中包括 6 项发明专利。

当中国尊主体结构（核心筒）露出地表后，智能钢平台上线，把它安装到核心筒上，随着建筑结构不断爬升。智能钢平台包裹在核心筒外围，它的长和宽都是 43 米，而高度可达 7 层楼高，其中最大高度 38 米，如图 1-10 所示。智能钢平台承载力达 4800 吨，面积达 1849 平方米。里面设有混凝土布料机、物料堆场、临建设施等，电梯可直达钢平台施工层；智能钢平台采用全封闭式平台作业，工人们来到钢平台上建楼就像进入工厂上班一样，很安全；智能钢平台可同时施工 4.5 层楼，工人在钢平台里不同的施工层，形成各工种流水作业，大大提高了工作效率。

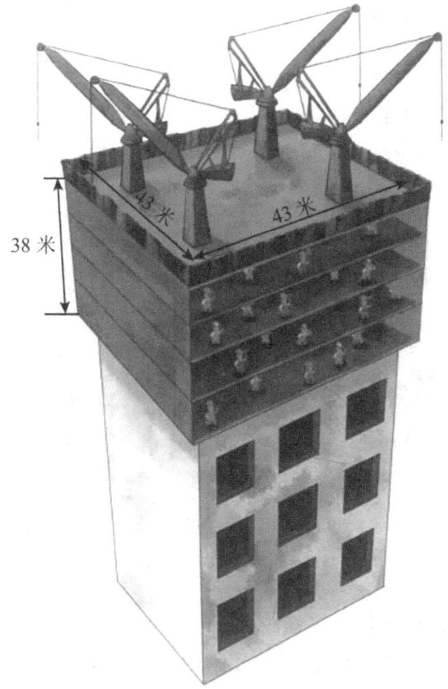

图 1-10　钢平台建楼示意图

钢平台的好处就是会“爬楼”，随结构高度而顶升，一次安装完毕可用到工程结束。随着技术创新，造楼设备不断改进优化，钢平台的发展经历了四个阶段。钢平台 1.0：低位顶升钢平台，不能拼装，拆除、安装周期长。钢平台 2.0：模块化低位钢平台顶模，像积木块一样，在不同项目上快速拼装，但承重力有限。钢平台 3.0：微凸支点钢平台顶模，承重点由内部变为外侧墙体，外侧墙体单个微凸支点的承重量达 400 吨左右，大幅度提升钢平台承重力，中国尊的钢平台有 12 个这样的支点。钢平台 4.0：智能集成钢平台，把塔机和钢平台结合成整体，还采用智能监控系统，实时监测及预警，最大顶推重量达到 4800 吨，可抵御高空 10 级以上的强风。理论上，新一代的钢平台可建造千米以上的大楼。

2）塔机、顶模一起“飞”

塔机就是常说的塔吊。塔机和钢平台通常各自爬升，每次钢平台快要碰到塔机时就需要停下来，等待塔机爬升。设施投入大、花费时间长，还存在安全、环保、质量等方面的问题。

中国尊钢平台（顶模）将 M900D 大型动臂塔机与顶升钢平台结合，实现塔机平台一体化，一起爬升。整个施工期间减少塔机爬升 28 次、节省预埋件 400 吨，节省塔机爬升影响的工期约 56 天，大大提升了塔机效能。

3）可规避风险的 BIM 系统

设计师利用 BIM（building information model，建筑信息模型）系统设计出 50%左右的三维中国尊模型，然后把参与施工的各部门“拉进”BIM 平台，全员参与设计和施工，寻找问题，解决问题，直至大楼完工。创新后的 BIM 系统为大楼的建设带来很大益处，规避了很多风险。中国尊模型如图 1-11 所示。

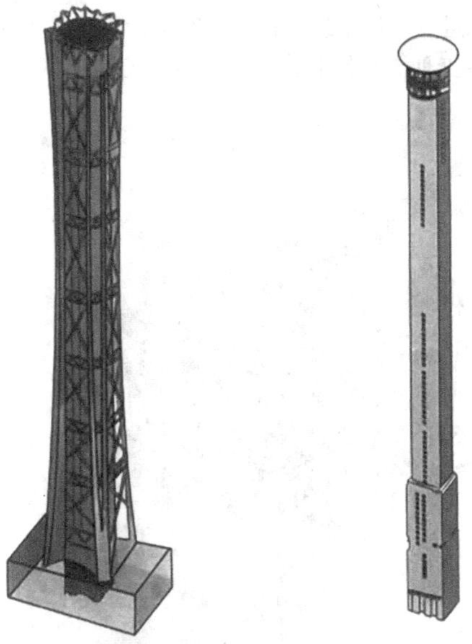

（a）中国尊外结构模型　　（b）中国尊内结构核心筒模型

图 1-11　中国尊模型

在中国尊建造过程中，BIM 系统解决了 90%以上的模型碰撞问题，超过 6200 个错误被及时发现并修改，返工和拆改率减少了 65%以上，BIM 系统使中国尊的施工速度提高了 1.4 倍。

BIM 与工程同步。主体结构一层完工后，BIM 系统并没有“完工”。高精度的三维激光扫描仪上阵，把这一层全方位、无死角、精准地扫描一遍，精度达 2 毫米。为了确保数据准确，每一层有 25 站，每一站三维扫描后，利用软件把数据生成点云投影文件，确保 BIM 与工程同步，其后续还可以对工程、室内装修设计起指导作用。

4）60 秒跃百层的电梯

电梯是超高层建筑最主要的交通工具，工程建造中大量的建筑材料、设备、人员都依靠电梯运送，但以往的施工电梯容量小、速度慢，严重制约超高层建筑的施工速度。深藏多项“黑科技”的跃层电梯，解决了以往施工中的垂直交通问题，让中国尊的主体验收时间提前了 120 多天。

一般来说，建筑中的施工电梯需要拆除，再安装客梯。中国尊 4 部跃层电梯既可以作为施工电梯用，验收后还可作为客梯用。中国尊电梯承载重物运行时，速度能达到 1～6 米/秒，是普通施工电梯的 4～6 倍（普通施工电梯速度只有 1～1.6 米/秒）。

中国尊跃层电梯的临时机房像钢平台那样随结构“长高”而爬升，每盖3～5层，跃层电梯就会“跳跃式”爬升一次；采用双层轿厢电梯，双倍容量，能装更多的人或货物，从而节省了时间；电梯的牵引绳采用碳纤维材料，与传统的钢丝绳相比，碳纤维绳极其轻便，可减少高达 80%的自身重量，大大节约了能耗，更耐摩擦，使用寿命更长。

中国尊可容纳 12 万人办公，所以内置 139 部电梯来满足日常需求，其中直梯 100 部、扶梯 39 部。直梯中的三部观光电梯可直达 108 层，速度可达 10 米/秒，从一层到顶层只需约 1 分钟。其余电梯在高（90～91 层）、中（59～60 层）、低（31～33 层）分区运行，分别设置三个空中大堂，与分区电梯相连。

3. 超高安全系数

1）强抗震能力

北京离环太平洋地震带较近，中国尊是全球第一座建在抗震设防烈度 8 度区域且高度超过 500 米的大楼，所以设计师们会着重研究如何提升中国尊的抗震能力。

除了底座又大又牢固，中国尊的内外结构还具有双层抗震能力。中国尊钢做的外结构，是由巨型柱和捆绑它的巨型斜撑及转换桁架组成的外框筒，各结构间的角度十分考究，以抵抗强大的地震冲击波；中国尊的核心筒不仅仅是钢筋混凝土结构，里面还有钢板剪力墙，有效增强了核心筒的牢固性。

2）无间隙消防保障

施工用的消防装置一般是简易的临时消防装置，防护并不全面，所以当楼建好后需要拆除临时消防装置，再布设正式消防体系。也就是说，在正式消防体系布好之前，建筑存在一定的消防隐患。

中国尊首创永临消防体系，正式消防体系提前投入使用。施工到哪一层，就设置一个新的水泵，消防系统就到哪一层，确保在建的中国尊每层都有消防保障。此消防系统一旦建立，不必拆除，永久使用。

3）“钢铁大侠”

中国尊就像一个“钢铁大侠”，其用钢量达 14 万吨。与同类建筑相比，中国尊的用钢量多出 50%，它建成时就成为国内超高强度钢材用量最大、比例最高的大楼。这个“钢铁大侠”无论是地基还是上层建筑，钢材都是主要材料。

中国尊外结构的巨型钢柱虽然里面是空腔的，但它们非常大，柱子横截面有 64 平方米；中国尊的地基是由钢板墙、翼墙，以及四根多腔体巨型钢柱构成，仅地基用钢量就达 1.3 万吨；中国尊中间细，上下端粗，是不利于抗震的（但有利于减弱风的作用力），为了增强其牢固性，多用了 2 万吨的钢材来建设“钢铁大侠”；巨型钢柱被制成一块一块能拼装的构件，把这些块状构件运到指定位置，像拼积木一样把它们向上拼接起来。

4. 舒适宜居的超高建筑

1）“移峰填谷”的冰蓄冷技术

一种环保新科技——冰蓄冷技术被用于中国尊空调制冷，每年可节省运行电费约 400 万元。空调是白天用电量高的主因，尤其在夏天，城市用电负荷巨大。在夜间用电低谷时制造冰，在白天利用冰吸热融化而制造的冷气给大楼降温，这种技术可缓解白天电量不足问题，产生了良好的效益。

2）智能楼宇

完工的中国尊在管理方面也运用了很多前沿科技（图 1-12）。机电设备自动监控系统，可对大楼内的空调、照明、排水等设备进行自动监控；智能传感系统，可感知人员定位、访客并进行管理，感知并监控大楼结构变形等；云计算技术应用，把数据统一部署在云平台上，实现软硬件资源共享和协同等。

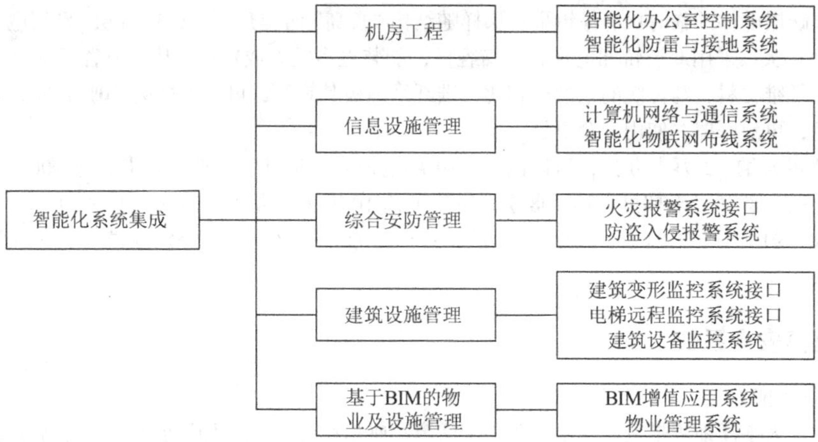

图 1-12 智能化系统

中国尊建设管理汲取了 EPC（engineering-procurement-construction，设计–采购–建造）、全生命周期管理、价值工程、并行工程、精益建造等先进管理理念，遵循分段实施、并行推进的整体开发思路，采用设计总包联合体模式、“双总包”施工管理模式，采取项目驱动法、分阶段“限额控制”成本管控，全方位、全过程应用 BIM 技术，推动了超高层建筑行业的技术进步和管理提升。

资料来源：陈馈等（2022）

第 二 课 堂

[1] 微信公众号：工程项目管理 MOOC 课程
[2] 纪录片《超级工程》《非凡工程狂想曲》《大国建造》
[3]《中国营造管理史话》（中国建筑工业出版社，2018 年）和《中国红旗渠》（河南文艺出版社，2015 年）
[4] PMI 中国（http://www.pmichina.org/）
[5] 美国项目管理协会（https://www.pmi.org）
[6] 中国工程咨询协会（https://www.cnaec.com.cn）

第二章　工程项目组织

☆导读

组织是管理五项职能（计划、组织、指挥、控制和协调）的重要组成部分，组织是项目管理顺利实施的重要保障。本章主要围绕工程项目组织结构展开，通过项目管理主体间和主体内的关系来介绍组织形式，阐述项目管理责任制度的内容。合理的组织形式是进行招投标、目标管理和管理策划的基础。本章各节关系如图 2-1 所示。

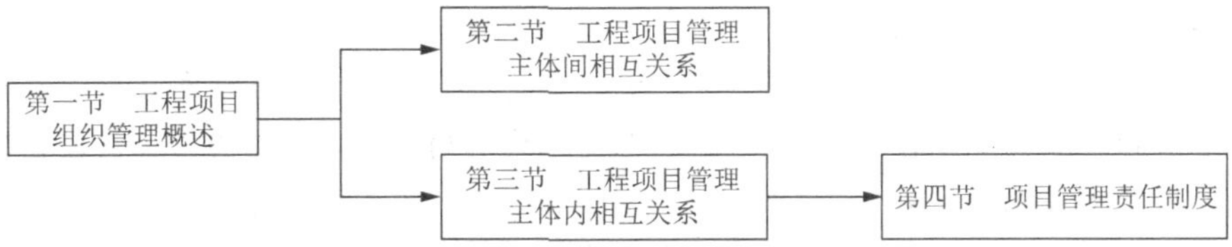

图 2-1　本章各节关系图

问题引入

1. 企业组织与项目组织之间的关系是什么?
2. 组织如何兼顾经济目标、社会目标和环境目标?
3. 平台型组织和虚拟项目团队对工程管理有何影响?

【导例】长城的建设和组织

长城是中国也是世界上修建时间最长、工程量最大的一项古代防御工程。它的修建，延续了 2000 多年，分布于中国北部和中部的广大土地上，总长度达 5 万多公里，被称为“上下两千多年，纵横十万余里”。如此浩大的工程，不仅在中国，就是在世界上，也是绝无仅有的，如图 2-2 所示。

图 2-2　长城

公元前 7 世纪的春秋时代，楚国最早修筑了“楚方城”，揭开了中国历史上长城修建的序幕。战国时期，齐、魏、赵、秦、燕等国也相继修建了“诸侯互防长城”。但是，这些长城都是一段一段的，没有连接起来，人们称它为“地长城”。

公元前 221 年，秦始皇吞并了诸侯六国，统一了天下，完成了中国历史上第一个封建集权统一国家的大业。为了巩固帝国的安全和生产的安定，防御北方强大匈奴的侵扰，于是大修长城。他将那些断续的防御工事连接成一个完整的防御系统，并加以扩展和修缮，第一次形成了一条西起甘肃临洮，东止辽东万余华里的长城，万里长城由此出现。秦代万里长城的建设由大将蒙恬和蒙毅负责，这种以政府或军队的领导负责大型工程项目管理的模式在我国持续了很长时间，使很多工程项目的建设获得了成功，这与中国的文化传统、政治和经济体制相关。

明代是长城修筑史上的极盛时期。历数各个朝代，明长城修筑的时间最长、规模最大、质量最高、建筑也最为精美，成为世界上最长的军事设施。它在文化艺术上的价值，足以与其在历史和战略上的重要性相媲美。

长城各段由城关、城墙、敌台、烽火台等构成，是我国古代各地和各民族统治集团间的军事防御工程体系。在修筑长城过程中，“就地取材”是工匠们总结出的一条宝贵经验，为了避免长距离的运输，节约人力、物力、财力，在不同的地理地质条件下，采取不同的建筑材料，如在沙砾多的地方就用沙砾堆积而成，而在黄土高原上就用黄土夯筑而成。它与埃及金字塔都是众人称颂的罕见的典型项目。

第一节　工程项目组织管理概述

项目组织是由项目的行为主体构成的系统。由于社会化大生产和专业化分工，一个项目的参加单位（或部门）可能有几个、几十个，甚至成百上千个，常见的有业主、承包商、设计单位、监理单位、分包商、供应商等。它们之间通过行政或合同关系连接而形成一个庞大的组织体系，为了实现共同的项目目标承担着各自的项目任务。

一、组织和组织结构

1. 组织

汉语中，组织的原始意义是编制的意思。组织是为实现其目标而具有职责、权限和关系等自身职能的个人或群体。管理领域“组织”一词有两方面的含义，其一，是指为了某种目的按照一定功能和要求建立起来的集体或系统，如一个企事业单位或社会团体；其二，是指安排分散的人或物使之具有一定功能和系统性的行为过程，即强调组织关系建立的行为和方式。

“组织”一词的两方面含义派生出组织管理理论的两个分支，即组织结构学和组织行为学。组织结构学侧重于组织的静态研究，以建立高效的组织机构为目的；组织行为学侧重于组织的动态研究，以建立良好的组织关系和实现组织职能为目的。

组织的成功或失败经常归因于组织文化。组织文化是被组织成员共同接受的价值观念、思维方式、工作作风、行为准则等群体意识的总称。组织通过培养、塑造这种文化，来影响成员的工作态度，引导实现组织目标，因此，根据外在环境的变化适时变革组织文化被视为组织成功的基础。

2. 组织结构

组织结构是指组织内部各构成要素相结合的形式和相互关系，是组织管理的主要研究对象。为保证组织结构的协调运行和组织目标的有效实现，必须对组织要素之间的相互关系和运作规则进行优化设计。

组织结构设计的具体内容有：设置组织内各个职能部门并明确各部门及人员职责；确定各部门及人员的权力和相互关系；确定组织内指令下达和信息沟通方式；确定各种规章制度和工作流程。

组织结构设计需要遵循一些共同原则。

（1）因事设职和因人设职相结合的原则。为保证组织目标的实现，必须将任务落实到具体的岗位和部门。

（2）权责对等的原则。权责对等意味着权力和责任不能相脱离，权力大于责任易导致不负责任地滥用职权，权力过小易导致责任无法落实，任务无法完成。

（3）目标明确、命令统一的原则。组织系统目标明确、命令统一才能防止政出多门，遇事互相推诿及多头领导或无人负责现象，才能有效地协调和统一各方面的力量与整个组织的活动。

（4）分工与协作相一致的原则。一般而言，分工越细，专业化水平越高，责任越明确，但易出现机构增多和协作工作量增加，甚至协作困难。反之，分工较粗，机构设置会减少，协调容易，但专业化水平低，易产生互相推诿责任的现象。

（5）管理跨度与管理层次相适应的原则。管理跨度也称管理幅度，是指某一组织单元或管理人员能有效地直接管理下一层次组织单元的数量或下属人员数。管理层次是指纵向的组织层级数。管理跨度与管理层次呈反向相关关系。管理跨度小，管理层次就会增加；要压缩管理层次，管理跨度就得扩大。一般来说，直接管理的下级以4～7人为宜。合理确定管理跨度和管理层次是一个非常复杂的问题，就总体而言，组织机构有“宽跨度、少层次”和“窄跨度、多层次”两类形式。对一个特定的组织，其适宜的管理跨度和管理层次取决于多种因素，尚无固定的模式，一般主张采用扁平化组织。

（6）合理授权与分权的原则。授权是上级决定的，将属于上级的权力授予下级，是一个短期性质的行为；分权是组织权责制度规定的，某一部分权力归下级所有，是一个长期性质的行为。组织的职权结构和职权关系，对组织的运营十分重要，必须恰当地授权和分权。授权和分权是相对于集权而言的，集权的长处在于可以统一指挥、统一步调、提高效率、加强控制；分权有利于激发下属的工作热情，更易使高层管理者集中精力考虑本组织的发展战略和目标问题。

二、工程项目组织

1. 工程项目组织的含义

工程项目组织是指为完成工程任务而建立起来的，从事项目工作的组织系统。它包括两个层面：一是项目业主、承包商等管理主体之间的相互关系，即通常意义上的项目管理模式；二是某一管理主体内部针对具体工程项目所建立的组织关系。

2. 工程项目组织的特点

工程项目的特点决定了工程项目组织的特殊性。

（1）项目组织具有临时组合性特点，是一次性、暂时性的。项目组织的寿命与它所承担的工程任务时间长短有关，即使项目管理班子人员未变，但项目的改变也应该认为这个组织是一次性的。

（2）项目目标和任务是决定项目组织结构和组织运行的重要因素。由于项目管理主体来自不同单位或部门，各自有独立的经济利益和责任，必须在保证项目总目标的前提下，按项目合同和项目计划进行工作，完成各自的任务。

（3）项目的组织管理既要研究项目各参与单位之间的相互关系，又要研究某一单位内部的项目组织形式。

（4）项目各参与单位之间的组织关系主要是合同关系；单位内部是一种分工与协作的关系，一般采用内部承包责任制，项目组织依附于企业组织而存在。

（5）项目组织较企业组织更具有弹性和可变性，这不仅表现为项目组织成员随项目的进展而不断地调整其工作内容和职责，甚至变换角色，而且当采用不同的项目管理模式时，则有不同的项目组织形式。

（6）由于项目组织的一次性和可变性，以及参与单位的多样化，很难构成较为统一的行为方式和组织文化，这使得项目组织管理较一般企业组织管理更加困难和复杂。

项目建设各参与单位根据项目特点和合同关系建立本单位的项目组织。主要包括：确定项目管理目标；确定项目管理工作内容；确定项目组织结构形式；确定项目组织结构管理层次和跨度；确定工作岗位和职责，配置工作人员；确定工作流程和信息流程；制定考核标准。

第二节　工程项目管理主体间相互关系

一、传统计划经济体制下工程项目管理组织模式

从中华人民共和国成立至20世纪80年代，我国固定资产投资基本上是由国家统一安排计划、统一财政拨款。在我国当时经济基础薄弱、建设资金和物资短缺的条件下，这种方式对国家集中有限的人力、财力、物力进行经济建设起到了积极作用。当时的工程项目建设管理组织模式主要采用工程建设指挥部制和建设单位自营自管制两种形式。

1. 工程建设指挥部制

工程建设指挥部一般是在前期工作阶段先成立项目筹建处，在工程开工前正式组建。指挥部由项目主管部门从本行业、本地区所管辖单位中抽调专门人员组成。对一些投资规模大、协作关系复杂的大型项目，在指挥部之上还要成立由中央部门和地方主要领导参加的项目建设领导小组。

工程建设指挥部全面负责从项目建设前期直至投产验收的组织管理工作。其主要职责是：认真贯彻执行国家有关投资与建设的方针、政策、法规、规范和标准，按照国家计划和批准的设计文件组织工程建设，统一领导、指挥参加工程建设的各有关单位，确保建设项目在国家核定的投资范围内，保质、保量、按期建成投产，发挥效益。其组织形式如图 2-3 所示。

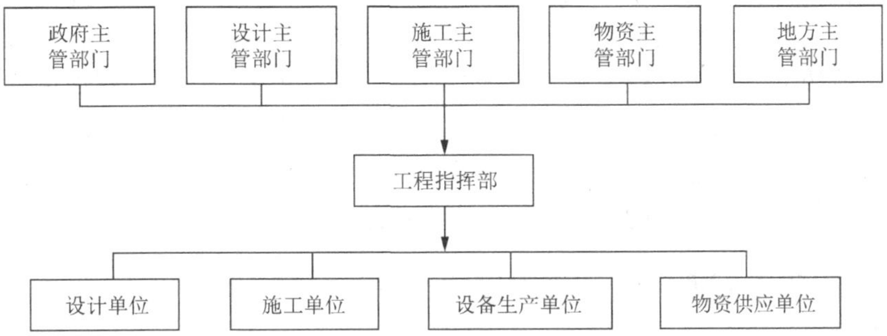

图 2-3　工程建设指挥部组织形式

工程建设指挥部是政府主管部门的派出机构，又有各方面主要领导组成的领导小组的指导与支持，在行使建设单位的职能时有较大的权威性。实践证明，工程建设指挥部在我国工程建设史上发挥了巨大的作用。但同时应看到，这种管理模式存在着以下弊端。

（1）工程建设指挥部不是一个独立的经济实体，缺乏明确的经济责任制约。指挥部拥有投资建设管理权，却对投资的使用和回收不承担任何责任。也就是说，作为管理决策者，却不承担决策风险。

（2）工程建设指挥部是一个临时组建的机构，并非一个专业化、社会化的管理机构，人员的专业素质难以保证，导致工程建设的管理总在低水平线上徘徊。

（3）工程建设指挥部管理模式基本上采用行政管理的手段，过于强调管理的指挥职能，忽视了客观经济规律的作用和合同手段。

这种传统工程项目管理模式的不足，使得我国工程项目管理水平和投资效益长期得不到提高，建设投资、质量目标失控现象时有发生。

2. 建设单位自营自管制

在建设单位内部设立固定或临时基本建设管理机构，是建设单位进行工程建设活动普遍采用的一种组织管理模式。采用这一形式的多是一些规模较大、建设任务多的大中型企业。有的企业不仅拥有较强的项目管理班子，还有自己的设计、施工队伍；有的企业只拥有较完整的项目管理机构，设计、施工队伍则需要通过招标形式进行选择，其组织形式如图 2-4 所示。

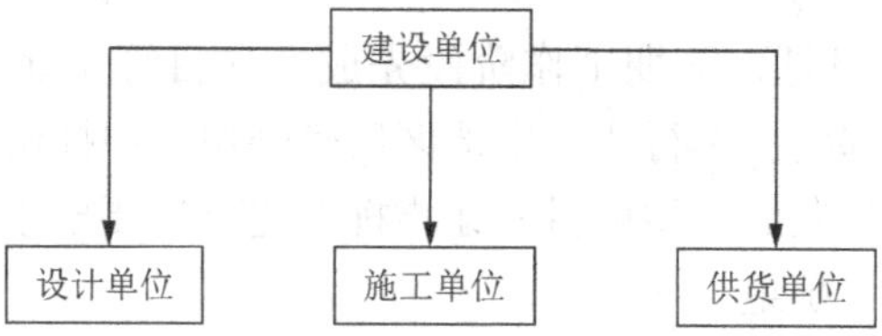

图 2-4　建设单位自营自管制组织形式

与指挥部不同的是，企业的基建管理机构一般不独立对外，有关建设方面的问题都以其企业的名义进行联系。但从企业基建管理机构的工作内容上看，它实际上行使着建设单位的职能，因而其职责和任务与指挥部大体相同。

建设单位自营自管制的主要优点是：建设与生产紧密结合，可减少建设与生产部门之间的矛盾，可以充分利用现有企业的资源和有利条件，加快建设速度；对自己的设计队伍、施工队伍的调动也比较灵活。不足之处是：企业集生产单位、建设单位两种职能于一身，往往无法正确核算生产与建设的效益；基建管理人员专业化程度低，不利于积累建设经验；此外，自己拥有设计、施工队伍的企业，易吃企业内部的“大锅饭”，在建设任务不足时，这些队伍的存在可能成为企业的包袱。

二、现阶段工程项目管理基本模式

（一）基本建设管理体制的改革与完善

工程建设领域实行建设项目法人责任制、建设工程监理制度、工程建设招投标制度和工程建设合同管理制度，是我国工程建设管理体制深化改革的重大举措。这四项制度密切联系，共同构成了我国工程建设管理的基本制度，也为我国工程项目管理提供了法律保障。

1. 建设项目法人责任制

国家计委于 1992 年 11 月印发了《关于建设项目实行业主责任制的暂行规定》，要求国有单位基本建设项目原则上都要实行业主责任制。经过几年的实践证明，实行业主责任制有助于落实投资责任，初步改变了筹资建设与经营还贷脱节的弊端，这对于控制建设投资、提高工程质量、加快建设进度起到了积极作用。但同时发现，项目业主责任制存在一些需要解决的问题，如项目业主身份不清、项目业主班子不规范、项目业主难以行使法律权利等。

为了进一步建立投资责任约束机制，国家计委在《中华人民共和国公司法》的基础上，于 1996 年 4 月印发了《关于实行建设项目法人责任制的暂行规定》，要求“国有单位经营性基本建设大中型项目在建设阶段必须组建项目法人”，做到先有法人，后有项目。项目法人责任制的核心内容是明确由项目法人承担投资风险，项目法人要对工程项目的建设及建成后的生产经营实行一条龙管理和全面负责。

2. 建设工程监理制度

通过对我国几十年建设工程管理实践的反思和总结，并借鉴国外工程管理经验，项目管理实践和理论界普遍认识到：建设单位的工程项目管理是一门专门的学问，需要专门的机构和人才，建设单位的工程项目管理必须走专业化、社会化的道路。在此基础上，建设部于 1988 年发布了《关于开展建设监理工作的通知》，要求开展监理试点工作。1995 年 12 月建设部和国家计委联合颁布 737 号文件《工程建设监理规定》，1997 年 11 月建设工程监理制度纳入《中华人民共和国建筑法》的规定范畴。为了规范建设工程监理与相关服务行为，提高建设工程监理与相关服务水平，2000 年 12 月国家质量技术监督局和建设部联合发布《建设工程监理规范》（GB 50319—2000），2013 年 5 月进行修订并形成《建设工程监理规范》（GB/T 50319—2013），自 2014 年 3 月 1 日起实施。

3. 工程建设招投标制度

1983 年 6 月 7 日城乡建设环境保护部颁发了《建筑安装工程招标投标试行办法》，这是我国第一个招投标的部门规章。1984 年 9 月 18 日颁布的《国务院关于改革建筑业和基本建设管理体制若干问题的暂行规定》中提出要"大力推行工程招标承包制"，这是第一个关于招投标制度的国家法规。1999 年 8 月 30 日第九届全国人民代表大会常务委员会第十一次会议通过了《中华人民共和国招标投标法》（以下简称《招标投标法》），2017 年 12 月 27 日第十二届全国人民代表大会常务委员会第三十一次会议进行了修正。2011 年 11 月 30 日国务院第 183 次常务会议通过《中华人民共和国招标投标法实施条例》，自 2012 年 2 月 1 日起施行，2018 年 3 月 19 日进行了第二次修订，2019 年 3 月 2 日进行了第三次修订。招标投标制是社会主义市场经济条件下建筑市场买卖双方的一种主要交易方式，是由建筑生产特有的规律决定的。

4. 工程建设合同管理制度

为了使勘察、设计、监理、施工、材料设备供应等单位依法履行各自的责任和义务，在工程建设中必须实行合同管理制度。我国从 1979 年开始由国家建设委员会相继颁发了《关于试行基本建设合同制的通知》《建筑安装工程合同试行条例》《勘察设计合同试行条例》等法规文件。1999 年 3 月 15 日第九届全国人民代表大会第二次会议通过了《中华人民共和国合同法》，我国工程建设进入了一个法制化和科学化的新时期。住房和城乡建设部、国家工商行政管理总局先后制定了《建设工程设计合同示范文本（房屋建筑工程）》（GF—2015—0209）、《建设工程勘察合同（示范文本）》（GF—2016—0203）和《建设工程施工合同（示范文本）》（GF—2017—0201）。

（二）工程项目管理相关方组织关系的基本形式

工程建设相关法律法规和管理制度的实施，形成了一种以项目法人为主体的工程招标体系，以设计、施工承包商为主体的工程投标体系，以建设监理单位为主体的咨询、管理体系构成的三元主体结构。三者之间以工程项目为中心，以经济为纽带，以合同为依据，相互协作、相互制约，构成了现阶段我国工程项目管理的主要模式，如图 2-5 所示。

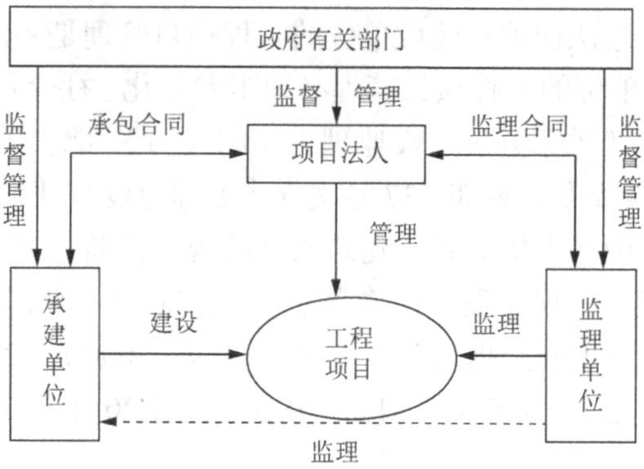

图 2-5　项目相关方组织关系

（三）不同发承包方式引起相关方组织关系的变化

由于工程发承包方式不同及承包商从业资质的差别，项目相关方组织关系形式会发生相应的变化，主要有设计建造（D-B）总承包、设计施工分别总承包、设计施工分别平行分包等方式。

1. 设计建造总承包

设计建造总承包（工程总承包）是指业主将施工图设计、施工工作全部发包给一家公司，由其进行施工图设计、施工工作，最后向业主交出一个已达到使用条件的工程项目，组织关系如图 2-6 所示。在设计建造总承包模式下，业主与总承包单位只签订一份合同，一般宜委托一家监理企业进行监理。

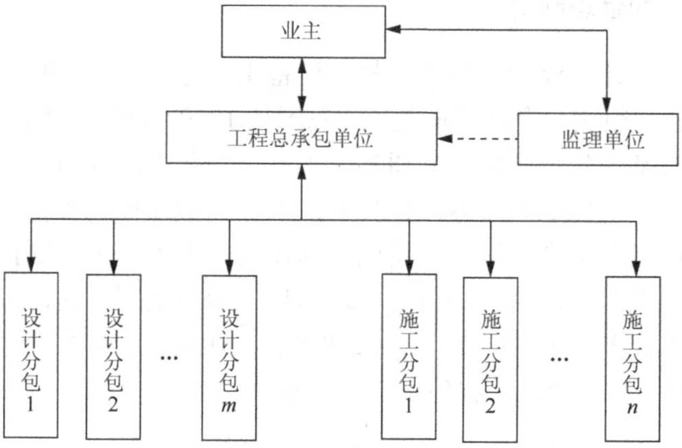

图 2-6　设计建造总承包

2. 设计施工分别总承包

设计施工分别总承包也称设计、施工总分包，是指业主将工程设计、施工等工作分别发包给设计单位和施工单位。业主分别只与一个设计总包单位和一个施工总包单位签订合同。

对设计施工分别总承包模式，业主可以委托一家监理单位进行全过程监理，也可以按设计阶段和施工阶段分别委托监理单位，相应的组织关系如图 2-7 和图 2-8 所示。

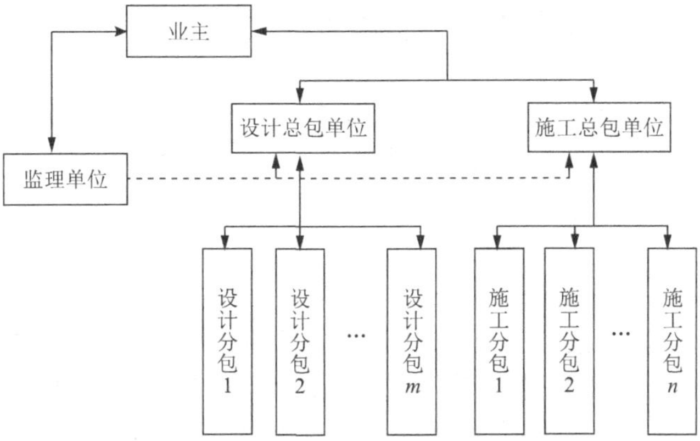

图 2-7　设计施工分别总承包（一）

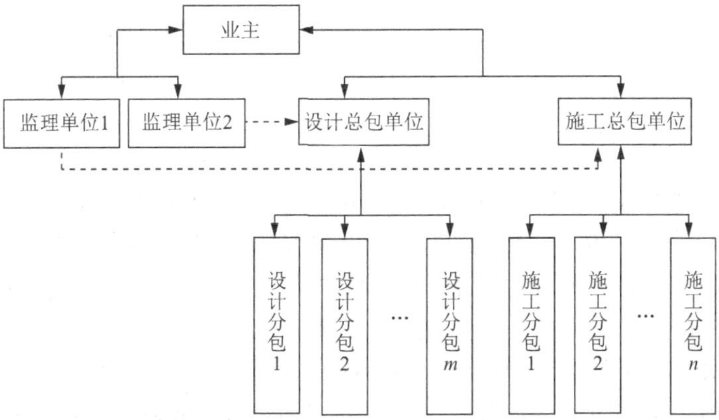

图 2-8　设计施工分别总承包（二）

3. 设计施工分别平行分包

设计施工分别平行分包是指业主将项目设计与施工直接平行分包给若干设计、施工单位和材料设备供应厂家，业主分别与这些设计、施工单位和材料设备供应厂签订合同，承包合同数量比其他发承包模式要多，协调工作量大。对设计、施工分别平行分包模式，业主可以委托一家监理单位（图 2-9），也可以按阶段和专业分别委托多家监理单位进行监理。

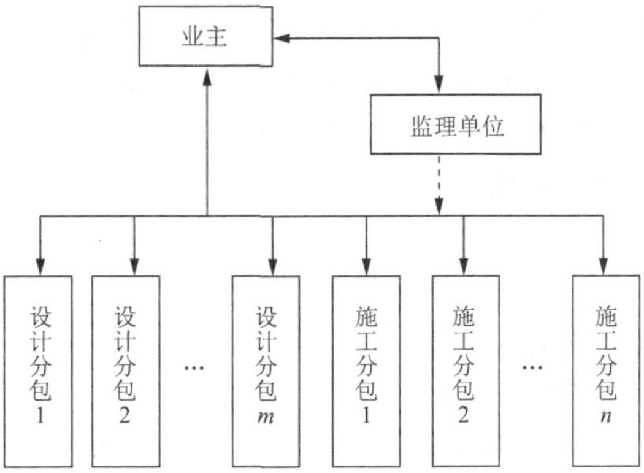

图 2-9　设计施工分别平行分包

三、国内外工程项目管理的其他模式

随着社会经济水平的发展和项目管理技术的进步，工程项目管理模式也在不断发展，国际上出现了许多新型工程项目管理模式，有些模式在我国已被广泛采用。

1. 设计–招标–建造模式

设计–招标–建造（design bid build，D-B-B）模式是一种传统的工程项目管理模式，在国际上比较通用，世界银行、亚洲开发银行贷款项目均采用这种模式。在这种模式下，由业主委托咨询单位进行可行性研究等前期工作，待项目评估立项后与设计机构签订设计合同，由设计机构负责提供项目的设计和施工文件，在设计阶段进行施工招标文件准备，随后通过招标选定承包商。业主和承包商订立工程施工合同，承包商与分包商和供应商可单独订立合同并组织实施。业主一般指派业主代表与咨询单位和承包商联系，负责有关的项目管理工作。

2. 建筑工程管理模式

建筑工程管理模式即 CM（construction management）模式，20 世纪 60 年代发源于美国，80 年代以后在国外广泛流行。CM 模式就是采用快速路径法进行施工，从开始阶段就雇用具有施工经验的咨询监理单位（CM 单位）参与到建设工程实施过程中来，以便为设计人员提供施工方面的建议，随后负责管理施工过程。这种模式改变了过去那种设计完成后才进行招标的传统模式，采取分阶段发包，由业主、CM 单位和设计单位组成一个联合小组，共同负责组织和管理工程的规划、设计和施工，CM 单位负责工程的监督、协调和管理工作，在施工阶段定期与承包商会晤，对成本、质量和进度进行监督，并预测和监控成本、进度的变化。其最大优点就是可以缩短工程从规划、设计到竣工的周期，节约建设投资，减少投资风险，可以较早取得收益。CM 模式有两种形式：代理型 CM/Agency 和非代理型 CM/Non Agency。

代理型 CM 又称纯粹型 CM 模式，采用代理型 CM 时，业主分别与设计、施工单位签订承包合同，与 CM 单位签订咨询服务合同，我国建设监理制就源于这种模式。

非代理型 CM 又称风险型 CM 模式，采用非代理型 CM 模式时，业主一般不与施工单位签订合同，而由 CM 单位与施工单位、材料设备供应单位签订合同，业主与 CM 单位签订的合同既包括咨询服务内容，也包括施工承包内容。

不论哪一种形式，应用 CM 模式都需要具备丰富的施工经验和较高的管理水平，这是应用 CM 模式的关键和前提条件。

3. 设计–管理模式

设计–管理（design-manage）模式类似 CM 模式，但更为复杂，是由同一实体向业主提供设计和施工管理服务的工程管理方式。在通常的 CM 模式中，业主分别就设计和施工管理服务签订合同，而采用设计–管理模式时，业主只签订一份既包括设计也包括类似 CM 服务在内的合同。在这种情况下，设计机构和管理机构是同一实体。这一实体常常是设计机构和施工管理企业的联合体。

4. 建造–运营–移交模式

建造–运营–移交（build-operate-transfer，BOT）模式是指政府部门就某个基础设施项目与项目公司（由私人资本组成）签订特许权协议，授权项目公司负责承担该基础设施项目的投资、融资、建设、经营和维护。在协议规定的特许期限内，项目公司可在该基础设施建成后，通过经营收取一定的费用以抵偿该项目投资、融资、建设、经营和维护的成本，并获取合理的利润。政府部门则拥有该基础设施的规划权、监督权和调控权。特许期满后，项目公司无偿将该设施转让给政府部门。现在 BOT 具有许多变体，主要如下。

BOO（build-own-operate），即建造–拥有–经营。

BOOT（build-own-operate-transfer），即建造–拥有–经营–转让。

BL/RT（build-lease/rent-transfer），即建造–租赁–经营。

BROT（build-rent-operate-transfer），即建造–租赁–经营–转让。

TOT（transfer-operate-transfer），即转让–经营–转让。

5. 设计–采购–建造模式

设计–采购–建造（engineering-procurement-construction，EPC）模式包括具体的设计工作、总体策划、实施组织管理策划和具体工作。在 EPC 模式下，业主只要大致说明一下投资意图和要求，其余工作均由 EPC 承包单位来完成。业主不聘请监理工程师来管理工程，而是委派业主代表来管理工程。承包商承担设计风险、自然力风险、不可预见风险等大部分风险，一般采用总价合同。EPC 模式适用于规模较大、工期较长，且技术复杂性的工程，如发电厂、石油开发等基础设施项目。国内工程总承包（EPC）是依据合同约定对建设项目的设计、采购、施工和试运行实行全过程或若干阶段的承包。

6. PPP 模式

PPP 融资，即政府与社会资本合作模式，是指政府与社会投资者合作投资基础设施。从更广泛的意义上讲，只要是旨在促进社会资本与政府合作进行基础设施发展的模式都可以归为这一类别。PPP 模式主要是围绕基础设施特许经营权，本质上是政府部门和社会投资者之间一系列复杂的合约安排，要平衡政府部门和社会资本相关方的利益与要求，以及合理分配各方的责任和应承担的风险。通过协商，明确基础设施项目的建设方案和运营方案，围绕项目的融资活动进行相应的规划，提供各自的支持和配合，并根据这种参与协商的结果，形成特许经营的协议框架，合作各方再根据特许经营协议来实施该项目。国内基础设施和公用事业特许经营是指政府采用竞争方式依法授权我国境内外的法人或者其他组织，通过协议明确权利义务和风险分担，约定其在一定期限和范围内投资、建设、运营基础设施和公用事业并获得收益，提供公共产品或者公共服务。

7. 合伙模式

合伙（partnering）模式是在充分考虑建设各方利益的基础上确定建设工程共同目标的一种管理模式，于20世纪80年代中期首先出现在美国。它一般要求业主与参建各方在相互信任、资源共享的基础上达成一种短期或长期的协议，通过建立工作小组相互合作、及时沟通，以避免争议和诉讼的产生，共同解决建设工程实施过程中出现的问题，共同分担工程风险和有关费用，以保证参与各方目标和利益的实现。合伙协议不是严格法律意义上的合同，它总是与其他管理模式结合使用。合伙模式具有：双方的自愿性、高层管理的参与性、信息的开放性等特征。该模式的特点决定了它适用于：业主长期有投资活动的建设工程，不宜采用公开招标或邀请招标的建设工程，不确定因素较多的建设工程，国际金融组织贷款的建设工程。

8. 项目总控模式

项目总控（project controlling，PC）模式是20世纪90年代中期在德国首次出现并形成相应的理论。Peter Greiner博士首次提出了PC模式，并将其成功应用于德国统一后的铁路改造和慕尼黑新国际机场等大型建设工程。PC模式是为适应大型和特大型建设工程高层管理人员决策需要而产生的，是工程咨询和信息技术相结合的产物，其核心就是以工程信息流处理的结果指导和控制工程的物质流。PC方实质上是工程项目业主的决策支持机构。PC模式不能作为一种独立的模式，往往与其他管理模式同时并存。

9. 全过程工程咨询模式

全过程工程咨询是咨询人在建设项目投资决策阶段、工程建设准备阶段、工程建设阶段、项目运营维护阶段，为委托人提供涉及技术、经济、组织和管理在内的整体或局部的服务活动，包括全过程总控管理服务和单项咨询服务，其中单项咨询又包括基本咨询和专项咨询。国家推广工程造价咨询制度，对建筑工程项目实行全过程造价管理。鼓励发包方委托工程造价咨询企业提供全过程工程咨询服务。

全过程总控管理是指为实现项目预期的进度、成本、质量、效益等总体目标，咨询人通过对项目进行策划、组织、协调和控制等全过程总体统筹，运用专门的知识、技能、工具和方法，对建设项目全过程进行管理的活动。

基本咨询是对建设项目的投资决策、工程建设和维护运营等活动起到根本性影响作用的专业咨询服务，包括项目投资决策咨询、工程勘察设计、工程监理、工程招标采购、工程投资造价咨询、项目运营维护咨询等。专项咨询是对建设项目的投资决策、工程建设和维护运营等活动起到一定影响作用的专业咨询服务，包括不限于项目政策法律、项目产业、项目融资、项目特许经营、项目财务、项目信息、项目风险、项目绿色建筑、项目工程保险、项目资产评估、项目后评价等。

10. 代建制

2004年7月颁布的《国务院关于投资体制改革的决定》（国发〔2004〕20号）明确

指出，“对非经营性政府投资项目加快推行‘代建制’”。即政府通过招标的方式，选择专业化的项目管理单位负责建设实施，严格控制项目投资、质量和工期，竣工验收后移交给使用单位。在我国固定资产投资的实践中，代建制产生了积极的作用。代建制作为一项制度，其重要意义是依靠专业化组织和人员实行社会化管理，降低管理成本，提高建设工程投资效益，增加投资实施情况的透明度，方便监督管理，解决业主外行、管理分散、机构设置重复等问题，体现了现代化生产发展规律的要求，有利于推进政府部门的职能转变。实行代建制以后，政府主管部门的职责是投资决策、市场选择和监管评估。代建单位是中介组织，是法人单位，其收益办法是收取代理费或咨询费，从节约的投资中提成，其工作性质是工程管理和咨询，只承担管理和咨询风险，而不承担工程风险。

四、工程项目管理模式的社会化程度和特点

在现代社会，工程项目管理越来越趋向社会化。不同的管理模式社会化程度不同，业主自己管理是最低层次的社会化；工程项目管理承包（或服务）是比监理制更为完备的社会化方式；而代建制是最完备的、高层次化的社会化工程项目管理，业主或投资者很少介入具体的工程项目管理工作，如图 2-10 所示。

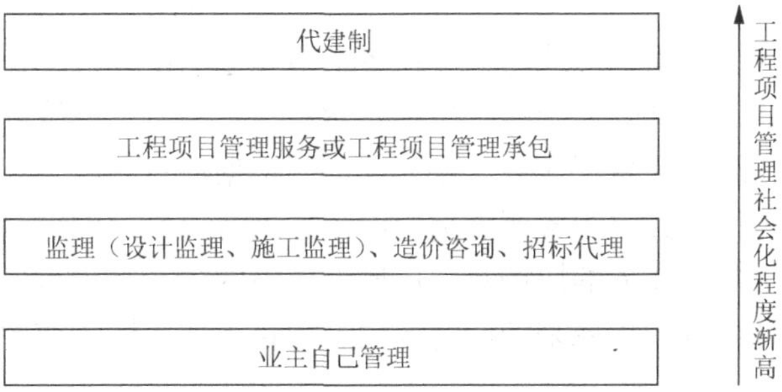

图 2-10　各种管理模式的社会化程度

工程项目管理的社会化具有以下优点。

（1）工程项目管理者与工程没有直接的利益关系，具有独立性、公正性、专业化、知识密集型的特点，能站在公正的立场上，公正、公平、合理地处理和解决问题，调解争执，协调和平衡各方面的关系，使工程中各方利益得到保护和平衡，使业主、承包商和供应商互相信赖，保证工程有一个良好的合作氛围。

（2）对业主来说，方便、简单、省事。业主只需和工程项目管理公司（咨询公司或代建单位）签订管理合同，支付管理费用，在工程中按合同检查、监督工程项目管理公司的工作。对承包商的工程只需做总体把握，答复请示，做决策，而具体事务性管理工作都由工程项目管理公司承担。

（3）促进工程项目管理的专业化，工程项目管理经验容易积累，管理水平高。与业主相比，工程项目管理公司熟悉工程技术和工程实施过程，有丰富的工程项目管理经验和经历，能将工程的设计、计划做得十分周密和完美，能够对工程的实施进行最有力的控制，保证工程项目管理的科学性和高效性，更能够保证工程的成功。

（4）工程项目管理的社会化也存在许多基本矛盾和问题，主要是工程项目管理者在建设工程中责权利不平衡；工程项目管理者的工作很难用数量来定义，他的工作业绩很难评价和衡量；工程的成功依赖他的努力，但他的收益与工程的最终效益无关；在工程中他有很大的权力，但却不承担或承担很少的工程经济责任等。

社会化的工程项目管理需要业主充分授权，需要业主对工程项目管理者完全信任，更需要工程项目管理者有很高的管理水平和职业道德。

第三节　工程项目管理主体内相互关系

工程项目管理组织机构形式应根据工程项目规模及特点、工程项目组织模式和项目管理单位自身情况等确定，常见的工程项目组织形式有职能式、项目式和矩阵式等。

一、职能式组织形式

1. 职能式组织的含义和结构图

层次化的职能式管理组织形式是当今世界上最普遍的组织形式，是指企业按职能划分部门，如一般企业设有计划、采购、生产、营销、财务、人事等职能部门。采用职能式组织形式的企业在进行项目工作时，各职能部门根据项目的需要承担本职能范围内的工作，项目的全部工作可分解为各职能部门的工作进行。这样的项目组织没有明确的项目主管经理，项目中各种业务的协调只能由职能部门的主管来进行。项目组织的界限不十分明确，小组成员没有脱离原来的职能部门，项目工作多属于兼职工作性质。一般职能式组织形式如图 2-11 所示。

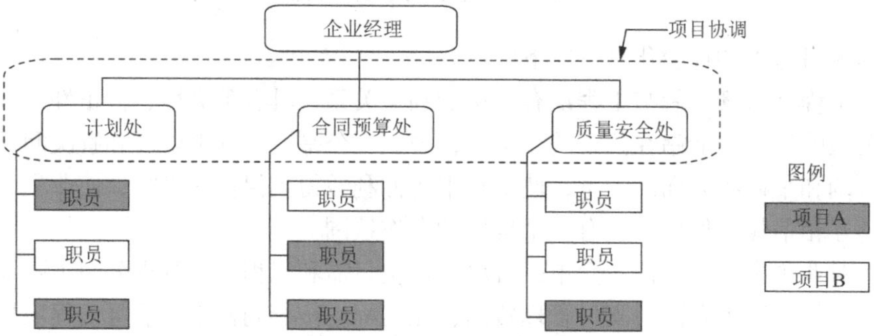

图 2-11　职能式组织结构示意图

2. 职能式组织的优点

（1）资源利用上具有较大的灵活性。各职能部门主管可以根据项目需要灵活调配人力、财力等资源，待所分配的工作完成后，可做其他日常工作，降低了资源闲置成本，提高了资源利用率。

（2）有利于提高企业技术水平。职能式组织形式是以职能的相似性划分部门的，同一部门人员可交流经验、共同研究，提高业务水平。

（3）有利于协调企业整体活动。由于职能部门主管只向企业领导负责，企业领导可以从全局出发协调各部门的工作。

3. 职能式组织的缺点

（1）责任不明，协调困难。由于各职能部门只负责项目的一部分，没有一个人承担项目的全部责任，各职能部门内部人员责任也比较淡化。

（2）不能以项目和客户为中心。职能部门的工作方式常常是面向本部门的，不是以项目为关注焦点，项目和客户的利益往往得不到优先考虑。

（3）技术复杂的项目，跨部门之间的沟通比较困难。

4. 职能式组织的应用

职能式组织主要适合于生产、销售标准产品的企业，工程承包企业和监理企业较少采用这一组织形式，项目经理部或项目监理部可采用这种如图 2-12 所示的形式。

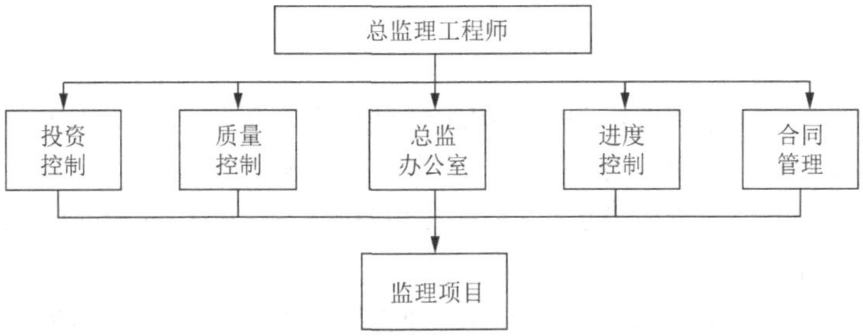

图 2-12　某项目监理部职能式组织

二、项目式组织形式

1. 项目式组织的含义和结构图

项目式组织是根据企业承担的项目情况从企业组织中分离出若干个独立的项目组织，项目组织有其自己的营销、生产、计划、财务、管理人员。每个项目组织有明确的项目经理，对上接受企业主管或大项目经理的领导，对下负责项目的运作，每个项目组之间相对独立。如某企业有甲、乙、丙三个项目，企业主管则按项目甲、乙、丙的需要分配人员和资源，形成甲、乙、丙三个独立的项目组，项目结束以后项目组织随之解散。项目式组织结构如图 2-13 所示。

2. 项目式组织的优点

（1）以项目为中心，目标明确。项目式组织是基于项目而组建的，项目组成员的中心任务是按合同完成工程项目，目标明确、单一，团队效率得以充分发挥。所需资源也是依据项目划分的，便于协调。

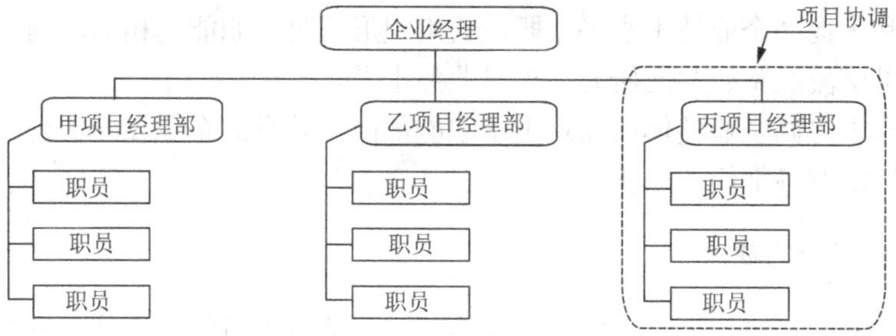

图 2-13　项目式组织结构示意图

（2）权力集中，命令一致，决策迅速。项目经理对项目全权负责，项目组成员对项目经理负责，项目经理在项目范围内具有绝对控制权，避免了多重领导、无所适从的局面。权力的集中使项目组织能够对业主的需求和高层管理的意图做出更快的响应。

（3）项目组织从职能部门分离出来，使得沟通变得更为简洁。从结构上来说，项目式组织简单灵活，易于操作。

（4）有利于全面型管理人才的成长。项目组织涉及多种管理职能，为全面型管理人才提供了成长之路。

3. 项目式组织的缺点

（1）机构重复，资源闲置。项目式组织按项目设置机构、分配资源，每个项目都有自己的一套机构，这会造成人力、技术、设备等的重复配置。

（2）项目式组织较难给成员提供项目组之间相互交流、相互学习的机会，不利于企业技术水平的提高。

（3）不利于企业领导整体协调，项目经理容易各自为政，项目成员容易忽略企业领导，从而只重视项目利益，忽视企业整体利益。

（4）项目成员与项目有着很强的依赖关系，但项目成员与其他部门之间有着清晰的界限，不利于项目与外界的沟通。

（5）项目式组织形式不允许同一资源同时分属不同的项目，对项目成员来说，缺乏工作的连续性和保障性，进一步加剧了企业的不稳定性。

4. 项目式组织的应用

项目式组织广泛应用于建筑领域、航空航天领域等周期性长的大型项目，也能应用到非营利机构，如募捐活动的组织、相关庆祝活动、大型聚会等。

三、矩阵式组织形式

1. 矩阵式组织的含义和结构图

职能式组织和项目式组织各有其优点和不足，为了最大限度地发挥项目式组织和职能式组织的优势，尽量避免其缺点，产生了矩阵式组织。事实上，职能式组织和项目式组织是两种极端的情况，矩阵式组织将按职能划分的纵向部门与按项目划分的横向部门结合起来，在职能式组织的垂直层次结构上，叠加了项目式组织的水平结构，构成类似于数学矩阵的管理组织系统。

作为职能式组织和项目式组织的结合，矩阵式组织可采取多种形式，这取决于它偏向于哪个极端，即取决于项目经理被授予的权力。一般有三种形式：强矩阵组织形式、弱矩阵组织形式、平衡矩阵组织形式。

（1）强矩阵组织形式。强矩阵组织类似于项目式组织，因此也称项目矩阵，但项目并不从公司组织中分离出来作为独立的单元。项目成员来自不同的职能部门，根据项目的需要，全职或兼职地为项目工作。在强矩阵组织中，项目经理直接向企业最高管理层或大项目经理负责，并由最高管理层授权，在项目活动的内容和时间方面对职能部门行使权力。而职能部门对各种资源做出合理的分配和有效的调度，如图 2-14 所示。

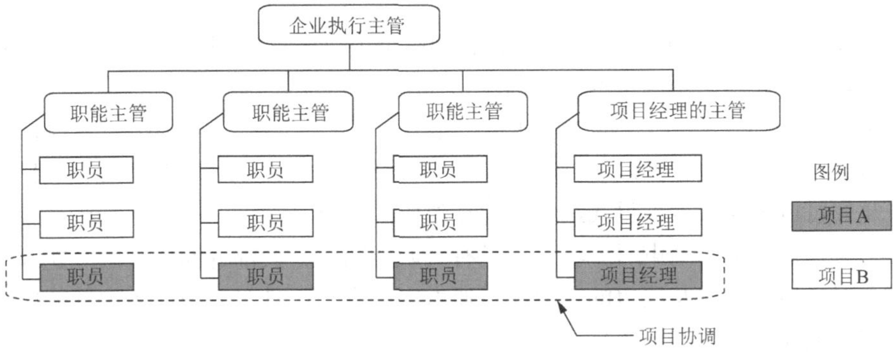

图 2-14　强矩阵组织结构示意图

（2）弱矩阵组织形式。矩阵式组织的另一极端是与职能式组织类似的弱矩阵组织形式，也称职能矩阵。与职能式组织形式不同的是除项目经理被授权负责项目的协调外，职能主管负责项目大部分工作，项目成员不是项目全职人员，而是在职能部门为项目提供服务。项目所需要的技术、资源和其他的服务，都由相应职能部门提供，如图 2-15 所示。

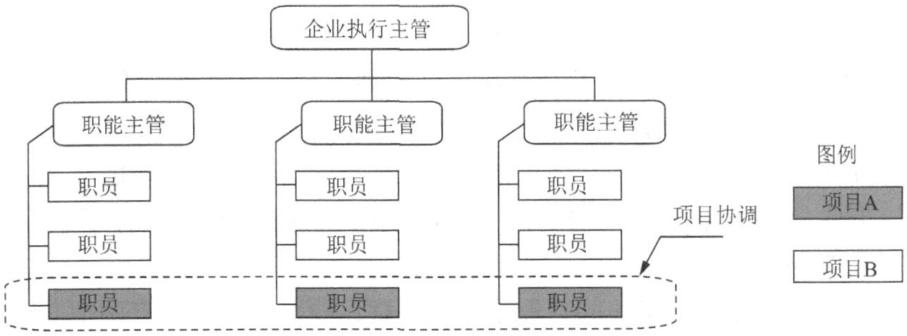

图 2-15　弱矩阵组织结构示意图

（3）平衡矩阵组织形式。在强矩阵组织和弱矩阵组织两个极端形式之间是平衡矩阵组织形式，这是一种经典的矩阵组织形式，项目经理负责设定需要完成的工作，负责制定项目计划，分配任务，监督工作进程。职能经理负责人事安排和项目完成的方式，并执行所属项目部分的任务，如图 2-16 所示。

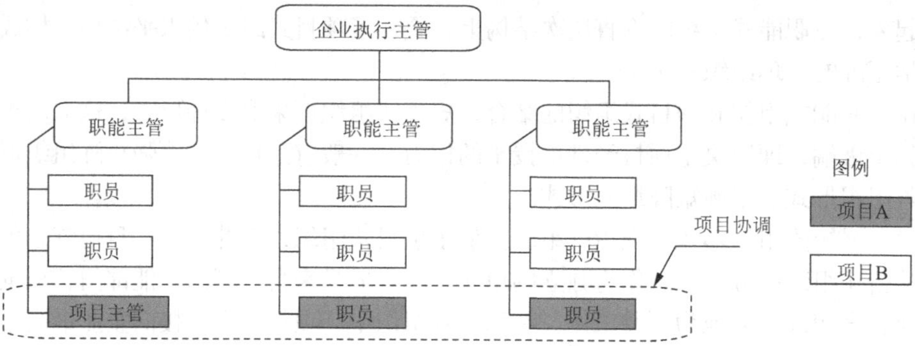

图 2-16 平衡矩阵组织结构示意图

2. 矩阵式组织的优点

（1）矩阵式组织有专门项目经理负责管理整个项目，可以克服职能式组织责任不明、无人承担项目责任和协调困难的被动局面。

（2）矩阵式组织是将项目组织叠加在职能部门上的，可以共享各个部门的技术储备，摆脱项目式组织资源闲置的困境，尤其是当有多个项目时，这些资源对所有项目都是可用的，从而可以大大减少项目式组织中出现的资源冗余。

（3）当指定的项目结束时，项目人员有其职能归属，大都返回原来的职能部门。

（4）对环境的变化及项目的需要能迅速做出反应，而且对公司组织内部的要求也能做出较快的响应。

（5）矩阵式组织平衡了职能经理和项目经理的权力，企业领导可从总体上对资源进行统筹安排，以保证系统总目标的实现。

3. 矩阵式组织的缺点

尽管矩阵式组织结合了职能式组织和项目式组织的优点，但其缺点也是较明显的。

（1）在矩阵式组织中，权力是均衡的，经验证明这容易加剧项目经理和职能经理之间的紧张局面，甚至在管理人员之间造成对立。

（2）多个项目在资源方面能够取得平衡，这既是矩阵式组织的优点，也是它的缺点，任何情况下的跨项目分享资源都会导致冲突和对稀缺资源的竞争。

（3）在矩阵式组织的项目中，项目经理主管项目的行政事务，职能经理主管项目的技术问题。但要分清两者的责任和权力，却不是件容易的事。由于责任不明、权力不清，项目的成功将受到影响。

（4）矩阵式组织与命令统一的管理原则相违背，项目成员至少有两个上级领导，即项目经理和职能经理，当他们的命令有分歧时，会令人感到左右为难，无所适从。

（5）项目经理需要花费相当多的时间与各职能部门之间协调，会影响决策的速度和效率，在平衡矩阵中尤其突出。

4. 矩阵式组织的应用

工程总承包企业承担建筑项目工程总承包，宜采用矩阵式管理。项目部应由项目经理领导，并接受工程总承包企业职能部门指导、监督、检查和考核。

矩阵式组织适合于大型企业或高科技企业，也适合于工程总承包企业，以及从事大型建设项目的公司。大型建设监理项目也可采用矩阵式组织，图 2-17 是长江三峡一期工程现场监理部采用的矩阵式组织结构示意图。实践中较难有完全规则的矩阵式组织。

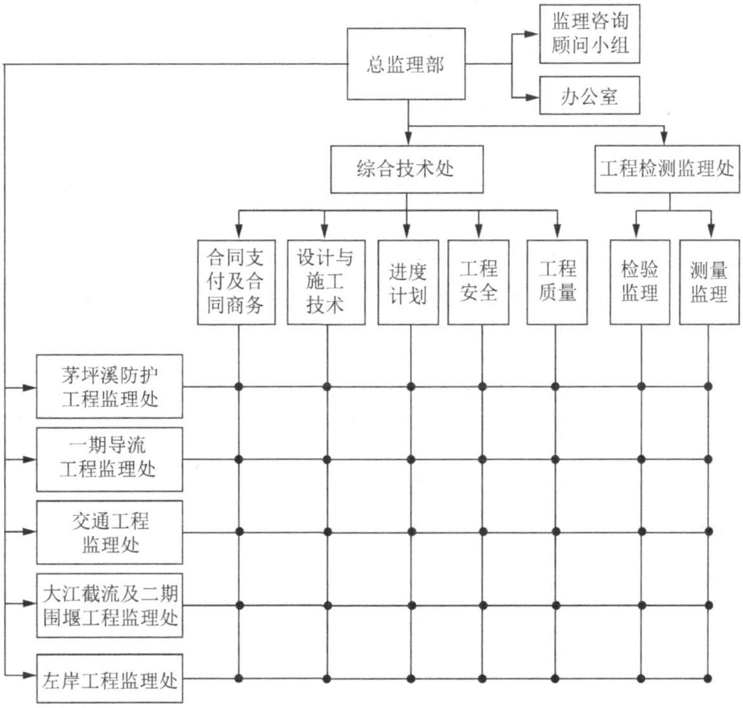

图 2-17 长江三峡一期工程现场监理部矩阵式组织结构示意图

四、项目组织形式的选择

职能式、项目式和矩阵式这三种项目组织形式有着内在的联系，可以表示为一个变化的系列，职能式组织在一端，项目式组织在另一端，而矩阵式组织是介于职能式组织和项目式组织之间的一种组织，如图 2-18 所示。三种组织形式的特点及对项目实施的主要影响如表 2-1 所示。

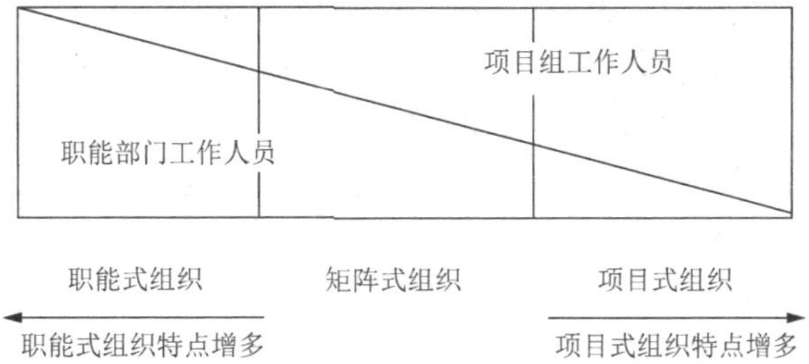

图 2-18 组织的变化

表 2-1　项目组织形式特点及其对项目的影响

特征	职能式	矩阵式			项目式
		弱矩阵	平衡矩阵	强矩阵	
项目经理的权限	很少或没有	有限	小到中等	中等到大	很高或全权
全职工作人员比例	几乎没有	0～25%	15%～60%	50%～95%	85%～100%
项目经理投入时间	半职	半职	全职	全职	全职
项目经理常用名称	项目协调员	项目协调员	项目经理	项目经理	项目经理
项目经理工作性质	兼职	兼职	半职	全职	全职

在具体的项目实践中，究竟选择何种项目组织形式没有一个可循的公式，一般在充分考虑多种组织形式特点、企业特点和项目所处环境等因素的条件下，才能做出较为适当的选择。表 2-2 列出了选择项目组织形式应考虑的一些因素。

表 2-2　影响项目组织形式选择的关键因素

影响因素	职能式	矩阵式	项目式
不确定性	低	高	高
所用技术	标准	复杂	新
复杂程度	低	中等	高
持续时间	短	中等	长
规模	小	中等	大
重要性	低	中等	高
客户类型	多样	中等	单一
对内部依赖性	弱	中等	强
对外部依赖性	强	中等	强
时间限制性	弱	中等	强

一般来说，职能式组织比较适用于规模较小、偏重技术的项目，而不适用于环境变化较大的项目。当一个公司中包括许多项目或项目的规模较大、技术复杂时，则应选择项目式组织。同前两种组织形式相比，矩阵式组织融合了前两种的优点，充分利用企业资源，适用于技术复杂、规模偏大项目的组织使用。

参考拉林与高伯利的研究，他们的研究样本是 1600 多名项目管理专业人员，他们评估了各个项目组织的效率，如图 2-19 所示，研究结果表明了项目式组织和强矩阵组织更为有效。

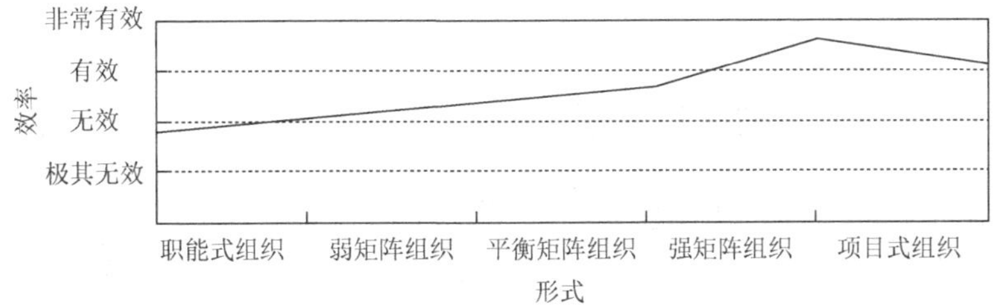

图 2-19　不同项目组织形式的相对效率

五、工程项目组织的变化

不同的组织形式可用于工程项目生命周期的不同阶段，即项目组织形式在项目期间不断改变。例如，某大型建设工程项目在其生命周期中组织形式经历如下变化（图 2-20）。

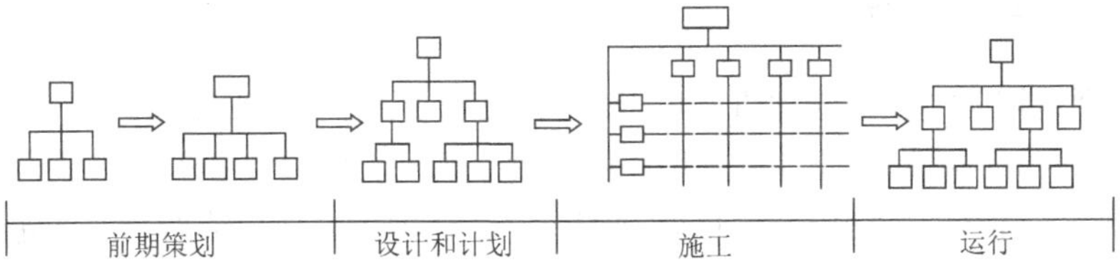

图 2-20　组织形式变化示意图

（1）前期项目构思后，成立一个临时性项目小组进行项目目标研究，探索项目的机会。项目小组仅为一个小型的研究性组织，挂靠在单位的一个职能部门内。

（2）在提出项目建议书后，进入可行性研究阶段，就成立一个规模不大的项目领导班子，项目的参加单位很少，主要为咨询公司（做可行性研究）和技术服务单位（如地质勘探单位），为项目式组织形式。

（3）在设计阶段，正式成立业主的组织（项目公司），由于设计工作管理复杂，项目公司下设若干职能部门，项目参加单位也逐渐增加，采用职能式组织形式。

（4）在施工阶段，有 40 多个子项目同时施工，有许多承包商、供应商、咨询和技术服务单位，则为一个多项目的组织，采用矩阵式组织形式。

（5）在交付使用后，作为一个企业运营，则为企业组织。

第四节　项目管理责任制度

建设工程项目各实施主体和参与方应建立项目管理责任制度，明确项目管理组织和人员分工，建立各方相互协调的管理机制。项目管理责任制度应作为项目管理的基本制度。项目管理机构负责人责任制应是项目管理责任制度的核心内容。建设工程项目各实施主体和参与方法定代表人应书面授权委托项目管理机构负责人，并实行项目负责人责任制。项目管理机构负责人应根据法定代表人的授权范围、期限和内容，履行管理职责；应取得相应资格，并按规定取得安全生产考核合格证书；应按相关约定在岗履职，对项目实施全过程及全面管理。

一、项目建设相关责任方管理

项目建设相关责任方应包括建设单位、勘察单位、设计单位、施工单位、供应单位、监理单位、咨询单位和代理单位等，应在各自的实施阶段和环节，明确工作责任，实施目标管理，确保项目正常运行。项目管理机构负责人应按规定接受相关部门的责任追究和监督管理；应在工程开工前签署质量承诺书，报相关工程管理机构备案。项目各相关责任方应建立协同工作机制，宜采用例会、交底及其他沟通方式，避免项目运行中的障碍和冲突。建设单位应建立管理责任排查机制，按项目进度和时间节点，对各方的管理绩效进行验证性评价。

二、项目管理机构

项目管理机构应由项目管理机构负责人领导，接受组织职能部门的指导、监督、检查、服务和考核，负责对项目资源进行合理使用和动态管理，承担项目实施的管理任务和实现目标的责任。项目管理机构应在项目启动前建立，在项目完成后或按合同约定解体。

1. 项目管理机构的建立原则

结构应符合组织制度和项目实施要求；应有明确的管理目标、运行程序和责任制度；机构成员应满足项目管理要求及具备相应资格；组织分工应相对稳定并可根据项目实施变化进行调整；应确定机构成员的职责、权限、利益和需承担的风险。

2. 项目管理机构的建立步骤

（1）根据项目管理规划大纲、项目管理目标责任书及合同要求明确管理任务。
（2）根据管理任务分解和归类，明确组织结构。
（3）根据组织结构，确定岗位职责、权限及人员配置。
（4）制定工作程序和管理制度。
（5）由组织管理层审核认定。

岗位职责及人员配置可采用责任分配矩阵表示。责任分配矩阵在项目组织中有广泛的作用，可以划分责任和工作，用于整个项目组织或工程小组的项目管理工作，如表 2-3 所示。

表 2-3　某项目经理部责任分配矩阵（摘要）

管理职能	工作内容	项目经理	技术组	施工组	计划财务组	合同组	质量组	资源组	安全组
前期工作	现场七通一平、现场及周边勘察	J	C	F	C		C	C	J
设计协调、技术管理	图纸会审、设计交底、预算审查	J	F	F	C	F	C		
现场管理	总包施工组织审查	P	F	C	C	C	C	C	

续表

管理职能	工作内容	项目经理	技术组	施工组	计划财务组	合同组	质量组	资源组	安全组
现场管理	施工总平面图	P	F	F			C	C	
	现场管理、周边协调	F		F			C	C	J
	与主管部门协调	F		C	C	C	C	C	
工程进度管理	施工进度计划	P	F	C	C	C	C	C	
	进度监督、协调各单位进度	F	C	C	F		C	C	
	向甲方提供进度信息	F		C	C		C	C	
工程质量管理	建立质量管理体系、质量监督	J	C	C			F	C	
	施工材料半成品质量监督	J	C	C			F	C	
	协助确定甲方提供的材料、设备					C		F	
工程造价管理	审核预算和审查设备、材料、工程价款	J				F		C	
	编制已完工程报表	J		C	F			C	
	工程成本分析、控制、评估	J		C	F	C		C	
设备、材料管理	材料设备计划及采购申请	P		C	C	C		F	
	甲方委托材料设备管理	J		C	C			F	
	协助签订采购合同			C	C	F		C	
	制定保管制度、材料设备保护	J		C				F	
财务管理	编制用款计划、月进度款支付表	P		C	F	C		C	
	协助甲方提供的材料、设备结算	P		C	F	C		C	
档案资料管理	档案、变更、图纸资料保管	J	F	F	C	C	F	C	
安全管理	安全措施督促、检查	J		C			C		F
	安全协议签署	J					C		F

注：F—负责；J—监督；C—参与；P—批准

3. 项目管理机构的结构

项目经理部是项目现场管理的主要管理机构。对于小型项目来说，项目经理部一般要设置项目经理、专业工程师（土建、安装等）、合同管理人员、成本管理人员、信息管理人员、库存管理人员、计划人员等。

对于大型的或特大型的项目，通常在项目经理部下设置计划部、技术部、合同部、财务部、供应部、办公室等。某工程项目经理部的结构见图 2-21。

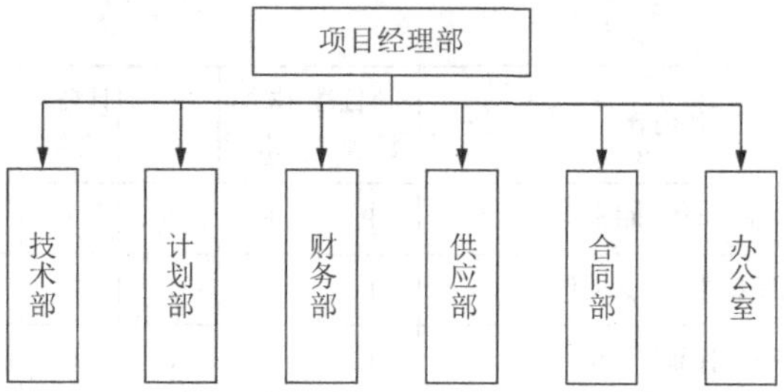

图 2-21 项目经理部的结构

4. 项目管理机构的管理要求

应执行管理制度；应履行管理程序；应实施计划管理，保证资源的合理配置和有序流动；应注重项目实施过程的指导、监督、考核和评价。

三、项目团队建设

项目建设相关责任方均应实施项目团队建设，明确团队管理原则，规范团队运行。其项目管理团队之间应围绕项目目标协同工作并有效沟通。项目团队建设应符合下列规定：建立团队管理机制和工作模式；各方步调一致，协同工作；制定团队成员沟通制度，建立畅通的信息沟通渠道和各方共享的信息平台。

项目管理机构负责人应统一团队思想，增强集体观念，和谐团队氛围，提高团队运行效率；应对项目团队建设和管理负责，组织制定明确的团队目标、合理高效的运行程序和完善的工作制度，定期评价团队运作绩效。项目团队建设应开展绩效管理，利用团队成员集体的协作成果。

四、项目管理目标责任书

项目管理目标责任书应在项目实施之前，由组织法定代表人或其授权人与项目管理机构负责人协商制定。项目管理目标责任书属于组织内部明确责任的系统性管理文件，内容应符合组织制度要求和项目自身特点。

1. 项目管理目标责任书编制依据

编制依据主要有：项目合同文件；组织管理制度；项目管理规划大纲；组织经营方针和目标；项目特点和实施条件与环境。

2. 项目管理目标责任书的内容

内容包括：项目管理实施目标；组织和项目管理机构职责、权限与利益的划分；项目现场质量、安全、环保、文明、职业健康和社会责任目标；项目设计、采购、施工、试运行管理的内容和要求；项目所需资源的获取和核算办法；法定代表人向项目管理机构负责人委托的相关事项；项目管理机构负责人和项目管理机构应承担的风险；项目应急事项和突发事件处理的原则和方法；项目管理效果和目标实现的评价原则、内容与方法；项目实施过程中相关责任和问题的认定与处理原则；项目完成后对项目管理机构负责人的奖惩依据、标准和办法；项目管理机构负责人解职和项目管理机构解体的条件及办法；缺陷责任期、质量保修期及之后对项目管理机构负责人的相关要求。

组织应对项目管理目标责任书的完成情况进行考核和认定，并根据考核结果和项目管理目标责任书的奖惩规定，对项目管理机构负责人和项目管理机构进行奖励或处罚。同时，项目管理目标责任书应根据项目实施变化进行补充和完善。

五、项目管理机构负责人

1. 项目管理机构负责人职责

项目管理机构负责人应履行的职责主要包括：项目管理目标责任书中规定的职责；工程质量安全责任承诺书中应履行的职责；组织或参与编制项目管理规划大纲、项目管理实施规划，对项目目标进行系统管理；主持制定并落实质量、安全技术措施和专项方案，负责相关的组织协调工作；对各类资源进行质量监控和动态管理；对进场的机械、设备、工器具的安全、质量和使用进行监控；建立各类专业管理制度，并组织实施；制定有效的安全、文明和环境保护措施并组织实施；组织或参与评价项目管理绩效；进行授权范围内的任务分解和利益分配；按规定完善工程资料，规范工程档案文件，准备工程结算和竣工资料，参与工程竣工验收；接受审计，处理项目管理机构解体的善后工作；协助和配合组织进行项目检查、鉴定和评奖申报；配合组织完善缺陷责任期的相关工作。

以施工单位项目经理为例，项目管理机构负责人的项目管理职责包括：需按照经审查合格的施工设计文件和施工技术标准进行工程项目施工，应对由施工导致的工程施工质量、安全事故或问题承担全面责任；需负责建立质量安全管理体系，配备专职质量、安全等施工现场管理人员，落实质量安全责任制、质量安全管理规章制度和操作规程；需负责施工组织设计、质量安全技术措施、专项施工方案的编制工作，认真组织质量、安全技术交底；需加强进入现场的建筑材料、构配件、设备、预拌混凝土等的检验、检测和验证工作，严格执行技术标准规范要求；需对进入现场的超重机械、模板、支架等的安装、拆卸及运行使用全过程监督，发现问题，及时整改；需加强安全文明施工费用的使用和管理，严格按规定配备安全防护和职业健康用具，按规定组织相关人员的岗位教育，严格特种工作人员岗位管理工作。

2. 项目管理机构负责人权限

项目管理机构负责人的权限主要包括：参与项目招标、投标和合同签订；参与组建项目管理机构；参与组织对项目各阶段的重大决策；主持项目管理机构工作；决定授权范围内的项目资源使用；在组织制度的框架下制定项目管理机构管理制度；参与选择并直接管理具有相应资质的分包人；参与选择大宗资源的供应单位；在授权范围内与项目相关方进行直接沟通；法定代表人和组织授予的其他权力。

项目管理机构负责人应接受法定代表人和组织机构的业务管理，组织有权对项目管理机构负责人给予奖励和处罚。

3. 项目经理的发展过程和特点

1）国际上工程承发包和项目管理者的演变

古代的工程建设主要是业主自营，由业主直接雇用工匠进行工程建设。

14～15 世纪，建造师出现，作为业主的代理人管理工匠，并负责设计。

15～17 世纪，建筑师出现，承担设计任务，而建造师专门管理工匠，负责施工。

17～18 世纪，工程承包企业出现，业主发包，签订工程承包合同，建筑师负责规划、设计、施工监督，并负责业主和承包商之间的纠纷调解，实质上就是为业主进行项目管理。

19～20 世纪，总承包企业出现，形成一套比较完整的总承包-分包体系。

20 世纪，工程的承包方式出现多元化发展，建筑领域的高度社会分工导致设计和施工的专业化。同时，在设计和施工中分离出专业化的项目管理（咨询）。

2）建筑师作为工程项目经理的利弊分析

直到 20 世纪 80 年代，在德国的工程项目组织中，建筑师仍处于中心地位。许多工程的计划、工程估价、控制，甚至索赔报告的处理都由建筑师承担。

（1）建筑师担任工程项目经理的原因。在工程中建筑学是主导专业，建筑方案是其他专业方案的基础，与其他专业的联系最广泛；建筑方案体现美学、艺术、哲学，体现传统文化风格；建筑师注重工程的运营与环境的协调，注重工程的历史价值和可持续发展。这些正是工程和业主最需要的。

（2）建筑师承担项目管理者角色的问题。建筑师常常缺少经济思想；作为艺术家，具有创新思维，但往往不够严谨；建筑师常常有非程序化和非规范化的思维与行为。这些会影响项目总目标的实现，不利于项目的成功。

3）我国工程项目经理的状况

长期以来，我国没有专门的项目经理教育和培训，项目经理均来自其他不同的工作岗位，有不同的知识背景、经历，具有不同的特点。

（1）军队指挥员。在中华人民共和国成立后相当长时间内，大型建设工程项目的项目经理由军队指挥员担任，如 20 世纪五六十年代建设的一些重点项目和“两弹一星”工程等。他们的特点是：忠诚，原则性强，有坚定地完成目标的信念，办事干练，果断，采用军队式的管理方式管理项目，靠军事命令指挥工程施工，但经济观念比较薄弱，制定的目标和计划的弹性较小，工作作风比较强硬，比较适合计划经济体制下的工程项目管理。

（2）政府行政领导。在 20 世纪八九十年代，我国大量的建设工程项目都由政府行政领导（如副省长、副部长、副市长）担任负责人（总指挥）。他们能进行多方面的协调，全局把握较好，工作中鼓动性强，对政绩要求高，追求工程的形象，项目目标（特别是工期目标）刚性大；但他们不太重视技术问题，经济观念淡薄，以行政命令的方式指挥工程实施。

（3）企业经营管理者。现在大量的企业投资项目由企业的经营管理者负责管理。他们有经济思想，市场观念根深蒂固，对市场敏感，能够面向用户，有使用户满意的理念，思维灵活，常常按照市场要求制定项目目标。但是，他们较少考虑工程技术特殊性和项目自身的规律性，目标容易多变。

（4）工程技术人员，如总工程师。他们有成熟的技术经验，熟悉工程建设过程，作为工程专家，在工程实施中有发言权和权威。但是，常常过于严谨，注重数据，对项目中的软信息不敏感，市场观念淡薄，注重技术细节，项目战略上的把握性较差。由于不是管理者，他可能不会委托任务、协调工作和控制项目。

4. 工程总承包项目经理应具备的条件

工程总承包项目经理应具备的条件主要包括：取得工程建设类注册执业资格或高级专业技术职称；具备决策、组织、领导和沟通能力，能正确处理和协调与项目发包人、项目相关方之间及企业内部各专业、各部门之间的关系；具有工程总承包项目管理及相关的经济、法律法规和标准化知识；具有类似项目的管理经验；具有良好的信誉。

复　习　题

一、单项选择题（每题备选项中，只有一个最符合题意）

1. （　　）是实现组织目标的根本保证。

A. 组织结构　　B. 协调　　C. 沟通　　D. 战略

2. 某组织结构管理层次为3层，管理跨度为3，则该组织有（　　）人。

A. 31　　B. 13　　C. 21　　D. 7

3. 监理单位与项目法人之间是委托与被委托的（　　）。

A. 代理关系　　B. 雇佣关系　　C. 合同关系　　D. 经纪关系

4. 业主将工程设计、施工等工作分别发包给设计单位和施工单位的方式称（　　）。

A. 设计施工分别平行分包　　B. 设计施工分别总承包

C. 总承包　　D. 交钥匙承包

5. 在国际上，设计、采购和建造任务综合承包的模式被简称为（　　）模式。

A. EPC 承包　　B. BOT 承包　　C. D+B 承包　　D. CM 总承包

6. PPP 模式是一种（　　）模式。

A. 公共部门与私人企业合作　　B. 项目总控

C. 工程项目总承包　　D. 设计采购建造

7. 对技术复杂、工期较长的建筑工程，从施工承包商角度应选择（　　）组织结构形式。

A. 项目式　　B. 平衡矩阵式　　C. 职能式　　D. 弱矩阵式

8. 将项目的组织独立于公司职能部门之外，由项目组织自己独立负责项目的组织管理模式是（　　）。

A. 职能式　　B. 项目式　　C. 矩阵式　　D. 复合式

9. 在（　　）组织机构中，项目成员接受项目经理和职能部门经理的双重领导。

A. 职能式　　B. 矩阵式　　C. 直线式　　D. 项目式

10. 施工项目经理是一个（　　）的名称，建造师是一种执业资格名称。

A. 管理岗位　　B. 技术职称　　C. 管理人士　　D. 专业人士

11. 项目管理责任制度的核心内容是（　　）。

A. 项目团队建设　　B. 项目管理目标责任书

C. 项目管理机构　　D. 项目管理机构负责人责任制

二、多项选择题（每题备选项中，至少有两个符合题意，多选、错选不得分）

1. 组织结构设计需要遵循的共同原则是（　　）。
A. 权责对等的原则　　B. 权力集中的原则
C. 目标明确，命令统一的原则　　D. 分工与协作相一致的原则
E. 因事设职和因人设职相结合的原则
2. 工程项目组织（　　）的特点。
A. 具有一次性　　B. 具有约束性
C. 具有生命周期性　　D. 必须保证项目总目标的实现
E. 必须重视项目各参与单位之间的相互关系
3. 我国推行建设工程监理制度的目的是（　　）。
A. 与国际接轨　　B. 确保工程建设质量
C. 获得更多的利润　　D. 提高工程建设水平
E. 充分发挥投资效益
4. 我国现行工程项目管理相关方组织关系是由（　　）构成的三元主体结构。
A. 项目法人　　B. 承包商　　C. 建设监理单位　　D. 投资方
E. 银行
5. 建设工程项目管理中常用的组织结构形式包括（　　）组织结构。
A. 直线型　　B. 项目式　　C. 矩阵式　　D. 职能式
E. 网络型
6. 职能式项目组织的缺点是（　　）。
A. 不能以项目和客户为中心　　B. 不利于提高企业技术水平
C. 机构重复　　D. 资源利用上的灵活性较差
E. 职能部门对项目的责任不明，协调困难
7. 项目式组织结构的特点是（　　）。
A. 以项目为中心，目标明确　　B. 项目内沟通困难
C. 项目内沟通简洁　　D. 权力集中，命令一致，决策迅速
E. 责任不明，协调困难
8. 根据拉林与高伯利的研究结果，认为在选择项目组织形式时，（　　）组织形式是比较有效的，而其他组织形式一般是无效的或仅边缘有效。
A. 项目式　　B. 项目矩阵（即强矩阵）
C. 平衡矩阵　　D. 职能矩阵（即弱矩阵）
E. 职能式
9. 项目管理机构负责人的权限包括（　　）。
A. 参与组建项目管理机构　　B. 选择监理单位
C. 主持项目管理机构工作　　D. 参与选择大宗资源的供应单位
E. 决定授权范围内的项目资源使用
10. 项目管理目标责任书编制依据包括（　　）。
A. 项目管理实施规划　　B. 项目合同文件　　C. 组织管理制度
D. 组织经营方针和目标　　E. 项目概况

三、简答题

1. 简述工程项目组织的含义和特点。
2. 职能式、项目式、矩阵式组织形式分别有哪些优缺点？适用范围如何？
3. 我国许多业主喜欢自己掌握工程管理，分标很细，希望掌握材料和设备的供应，这会带来什么问题？

4. 简述 PPP、BOT 融资方式与代建制的区别和联系。
5. 简述集权、分权和授权之间的区别和联系。

四、思考题

1. 有人说："中国的传统文化适应集权管理，适合人治，不太适应矩阵式组织形式。"你觉得对吗？为什么？
2. 论述多级分包对项目控制的影响。为什么我国要禁止多级分包？
3. 论述"全包"对业主和承包商项目管理的影响及业主应注意的问题。
4. 了解 816 工程的建设背景和过程。

【延伸阅读】环球金融中心工程总体组织结构

上海环球金融中心工程是一座超高层综合型城市建筑，主要功能为办公、商业、旅游观光等，建筑高度达到 492 米，建筑层数为地上 101 层、地下 3 层，总建筑面积约 38 万平方米，工程造价约 42 亿元人民币，如图 2-22 所示。

图 2-22　上海环球金融中心大厦

该工程采用业主方自行管理模式，方案设计由美国建筑师事务所牵头承担，施工图设计由国内设计单位承担。该工程采用施工总承包方式进行发包，总承包合同由国内两家特级施工企业组成的联合体承担。

项目总体组织结构如图 2-23 所示。

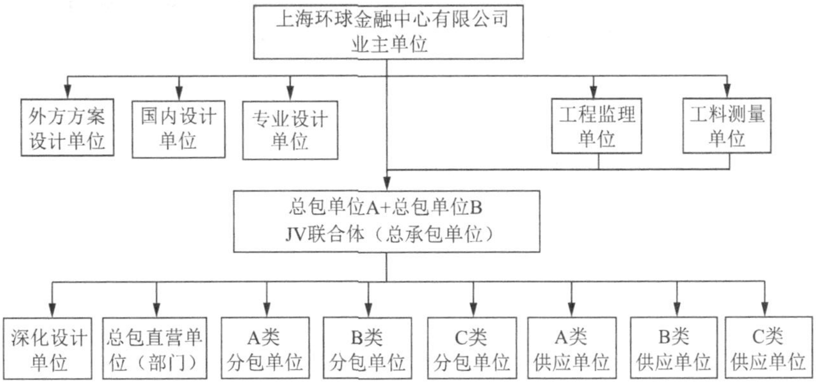

图 2-23　项目总体组织结构

该项目的总体组织结构设置具有如下特点。

（1）采用业主方自行管理模式。业主方成立设计管理部、采购成本管理部和施工管理部三个部门负责业主方项目管理。为强化业主方的管理力量，同时满足国内强制推行工程监理制度的法规要求，聘请了工程监理单位、工料测量单位（造价咨询单位）等代表业主方利益的咨询顾问单位。

（2）业主方自行管理设计单位。方案设计单位由国外建筑师事务所承担，并由业主方委托部分专业设计顾问单位配合国外建筑师事务所进行结构、交通等专业方案设计内容编制。由国内大型设计院承担项目的初步设计和施工图设计，以及施工阶段的设计配合工作。不同设计单位的设计合同分别与业主方签订，因此，各设计单位分别接受业主方的指令，相互之间没有指令关系。

（3）采用施工总承包模式。施工总承包合同由两家特级施工企业组成的联合体承担，联合体承担包括主体结构在内的工程施工任务；经业主方同意，施工总承包单位又通过分包的形式将部分施工任务分包给 A 类分包商承担；施工总承包联合体承担所有分包单位的总承包管理职责，这些分包单位包括总承包管理单位发包、业主直接发包或双方联合发包的单位；施工总承包联合体负责深化设计的管理，深化设计单位接收总承包单位的指令开展工作。

（4）总承包单位接收三个来源的指令，即业主方、监理单位、工料测量单位发出的指令。区别如下：工程质量、安全方面的指令由监理单位发出；工程合约造价方面的指令由工料测量单位发出；其他指令由业主方直接发出。

（5）分包单位和供应单位按其采购方式不同分为三类。A 类由总包组织采购，与总包直接签订合同；B 类由业主与总包联合组织采购，与总包签订合同；C 类由业主直接组织采购，与业主签订合同。这三类分包单位均纳入总承包单位的管理范围，现场由总承包单位全面控制，并负总包责任。即业主方、监理单位和工料测量单位均不直接向各类分包单位发出指令，对各类分包单位的管理通过总承包单位实现，各类分包单位直接接收总承包单位的指令开展工作。

第 二 课 堂

[1] 仿真软件：SimuWorks

[2]《组织级项目管理成熟度模型》（电子工业出版社，2015 年）

[3]《中国工程师史》系列（同济大学出版社，2017 年）

[4] 组织理论与设计（第 13 版）（理查德 · L. 达夫特［Richard L. Daft］著，王凤彬、石云鸣、张秀萍、朱超威等译）（清华大学出版社，2022 年）

[5] 组织行为学（第 18 版）（斯蒂芬 · 罗宾斯、蒂莫西 · 贾奇［Stephen P. Robbins、Timothy A. Judge］著，孙健敏、朱曦济、李原译）（中国人民大学出版社，2021 年）

第三章　工程项目招标投标管理

☆导读

组织建立后，可进行工程招标和投标工作。工程招标和投标是项目实施前期的一个重要阶段，招投标工作完成后，即可进行工程项目实施阶段（勘察、设计、施工等）的工作。本章主要围绕施工阶段招标投标程序展开，增加电子招标投标内容，减少与“土木工程法规”课程中“招标投标法”内容的重合。本章各节关系如图 3-1 所示。

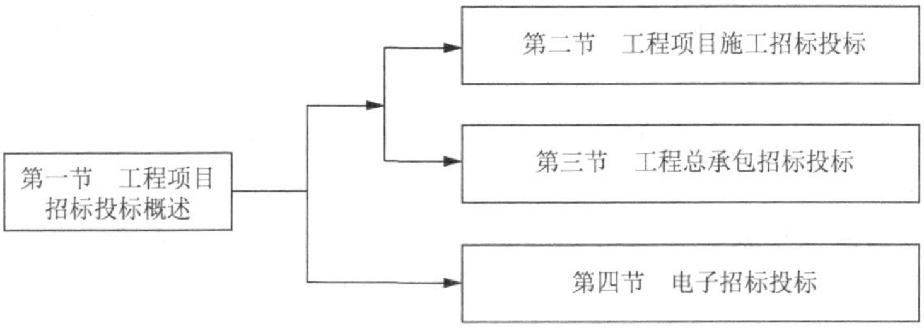

图 3-1　本章各节关系图

问题引入

1. 不同管理模式对招投标有何影响?
2. 众包模式对招投标有何影响?
3. 数字化对招投标有何影响?

【导例】我国近代工程招标投标的发展

随着租界的建立，以及西方建筑技术、专业人员（建筑师）和商家（营造厂）的进入，工程招标投标方式也随之引入我国。招标投标是 1864 年由西方营造厂在建造法国领事馆时首次引进的，但当时人们还不适应。直到 1891 年江海关二期工程招标时，竟然“无敢应者”，只有杨斯盛营造厂一家投标。但到了 1903 年的德华银行、1904 年的爱俪园、1906 年的德国总会和汇中饭店、1916 年的天祥洋行大楼等，都由本地营造厂中标承建。而在 20 世纪二三十年代，上海建成的 33 幢 10 层以上建筑的主体结构全部由中国营造商承包建造。

到了 20 世纪初，工程招标投标程序已十分完备。当时的招标公告、招标文件、合同条款的内容，标前会议、澄清会议、评标方式（商务标和技术标的评审）、合同签订，投标保证金、履约保证金等与现代工程一样或相似。到 20 世纪 30 年代，建筑工程合同条款已相当完善，与现代工程承包合同差异很小。

图 3-2　中山陵

南京中山陵是我国近代伟大的政治家、革命先驱孙中山先生的陵墓及其附属建筑群，如图 3-2 所示。

1925 年，中山陵第一期工程招标中，建筑师吕彦直希望由一个资金雄厚、施工经验丰富的营造厂承建，他认为当时上海几家大营造厂中，只有姚新记营造厂最为理想。原定投标截止时间为 12 月 5 日，但直到 12 月 10 日还不见姚新记前来投标。因此他一面要求丧事筹备处将招标期限延长 4 天，一面告知姚新记招标延期，要求姚新记“只要在本月 19 日上午 12 点前把投标书送来即可”。招标结束，共 7 家营造厂投标，姚新记的报价白银 48.3 万两①，高居第二位。吕彦直在出席第 16 次丧事筹委会会议时，详细介绍了各营造厂的资本、履历等情况，并提出了自己的看法，筹委会同意了他的意见，并决定由他出面与姚新记营造厂厂主姚锡舟协商，说服姚新记降低报价至 40 万两为限。几经协商，最终以 44.3 万两的价格承包。

1935 年，在国立中央博物院的建设中签订了多份合同，主要合同常常多达几十页，厚厚一本，里面的内容非常详尽和规范。合同条款非常严谨，对工程所用材料的品牌和商家名称都有严格规定，另外对材料的色彩、施工方法和步骤等也都有详细约定。

资料来源：成虎（2017）

第一节　工程项目招标投标概述

一、工程项目招标投标的概念

在市场经济条件下，招标投标有助于保护国家利益、社会公共利益和活动当事人的合法权益，提高市场配置资源的效益和效率，保证项目质量，推动经济高质量发展。工程项目招标是指工程项目的建设单位在发包工程项目或采购设备、材料时，通过一系列程序选择合适的承包商或供货商的过程。工程项目投标是指为实现中标，按照招标文件规定的要求向招标人递交投标文件的活动。工程项目招标与投标是交易过程的两个方面，相互依存、不可分割。工程项目招标可以是整个项目建设过程的全部工作，即工程总承包招标，或是其中某阶段的招标（或某阶段中的某专项招标）等。一般包括工程总承包招标投标、工程勘察设计招标投标、工程施工招标投标、工程监理招标投标、工程项目造价招标投标，以及与工程建设有关的重要设备、材料等的采购招标投标。

---

① 1 两= 50 克。

二、工程项目招标投标的特点

（1）招标人通过对各投标竞争者的报价和其他条件进行综合比较，从中选择报价合理、技术力量强、质量保障体系可靠、具有良好信誉的承包商、供应商或咨询监理单位、设计单位作为中标者，有利于节省和合理使用资金，保证招标项目的质量。

（2）招标投标活动依照法定程序进行，有利于遏制承包活动中的不正当竞争行为。

（3）有利于创造公平竞争的市场环境，促进企业间公平竞争。采用招投标制度，供应商、承包商只能通过在价格、质量、售后服务等方面展开竞争，尽可能充分满足招标人的要求，取得商业机会。

三、工程项目招标的范围和规模

1. 一般规定

在中华人民共和国境内进行下列工程建设项目，包括项目的勘察、设计、施工、监理、造价以及与工程建设有关的重要设备、材料的采购，达到规定规模标准的，必须进行招标。

（1）全部或者部分使用国有资金投资或者国家融资的项目。

（2）使用国际组织或者外国政府贷款、援助资金的项目。

采取 PPP 模式的工程建设项目，达到规定规模标准的，选择社会资本方必须进行招标。

所列项目的具体范围和规模标准，由国务院发展改革部门会同国务院有关部门根据经济社会发展情况制定、调整，报国务院批准后公布执行。法律或者国务院对必须进行招标的其他项目的范围有规定的，依照其规定。

2. 其他要求

依法必须进行招标的项目，其招标投标活动不受地区或者部门的限制。任何单位和个人不得违法限制或者排斥任何法人或者非法人组织参加投标，不得以任何方式非法干涉招标投标活动。任何单位和个人不得将依法必须进行招标的项目化整为零或者以其他任何方式规避招标。不属于依法必须进行招标的项目，提出项目的法人或者非法人组织可以自主确定采购方式，法律、行政法规另有规定的除外。

招标投标活动应当遵循公开、公平、公正和诚实信用的原则，兼顾优质、经济和高效。国家推广以数据电文形式开展电子招标投标活动，推进交易流程、公共服务、行政监督电子化和规范化，以及招标投标信息资源全国互联共享。除特殊情形外，依法必须进行招标的项目应当采用电子招标投标方式。电子招标投标交易平台建设和运营机构应当确保平台安全性、保密性和可靠性，符合国家规定的技术规范和监督管理要求。

招标投标活动及其当事人应当接受依法实施的监督。有关行政监督部门依法对招标投标活动实施监督，建立健全抽查检查机制，依法查处招标投标活动中的违法行为。对招标投标活动的行政监督及有关部门的具体职权划分，由国务院规定。

国家加强招标投标信用体系建设，建立健全招标投标活动当事人信用记录和信用评价制度，实现信用信息的公开共享和规范应用，依法实施失信惩戒。

使用国际组织或者外国政府贷款、援助资金的项目进行招标，贷款方、资金提供方公开发布的采购规则对招标投标的具体条件和程序有不同规定的，可以适用其规定，但违背中华人民共和国社会公共利益的除外。

四、工程项目招标的方式

（一）公开招标和邀请招标

1. 公开招标

公开招标是指招标人以招标公告的方式邀请不特定的法人或者非法人组织投标。

2. 邀请招标

邀请招标是指招标人以投标邀请书的方式邀请特定的法人或者非法人组织投标。招标人采用邀请招标方式的，应当向三个以上具备承担招标项目的能力、资信良好的特定法人或者非法人组织发出投标邀请书。

国有资金占控股或者主导地位的依法必须进行招标的项目，应当公开招标。但有下列情形之一的，可以邀请招标：技术复杂、有特殊要求或者受自然环境限制，只有少量潜在投标人可供选择；采用公开招标方式的费用占项目合同金额的比例过大。

依法必须进行招标的项目，公开招标是采购的主要方式，除了法律、行政法规规定可以进行邀请招标和不招标的情况，应当公开招标。

（二）总承包招标和两阶段招标

1. 总承包招标

招标人可以依法对工程建设项目的设计、施工以及货物采购全部或者部分实行总承包招标。

2. 两阶段招标

对于有必要向潜在投标人征集建议以明确具体技术、经济需求的招标项目，招标人可以分两阶段进行招标。第一阶段，投标人按照招标公告或者投标邀请书的要求提交不带报价的建议，招标人根据投标人提交的建议确定招标项目具体需求，编制招标文件。招标人可以在保证公平的前提下，与提交建议的投标人进行讨论。第二阶段，招标人向在第一阶段提交建议的投标人提供招标文件，投标人按照招标文件的要求提交包括投标报价的投标文件。

（三）可以不进行招标的项目

涉及国家安全、国家秘密、抢险救灾，或者属于利用扶贫资金实行以工代赈、需要使用农民工等特殊情况，不适宜进行招标的项目，按照国家有关规定可以不进行招标。

《中华人民共和国招标投标法实施条例》还规定，有下列情形之一的，也可不进行招标。

（1）需要采用不可替代的专利或者专有技术。

（2）采购人依法能够自行建设、生产或者提供。

（3）已通过招标方式选定的特许经营项目投资人依法能够自行建设、生产或者提供。

（4）需要向原中标人采购工程、货物或者服务，否则将影响施工或者功能配套要求。

（5）国家规定的其他特殊情形。

第二节　工程项目施工招标投标

一、工程项目施工招标投标的工作内容

施工招标投标阶段业主或监理方及承包商的工作内容见表 3-1。

表 3-1　招标投标阶段业主或监理方及承包商的工作内容

阶段	主要工作步骤	完成的主要工作	
		业主或监理方	承包商
招标准备	申请批准招标	向建设主管部门的招标管理机构提出招标申请	准备投标资料、项目资料、企业内部资料等
	组建招标机构	组建招标组织	
	选择招标方式	①决定分标数量和合同类型 ②确定招标方式	组成投标小组
	准备招标文件	①招标公告 ②资格预审文件及申请表 ③编制招标文件	
	编制最高投标限价（或标底）	①编制最高投标限价 ②报主管部门审批	
招标阶段	邀请承包商参加资格预审	①刊登资格预审公告 ②编制资格预审文件 ③发出资格预审文件	索购资格预审文件；填报和申请资格预审；回函收到通知
	资格预审	①分析资格预审材料 ②提出合格投标人名单 ③邀请合格投标人参加投标	回函收到邀请
	发售招标文件	发招标文件	购买招标文件
	投标人考察现场	①安排现场踏勘日期 ②现场介绍	参加现场踏勘（自主决定）；询价；准备投标书
	澄清和补遗招标文件	向投标人发布招标补遗	回函收到澄清和补遗

续表

阶段	主要工作步骤	完成的主要工作	
		业主或监理方	承包商
招标阶段	投标者提问	①接受提问 ②答复	提出问题；参加标前会议（自主决定）；回函收到回复
	投标书的提交和接收	①接收投标书 ②退还逾期投标书 ③保护有效投标书	递交投标文件（包括投标保证金）；回函收到逾期投标书
决标成交阶段	开标	开标	参加开标会议（自主决定）
	评标	①评投标书 ②要求投标人提交澄清资料 ③编写评标报告 ④做出授标决定	提交澄清资料；参加澄清会议
	授标	①发出中标通知书 ②要求中标人提交履约保证金 ③进行合同谈判，签订合同 ④通知未中标人，并退回投标保证金 ⑤发布开工令	①回函收到通知；提交履约保证金；参加合同谈判；签订合同 ②未中标人收到通知及回函

二、工程项目施工招标

（一）工程项目施工招标程序

1. 施工招标准备

（1）施工招标前应完成的工作。初步设计完成后即可开始施工招标。为了使投标人能够合理地预见合同履行过程中的风险，以制定施工方案、进行报价编制，以及签订合同后能够及时开工，施工招标的必备条件有：①招标人已经依法成立；②初步设计及概算应当履行审批手续的，已经批准；③政府投资项目的招标范围、招标方式、招标组织形式已报投资项目审批部门审批（企业投资项目拟不招标或者邀请招标的，应当在实施采购前将不进行公开招标的理由报投资项目核准、备案部门备案）；④相应资金或资金来源已经落实，法律或者国务院另有规定的除外；⑤有招标所需的设计图纸和技术资料；⑥法律、法规、规章规定的其他条件。

（2）申请招标。招标人应填写“建设工程招标申请书”，并经上级主管部门批准后，连同“工程建设项目报建审查登记表”报招标管理机构审批。申请书的主要内容包括：工程名称、建设地点、招标建设规模、结构类型、报建登记号、概（预）算、计划开工时间和竣工时间、工程招标范围、招标方式、对投标人的资质等级要求和设计要求、发包方式、招标前期准备情况（土地征用和拆迁情况、勘察设计情况、施工现场情况），以及招标组织成员名单等。

（3）招标方式的选择。招标方式的选择主要应考虑以下影响因素：①施工内容的专业要求。例如，可将土建施工和设备安装分别招标。②施工现场条件。例如，划分合同标的时应充分考虑几个独立承包商同时施工可能发生的交叉干扰。③对工程总投资的影响。合同数量划分的多少对工程总造价的影响不能一概而论，应根据项目具体特点进行客观分析。④其他因素影响，如建设资金的到位时间、施工图完成的进度等条件。

2. 编制招标文件

工程项目的发包数量、合同类型和招标方式一经确定后，即应编制为招标服务的有关文件。施工招标文件包括：招标公告或投标邀请书；投标人须知；评标办法；合同条款及格式；工程量清单；图纸；技术标准和要求；投标文件格式；投标人须知前附表规定的其他材料。此外，招标人对招标文件的澄清、修改，也构成招标文件的组成部分。

招标时限规定：招标人应当确定投标人编制投标文件所需要的合理时间。一般情况下，依法必须进行招标的项目，自招标文件开始发出之日起至投标人提交投标文件截止之日止，不得少于 15 日；属于采购标准通用设备、材料的，或者施工技术方案简单、工期较短、季节性强的小型工程的，最短不得少于 10 日；采用电子招标投标在线提交投标文件的，最短不得少于 10 日。

招标文件应当规定一个适当的投标有效期，以保证招标人有足够的时间完成评标和与中标人签订合同。投标有效期从投标人提交投标文件截止之日起计算。

3. 编制最高投标限价

根据国家或省级建设行政主管部门颁发的有关计价依据和办法，依据拟订的招标文件和招标工程量清单，结合工程具体情况发布招标工程的最高投标限价。国有资金投资的建筑工程招标的，应当设有最高投标限价；非国有资金投资的建筑工程招标的，可以设有最高投标限价或者招标标底（标底必须保密）。

最高投标限价及其成果文件，应当由招标人报工程所在地县级以上地方人民政府住房城乡建设主管部门备案。最高投标限价应当依据工程量清单、工程计价有关规定和市场价格信息等编制。招标人设有最高投标限价的，应当在招标时公布最高投标限价的总价、编制依据和方法。

最高投标限价超过批准的概算时，招标人应将其报原概算审批部门审核。这是由于我国对国有资金投资项目的投资控制实行的是设计概算审批制度，国有资金投资项目原则上不能超过批准的设计概算。

投标人经复核认为招标人公布的最高投标限价未按照《建设工程工程量清单计价规范》的规定进行编制的，应在最高投标限价公布后 5 天内向招标投标监督机构和工程造价管理机构投诉。工程造价管理机构受理投诉后，应立即对最高投标限价进行复查，组织投诉人、被投诉人或其委托的最高投标限价编制人等单位人员对投诉问题逐一核对。当最高投标限价复查结论与原公布的最高投标限价误差大于±3%时，应责成招标人改正。当重新公布最高投标限价时，若重新公布之日起至原投标截止期不足 15 天的，应延长投标截止期。

4. 发布招标公告或投标邀请书

招标人采用公开招标方式的，应当发布招标公告。依法必须进行招标的项目的招标公告，应当通过国家规定的媒介发布。招标公告应当载明招标人的名称和地址，招标项目的性质、数量、资金来源、项目估算或投资概算、实施地点和时间、投标人资格条件要求、递交投标文件的时间和方式、评标方法和定标方法、对投标担保和履约担保的要求、潜在的利益冲突事项以及获取招标文件的办法等。

招标人采用邀请招标方式的，应当向 3 个以上具备承担招标项目的能力、资信良好的特定的法人或者非法人组织发出投标邀请书。投标邀请书应当载明的内容与公开招标相同。

招标人要求投标人缴纳投标担保、中标人缴纳履约担保的，投标人、中标人应当缴纳。依法必须进行招标的项目，投标担保和履约担保金额不得超过国家规定的标准；招标人不得限定只能以现金方式或者只能以非现金方式缴纳投标担保、履约担保。招标人要求中标人缴纳履约担保的，应当向中标人提供合同价款支付担保。

5. 资格预审

招标人可以根据招标项目特点自主选择采用资格预审或者资格后审办法，对潜在投标人或者投标人进行资格审查；国家对投标人的资格条件有规定的，依照其规定。

采用资格预审办法的，招标人应当发布资格预审公告、编制资格预审文件。国有资金占控股或者主导地位的依法必须进行招标的项目，招标人应当组建资格审查委员会，按照资格预审文件载明的标准和方法对资格预审申请人有关信息进行审查。资格审查委员会的组成、成员及其工作应当遵守有关评标委员会及其成员的规定。资格预审结束后，招标人应当及时向资格预审申请人书面告知其是否通过资格预审，并向未通过的告知原因。

采用资格后审办法的，应当在开标后由评标委员会按照招标文件规定的标准和方法对投标人的资格进行审查。

招标人不得以不合理的条件限制或者排斥潜在投标人，不得对潜在投标人实行歧视待遇。

资格预审的主要内容包括资质条件、类似项目业绩和能力、财务状况、拟投入的主要技术和管理人员，以及设备、信誉、技术支持体系等。

6. 发售招标文件

将招标文件、图纸和有关技术资料发放给通过资格预审的潜在投标人。潜在投标人收到招标文件、图纸和有关资料后，应认真核对无误后，以书面形式予以确认。除直接发售纸质文件外，招标人还可以通过信息网络或者其他媒介发售招标文件，但应保证通过不同途径发售的招标文件内容一致。

7. 现场踏勘和标前会议

招标人根据招标项目的具体情况，可以组织潜在投标人踏勘项目现场或者召开投标预备会，潜在投标人自主决定是否参加。

组织潜在投标人进行现场踏勘的目的在于使其了解工程场地和周围环境，以获取有用的信息。投标预备会是招标人按投标须知规定的时间和地点召开的会议。会议上，招标人除了介绍工程概况以外，还可以对招标文件中某些内容加以修改或补充说明，以及对投标人书面提出的问题和会议上即席提出的问题给予解答，会议结束后，招标人应将会议纪要用书面通知的形式发给每一个潜在投标人。

无论是会议纪要还是对个别投标人问题的解答，都应以书面形式发给每一个获得投标文件的投标人，以保证招标的公平和公正。但对问题的答复不需要说明问题来源。会议纪要和答复函件是招标文件的补充文件，是招标文件的有效组成部分，与招标文件具有同等法律效力。当补充文件与招标文件不一致时，应以补充文件为准。

为了使投标人在编写投标文件时有充分的时间考虑招标人对招标文件的澄清或修改内容，招标人可以根据实际情况在投标预备会上确定延长投标截止时间。

有关招标文件澄清或修改的规定如下。

（1）招标人对已发出的招标文件进行必要的澄清或者修改的，应当及时以书面形式通知所有招标文件收受人。澄清或者修改的内容可能影响投标文件编制的，应当为编制投标文件预留合理时间。但是，依法必须进行招标的项目，应当在招标文件要求提交投标文件截止时间至少 10 日前通知；其中属于采购标准通用设备、材料的，或者施工技术方案简单、工期较短、季节性强的小型工程的，应当在至少 5 日前通知。该澄清或者修改的内容为招标文件的组成部分。

（2）招标人应保管好证明澄清或修改的内容；投标人在收到澄清或修改通知后，应书面予以确认，该确认书双方均应妥善保管。

8. 接收标函

投标人根据招标文件的要求，编制投标文件，并进行密封，在投标截止时间前递交至招标人规定的地点。招标人接收投标文件并将其密封保存。

9. 开标

（1）开标的时间和地点：开标应当在确定的时间公开进行；开标应当为招标文件中预先确定的地点或者发出招标文件的电子招标投标交易平台。

（2）开标过程：开标由招标人主持，所有投标人自主决定是否参加。实行电子开标的，所有投标人应当在线参加。开标时，由投标人或者其委托的代表分别检查各自投标文件有无提前开启情况；经确认无误后，当众拆封或者解密，公布投标人名称、投标价格和投标文件的其他主要内容。招标人在招标文件要求提交投标文件的截止时间前收到的所有投标文件，开标时都应当当众予以拆封或者解密、公布。未经开标公布的投标文件不得进入评标环节。开标过程应当记录，并存档备案。

10. 评标

1）评标委员会

（1）评标委员会的组成：评标由招标人依法组建的评标委员会负责。依法必须进行招标的项目，其评标委员会由招标人的代表和有关技术、经济或者法律等方面的专家共同组成，成员人数为 5 人以上单数，并应当满足专业分工需求，其中技术、经济或者法律等方面的专家不得少于成员总数的三分之二。招标人委托的代表可以是本单位熟悉招标项目需求的专业人员，也可以是外部专家。任何单位和个人不得禁止或限制招标人的代表进入评标委员会。

评标委员会专家应当从事相关领域工作满 5 年并具有高级职称或者具有同等专业水平。作为招标人代表的外部专家，由招标人直接确定；技术、经济或者法律等方面的专家由招标人从国务院有关部门或者省、自治区、直辖市人民政府组建或者确定的综合评标专家库或者行业评标专家库内相关专业的专家名单中确定；一般招标项目可以采取随机抽取方式，特殊招标项目可以由招标人直接确定。国务院发展改革部门会同有关行政监督部门建立健全评标专家库的专家征集、培训、考核和清退机制，实现专家资源全国互联共享。与投标人有利害关系的人不得进入相关项目的评标委员会，已经进入的应当更换。评标委员会成员的名单在中标结果确定前应当保密。

招标人根据需要可以组成工作组或者利用电子信息系统辅助评标委员会工作。辅助评标工作应当客观、准确，不得对投标文件做出任何更改或评价。

（2）评标委员会成员：可以要求投标人对投标文件中含义不明确的内容作必要的澄清或者说明，但是澄清或者说明不得超出投标文件的范围或者改变投标文件的实质性内容。评标委员会发现投标人的报价为异常低价，有可能影响合同履行的，应当要求投标人在合理期限内作澄清或者说明，并提供必要的证明材料；投标人不能说明其报价合理性，导致合同履行风险过高的，评标委员会应当否决其投标。评标委员会的要求以及投标人的澄清或者说明应当以书面形式进行。

评标委员会成员应当客观、公正、勤勉地履行职务，遵守职业道德，对所提出的评审意见承担个人责任；评标委员会成员不得私下接触投标人，不得收受投标人的财物或者其他好处；评标委员会成员和参与评标的有关工作人员不得透露对投标文件的评审和比较、中标候选人的推荐情况以及与评标有关的其他情况。

2）评标要求

（1）招标人应当采取必要的措施，保证评标在严格保密的情况下进行。任何单位和个人不得非法干预、影响评标的过程和结果。

（2）招标人应当向评标委员会提供评标所必需的信息，在评标开始前向评标委员会介绍招标项目背景、特点和需求，并在评标过程中根据评标委员会的要求对法律法规和招标文件内容进行说明。招标人提供的信息和介绍说明内容不得含有歧视性、倾向性、误导性，不得超出招标文件的范围或者改变招标文件的实质性内容，并应当随评标报告记录在案。

（3）评标委员会应当按照招标文件确定的评标标准和方法，集体研究并分别独立对投标文件进行评审和比较。评标委员会完成评标后，应当向招标人提出书面评标报告，推荐不超过 3 个合格的中标候选人，并对每个中标候选人的优势、风险等评审情况进行说明；除招标文件明确要求排序外，推荐中标候选人不标明排序。

（4）招标人根据评标委员会提出的书面评标报告和推荐的中标候选人，按照招标文件规定的定标方法，结合对中标候选人合同履行能力和风险进行复核的情况，自收到评标报告之日起 20 日内自主确定中标人。定标方法应当科学、规范、透明。招标人也可以授权评标委员会直接确定中标人。

（5）评标委员会经评审，认为所有投标都不符合招标文件要求的，应当否决所有投标。

（6）除法律、行政法规另有规定外，确定中标人前，招标人不得与投标人就投标价格、投标方案等实质性内容进行谈判。但是在不影响公平的前提下，招标人可以与投标人就投标方案的实施细节进行谈判。

3）评标方法

招标人应当按照招标项目实际需求和技术特点，选择确定以下评标方法。

（1）综合评估法，即确定投标文件能够最大限度地满足招标文件中规定的各项综合评价标准的投标人为中标候选人的评标方法。

（2）经评审的最低投标价法，即确定投标文件能够满足招标文件的实质性要求，并且经评审的投标价格最低的投标人为中标人候选人的评标方法，但投标价格为可能影响合同履行的异常低价的除外。

（3）法律、行政法规、部门规章规定的其他评标方法。

经评审的最低投标价法仅适用于具有通用的技术、性能标准或者招标人对其技术、性能没有特殊要求的项目。国家鼓励招标人将全生命周期成本纳入价格评审因素，并在同等条件下优先选择全生命周期内能源资源消耗最低、环境影响最小的投标方案。

11. 中标和签订合同

1）公示中标候选人

依法必须进行招标的项目，招标人应当自定标结束之日起 3 日内在发布招标公告的媒介公示中标人，公示期不得少于 3 日。

中标人公示应当载明中标人的名称、投标报价、评分或者评标价、质量、工期（交货期）、资质业绩、项目负责人信息，确定中标人的主要理由，中标候选人名单，所有被否决的投标，提出异议的渠道和方式，以及法律法规和招标文件规定公示的其他内容。

在公示中标人的同时，对于投标符合招标文件要求的投标人，招标人应当书面告知其评分或者评标价，对于被否决的投标，招标人应当书面告知其原因。

2）中标通知书

中标人公示结束且无尚未处理的异议后，招标人应当向中标人发出中标通知书，并同时将中标结果通知所有未中标的投标人。依法必须进行招标的项目，招标人应当自中标通知书发出之日起 3 日内在发布招标公告的媒介公告中标结果。

中标通知书对招标人和中标人具有法律效力。中标通知书到达中标人后，招标人改变中标结果的，或者中标人放弃中标项目的，应当依法承担违约法律责任。

3）签订合同

招标人和中标人应当自中标通知书发出之日起 30 日内，按照招标文件和中标人的投标文件订立书面合同。招标人可以和中标人进行合同谈判，但谈判内容不得更改招标文件和中标人投标文件的实质性内容。招标人和中标人不得再行订立背离合同实质性内容的其他协议。

依法必须进行招标的项目，招标人应当自与中标人订立书面合同之日起 15 日内，在发布招标公告的媒介公开合同订立情况信息，但涉及国家秘密、商业秘密的除外。

12. 终止招标

依法必须进行招标的项目，招标人在发布招标公告、发出投标邀请书、招标文件或者资格预审文件后，除因不可抗力、国家政策变化等导致招标投标活动不能正常进行外，不得擅自终止招标；确需终止招标的，应当向有关行政监督部门备案后，及时在发布招标公告的媒介发布终止公告并说明原因，或者以书面形式通知被邀请的或者已经获取资格预审文件、招标文件的潜在投标人。招标人终止招标的，依法承担相应责任。

中标人放弃中标、不能履行合同、不按照招标文件要求提供履约担保，或者被查实存在影响中标结果的违法行为等不符合中标条件的情形的，招标人可以根据评标委员会提出的书面评标报告和推荐的中标候选人重新确定其他中标候选人为中标人，或者组织评标委员会重新评标并推荐中标候选人，也可以重新招标。重新确定中标人的，应当参照相关规定进行公示、通知、公告。

（二）投标保证金和投标文件差错修正原则

1. 投标保证金

招标人可以在招标文件中要求投标人提交保证金。投标人在递交投标文件的同时，应按规定的金额、担保形式和投标保证金格式递交投标保证金，并作为其投标文件的组成部分。联合体投标的，其投标保证金由牵头人递交，并应符合规定。投标保证金除现金外，可以是银行出具的银行保函、保兑支票、银行汇票或现金支票、不可撤销信用证、由保险公司或者担保公司出具的投标保证书等，工程保函可替代保证金。对于投标保证金、履约保证金、工程质量保证金、农民工工资保证金，建筑企业可以保函的方式缴纳，对于银行保函，建设单位和有关部门不得拒绝。工程保函的保费应计入工程造价。

招标人在招标文件中要求投标人提交投标保证金的，投标保证金不得超过招标项目估算价的 2%。投标保证金有效期应当与投标有效期一致。招标人不得挪用投标保证金。《关于加快推进实施工程担保制度的指导意见（征求意见稿）》规定：投标保函的金额最高不超过 80 万元。

实行两阶段招标的，招标人要求投标人提交投标保证金的，应当在第二阶段提出。招标人终止招标，已经收取投标保证金的，招标人应当及时退还所收取的投标保证金及银行同期存款利息。投标人在投标截止日期前撤回已提交的投标文件，招标人已收取投标保证金的，应当自收到投标人书面撤回通知之日起 5 日内退还。投标截止后投标人撤销投标文件的，招标人可以不退还投标保证金。

如出现下列情况之一者，投标保证金将不予退还（不退还的投标保证金归招标人所有）。

（1）投标人在投标有效期内撤回其投标文件。

（2）投标人未能在规定期限内提交履约保证金或签署合同。

（3）投标人企图改变投标文件中的承诺。

（4）投标人套标、串标或弄虚作假。

（5）投标人在投标过程（资格审查、开标等过程）中所提供的资料与事实不符。

2. 投标文件差错修正原则

投标文件不响应招标文件的实质性要求和条件的，招标人应当拒绝。不允许投标人通过修正或撤销不符合要求的差错，使之成为具有响应性的投标。

除招标文件另有约定外，评标委员会应对施工投标文件按下述原则进行修正。

（1）用数字表示的总额与用文字表示的数额不一致时，以文字数额为准。

（2）单价与工程量的乘积和总价之间不一致时，以单价为准。若单价有明显的小数点错位，应以总价为准，并修改单价。

三、工程项目施工投标

1. 施工投标程序

1）索购资格预审文件

潜在投标人在获得招标公告或资格预审通告信息后，根据招标项目要求和自身条件，决定是否准备参加投标。如果准备参加投标，应按照招标公告中的规定索购资格预审文件。

2）填写资格预审文件

资格预审文件一般由资格预审须知和资格预审表两部分组成。潜在投标人在购得资格预审文件后首先应仔细研究资格预审须知，然后遵循“诚实信用”原则如实认真填写资格预审表。

3）购买招标文件

收到资格预审合格通知书的投标人，应按招标公告或资格预审公告规定的时间、地点、方式和其他事项向招标人购买招标文件、图纸及有关技术资料。

4）研究招标文件

投标人取得招标文件后，应认真研究招标文件、图纸和有关资料，全面掌握招标人的意图，避免投标失误。对于需要澄清或有疑问的问题，应以书面形式向招标人提出。

5）参加现场踏勘

通过现场踏勘详细核对，询问招标人，使投标文件更加符合招标文件的要求，同时可以实际了解招标项目工程场地和周围环境等信息。

6）参加投标预备会

招标人在会上解答投标人对招标文件和现场踏勘中所提出的问题，对图纸进行交底，通知有关事项。

7）确定投标策略

通过对招标文件的研究和对招标人意图的理解及竞争对手的分析，并结合投标人自身的能力条件，采取正确的投标策略。

8）编制投标文件

（1）编制步骤：结合现场踏勘和投标预备会的结果，进一步分析招标文件；校核招标文件中的工程量清单；根据工程类型编制施工规划或施工组织设计；根据工程价格构成进行工程估价；确定利润方针；计算和确定报价；形成投标文件；进行投标担保。

投标报价不得是有可能影响合同履行的异常低价，不得高于最高投标限价；投标人应当依据招标文件、工程量清单、工程计价有关规定、市场价格信息和企业对招标工程成本的分析与预测，自主确定投标报价并承担相应风险。

（2）投标文件的补充、修改或者撤回：投标人在招标文件要求提交投标文件截止日期前，可以补充、修改或者撤回已提交的投标文件，并书面通知招标人，补充、修改的内容为投标文件的组成部分。在提交投标文件截止时间后到招标文件规定的投标有效期终止之前，投标人不得补充、修改、替代或者撤回其投标文件；投标人补充、修改、替代投标文件的，招标人不予接收；投标人撤回投标文件的，其投标保证金将被没收。

投标文件应当包括下列内容：投标函；投标报价；施工规划或者施工组织设计；投标文件要求提供的其他材料。

9）送达投标文件

投标人应当在招标文件要求提交投标文件的截止时间前，将投标文件送达投标地点或者提交电子招标投标交易平台。招标人或者电子招标投标交易平台收到投标文件后，应当签收保存，不得开启或者解密。投标人少于3个的，对于依法必须进行招标的项目，不得开标，招标人应当分析招标失败的原因，采取对招标文件设定的投标人资格条件等进行修改或者其他合理、充分措施后，重新招标。重新招标后，投标人仍少于3个的，可以重新招标，也可以开标、评标，或者依法以其他方式从现有投标人中确定中标人，并向有关行政监督部门备案。在招标文件要求提交投标文件的截止时间后送达的投标文件，招标人应当拒收。

10）参加开标会议

所有投标人自主决定是否参加。实行电子开标的，所有投标人应当在线参加。

11）接收中标通知

中标人接到中标通知书后应按照招标文件要求提交履约保证金，并做好签订合同的准备。未中标的投标人在接到通知后，应按规定时间领回投标保证金。

12）提交履约保证金

在签订合同前，中标人或联合体的中标人应按招标文件有关规定的金额、担保形式和提交时间，向招标人提交履约担保。履约担保有履约保证金、履约担保书和银行履约保函等形式，可以选择其中一种作为招标项目的履约保证金，履约保证金不得超过中标合同金额的10%。中标人不能按要求提交履约保证金的，视为放弃中标，其投标保证金不予退还，给招标人造成的损失超过投标保证金数额的，中标人还应当对超过部分予以赔偿。招标人要求中标人提供履约保证金或其他形式履约担保的，招标人应当同时向中标人提供工程款支付担保。中标后的承包人应保证其履约保证金在发包人颁发工程接收证书前一直有效。发包人应在工程接收证书颁发后28天内把履约保证金退还给承包人。

承包人原因导致工期延长的，继续提供履约担保所增加的费用由承包人承担；非承包人原因导致工期延长的，继续提供履约担保所增加的费用由发包人承担。

2. 联合体投标

招标人接受联合体投标的，两个以上法人或者非法人组织可以组成一个联合体，以一个投标人的身份共同投标。

（1）联合体各方应当签订共同投标协议，明确约定各方拟承担的专业工作和责任，并将共同投标协议连同投标文件一并提交招标人。联合体中标的，联合体各方应当共同与招标人签订合同，就中标项目向招标人承担连带责任。

（2）联合体各方应当具备承担共同投标协议约定的招标项目相应专业工作的能力；国家有关规定或者招标文件对投标人资格条件有规定的，联合体各方应当具备规定的相应资格条件。联合体的各专业资质等级，根据共同投标协议约定的专业分工，分别按照承担相应专业工作的资质等级最低的单位确定。

（3）招标人不得强制投标人组成联合体共同投标，不得限制投标人之间的竞争。

3. 投标禁止的行为

投标人不得相互串通投标报价，不得排挤其他投标人的公平竞争，损害招标人或者其他投标人的合法权益；投标人不得与招标人串通投标，损害国家利益、社会公共利益或者他人的合法权益；禁止投标人以向招标人或者评标委员会成员提供财物或者给予其他利益等不正当手段谋取中标；投标人不得以可能影响合同履行的异常低价竞标，也不得以他人名义投标或者以其他方式弄虚作假，骗取中标。

四、工程项目施工招标投标案例

【例 3-1】 综合评估法在施工评标中的应用案例

某工程采用公开招标方式，有 A、B、C、D 四家承包商参加投标，经资格预审这四家承包商均满足要求。评标委员会共由 5 名成员组成，评标的具体规定及相关资料如下。

1. 第一阶段评技术标

技术标共计 40 分。其中，施工方案 16 分，总工期 10 分，工程质量 5 分，项目管理班子 4 分，企业信誉 5 分。评委对四家承包商的施工方案、总工期、工程质量、项目管理班子、企业信誉评分结果汇总，如表 3-2 所示。

表 3-2　各评委对四家承包商得分汇总表

投标单位	施工方案	总工期	工程质量	项目管理班子	企业信誉
A	13.67	8.5	4.0	2.5	4.0
B	12.83	8.0	4.5	3.0	4.5
C	13.83	8.5	3.5	3.0	4.5
D	12.67	9.0	4.0	2.5	3.5

2. 第二阶段评商务标

商务标共计 60 分。以标底价的 50%与承包商报价算术平均数的 50%之和为基准价，但最高（或最低）报价高于（或低于）次高（或次低）报价的 15%者，在计算承包商报价算术平均数时不予考虑，且该商务标得分为 15 分。

以基准价为满分 60 分，报价比基准价每下降 1%，扣 1 分，最多扣 10 分；报价比基准价每增加 1%，扣 2 分，此项扣分不保底。

标底价和各承包商的报价如表 3-3 所示。

表 3-3　标底价和各承包商的报价　单位：万元

项目	A 单位	B 单位	C 单位	D 单位	标底价
报价	32 781	33 197	33 611	27 765	33 072

按综合得分（计算结果保留两位小数）较高者的原则确定合格的中标候选人。

【解】 1. 计算各投标单位技术标的得分

A 单位=13.67+8.5+4.0+2.5+4.0=32.67。

B 单位=12.83+8.0+4.5+3.0+4.5=32.83。

C 单位=13.83+8.5+3.5+3.0+4.5=33.33。

D 单位=12.67+9.0+4.0+2.5+3.5=31.67。

2. 计算各承包商的商务标得分

1）计算基准价

最低报价 D 低于次低报价 A 的百分比：(32 781−27 765)/32 781≈15.30%>15%，承包商 D 的报价在计算基准价时不予考虑。

最高报价 C 高于次高报价 B 的百分比：(33 611−33 197)/33 197≈1.25%<15%。

基准价=33 072×0.5+[(32 781+33 197+33 611)/3]×0.5≈33 134.167（万元）。

2）计算各投标单位报价与基准价的比值

A 单位=32 781/33 134.167≈98.93%。

B 单位=33 197/33 134.167≈100.19%。

C 单位=33 611/33 134.167≈101.44%。

3）各承包商的商务标得分

A 单位=60−(100−98.93)×1≈58.93。

B 单位=60−(100.19−100)×2≈59.62。

C 单位=60−(101.44−100)×2≈57.12。

D 单位报价低于次低价 15%以上，则得分为 15 分。

3. 计算各承包商的综合得分

A 单位=32.67+58.93≈91.60。

B 单位=32.83+59.62≈92.45。

C 单位=33.33+57.12≈90.45。

D 单位=31.67+15≈46.67。

结论：评标委员会形成书面评标报告，推荐 A、B、C 为合格的中标候选人，招标人自主确定中标人。

【例 3-2】 经评审的最低投标价法在评标中的应用案例

某污水处理厂项目采用经评审的最低投标价法进行评标。共有 3 位投标人投标，且均通过了初步评审，评标委员会对开标确认的投标报价进行详细评审。

评标办法规定，对污水处理成本偏差、提前竣工等因素进行价格折算。价格折算的办法如下。

污水处理成本比招标文件规定高的，每高一个百分点投标报价增加 2%，每低一个百分点投标报价减少 1%，高于 10%该投标将被否决。该工程招标工期为 30 个月，承诺工期每提前 1 个月，给招标人带来的预期收益为 50 万元。

投标人 A：投标报价为 4850 万元，污水处理成本比规定高 2 个百分点，承诺的工期为 30 个月。

投标人 B：投标报价为 4900 万元，污水处理成本比规定高 1 个百分点，承诺的工期为 29 个月。

投标人 C：投标报价为 5000 万元，污水处理成本比规定低 2 个百分点，承诺的工期为 28 个月。

【解】 污水处理成本偏差因素的评标价格调整如下。

投标人 A：4850×2×2%=194（万元）。

投标人 B：4900×1×2%=98（万元）。

投标人 C：5000×2×(−1%)=−100（万元）。

提前竣工因素的评标价格调整如下。

投标人 A：(30−30)×50=0（万元）。

投标人 B：(29−30)×50=−50（万元）。

投标人 C：(28−30)×50=−100（万元）。

评标价格比较见表 3-4。

表 3-4　评标价格比较

项目	投标人 A	投标人 B	投标人 C
投标报价/万元	4850	4900	5000
污水处理成本偏差因素价格调整/万元	194	98	−100
提前竣工因素导致评标价格调整/万元	0	−50	−100
最终评标价/万元	5044	4948	4800
排序	3	2	1

经评审，投标人 C 的最终评标价最低，评标委员会推荐其为中标候选人。

【例 3-3】 招标投标过程中的错误行为分析案例

背景：某项目进行施工招标时，有五家投标单位，其中，A、B、C、D 四家公司属单独投标，E投标单位属D公司与另一家投标人组成的联合体。在投标截止日前，A公司提交一份补充文件，说明愿意在原报价基础上降低3%作为最终报价。开标后，B公司考虑自己报价过高，难以中标，向招标单位提出，如果中标，将承诺工期比原投标文件中的工期再提前两个月。开标后评标委员会发现C公司有两项分项工程报价计算错误，认定C公司的投标文件为无效标书。

问题：上述招标投标过程中，有哪些行为是错误的？为什么？

【解】 错误的行为如下。

（1）D公司不能既以自己的名义投标，又以联合体的名义投标。

（2）B公司不应在开标后再提出工期提前的承诺。开标后投标人不得对投标文件作实质性修改。

（3）评标委员会不应认定C公司投标无效。报价计算错误可以由评标委员会修改后经投标人确认，不应属于无效标书。

第三节　工程总承包招标投标

政府投资工程带头推行工程总承包，装配式建筑原则上应采用工程总承包模式，鼓励非政府投资工程推行工程总承包。工程总承包招标投标程序与施工招标投标程序基本相同，下面仅介绍不同的内容。

一、相关要求

1. 关于招标的要求

建设单位应当在发包前完成项目审批、核准或备案程序；政府投资项目，原则上应当在初步设计审批完成后进行工程总承包项目发包；按照国家有关规定简化报批文件和审批程序的政府投资项目，应当在完成相应的投资决策审批（相关部门对政府投资项目从社会公平、社会效益等方面进行分析，从投资决策角度进行项目建议书和可行性研究报告的审批）后进行工程总承包项目发包。

项目范围内的设计、采购或施工中，有任一项属于依法必须进行招标的且达到国家规定规模标准的，应当采用招标的方式选择工程总承包单位；应当根据项目特点和需要编制招标文件，列明项目的目标、范围、设计和其他技术标准，包括对项目的内容、范围、规模、标准、功能、质量、安全、节约能源、生态环境保护、工期、验收等的明确要求；提供发包前完成的水文地质、工程地质、地形等勘察资料，以及可行性研究报告、方案设计文件或者初步设计文件等。与施工招标文件相比，投标人须知在设计方面提出了以下要求：①质量标准，包括设计要求的质量标准；②投标人资格要求，项目经理应当具备工程设计类或者工程施工类注册执业资格，设计负责人应当具备工程设计类注册执业资格；③设计成果补偿，招标人对符合招标文件规定的未中标人的设计成果进行补偿的，按投标人须知前附表规定给予补偿，并有权免费使用未中标人设计成果等。

应当依法确定投标人编制投标文件所需要的合理时间；评标委员会的组建，应当依照法律规定和项目特点，由建设单位代表、具有工程总承包项目管理经验的专家，以及从事设计、施工、造价等方面的专家组成；可以在招标文件中提出对履约担保的要求，依法要求投标文件载明拟分包的内容；设有最高投标限价的，应当明确最高投标限价或者最高投标限价的计算方法。

与施工招标文件相比，“工程量清单”“图纸”“技术标准和要求”变为“发包人要求”“发包人提供的资料”，工程总承包招标文件要求编制的价格清单还包括勘察设计费等内容。

2. 关于投标的要求

投标人应当同时具有与工程规模相适应的工程设计资质和施工资质，或者由具有相应资质的设计单位和施工单位组成联合体；应当具有相应的项目管理体系和项目管理能力、财务和风险承担能力；应当具有与发包工程相类似的设计、施工或者工程总承包业绩；不得是项目的代建单位、项目管理单位、监理单位、造价咨询单位或招标代理单位。

政府投资项目的项目建议书、可行性研究报告、初步设计文件编制单位及其评估单位，一般不得成为该项目的工程总承包单位。政府投资项目招标人公开已经完成的项目建议书、可行性研究报告、初步设计文件的，上述单位可以参与该工程总承包项目的投标，经依法评标、定标，成为工程总承包单位。

投标文件须载明拟依法分包的内容；以暂估价形式包括在总承包范围内的工程、货物、服务分包时，属于依法必须进行招标的项目范围且达到国家规定规模标准的，应当依法招标。

与施工投标相比，在投标人须知中提出了设计工作方面的要求；对投标人资料审查的内容增加了“完成的类似设计施工总承包项目和近年完成的类似工程设计项目等”内容；评标办法中增加了与工程设计有关的内容。

3. 关于合同的要求

企业投资项目宜采用总价合同；政府投资项目应当合理确定合同价格形式，可以采用总价合同或成本加酬金合同；采用总价合同的，除合同约定可以调整的情形外，合同总价一般不予调整；可以在合同中约定工程总承包计量规则和计价方法。

二、总承包招标投标案例

【例 3-4】 背景：某项目委托监理公司承担施工监理任务，在项目施工招标过程中共有 A、B、C、D、E 五家施工单位竞标。其中，E 工程公司的投标文件在招标文件要求提交投标文件的截止时间后半小时送达；C 工程公司的投标文件未密封。经过评标，业主选定 A 公司为中标单位。且在施工合同中双方约定，A 公司将设备安装、配套工程和桩基工程的施工分别分包给 H、K 和 P 三家专业工程公司，业主负责采购设备。

问题：

（1）评标委员会是否应该对 E、C 这两家公司的投标文件进行评审？为什么？

（2）桩基工程施工完毕，已按国家有关规定和合同约定作了检测验收。监理工程师对其中的某号桩的混凝土质量有怀疑，建议业主采用钻孔取样方法进一步检验。P 公司不配合，监理工程师要求 A 公司给予配合，A 公司以桩基工程是由 P 公司施工为由加以拒绝。A 公司的做法妥当否？为什么？

（3）若桩体经钻孔取样检验合格，A 公司要求该监理公司承担由此发生的全部费用，赔偿其窝工损失，并顺延所影响的工期。A 公司的要求合理吗？为什么？

（4）业主采购的设备提前进场，A 公司派人参加开箱清点，并向监理工程师提交因此增加的保管费支付申请。监理工程师是否应予以签认？为什么？

（5）K 公司在配套工程的设备安装过程中发现配套工程设备材料库中部分配件丢失，要求业主重新采购供货。K 公司的要求是否合理？为什么？

【解】（1）对 E 公司的投标文件不评定，对逾期送达的投标文件视为废标，应予拒收。对 C 公司的投标文件不评定，对未密封的投标文件视为废标。

（2）不妥，因 A 公司与 P 公司是总分包关系，A 公司对 P 公司的施工质量问题承担连带责任，故 A 公司有责任配合监理工程师的检验要求。

（3）不合理，由业主而非监理公司承担由此发生的全部费用并顺延所影响的工期。

（4）应予签认，业主供应的材料设备提前进场，导致保管费用增加，属发包人责任，由业主承担因此发生的保管费用。

（5）K 公司提出的要求不合理，K 公司不应直接向业主提出采购要求，业主供应的材料设备已经清点移交，配件丢失责任在承包方。

三、其他类别招标概述

监理招标与工程项目建设过程中其他招标的最大区别，表现为“标的”的特殊性，招标人选择中标人的基本原则是“基于能力的选择”，而不应将服务报价作为主要考虑因素。有时甚至不考虑建设工程监理服务报价，只考虑工程监理单位的服务能力。监理招标的“标的”是提供“监理服务”，而非某一种物化劳动，即监理单位在项目建设过程中不承担物质生产任务，只是对建设生产过程提供监督、管理、协调、咨询等服务。

勘察设计任务的招标发包形式既可以将勘察、设计任务单独招标，发包给具有相应资质的勘察单位和设计单位，也可以将勘察、设计任务合并发包给具有相应资质的勘察设计单位。勘察设计总发包，不仅可以减少招标发包的工作量，而且在合同履行过程中，项目法人可以减少两个合同的协调工作量，同时使勘察工作直接根据设计需要进行，满足设计对勘察资料精度、内容、进度的要求。

勘察、设计工作成果的优劣对项目建设目标的实现以及项目未来的运营、维护和使用有着决定性影响，一般通过招标方式确定。勘察设计招标的标的物是智力成果，即建设项目勘察、设计方案。虽然设计投标报价占项目总投资额的比例不大，但设计方案对工程项目往往更具全局性、长效性和创新性影响。设计工作对技术要求高，从前期准备到后续服务跨越的周期长，成果的内容和质量具有较大的不确定性，不易在短期内准确地量化评判，更多还要依赖投标单位专业设计人员发挥技术专长和创造力，提供智力成果，且无具体量化的工作量，灵活性较大。

工程材料和设备的采购主要包括询价选择供货商、直接向供货商订购和招标选择供货商三种方式。询价方式一般用于采购数额不大的建筑材料和标准规格产品；直接订购方式多适用于零星采购、应急采购，或只能从一家供应厂商获得，或必须由原供货商提供产品或向原供货商补订的采购；招标投标则是大宗及重要建筑材料和设备采购的最主要方式。材料和设备采购按标的物的特点可分为买卖合同和加工承揽合同两大类。采购大宗建筑材料或通用型批量生产的中小型设备属于买卖合同，招标时一般侧重对投标人的商业信誉、报价和交货期限等方面的比较，较多考虑价格因素；而订购非批量生产的大型复杂机组设备、特殊用途的大型非标准部件则属于加工承揽合同，中标人承担的工作往往涵盖从生产、交货、安装到调试、保修的全过程，招标时要对投标人的商业信誉、加工制造能力、报价、交货期限和方式、安装（或安装指导）、调试、保修及操作人员培训等各方面进行全面比较，更多考虑性价比。

政府采购是指各级国家机关、事业单位和团体组织，使用财政性资金采购依法制定的集中采购目录以内的或采购限额标准以上的货物、工程和服务的行为。政府采购工程进行招标投标的，适用《招标投标法》。政府采购实行集中采购和分散采购相结合。集中采购的范围由省级以上人民政府公布的集中采购目录确定。政府采购可采用公开招标、邀请招标、竞争性谈判、单一来源采购、询价方式，以及国务院政府采购监督管理部门认定的其他采购方式。公开招标应作为政府采购的主要方式。

四、招标投标制度改革方向

完善招标投标制度体系，进一步扩大招标人自主权，强化招标人首要责任。鼓励有条件的地区政府投资工程按照建设、使用分离的原则，实施相对集中专业化管理。优化评标方法，将投标人信用情况和工程质量安全情况作为评标重要指标，优先选择符合绿色发展要求的投标方案。积极推行采用“评定分离”方法确定中标人。

完善设计咨询服务委托和计费模式，推广采用团队招标方式选择设计单位，探索设计服务市场化人工时计价模式，根据设计服务内容、深度和质量合理确定设计服务价格，推动实现“按质择优、优质优价”。

全面推行招标投标交易全过程电子化和异地远程评标，加大招标投标活动信息公开力度，加快推动交易、监管数据互联共享。规范招标投标异议投诉处理工作，强化事中事后监管，依法严肃查处规避招标、串通投标、弄虚作假等违法违规行为，及时纠正通过设立不合理条件限制或排斥外地企业承揽业务的做法，形成统一开放、竞争有序的市场环境。

第四节　电子招标投标

一、电子招标投标概述

电子招标投标活动是指将招投标业务与先进的信息技术相结合，以数据电文形式，依托电子招标投标系统完成全部或部分招标投标交易、公共服务和行政监督活动。

对实行电子招标投标的项目，取消招标文件备案，或者实行网上办理。深入推进招标投标全流程电子化是创新招标采购交易机制、公共服务和监督方式的重要举措，有利于提高招标投标透明度，节约资源和交易成本，提高资源配置质量和效率，保障投资建设项目高效落地。

二、电子招标投标交易系统和平台

1. 电子招标投标系统

由电子招标投标交易平台、公共服务平台、行政监督平台组成，主要功能和架构关系如图 3-3 所示。

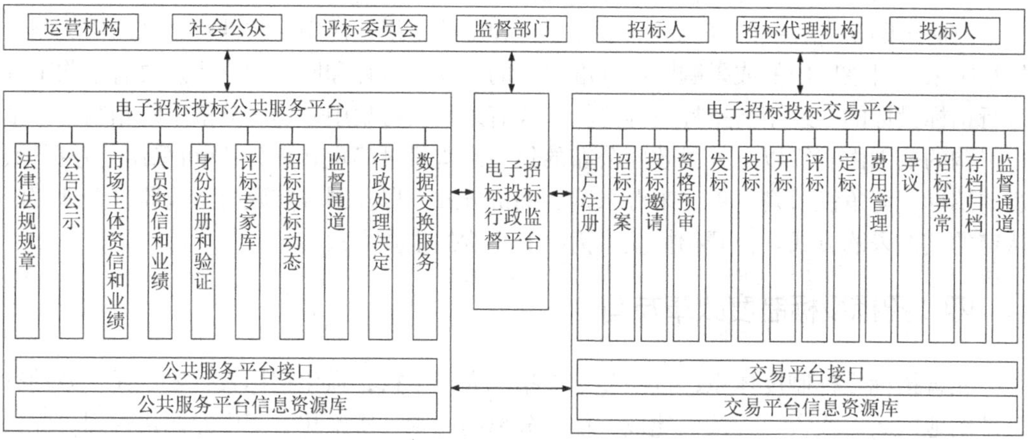

图 3-3　电子招标投标系统架构图

（1）交易平台。交易平台主要用于在线完成招标投标全部交易过程，编辑、生成、对接、交换和发布有关招标投标数据信息，为行政监督部门和监察机关依法实施监督、监察和受理投诉提供所需的信息通道，其基本功能结构如图 3-4 所示。

（2）公共服务平台。公共服务平台是为满足各交易平台之间电子招标投标信息对接交换、资源共享的需要，并为市场主体、行政监督部门和社会公众提供信息交换、整合和发布的信息平台，具有招标投标相关信息对接交换和发布、资格信誉和业绩验证、行业统计分析、连接评标专家库、提供行政监督通道等服务功能。属于依法必须公开的信息，平台应无偿提供。

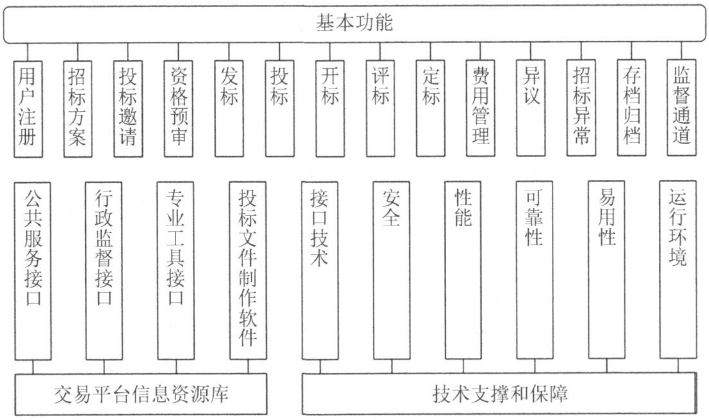

图 3-4　交易平台结构图

（3）行政监督平台。行政监督平台是行政监督部门和监察机关在线监督电子招标投标活动，并与交易平台、公共服务平台对接交换相关监督信息的平台，应当公布监督职责权限、监督电子招标投标环节、程序、时限和信息交换等要求。

2. 电子招标投标交易平台

（1）建设和运营主体。依法设立的招标投标交易场所、招标人、招标代理机构以及其他依法设立的法人组织可以按行业、专业类别，建设和运营电子招标投标交易平台。国家鼓励电子招标投标交易平台平等竞争。

（2）建设和运营原则。交易平台应按照标准统一、互联互通、公开透明、安全高效的原则，以及市场化、专业化、集约化方向进行。交易平台服务器应当设在中华人民共和国境内。交易平台应当允许社会公众市场主体免费注册登录和获取依法公开的招标投标信息，为招标投标活动当事人、行政监督部门和监察机关按各自职责和注册权限登录使用提供必要条件。

（3）开放数据接口。应当按照技术规范规定，执行统一的信息分类和编码标准，为电子招标投标信息的互联互通和交换共享开放数据接口、公布接口要求。接口应当保持技术中立，与需要分离开发的工具软件兼容，不得限制或排斥符合技术规范规定的工具软件与其对接。

（4）运营机构。交易平台应当是依法成立的法人，拥有一定数量的专职信息技术、招标专业人员。应当根据国家有关法律法规和技术规范，建立健全交易平台规范运行和安全管理制度，加强监控、检测，及时发现和排除隐患，并采用可靠的身份识别、权限控制、加密、病毒防范等技术，防范非授权操作，保证平台安全、稳定、可靠。还应采取有效措施，验证初始录入信息的真实性，确保数据电文不被篡改、不遗漏和可追溯。不得以任何手段限制或者排斥潜在投标人，不得泄露依法应当保密的信息，不得弄虚作假、串通投标及为其提供便利。

三、电子招投和投标

1. 电子招标

（1）确定交易平台。招标人或其委托的招标代理机构应当在其使用的电子招标投标交易平台注册登记，选择使用除招标人或招标代理机构之外第三方运营的电子招标投标交易平台的，还应当与电子招标投标交易平台运营机构签订使用合同，明确服务内容、质量、费用等权利和义务，并对服务过程中相关信息的产权归属、保密责任、存档等依法做出约定。相关交易平台运营机构不得以技术和数据接口配套为由，要求潜在投标人购买指定的工具软件。

（2）发布招标信息。招标人或其委托的招标代理机构应当在资格预审公告、招标公告或投标邀请书中载明潜在投标人访问电子招标投标交易平台的网址和方法。依法必须进行公开招标项目的上述相关公告，应当在电子招标投标交易平台和国家指定的招标公告媒介同步发布。招标人或其委托的招标代理机构应当及时将数据电文形式的资格预审文件、招标文件加载至电子招标投标交易平台，供潜在投标人下载或查阅。

（3）信息保密要求。在投标截止时间前，电子招标投标交易平台运营机构不得向招标人或其委托的招标代理机构以外的任何单位或个人泄露下载资格预审文件、招标文件的潜在投标人名称、数量以及可能影响公平竞争的其他信息。

（4）文件澄清方式。招标人对资格预审文件、招标文件进行澄清或修改的，应当通过电子招标投标交易平台以醒目的方式公告澄清或修改的内容，并以有效方式通知所有已下载资格预审文件或者招标文件的潜在投标人。

2. 电子投标

（1）运营机构限制要求。电子招标投标交易平台的运营机构，以及与该机构有控股或管理关系，可能影响招标公正性的任何单位或个人，不得在该交易平台进行的招标项目中投标和代理投标。

（2）注册登记和验证。投标人应当在资格预审公告、招标公告或投标邀请书载明的电子招标投标交易平台注册登记，如实递交有关信息，并经电子招标投标交易平台运营机构验证。

（3）递交相关文件。投标人应当通过资格预审公告、招标公告或投标邀请书载明的电子招标投标交易平台，递交数据电文形式的资格预审申请文件或投标文件。

（4）投标文件加密要求。电子招标投标交易平台应当允许投标人离线编制投标文件，并且具备分段或整体加密、解密功能。投标人应当按照招标文件和电子招标投标交易平台的要求编制并加密投标文件。投标人未按规定加密的投标文件，电子招标投标交易平台应当拒收并提示。

（5）投标文件修改或撤回。投标人应当在投标截止时间前完成投标文件的传输递交，并可以补充、修改或撤回投标文件。投标截止时间前未完成投标文件传输的，视为撤回投标文件。投标截止时间后送达的投标文件，电子招标投标交易平台应当拒收。

电子招标投标交易平台收到投标人送达的投标文件，应当即时向投标人发出确认回执通知，并妥善保存投标文件。在投标截止时间前，除投标人补充、修改或撤回投标文件外，任何单位或个人不得解密、提取投标文件。

四、电子开标、评标和中标

1. 电子开标

（1）开标时间。电子开标应当按照招标文件确定的时间，在电子招标投标交易平台上公开进行，所有投标人均应当准时在线参加开标。

（2）文件解密。开标时，电子招标投标交易平台自动提取所有投标文件，提示招标人和投标人按招标文件规定方式按时在线解密。解密全部完成后，应当向所有投标人公布投标人名称、投标价格和招标文件规定的其他内容。

因投标人原因造成投标文件未解密的，视为撤销其投标文件；因投标人之外的原因造成投标文件未解密的，视为撤回其投标文件，投标人有权要求责任方赔偿因此遭受的直接损失。部分投标文件未解密的，其他投标文件的开标可以继续进行。招标人可以在招标文件中明确投标文件解密失败的补救方案，投标文件应按照招标文件的要求作出响应。

（3）开标记录。电子招标投标交易平台应当生成开标记录并向社会公众公布，但依法应当保密的除外。

2. 电子评标

（1）进行在线评标。电子评标应当在有效监控和保密的环境下在线进行。根据国家规定应当进入依法设立的招标投标交易场所的招标项目，评标委员会成员应当在依法设立的招标投标交易场所登录招标项目所使用的电子招标投标交易平台进行评标。评标中需要投标人对投标文件澄清或说明的，招标人和投标人应当通过电子招标投标交易平台交换数据电文。

（2）提交评标报告。评标委员会完成评标后，应当通过电子招标投标交易平台向招标人提交数据电文形式的评标报告。

3. 电子中标

（1）公示中标候选人和公布中标结果。依法必须进行招标的项目，中标候选人和中标结果应当在电子招标投标交易平台进行公示和公布。

（2）发出中标通知书。招标人确定中标人后，应当通过电子招标投标交易平台，以数据电文形式向中标人发出中标通知书，并向未中标人发出中标结果通知书。

（3）签订合同。招标人应当通过电子招标投标交易平台，以数据电文形式与中标人签订合同。

（4）异议与答复。投标人或其他利害关系人依法对资格预审文件、招标文件、开标和评标结果提出异议，以及招标人答复，均应当通过电子招标投标交易平台进行。

（5）电子签名。招标投标活动中的下列数据电文应当按照《中华人民共和国电子签名法》和招标文件的要求进行电子签名并进行电子存档：①资格预审公告、招标公告或投标邀请书；②资格预审文件、招标文件及其澄清、补充和修改；③资格预审申请文件、投标文件及其澄清和说明；④资格审查报告、评标报告；⑤资格预审结果通知书和中标通知书；⑥合同；⑦国家规定的其他文件。

复习题

一、单项选择题（每题备选项中，只有一个最符合题意）

1. 招标人以招标公告的方式邀请不特定的法人或者非法人组织投标的方式称（　　）。
   A. 邀请招标　　B. 公开招标　　C. 议标　　D. 有限招标
2. 依法必须招标的工程建设项目，施工招标应当具备的前提条件不包括（　　）。
   A. 初步设计概算已获批准　　B. 项目资金来源已经落实
   C. 有招标所需的设计图纸　　D. 有施工方案
3. 自招标文件开始发出之日起至投标人提交投标文件截止之日止，最短不得少于（　　）日。
   A. 30　　B. 15　　C. 10　　D. 14
4. 招标文件应当载明投标有效期，投标有效期从（　　）日起计算。
   A. 提交投标文件截止　　B. 招标文件出售
   C. 招标文件停止出售　　D. 招标公告发布
5. 招标人对已发出的招标文件进行必要的澄清或修改的，应当在招标文件要求提交投标文件截止时间至少（　　）日前，以书面形式通知所有招标文件收受人。
   A. 7　　B. 10　　C. 15　　D. 5
6. 评标委员会由招标人的代表和有关技术、经济或法律等方面的专家组成，成员人数为（　　）以上单数，其中技术、经济或法律等方面的专家不得少于成员总数的（　　）。
   A. 5人，1/2　　B. 5人，2/3　　C. 7人，1/2　　D. 7人，2/3
7. 招标人和中标人应当自中标通知书发出之日起（　　）日内，订立书面合同。
   A. 50　　B. 40　　C. 30　　D. 20
8. 招标方为了确保招标的有效性，在招标投标时收取各个投标商的信誉保证，称为（　　）。
   A. 投标保证金　　B. 履约保证金　　C. 保留金　　D. 银行保函
9. 下列关于投标保证金的表述中，正确的是（　　）。
   A. 投标保证金必须使用银行汇票　　B. 投标保证金应随同投标文件一起提交
   C. 投标保证金一般不超过投标总价的1%　　D. 投标保证金有效期应超出投标有效期28天
10. 评标委员会评估投标报价时，当单价与工程量的乘积与总价不一致时，以（　　）为准。
   A. 单价　　B. 总价　　C. 数字表示的数额　　D. 文字表示的数额

二、多项选择题（每题备选项中，至少有两个符合题意，多选、错选不得分）

1. 建设工程招标方式有（　　）。
   A. 公开招标　　B. 邀请招标　　C. 议标　　D. 区域性招标
   E. 专业招标
2. 建设工程施工招标应具备的条件是（　　）。
   A. 招标人已经依法成立
   B. 初步设计已经批准
   C. 政府投资项目的招标范围、招标方式和招标组织形式应当获批

D. 有相应资金或资金来源已经落实
E. 已刊登资格预审公告

3. 工程项目施工招标文件通常包括（　　）。
A. 不平衡报价说明　B. 招标公告　C. 投标邀请书
D. 工程量清单　E. 施工组织设计

4. 进行施工招标资格预审时，主要审查投标人（　　）。
A. 与招标人的合作经历　B. 财务状况
C. 类似项目业绩和能力　D. 信誉
E. 拟投入的设备

5. 投标保证金的形式通常包括（　　）。
A. 交付现金　B. 口头保证
C. 银行保函　D. 可撤销信用证
E. 支票

6. 有下列（　　）情形之一的，不予退还投标人的投标保证金。
A. 投标人递送投标文件后，无正当理由放弃投标的
B. 投标人未中标的
C. 中标人无正当理由不与招标人签订合同的
D. 中标后不按规定提供履约保证金的
E. 投标人在投标过程中被查明有串标等违法违纪行为的

7. 施工投标文件应当包括（　　）。
A. 投标函　B. 投标报价
C. 施工方案　D. 设计图纸
E. 不平衡报价说明

8. 投标过程中，承包人的（　　）行为属于招标投标法规禁止的行为。
A. 分公司以总公司名义投标　B. 与其他人组成联合体投标
C. 以他人名义投标　D. 以异常低价报价竞标
E. 与其他投标人串通投标

9. 开标时发现有（　　）等情况之一递交的标书，应视为该投标书无效。
A. 提交投标保函而未缴纳投标保证金　B. 不在资格预审合格名单内的投标人
C. 投标书内有备选投标方案　D. 联合体投标未附联合体协议书
E. 出席会议代表人的姓名与法定代表人签发授权书的姓名不一致

10. 电子招标投标系统的组成有（　　）。
A. 电子招标投标交易平台　B. 电子招标投标公共服务平台
C. 电子招标投标行政监督平台　D. 公共资源交易平台
E. 数字资产交易平台

三、简答题

1. 什么是工程项目招标投标？
2. 简述工程项目招标投标的特点。
3. 试述工程项目施工招投标程序。
4. 工程总承包招标与施工招标相比，不同之处有哪些？
5. 电子招标投标活动中的哪些数据电文应进行电子签名并进行电子存档？

四、案例分析题

1. 某项目采取公开竞争招标，招标公告中要求投标的施工企业应具有甲级资质等级。在开标会上，共有 10 家参与投标的施工企业或联合体有关人员参加，此外还有市招标办公室、市公证处法律顾问、

业主方招标委员会全体成员、监理单位人员参加。开标前，公证处按要求对各投标单位的资质进行审查。在开标中，对一家参与投标的甲建筑公司资质提出疑问，虽然该公司资质材料齐全并盖有公章和项目负责人签字，但法律顾问认定该单位不符合投标资格要求，取消了该投标书。另一投标的乙建筑施工联合体是由两家建筑公司组成的联合体，其中 A 建筑公司为甲级施工企业，B 建筑公司为乙级施工企业，也被认定为不符合投标资格要求，撤销了标书。

问题：

（1）开标会上是否必须列入“审查投标单位的资质”这一程序？为什么？

（2）甲建筑公司是否符合投标资格？为什么？

（3）乙建筑施工联合体是否符合投标资格？为什么？

2. 某市越江隧道工程全部由政府投资。该项目为该市建设规划的重点项目之一，且已列入地方年度固定投资计划，概算已经主管部门批准，征地工作尚未完成，施工图及有关技术资料齐全。现决定对该项目进行施工招标。因估计除本市施工企业参加投标外，还可能有外省市施工企业参加投标，故业主委托咨询单位编制了两个标底，准备分别用于对本市和外省市施工企业投标价的评定。业主对投标单位就招标文件所提出的所有问题统一作了书面答复，并以备忘录的形式分发给各投标单位，为简明起见，采用的表格形式如表 3-5 所示。

表 3-5 表格形式

序号	问题	提问单位	提问时间	答复
1				
⋮				
n				

在书面答复投标单位的提问后，业主组织各投标单位进行了施工现场踏勘。在投标截止日期前 7 天，业主书面通知各投标单位，由于某种原因，决定将收费站工程从原招标范围内删除。逐一说明该项目施工招标在哪些方面存在问题或不当之处，并加以改正。

五、思考题

了解《军民融合建设项目工程总承包管理标准》（T/CECS 1630—2024）与《建设项目工程总承包管理规范》（GB/T 50358—2017）的区别和联系。

【延伸阅读】鲁布革水电站工程

鲁布革水电站工程是国内改革开放后第一个按照国际工程项目管理规范进行施工的大型重点工程，是国内引入工程项目管理的开端。该工程也是我国第一个利用世界银行贷款，并按世界银行相关规定进行国际竞争性招标和项目管理的工程。该工程位于云南省罗平县和贵州省兴义市交界处，装机容量 60 万千瓦，年发电量 28.2 亿千瓦时。1984 年进行国际招标，标底价为 14 958 万元，工期为 1597 天，有 15 家公司购买了招标文件，8 家公司进行了投标。工程的引水系统原为中国水利水电第十四工程局有限公司（以下简称中国水电十四局）的工程，已经做了大量施工准备，但是在投标竞争中，日本大成建设株式会社投标价为 8463 万元，工期为 1545 天。中国闽昆和挪威 FHS 的联合体投标价为 12 132.7 万元，比日本大成建设株式会社高了 43.36%。

日本大成建设株式会社以低于标底 43.42%的最低评标价中标。该项目业主单位为云南省电力局，建设单位为水利电力部鲁布革工程管理局，设计单位为水利电力部昆明勘测设计院，国际承包商为日本大成建设株式会社，国际咨询单位为世界银行特别咨询团、澳大利亚雪山工程公司咨询组和挪威咨询组。

工程主要引水隧洞的开挖有 8800 米，直径为 8 米。日本大成建设株式会社采用圆形断面一次开挖方案，而我国历来采用马蹄形开挖方案，圆形断面与马蹄形断面开挖相比，每 1 米进度就要相差 7 立方米的工程量，即大成公司圆形断面开挖方案要减少约 6 万立方米的开挖量，相应减少 6 万立方米回填混凝土用量，先进技术方案的节约效果显而易见。两个公司投标时施工方案对比如图 3-5 所示。另外，圆形隧道还采用了一次开挖，垫底运输，节约了二次开挖时间，也解决了弧形底的交通运输问题；在调车中采用圆盘调车装置，不仅节省了调车时间，也减少了调车场的开挖工程量；清理爆破后的岩渣采用坑口卸载，二次搬运，以减少工作面作业时间，加快了掘进速度。

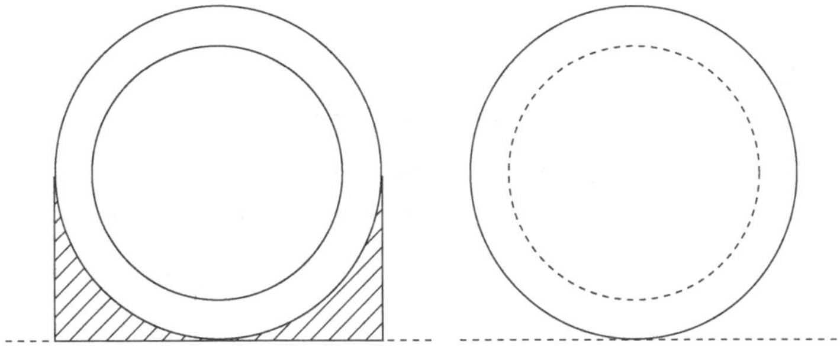

(a) 马蹄形断面开挖方案　　(b) 圆形断面开挖方案

图 3-5　两个公司施工方案的对比

图中阴影部分表示马蹄形断面开挖方案相比于圆形断面开挖方案多开挖部分的截面

日本大成建设株式会社中标后派出的全部管理人员 30 人左右，最多时 33 人，最少时 20 人。所有工人全部是从中国水电十四局招用，平时 424 人，最高峰也只有 500 人。大成公司鲁布革事务所设所长 1 人，课长 4 人，系长 9 人，其余为专业人员，不配副职，各负其责，任务完成后马上回国另行分配工作。按照我国自己施工的经验和做法，当时计划要用 1500 人，管理人员需要 100 人。大成公司的劳动组织按工作面多工种混合编组，一个工作面每班配 20 多人（按照我国施工经验常规要配 70～80 人），要求当多面手，一专多能。工程完成后，单头平均进度为 222.5 米/月，相当于我国同类工程的 2.5 倍；全员劳动生产率 4.57 万元/（人·年）；创造了单头进度 373.7 米/月的国际先进纪录。

隧洞开挖仅用了两年半时间，于 1986 年 10 月全线贯通，比合同工期提前了 5 个月。1988 年 7 月引水系统工程全部竣工，比合同工期还提前了 122 天。实际工程造价按开标汇率计算，约为标底价的 60%。在 4 年多的时间里，创造了著名的“鲁布革工程项目管理经验”，受到中央领导的高度重视，并号召建筑企业学习。

鲁布革工程的经验主要有以下几点：把竞争机制引入工程领域，实行“铁面无私”的工程招投标；工程建设实行全过程总承包方式和项目管理；施工现场的管理机构和作业队伍精干高效；科学组织施工，采取先进的施工技术和施工方法，讲求综合效益。鲁布革工程在中国吹响了“项目法”施工号角，受到全国工程界的高度重视，成为改革开放后人们认识项目管理的窗口。

第 二 课 堂

[1] 全国公共资源交易平台（https://www.ggzy.gov.cn）

[2] 中国招标投标协会（http://www.ctba.org.cn）

[3] 中国政府采购网（http://www.ccgp.gov.cn）

[4] 陕西省政府采购网（http://www.ccgp-shaanxi.gov.cn）

第四章　工程项目进度管理

☆导读

三大目标（进度、质量和成本）管理中，进度管理是项目管理的主线。进度管理的图示方式主要有横道图和网络图。①流水施工是工程中组织施工的重要方式，本章通过横道图对其进行重点介绍。通过流水施工的学习，应明确连续作业（工作）对管理效率的影响，从而提升管理水平。②网络计划技术是进度管理表示的另一种方式。通过网络图的学习，明确作业（工作）、人员或材料的计划，掌握关键和重点，才能保证工期的顺利完成。本章按照进度计划、进度控制（监测和调整）的顺序进行阐述，便于读者了解完整的进度管理过程。本章各节关系如图 4-1 所示。

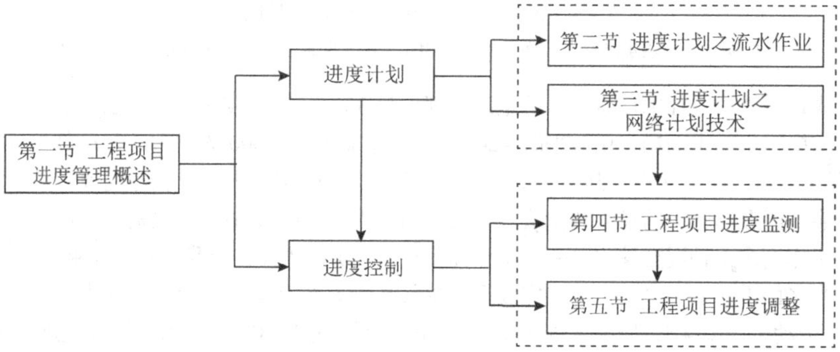

图 4-1　本章各节关系图

问题引入

1. 如何形象地表达进度计划？
2. 如何制定合适的计划来适应快速变化的环境？
3. 进度与成本之间的关系是什么？

【导例】统　筹　法

“统筹法”是我国著名数学家华罗庚教授对国外网络计划技术的通俗叫法，并结合我国“统筹兼顾、全面安排”的原则提出，与“优选法”并称为“双法”，从 20 世纪 60 年代起在全国推广。“统筹法”所包含的主要内容——网络计划技术，堪称项目管理的核心。现代项目管理的思想起源于 20 世纪五六十年代的运筹学和系统工程，网络计划技术后来发展为运筹学的一个分支。我国的项目管理学科体系也是华罗庚教授推广“统筹法”而逐步形成的。

华罗庚教授的《统筹方法平话及补充》一书“引子”中的开头语是：“想泡壶茶喝。

当时的情况是：没有开水；开水壶要洗，茶壶、茶杯要洗；火已生好了，茶叶也有了。下面我们怎么办？”

办法甲：洗开水壶，灌水烧水；在等待水开的同时，洗茶壶、洗茶杯，拿茶叶；等水开了，泡茶喝。

办法乙：先做好准备工作，洗开水壶，洗茶壶、洗茶杯，拿茶叶；一切就绪，灌水烧水；待水开了，泡茶喝。

办法丙：洗开水壶，灌水烧水；待水开之后，急急忙忙找茶叶，洗茶壶、洗茶杯，泡茶喝。

哪一种办法最省时间？显而易见第一种办法最好，因为后两种办法都“窝了工”。这虽然是生活中的小事，但这是引子，能引出一套生产管理方面实用的方法来。开水壶不洗，不能烧开水，洗开水壶是烧开水的先决条件；没开水、没茶叶、不洗茶壶和茶杯，我们就不能泡茶，这些又是泡茶的先决条件。它们之间的相互关系，可以用图 4-2 所示的网络图来表示。

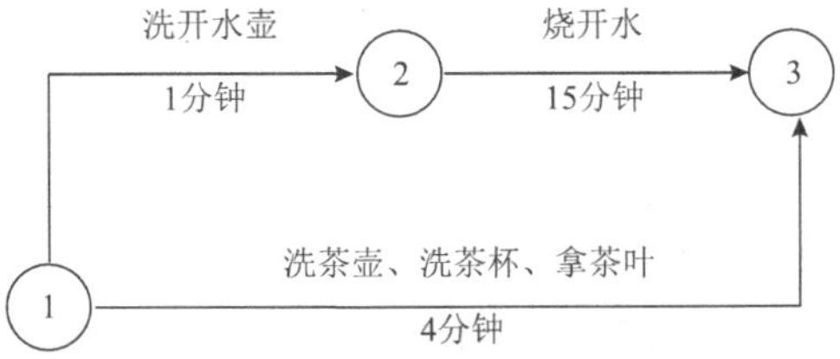

图 4-2　泡茶工艺网络图

从图 4-2 中可以看出，办法甲总共需要 16 分钟，而办法乙、丙则需要 20 分钟。如果要缩短工时、提高工作效率，主要抓的是烧开水这一环节，而不是拿茶叶这一环节。同时，洗茶壶、洗茶杯和拿茶叶总共不过 4 分钟，大可利用“等水开”的时间来做。

在具体生产的管理实践中，往往不像泡茶喝这么简单。任务多了，有几百、几千甚至上万项任务；关系多了，错综复杂，千头万绪，会出现“万事俱备，只欠东风”的情况。例如，一两个零部件没完成，耽误了整架机器的出厂日期。往往还会出现：抓的不是关键问题，连夜加班，急急忙忙完成这一环节之后还得等待别的部件做好后才能装配。这种现象在现实的工作生活中屡见不鲜。

这里讲的主要是时间方面的问题，但还有许多其他方面的问题。这种方法虽然不一定能直接解决所有问题，但是我们利用这种方法来考虑问题，也是不无裨益的。用这个原理来图解一些复杂工程，可以使我们在错综复杂、千头万绪的事件关系中，简洁容易地驾驭整个工程。

第一节　工程项目进度管理概述

一、工程项目进度管理的原理

工程项目进度管理的基本原理可以概括为三大系统的相互作用，即由进度计划系统、进度监测系统、进度调整系统共同构成了进度管理的基本过程，如图 4-3 所示。

进度管理人员必须事先对影响工程项目进度的各种因素进行调查分析，预测它们对工程项目进度的影响程度，确定合理的进度控制目标，编制可行的进度计划，使工程建设工作始终按计划进行。在计划执行过程中不断检查工程项目实际进展情况，并将实际状况与计划安排进行对比，从中得出偏离计划的信息。然后在分析进度偏差及其产生原因的基础上，通过采取组织、技术、合同、经济等措施对原进度计划进行调整或修正，再按新的进度计划实施。在进度计划的执行过程中不断检查和调整，以保证工程项目进度得到有效的管理。

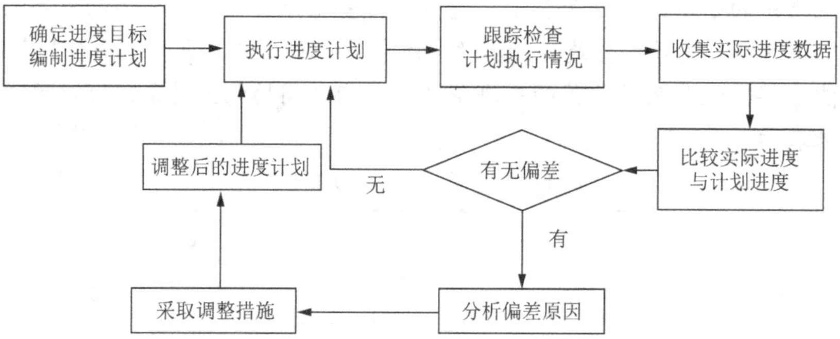

图 4-3 进度管理基本原理示意图

二、工程项目进度计划概述

在长期的工程实践中，人们总结发明了多种表示工程进展状况的方法，其中横道图和网络图是最为常用和有效的两种方法。

（一）横道图计划

横道图是用水平线条表示工作流程的一种图表，它是由美国管理学家甘特（Gantt）提出的，故也称甘特图（Gantt chart），如图 4-4 所示。图 4-4 中横向表示时间进度，纵向表示作业过程，水平线条的长度表示作业持续时间。

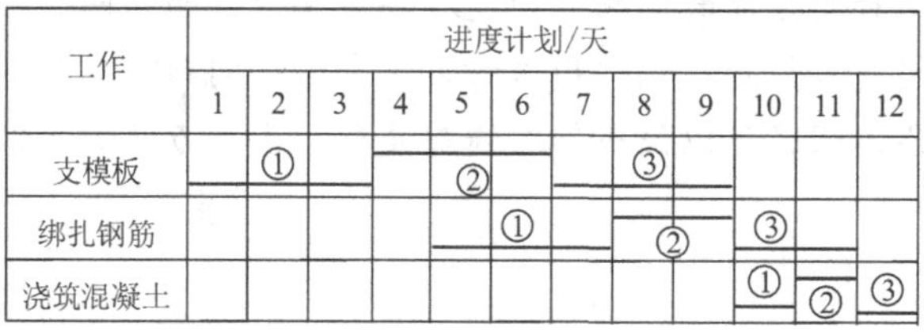

图 4-4 用横道图表示的进度计划

里程碑（milestone）事件计划是横道图的一种。在工期计划中，事件表示状态，没有持续时间，一般为一个工程活动或阶段的开始或结束。项目的里程碑事件通常是指项目的重要事件，是重要阶段或重要工程活动的开始或结束，是项目生命周期中关键的事件。工程项目常见的里程碑事件有：批准立项、初步设计完成、总承包合同签订、现场开工、基础完成、主体结构封顶、工程竣工、交付使用等，如图 4-5 所示。

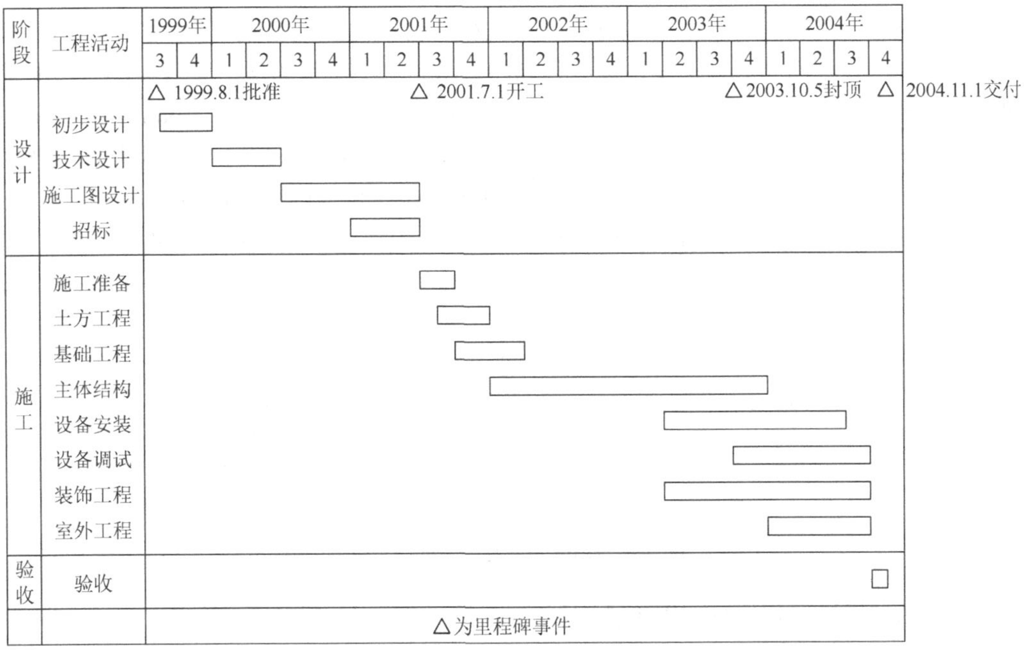

图 4-5　某工程项目里程碑计划

里程碑事件与项目的阶段结果相联系，作为项目的控制点、检查点和决策点。通常它的确定是依据项目主要阶段的划分、项目阶段结果的重要性，以及过去类似工程的经验。对上层管理者来说，掌握项目里程碑事件的安排对于进度管理十分重要。他们确定进度目标、审查进度计划、控制进度计划就是以项目的里程碑事件为对象。此外，各层次的承包商都有自己的里程碑计划。

1. 横道图的优点

（1）横道图能够清楚地表达各项工作的起止时间，内容排列整齐有序，形象直观。

（2）可直接根据横道图计算各时段的资源需用量，并编制资源需用量计划。

（3）使用方便，易于掌握。

正是由于这些非常明显的优点，横道图自发明以来被广泛应用于各行各业的生产管理活动中，直到现在仍被普遍使用着。

2. 横道图的局限性

（1）不能清楚地表达工作间的逻辑关系，因此，当某项工作出现进度偏差时，不便于分析进度偏差对后续工作及总工期的影响，难以调整进度计划。

（2）不能反映各项工作的相对重要性，不便于掌握影响工期的主要矛盾。

（3）对于大型复杂项目，由于计划内容多，逻辑关系不明，难以用计算机技术对项目计划进行处理和优化，其局限性更为明显。

（二）网络图计划

为了克服横道图的局限性，1956 年，美国杜邦公司的沃克和赖明顿・兰德公司的凯利合作开发了一种面向计算机安排进度计划的方法，即关键线路法。之后在此方法的基础上陆续开发了一些新的其他计划方法，如 1958 年的计划评审技术、1966 年的图示评审技术（graphical evaluation and review technique，GERT）和 1981 年的风险评审技术（venture evaluation and review technique，VERT）等，统称为网络图计划。

网络图是由箭线和节点组成的，用来表示工作流程的有向和有序的网状图形，如图 4-6 所示。

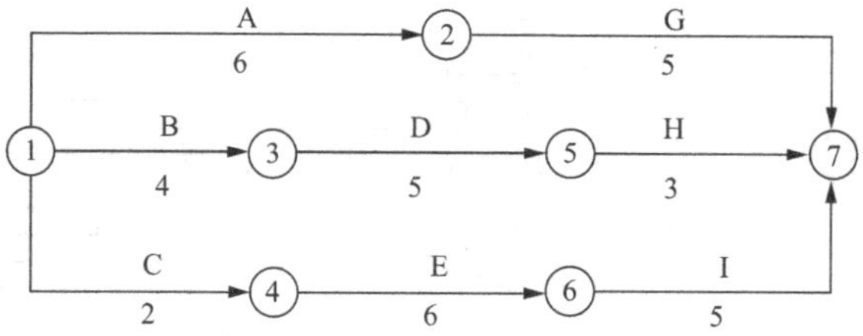

图 4-6　用网络图表示的进度计划

网络图与横道图相比具有以下特点。

1. 网络图的优点

（1）能全面明确地反映工作之间的逻辑关系，便于分析进度偏差和调整进度计划。
（2）能进行工作时间参数计算，确定关键工作和关键线路。
（3）能应用计算机对计划进行优化、调整和管理。

2. 网络图的局限性

（1）除双代号时标网络计划以外，其他网络计划技术没有横道图简单、直观。
（2）不能直接根据网络图计算资源需用量。

三、工程项目进度控制概述

（一）进度控制的概念

工程项目进度控制是指项目管理者围绕目标工期的要求编制计划、付诸实施，并在实施过程中不断检查计划的实际执行情况，分析产生进度偏差的原因，进行相应调整和修改；通过对影响进度的因素实施控制及各种关系协调，综合运用各种可行方法、措施，将项目的计划工期控制在事先确定的目标工期范围之内。在兼顾费用、质量控制目标的同时，努力缩短建设工期。参与工程项目建设活动的建设单位、设计单位、施工单位、监理单位均可构成工程项目进度控制的主体。

（二）影响进度的因素

影响工程项目进度的不利因素有很多，常见的影响因素可归纳为以下几个方面。

（1）业主因素。如因业主使用要求改变而进行设计变更，不能及时提供施工场地条件或所提供的场地不能满足工程正常需要，不能及时向施工承包单位或材料供应商付款等。

（2）勘察设计因素。如勘察资料不准确，设计内容不完善，设计对施工的可行性考虑不周，施工图纸供应不及时、不配套，或出现重大差错等。

（3）施工技术因素。如施工工艺错误、不合理的施工方案、施工安全措施不当等。

（4）自然环境因素。如复杂的工程地质条件，洪水、地震、台风等不可抗力等。

（5）社会环境因素。如外单位干扰，市容环境的提升，临时停水、停电等。

（6）组织管理因素。如向有关部门提出有关申请审批手续的延误、合同签订时遗漏条款、计划安排不周密、组织协调不力、指挥失当、相关单位配合上发生矛盾等。

（7）材料、设备因素。如材料、构配件、设备供应环节的差错，品种、规格、质量、数量、时间不能满足工程的需要，施工设备安装失误，设备故障等。

（8）资金因素。如有关方资金不到位、资金短缺、汇率浮动和通货膨胀等。

（三）进度控制的主要任务

1. 设计准备阶段进度控制的任务

（1）收集有关工期的信息，进行工期目标和进度控制决策。

（2）编制工程项目建设总进度计划。

（3）编制设计准备阶段详细工作计划，并执行。

（4）进行环境和施工现场条件的调查和分析。

2. 设计阶段进度控制的任务

（1）编制设计阶段工作计划，并执行。

（2）编制详细的出图计划，并执行。

3. 施工阶段进度控制的任务

（1）编制施工总进度计划，并执行。

（2）编制单位工程施工进度计划，并执行。

（3）编制工程年、季、月实施计划，并执行。

（四）进度控制的措施

进度控制的目的就是通过控制以实现项目的进度目标，即项目实际实施周期不超过计划周期。影响进度的因素相当多，进度控制中的协调量也相当大。在项目实施过程中经常出现进度偏差，即实际进度偏离计划进度，需要采取相关措施进行控制。进度控制措施主要包括组织措施、技术措施、经济措施和其他配套措施等。

1. 组织措施

明确进度控制人员及其岗位职责，建立进度报告制度，增加工作面，增加劳动力或机械数量，增加工作时间或班次，组织流水作业等。

2. 技术措施

改变施工工艺，采用更先进的施工方法或机械设备，缩短技术间歇时间等。

3. 经济措施

实行经济及包干奖励，对所采用的技术措施进行经济补偿，提高奖金数额等。

4. 其他配套措施

改善劳动条件和外部配套条件，加强协调及合同管理和信息管理等。

如果这些方法均不能奏效，则应改变要求工期或改变施工方案。

四、计算机辅助进度管理

国外有很多用于进度计划编制的商业软件，20 世纪 70 年代末期至 80 年代初期，我国开始研制进度计划的软件，这些软件都是在工程网络计划原理的基础上编制的。应用这些软件可以实现计算机辅助建设工程项目进度计划的编制和调整，以确定工程网络计划的时间参数。

计算机辅助工程网络计划编制的意义如下：解决当工程网络计划计算量大时手工计算难以承担的困难；确保工程网络计划计算的准确性；有利于工程网络计划及时调整；有利于编制资源需求计划等。

1. 软件基本要求

进度管理的编制、检查、调整宜采用计算机软件进行，软件是编制进度计划的辅助工具，首先应符合《工程网络计划技术规程》（JGJ/T 121—2015）的规定，还要符合国家相关行业标准，并经过国家权威部门鉴定。

软件应该尽量满足工程人员的实际需要，实现网络计划的编制、绘图、计算、优化、检查、调整、分析、总结和输出打印等功能；应实时计算时间参数，并以适当的形式展示时间信息；宜具有单代号网络计划、双代号网络计划、时标网络计划图形相互转化的功能，将网络计划转化成按最早时间或最迟时间绘制的横道图计划；在横道图、单代号网络图和双代号网络图中计算的时间参数应一致；宜有绘制实际进度前锋线功能及实际时间、计划时间比较功能；宜有在工作上指定资源，并计算、统计、输出资源需用量计划的功能；宜具有与其他软件进行数据交换的接口；实现的网络计划图宜用不同的线型（粗细、颜色、形状等）表示不同的工作；宜保存网络计划的修改变更痕迹，记录变更的原因，实现与以前的对比或溯源。

2. 主要软件

国内外工程建设领域使用较为广泛的具有代表性的商业化项目管理软件有美国

Oracle 公司的 P6 软件（原 Primavera 公司的 P3E/C 软件），以及美国微软公司的 Project 软件。P6 软件在工程建设领域以其专业性而著称，可满足多层次、多用户对复杂建设工程项目进度计划管理的需求。而 Project 软件以其易用性受到计划人员的欢迎。提供商业化管理软件的还有 SAP（Systems Applications and Products in Data Processing）、CA（CA Technologies）等公司。

第二节　进度计划之流水作业

一、流水作业的基本概念

流水作业是一种科学、有效的工程项目施工组织方法之一，它可以充分利用工作时间和操作空间，减少非生产性劳动消耗，提高劳动生产率，保证工程施工连续、均衡、有节奏地进行，对提高工程质量、降低工程造价、缩短工期有着显著的作用。

（一）组织作业的方式

在生产领域中，组织产品生产的方法较多，归纳起来有三种基本方式，分别是依次作业、平行作业和流水作业。以工程项目施工为例，其具体组织方式和特点如下。

1. 依次作业

依次作业（施工）方式是将拟建工程项目中每一个施工对象分解为若干个施工过程，按施工工艺要求依次完成每一个施工过程；当完成一个施工对象后，再按同样的顺序完成下一个施工对象，以此类推，直至完成所有施工对象。

【例 4-1】 某住宅区拟建三幢结构相同的建筑物，其编号分别为Ⅰ、Ⅱ、Ⅲ。各建筑物的基础工程均可分解为挖土方、浇筑混凝土基础和回填土三个施工过程，分别由相应的专业队按施工工艺要求依次完成，每个专业队在每幢建筑物的施工时间均为 5 周，各专业队的人数分别为 10 人、16 人和 8 人。三幢建筑物基础工程依次施工的组织方式如图 4-7 中的“依次施工”栏所示。

由图 4-7 可见，依次施工组织方式具有以下特点。

（1）由于没有充分地利用工作面去争取时间，工期长。

（2）工作队不能实现专业化施工，不利于改进施工方法和施工机具，不利于提高工程质量和劳动生产率。

（3）工作队及工人不能连续作业。

（4）单位时间内投入的资源量比较少，有利于资源供应的组织工作。

（5）施工现场的组织和管理比较简单。

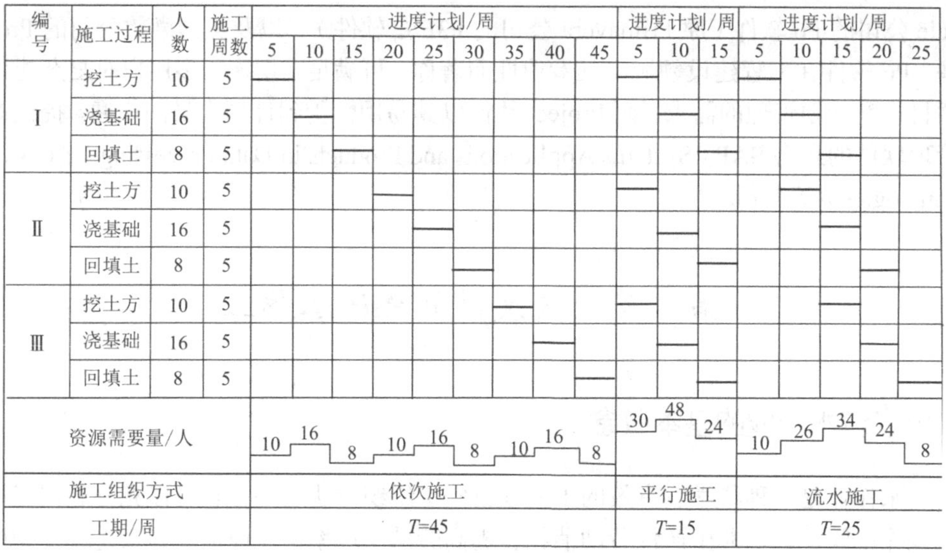

图 4-7　施工组织方式比较图

2. 平行作业

在拟建工程任务十分紧迫、工作面允许及资源保证供应的条件下，可以组织几个相同的工作队，在同一时间、不同的空间上进行施工，这样的施工组织方式称为平行作业（施工）组织方式。在例 4-1 中，如果采用平行施工组织方式，其施工进度计划如图 4-7 中“平行施工”栏所示。由图 4-7 可以看出，平行施工组织方式具有以下特点。

（1）充分利用了工作面，争取了时间，可以缩短工期。

（2）工作队不能实现专业化生产，不利于提高工程质量和劳动生产率。

（3）工作队及其工人不能连续作业。

（4）单位时间投入施工的资源量成倍增长，现场临时设施也相应增加。

（5）施工现场组织和管理复杂。

3. 流水作业

现将例 4-1 中的工程划分成三个施工段，即每幢建筑物为一个施工段。挖土方施工队只要完成了第一个施工段的土方工程后，混凝土施工队即可进入第一施工段开始浇筑混凝土基础，而这时挖土方施工队可进入第二个施工段进行施工。以此类推，按顺序进行施工。这种组织方式称为流水作业（施工），其施工进度计划如图 4-7“流水施工”栏所示。由图 4-7 可见，与依次施工、平行施工相比较，流水施工组织方式具有以下特点。

（1）尽可能地利用工作面进行施工，工期比较短。

（2）各工作队实现了专业化施工，有利于提高技术水平和劳动生产率。

（3）专业工作队能够连续施工，同时能使相邻专业队的开工时间最大限度地搭接。

（4）单位时间内投入的劳动力、施工机具、材料等资源量较为均衡，有利于资源供应的组织。

（5）为施工现场的文明施工和科学管理创造了有利条件。

（二）流水作业的概念及技术经济效果

1. 流水作业的概念

流水作业的组织方式是将拟建工程在平面上划分成若干个作业段，在竖向上划分成若干个作业层，再给每个作业过程配以相应的专业队组，各专业队组按照一定的作业顺序依次连续地投入到各作业段，完成各自的任务，从而保证拟建工程在时间和空间上，有节奏、连续、均衡地进行下去，直到完成全部作业任务的一种作业组织方式。

2. 流水作业的技术经济效果

流水作业是一种科学合理、经济效果明显的作业方式。以建筑工程施工为例，其优点如下。

（1）缩短了工期。流水施工的连续性减少了专业工作的间隔时间，达到了缩短工期的目的，可使拟建工程项目尽早竣工，交付使用，发挥投资效益。

（2）提高了劳动生产率。流水施工的连续性和专业化，有利于改进施工方法和机具，提高劳动生产率。

（3）保证了工程质量。专业化施工可提高工人的技术水平，使工程质量相应提高。

（4）降低了工程成本。由于工期短、效率高、用人少、资源消耗均衡，可以减少用工量和管理费，降低工程成本，提高利润水平。

二、流水作业参数

为清楚表达流水作业在工艺流程、空间布置和时间排列等方面开展的状态和方式，需要引入一些术语和符号，称为流水作业参数，主要包括工艺参数、空间参数和时间参数三类，如图 4-8 所示。

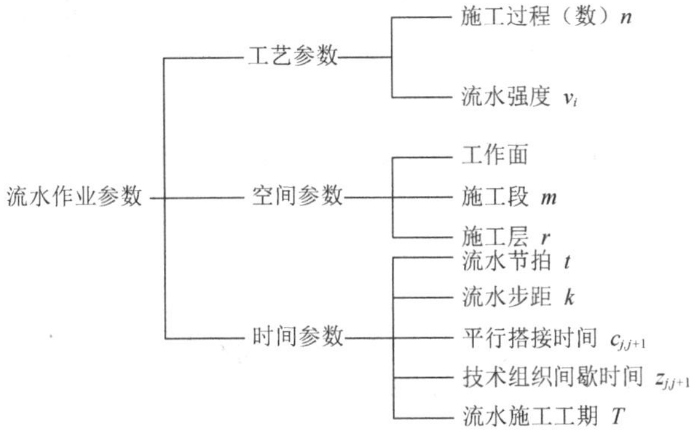

图 4-8 流水作业参数

（一）工艺参数

在组织流水施工时，用以表达流水施工在施工工艺上开展顺序及其特征的参数被称为工艺参数。工艺参数主要包括施工过程和流水强度两种。

1. 施工过程

在工程项目施工中，施工过程可理解为施工的工艺阶段或工序，施工工艺阶段的划分可大可小，既可以是分部（子分部）、分项工程，也可以是单位（子单位）工程。它是流水施工的基本参数之一，根据性质和特点的不同，可分为建造类施工过程、运输类施工过程和制备类施工过程等。施工过程的数目一般以 n 表示。

（1）建造类施工过程，是指在施工对象的空间上直接进行砌筑、安装和加工，最终形成建筑产品的施工过程。它是建设工程施工中占有主导地位的施工过程，如建筑物或构筑物的地下工程、主体工程、装饰工程等。

（2）运输类施工过程，是指将建筑材料、构配件、成品、制品和设备等运到工地仓库或施工现场使用地点的施工过程。

（3）制备类施工过程，是指为了提高建筑产品生产的工厂化、机械化程度和生产能力而形成的施工过程，如砂浆、混凝土、门窗等制备过程和混凝土构件的预制过程。

建造类施工过程占有施工对象的空间，直接影响工期的长短，因此，必须列入施工进度计划，并且大多作为主导的施工过程或关键工作。运输类和制备类施工过程一般不占有施工对象的工作面，故一般不列入流水施工进度计划中。只有当其占有施工对象的工作面，影响工期时，才被列入施工进度计划中。例如，对于采用装配式钢筋混凝土结构的建设工程，钢筋混凝土构件的现场制作过程就需要列入施工进度计划中。同样，结构安装中构件吊运施工过程也需要列入施工进度计划中。

2. 流水强度

某施工过程在单位时间内所完成的工程量称为该施工过程的流水强度。流水强度一般以 v_i 表示，可由式（4-1）计算求得。

$$v_i = R_i \cdot S_i \tag{4-1}$$

式中，v_i 为某施工过程 i 的人工（或机械）操作流水强度；R_i 为投入施工过程 i 的某种专业工作队工人数（或施工机械台数）；S_i 为投入施工过程 i 的专业工作队（或施工机械）产量定额。

例如，某饰面工程每日安排 4 名工人，其产量定额 5 米 ^{2}/工日，则该饰面工程流水强度 20 米 ^{2}/工日。

（二）空间参数

在组织流水施工时，用以表达流水施工在空间布置上所处状态的参数称为空间参数。空间参数主要有工作面、施工段和施工层三种。

1. 工作面

某专业工种的工人在从事建筑产品施工生产过程中所必须具备的操作空间称为工作面。它的大小是根据相应工种单位时间内的产量定额、建筑安装工程操作规程和安全规程等要求确定的。工作面确定合理与否，直接影响到专业工种工人的劳动生产效率。

主要工种工作面数据可参考表 4-1。

表 4-1　主要工种工作面数据参考表

工作项目	砌砖墙	浇筑混凝土	墙面抹灰	屋面防水	门窗安装
工作面	7～8 米/人	3～5 米^3/人	16～18 米^2/人	18 米^2/人	11 米^2/人

2. 施工段

为了有效地组织流水施工，通常把拟建工程项目在平面上划分成若干个劳动量大致相等的施工段落，这些施工段落称为施工段。施工段的数目通常以 m 表示，它是流水施工的基本参数之一。划分施工段是组织流水施工的基础，其目的是：在保证工程质量的前提下，为专业工作队确定合理的空间活动范围，使其按流水施工的原理，集中人力和物力，依次连续地完成各段的任务，为相邻专业工作队尽早地提供工作面，以缩短工期。划分施工段，通常应遵循以下基本原则。

（1）为了充分发挥流水作业的特点，各专业工作队在各个施工段上的劳动量要大致相等，其相差幅度不宜超过 10%～15%。

（2）为了充分发挥工人、主导机械的效率，每个施工段要有足够的工作面，使其所容纳的劳动力人数或机械台数能满足合理劳动组织的要求。

（3）为了保证拟建工程项目的结构整体完整性，施工段的分界线应尽可能与结构的自然界线（如沉降缝、伸缩缝等）相一致。如果必须将分界线设在墙体中间，应将其设在对结构整体完整性影响小的门窗洞口等部位，以减少留槎，便于修复。

（4）对于多层拟建工程项目，既要划分施工段，又要划分施工层，且为保证相应的专业工作队在施工层之间连续施工，施工段数（m）与施工过程数（n）应满足 $m \geqslant n$，参见例 4-3。

3. 施工层

在组织流水施工时，为了满足专业工种对操作高度和施工工艺的要求，将拟建工程项目在竖向上划分为若干个操作层，这些操作层称为施工层。施工层一般以 r 表示。

施工层的划分，应按工程项目的具体情况，根据建筑物的高度、楼层来确定，如砌筑工程的施工层高度一般为 1.2 米，室内抹灰、木装饰、油漆、玻璃和水电安装等，可按楼层进行施工层划分。

（三）时间参数

1. 流水节拍

流水节拍是指某个专业队在某一个施工段上的作业持续时间。流水节拍的大小，可以反映出流水施工速度的快慢、节奏感的强弱和资源消耗量的多少。

影响流水节拍数值大小的因素主要有：项目施工时所采取的施工方案、各施工段投入的劳动力人数或施工机械台数、工作班次，以及该施工段工程量的多少。为避免工作队转移时浪费工时，流水节拍最小单位最好为半个台班。其数值的确定，通常有以下三种方法。

1）定额计算法

根据各施工段的工程量、能够投入的工人数、机械台数和材料量等，按式（4-2）计算。

$$t_i=\frac{Q_i}{S_i\cdot R_i\cdot N_i}=\frac{P_i}{R_i\cdot N_i} \tag{4-2}$$

式中，t_i为某专业工作队在第i施工段的流水节拍；Q_i为某专业工作队在第i施工段要完成的工程量；S_i为某专业工作队的工效定额；R_i为某专业工作队投入的工作人数或机械台数；N_i为某专业工作队的工作班次；P_i为某专业工作队在第i施工段需要的劳动量或机械台班数量，$P_i=Q_i/S_i$。人工定额（或机械定额）分为时间定额和产量定额，两者互为倒数关系。

2）经验估算法

它是根据以往的施工经验进行估算，多适用于采用新工艺、新方法和新材料等没有定额可循的工程。一般为了提高其准确程度，往往先估算出该流水节拍的最长、最短和最可能三种时间，然后据此求出期望时间，作为某专业工作队在某施工段上的流水节拍。这种方法也称为三时估算法。计算式为

$$t=\frac{a+4c+b}{6} \tag{4-3}$$

式中，t为某施工过程在某施工段上的流水节拍；a为某施工过程在某施工段上的最短估算时间；b为某施工过程在某施工段上的最长估算时间；c为某施工过程在某施工段上的最可能估算时间。

3）工期反算法（倒排进度法）

对在规定日期内必须完成的工程项目，往往采用倒排进度法。具体步骤如下。

（1）根据工期倒排进度，确定某施工过程总的工作持续时间。

（2）确定某施工过程在某施工段上的流水节拍。若同一施工过程的流水节拍不等，则用估算法；若流水节拍相等，则

$$t=\frac{T}{m} \tag{4-4}$$

式中，t为流水节拍；T为某施工过程总持续时间；m为施工段数。

当施工段数确定后，流水节拍大，则工期相应就长。因此，从理论上讲，总是希望流水节拍越小越好。但实际上受工作面限制，每一施工过程在各施工段上都有最小的流水节拍，其值为

$$t_{\min}=\frac{A_{\min}\cdot\mu}{S} \tag{4-5}$$

式中，$t_{\min}$为某施工过程在某施工段的最小流水节拍；$A_{\min}$为每个工人所需最小工作面，可查阅施工手册；μ为单位工作面工程量；S为工效定额。

根据工期反算的流水节拍，应大于最小流水节拍。

2. 流水步距

流水步距是指两个相邻专业工作队（或施工过程）在同一施工段上相继开始作业的时间间隔，以符号“k”表示。

1）确定流水步距的原则

（1）流水步距要满足相邻两个专业工作队在施工顺序上的相互制约关系。

（2）流水步距要保证各专业工作队都能连续作业。

（3）流水步距要保证相邻两个专业工作队在开工时间上最大限度地、合理地搭接。

（4）流水步距的确定要保证工程质量，满足安全生产需要。

2）确定流水步距的方法

流水步距一般随流水组织方式而定。

3. 平行搭接时间

在组织流水施工时，有时为了缩短工期，在工作面允许的条件下，如果前一个专业工作队完成部分施工任务后，能够提前为后一个专业工作队提供工作面，使后者提前进入该工作面，两者在同一施工段上平行搭接施工，这个搭接时间称为平行搭接时间。如绑扎钢筋与支模板可平行搭接一段时间。平行搭接时间通常以 $c_{j,j+1}$ 表示。

4. 技术组织间歇时间

在组织流水施工时，施工工艺技术要求或建筑材料、构配件的工艺性质，使相邻两个施工过程在流水步距以外需增加一段间歇等待时间，称之为技术组织间歇时间，如混凝土浇筑后的养护时间、砂浆抹面和油漆面的干燥时间等，技术组织间歇时间以 $z_{j,j+1}$ 表示。

5. 流水施工工期

流水施工工期（T）是指从第一个专业工作队投入施工开始，到最后一个专业工作队完成施工为止的整个持续时间。由于一项建设工程往往包含许多流水组，流水施工工期一般不是整个工程的总工期。

三、流水作业组织方式

按照流水节拍的节奏特征，流水作业主要包括全等节拍流水作业、成倍节拍流水作业和无节奏流水作业三种方式。以建筑工程施工为例，这三种作业组织方法如下。

（一）全等节拍流水施工（等节奏流水施工）

1. 组织全等节拍流水施工的条件

若所有的施工过程在各个施工段上的流水节拍彼此相等，这时组织的流水施工方式称为全等节拍流水施工。组织这种流水施工，首先，尽量使各施工段的工程量基本相等；其次，要确定主导施工过程的流水节拍；最后，使其他施工过程的流水节拍与主导施工过程的流水节拍相等，做到这一点的办法主要是调节各专业队的人数。

2. 组织方法

（1）确定项目施工起点流向，分解施工过程。

（2）确定施工顺序，划分施工段。

（3）确定流水节拍，根据全等节拍流水要求，应使各流水节拍相等。

（4）确定流水步距，$k=t$。

（5）计算流水施工的工期。

流水施工的工期可按式（4-6）进行计算：

$$T=(j\cdot m+n-1)\cdot k+\sum z_1-\sum c \tag{4-6}$$

式中，T 为流水施工总工期；j 为施工层数；m 为施工段数；n 为施工过程数；k 为流水步距；z_1 为同一层内两个施工过程间的技术组织间歇时间；c 为同一层内两个施工过程间的平行搭接时间。

（6）绘制流水施工图。

3. 应用举例

1）单层建筑物无技术组织间歇和平行搭接

【例 4-2】 某分部工程由四个分项工程组成，划分成五个施工段，流水节拍均为 3 天，无技术组织间歇，试确定流水步距，计算工期，并绘制流水施工进度。

【解】 由已知条件可知，宜组织全等节拍流水。

1. 确定流水步距。

由全等节拍流水的特点可知：$k=t=3$（天）。

2. 计算工期。

$$T=(m+n-1)\cdot k=(5+4-1)\times 3=24\text{（天）}$$

3. 绘制流水施工进度。

按照流水施工概念，绘制流水施工进度如图 4-9 所示。

2）多层建筑物无技术组织间歇和平行搭接

【例 4-3】 某二层现浇钢筋混凝土工程，有支模板、绑扎钢筋和浇混凝土三个施工过程，即 $n=3$。在竖向上划分为两个施工层。流水节拍都是 3 天（可通过调整劳动力人数实现），试分别按以下三种情况组织全等节拍流水。

（1）施工段数 $m=4$。

（2）施工段数 $m=3$。

（3）施工段数 $m=2$。

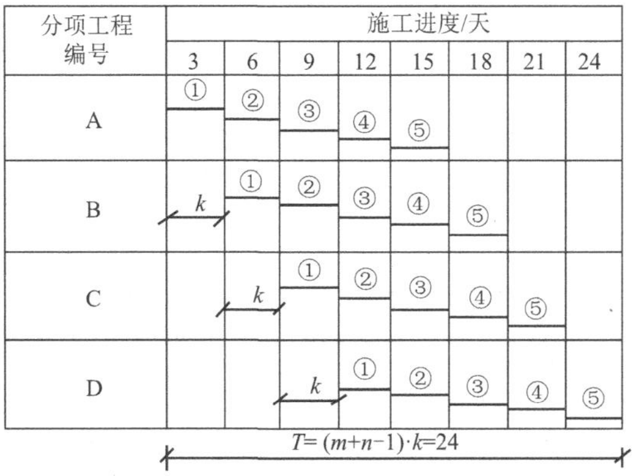

图 4-9　全等节拍流水施工进度

【解】 按照全等节拍流水施工组织方法，流水施工的开展状况分别如图 4-10（a）、图 4-10（b）、图 4-10（c）所示。

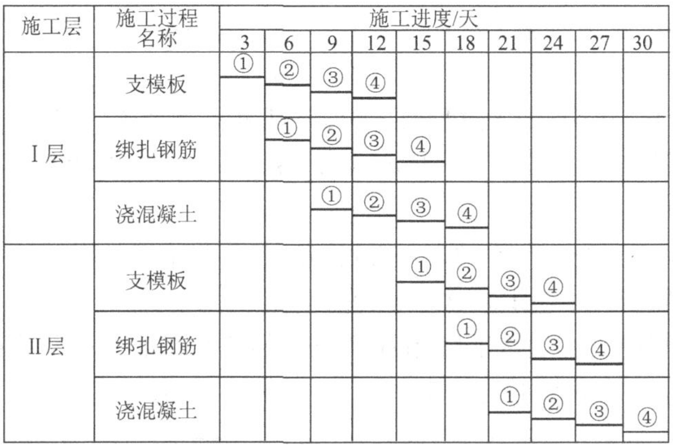

（a）$m>n$ 时流水施工开展状况

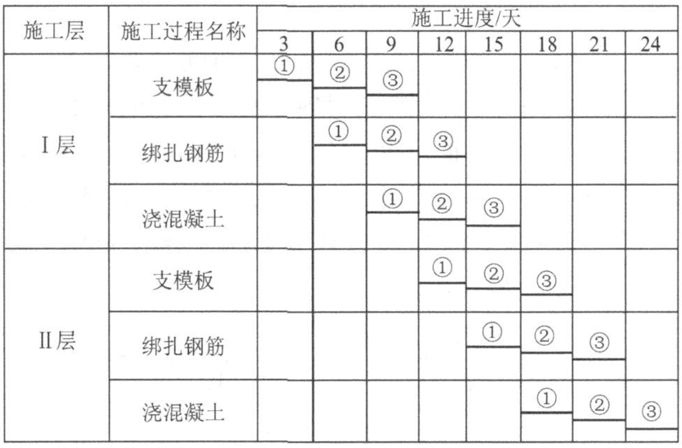

（b）$m=n$ 时流水施工开展状况

施工层	施工过程名称	施工进度/天						
		3	6	9	12	15	18	21
Ⅰ层	支模板	①	②					
	绑扎钢筋		①	②				
	浇混凝土			①	②			
Ⅱ层	支模板				①	②		
	绑扎钢筋					①	②	
	浇混凝土						①	②

（c）$m<n$ 时流水施工开展状况

图 4-10　施工开展状况

由图 4-10 可以得出以下结论。

（1）当施工段数 m 大于施工过程数 n 时，各施工段不连续，但各工作队能连续工作，不会产生窝工现象。

（2）当施工段数 m 等于施工过程数 n 时，各工作队都能连续工作，且各施工段连续。

（3）当施工段数 m 小于施工过程数 n 时，各工作队不能连续工作，产生窝工现象，但各施工段连续。

因此，对于多层建筑物，为保证层间连续作业，应满足施工段数（m）≥施工过程数（n）。

3）多层建筑物有技术组织间歇和平行搭接

组织多层建筑物有技术组织间歇和平行搭接的流水施工时，为保证工作队在层间连续施工，施工段数 m 应满足下列条件：

$$m \geqslant n+\frac{\sum z_1}{k}+\frac{\sum z_2}{k}-\frac{\sum c}{k} \tag{4-7}$$

式中，$\sum z_1$ 为同一层内各施工过程间技术组织间歇时间之和；$\sum z_2$ 为楼层间技术组织间歇时间之和；k 为流水步距；$\sum c$ 为同一层内平行搭接时间之和。

【例 4-4】 某项目有Ⅰ、Ⅱ、Ⅲ、Ⅳ四个施工过程，分两个施工层组织流水施工，施工过程Ⅱ完成后需养护一天，下一个施工过程Ⅲ才能施工，且层间技术组织间歇为一天，流水节拍均为一天。试确定施工段数，计算工期，绘制流水施工进度。

【解】 1. 确定流水步距：$k=t=t_i=1$（天）。

2. 确定施工段数：$m \geqslant n+\frac{\sum z_1}{k}+\frac{\sum z_2}{k}=4+\frac{1}{1}+\frac{1}{1}=6$，$m$ 取 6。

3. 计算工期：$T=(j \cdot m+n-1) \cdot k+\sum z_1-\sum c=(2\times 6+4-1)\times 1+1-0=16$（天）。

4. 绘制流水施工进度，如图 4-11 所示。

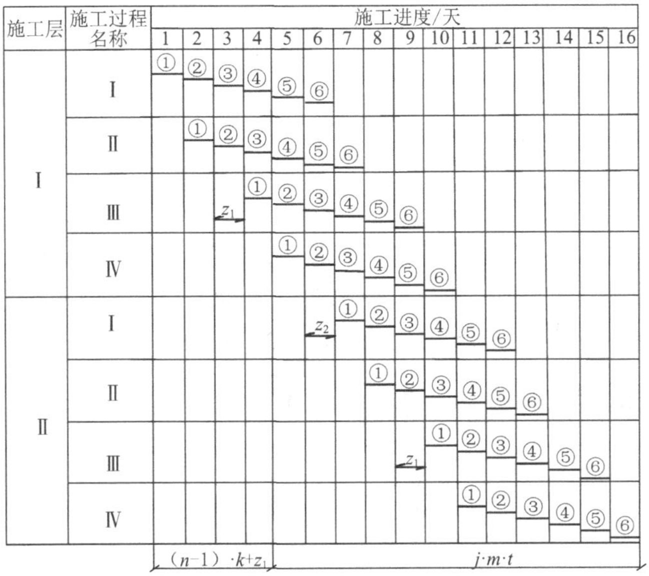

图 4-11　多层建筑物有技术组织间歇时全等节拍流水施工图

（二）成倍节拍流水施工（异节奏流水施工）

1. 组织成倍节拍流水施工的条件

当同一施工过程在各施工段上的流水节拍都相等，不同施工过程之间彼此的流水节拍全部或部分不相等，且存在最大公约数时，可组织成倍节拍流水施工。

2. 组织方法

（1）确定施工起点流向，分解施工过程。

（2）确定流水节拍。

（3）确定流水步距 k_b，计算公式：k_b＝各流水节拍最大公约数。

（4）确定专业工作队数，计算公式为

$$n_1=\sum_{j=1}^{n}b_j=\sum_{j=1}^{n}\frac{t_j}{k_b} \qquad (4\text{-}8)$$

式中，j 为施工过程编号；t_j 为施工过程 j 在各施工段上的流水节拍；b_j 为施工过程 j 所要组织的专业工作队数；n_1 为专业工作队总数。

（5）确定施工段数。①不分施工层时，可按划分施工段的原则确定施工段数，不一定要求 $m\geqslant n$。②分施工层时，施工段数为

$$m\geqslant n_1+\frac{\sum z_1}{k_b}+\frac{\sum z_2}{k_b}-\frac{\sum c}{k_b} \qquad (4\text{-}9)$$

式中，符号含义同前。

（6）确定计划总工期：

$$T=(j\cdot m+n_1-1)\cdot k_b+\sum z_1-\sum c \tag{4-10}$$

式中，j 为施工层数；n_1 为专业施工队数；k_b 为流水步距；其他符号含义同前。

（7）绘制流水施工进度。

3. 应用举例

【例 4-5】 某工程项目由Ⅰ、Ⅱ、Ⅲ三个施工过程组成，流水节拍分别为 $t_1=2$ 天、$t_2=6$ 天、$t_3=4$ 天，分 6 个施工段，试组织成倍节拍流水施工，并绘制流水施工的横道图进度。

【解】 1. 确定流水步距：$k_b=$最大公约数｛2，6，4｝$=2$（天）。

2. 求专业工作队数：$b_1=\dfrac{t_1}{k_b}=\dfrac{2}{2}=1$（队）

$$b_2=\frac{t_2}{k_b}=\frac{6}{2}=3\text{（队）}$$

$$b_3=\frac{t_3}{k_b}=\frac{4}{2}=2\text{（队）}$$

$$n_1=\sum_{i=1}^{3}b_i=1+3+2=6\text{（队）}$$

3. 施工段数为 6。

4. 计算工期：$T=(6+6-1)\times2=22$（天）。

5. 绘制流水施工进度表，如图 4-12 所示。

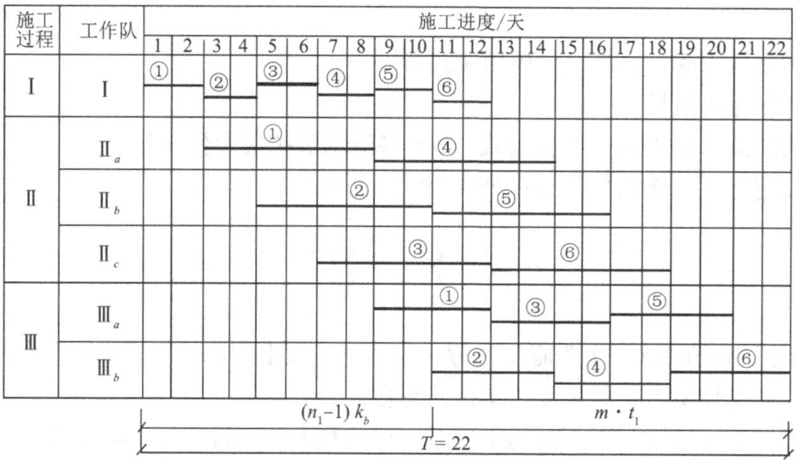

图 4-12　成倍节拍流水施工进度计划

【例 4-6】 某二层现浇钢筋混凝土工程，有支模板、绑扎钢筋、浇混凝土三道工序，流水节拍分别为 $t_1=4$ 天、$t_2=2$ 天、$t_3=2$ 天。绑扎钢筋与支模板可平行搭接 1 天，层间技术组织间歇为 1 天。试组织成倍节拍流水施工。

【解】 1. 确定流水步距：$k_b=$最大公约数｛4，2，2｝$=2$（天）。

2. 求工作队数：$b_1=\dfrac{t_1}{k_b}=\dfrac{4}{2}=2$（队）

$$b_2=\frac{t_2}{k_b}=\frac{2}{2}=1\text{（队）}$$

$$b_3=\frac{t_3}{k_b}=\frac{2}{2}=1\text{（队）}$$

$$n_1=\sum_{i=1}^{3}b_i=2+1+1=4\text{（队）}$$

3. 求施工段数：$m\geqslant n_1+\dfrac{\sum z_1}{k_b}+\dfrac{\sum z_2}{k_b}-\dfrac{\sum c}{k_b}=4+\dfrac{0}{2}+\dfrac{1}{2}-\dfrac{1}{2}=4$（段），$m$ 取 4。

4. 求总工期：$T=(j\cdot m+n_1-1)k_b+\sum z_1-\sum c=(2\times4+4-1)\times2+0-1=21$（天）。

5. 绘制流水施工进度表，如图 4-13 所示。

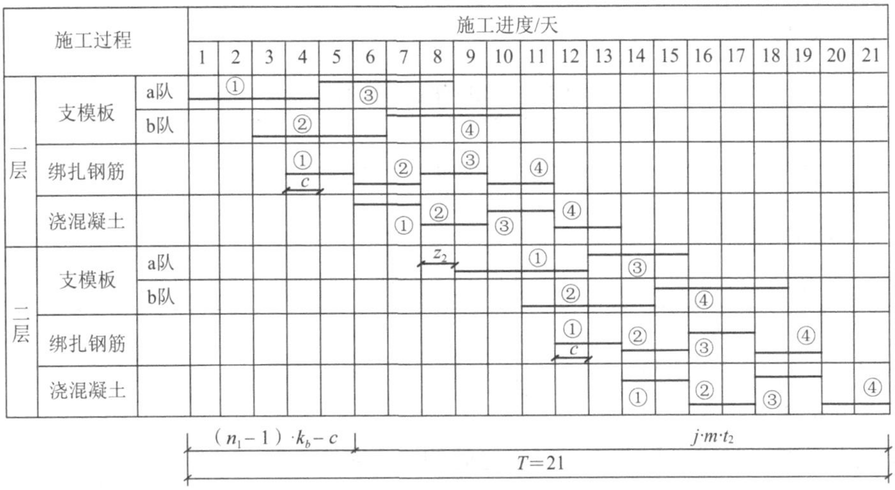

图 4-13　二层现浇钢筋混凝土框架主体结构成倍节拍流水进度计划

（三）无节奏流水施工（分别流水施工）

1. 组织无节奏流水施工的条件

在组织流水施工时，工程结构形式、施工条件不同等因素，经常使各施工过程在各施工段上的工程量有较大差异，导致各施工过程的流水节拍差异很大，无任何规律。这时，可组织无节奏流水施工，最大限度地实现连续作业。这种无节奏流水施工，亦称分别流水施工，是工程项目流水施工的普遍方式。

2. 组织方法

组织无节奏流水施工的方法有两种：一种是保证时间连续（工人队组连续），是流水施工；另一种是保证空间连续（工作面连续），不是流水施工。组织方法如下。

（1）确定施工起点流向，分解施工过程。

（2）确定施工顺序，划分施工段。

（3）计算各施工过程在各个施工段上的流水节拍。

（4）按时间连续或空间连续的组织方法确定相邻两个专业工作队之间的流水步距。

可按“潘特考夫斯基定理”计算流水步距，方法如下：①根据专业工作队在各施工段上的流水节拍，求累加数列。累加数列是指同一施工过程（或同一专业工作队）在各个施工段上流水节拍的累加。②根据施工顺序，对相邻的两累加数列错位相减。③取错位相减结果中数值最大者作为相邻专业工作队之间的流水步距。

（5）绘制流水施工进度。

3. 应用举例

【例 4-7】 某屋面工程有三道工序：保温层→找平层→卷材层，分三段进行流水施工，试分别绘制该工程时间连续和空间连续的横道图进度计划。各工序在各施工段上的作业持续时间如表 4-2 所示。

表 4-2　各工序作业持续时间表　　单位：天

施工过程	第一段	第二段	第三段
保温层	3	3	4
找平层	2	2	3
卷材层	1	1	2

【解】 1. 按时间连续组织流水施工。

（1）确定流水步距。

首先求保温层与找平层两施工过程之间的流水步距。

$$
\begin{array}{rrrrr}
 & 3, & 6, & 10 & \\
-) & & 2, & 4, & 7 \\
\hline
 & 3, & 4, & 6, & -7
\end{array}
$$

$k_{a,b}$=max｛3，4，6，−7｝=6（天）。

同理，可求出找平层与卷材层之间的流水步距为 5 天。

（2）绘制时间连续横道图进度计划，如图 4-14 所示。

2. 按空间连续组织施工。

第一种方法，直接绘制空间连续横道图进度计划，如图 4-15 所示。

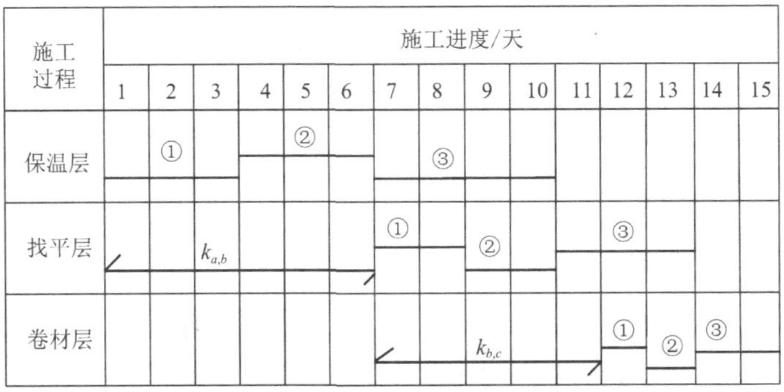

图 4-14　时间连续的横道图进度计划

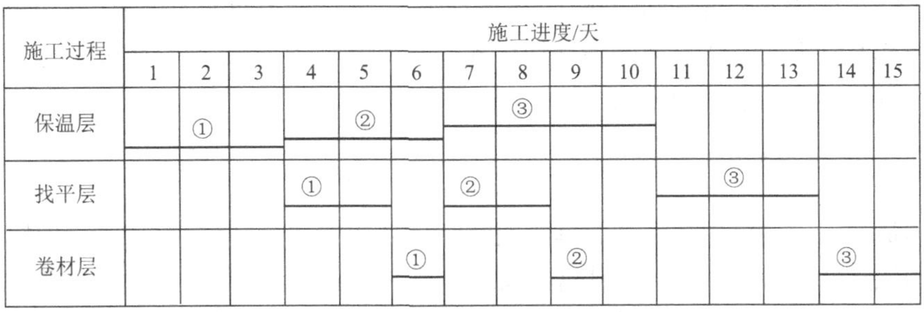

图 4-15　空间连续的横道图进度计划（一）

第二种方法，将左侧施工过程换成施工段，可以采用“潘特考夫斯基定理”计算流水步距。

（1）确定流水步距。

首先求第一段与第二段之间的流水步距。

$$
\begin{array}{rrrrr}
 & 3, & 5, & 6 & \\
-) & & 3, & 5, & 6 \\
\hline
 & 3, & 2, & 1, & -6
\end{array}
$$

$k_{\text{Ⅰ},\text{Ⅱ}}=\max\{3, 2, 1, -6\}=3$（天）。

同理，可求出第二段与第三段之间的流水步距为 3 天。

（2）绘制空间连续横道图进度计划，如图 4-16 所示。

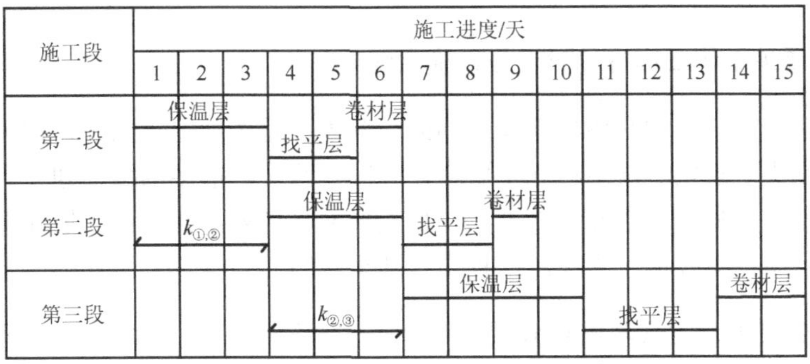

图 4-16　空间连续的横道图进度计划（二）

第三节　进度计划之网络计划技术

一、网络计划概述

（一）网络图的概念

网络图是由箭线和节点组成，用来表示工作流程的、有向的、有序的网状图形。一个网络图表示一项计划任务。网络图中的工作是计划任务按需要划分而成的，既消耗时间也消耗资源的一个子项目（或子任务）。但也有一些工作只消耗时间而不消耗资源，如混凝土浇筑后的养护过程和墙面抹灰后的干燥过程。利用网络图表示工程进度计划及各项工作相互关系的方法称为网络计划技术，网络计划技术不仅是一种科学的计划方法，而且是一种科学的动态控制方法。

（二）网络计划技术的发展

应用最早的网络计划技术是关键线路法和计划评审法。这两种方法一出现就显示出其独到的优越性和科学性，立即引起各国的重视，而被广泛采用。在推广和应用过程中，不同国家根据本国的实际情况进行了扩展和改进。苏联在 1964 年颁布了一系列有关判定和应用网络计划技术的法令性文件，规定所有大型建筑工程都必须采用网络计划技术进行管理。英国不仅将网络计划技术应用于建筑业，而且广泛应用于工业，要求直接从事管理和有关业务的专业人员必须掌握此技术。

我国从 20 世纪 60 年代初在华罗庚教授倡导下，对网络技术进行了研究和应用，达到了显著的效果。我国现行采用的国家标准是《网络计划技术》（GB/T 13400.1—2012，GB/T 13400.2—2009，GB/T 13400.3—2009），现行采用的行业标准是《工程网络计划技术规程》（JGJ/T 121—2015），这为工程网络计划技术在实际应用中提供了一个可以遵循的、统一的技术标准。

随着网络计划技术的不断发展，以网络计划技术为核心的项目管理软件在研制和应用方面也取得了许多成果，特别适用于大型、复杂的计划中。

（三）网络计划技术的种类

1. 按逻辑关系和工作持续时间是否确定划分

按各项工作持续时间和各项工作之间的相互关系是否确定，网络计划可分为肯定型和非肯定型两类。肯定型网络计划主要有：关键线路法、搭接网络计划、有时限的网络计划、多级网络计划和流水网络计划。非肯定型网络计划主要有：计划评审技术、图示评审技术、风险评审技术、决策网络技术、随机网络计划技术和仿真网络计划技术等。

2. 按工作的表示方式不同划分

按工作的表示方式不同，网络计划可分为双代号网络计划和单代号网络计划。

3. 按目标的多少划分

按目标的多少，网络计划可分为单目标网络计划和多目标网络计划。

4. 按其发展过程划分

按其发展过程，网络计划可分为关键线路法、计划评审技术、图示评审技术、风险评审技术、决策网络技术和随机网络计划技术。

5. 按其应用对象的不同划分

按其应用对象的不同，网络计划可分为分部工程网络计划、单位工程网络计划和群体工程网络计划。

二、双代号网络计划

（一）双代号网络图的概念

用箭线或箭线两端节点的编号表示工作的网络图，称为双代号网络图。通常把工作的名称写在箭线上方，工作的持续时间写在箭线下方。箭尾表示工作的开始，箭尾节点称始节点；箭头表示工作的结束，箭头节点称末节点。双代号表示法及双代号网络图如图 4-17 和图 4-18 所示。

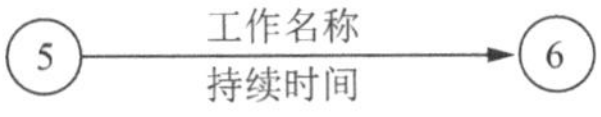

图 4-17　双代号表示法

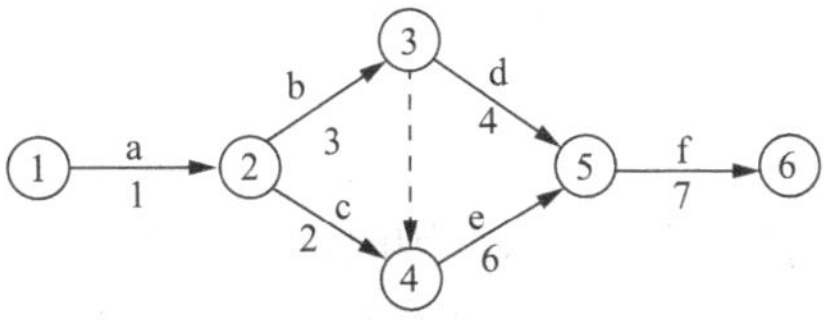

图 4-18　双代号网络图示意

（二）双代号网络图的基本术语

1. 内向箭线

以节点而言，箭头指向该节点的箭线，称为该节点的内向箭线。

2. 外向箭线

以节点而言，箭头背向该节点的箭线，称为该节点的外向箭线。

3. 紧前工作

紧安排在某工作之前进行的工作称为本工作的紧前工作，如图 4-18 中，工作 b 的紧前工作为工作 a。

4. 紧后工作

紧安排在某工作之后进行的工作称为本工作的紧后工作，如图 4-18 中，工作 a 的紧后工作为工作 b 和工作 c。

5. 先行工作

自开始节点至本工作之前各条线路上的所有工作称为本工作的先行工作，如图 4-18 中，工作 e 的先行工作为工作 a、工作 b 和工作 c。

6. 后续工作

本工作之后至结束节点各条线路上的所有工作称为本工作的后续工作，如图 4-18 中，工作 b 的后续工作为工作 d、工作 e 和工作 f。

7. 平行工作

同时进行的工作称为平行工作，如图 4-18 中，工作 b 的平行工作为工作 c。

8. 逻辑关系

工作之间的先后顺序关系称为逻辑关系，分为工艺关系和组织关系两种。

（1）工艺关系：由生产工艺或工作程序决定的先后顺序关系称为工艺上的逻辑关系，简称工艺关系，如柱绑扎钢筋应在柱支模之前进行。

（2）组织关系：由组织安排或资源调配需要而规定的先后顺序关系称为组织上的逻辑关系，简称组织关系，如不同施工段的先后施工顺序。

9. 虚工作

既不消耗资源，又不占用时间，仅表示逻辑关系的工作称为虚工作，如图 4-18 中，工作③—④为虚工作。虚工作有联系、区分和断路三个作用。

10. 线路

网络图从开始节点沿箭线方向连续通过若干个中间节点，最后到达结束节点所经过的道路称为线路，如图 4-18 中，①→②→③→⑤→⑥为一条线路。

（三）双代号网络图的绘制

1. 双代号网络图的绘图规则

（1）网络图必须按照既定的逻辑关系绘制。

（2）网络图中严禁出现从一个节点出发，顺箭头方向又回到原出发点的循环回路，如图 4-19 所示。

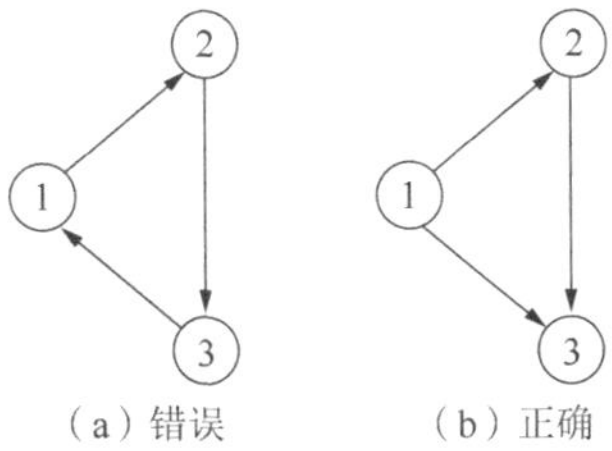

图 4-19　循环回路示意图

（3）网络图中严禁出现双向箭头或无箭头的连线，图 4-20 为错误画法。

图 4-20　错误画法（一）

（4）网络图中严禁出现无箭尾节点或无箭头节点的连线，图 4-21 为错误画法。

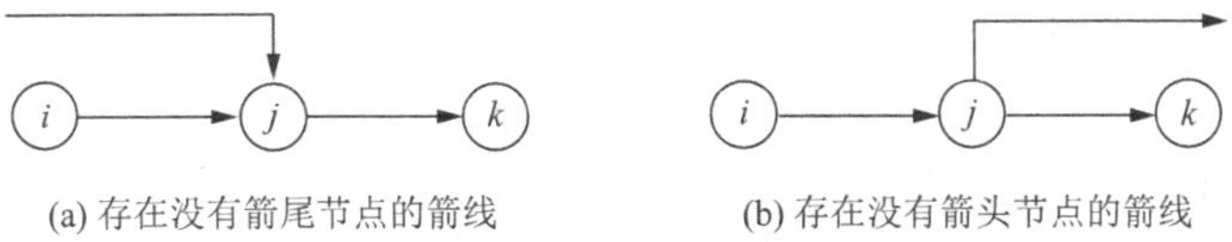

图 4-21　错误画法（二）

（5）网络图中应只有一个起点节点；在不分期完成任务的网络图中，应只有一个终点节点；其他所有节点均应是中间节点。

（6）网络图中节点必须由小到大编号，编号严禁重复，但可以不连续。

（7）网络图中不允许出现相同编号的箭线。

（8）网络图中同一项工作只能用一对节点代号表示。

（9）绘制网络图时，应尽量避免箭线交叉，当交叉不可避免时，可采用过桥法、断线法或指向法等表示，如图 4-22 所示。

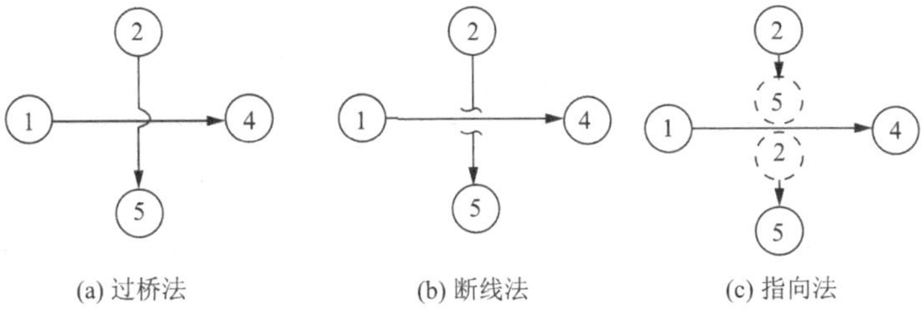

图 4-22　交叉箭线示意图

（10）当网络图的开始节点有多条外向箭线或结束节点有多条内向箭线时，为使图形简洁，可采用母线法绘制，见图 4-23。

（11）网络图应条理清楚，布局合理，箭线尽量横平竖直，节点排列均匀。

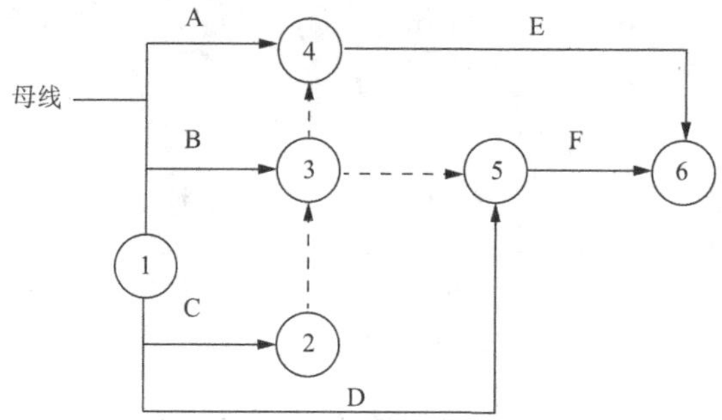

图 4-23　母线法绘图示例

2. 双代号网络图的绘图方法

当已知每一项工作的紧前工作时，可按下述步骤绘制双代号网络图。

（1）绘制无紧前工作的工作箭线，使它们具有相同的开始节点，以保证网络图只有一个起点节点。

（2）依次绘制其他工作箭线，这些工作箭线的绘制条件是其所有紧前工作箭线都已经绘制出来。

（3）当各项工作箭线都绘制出来之后，应合并那些没有紧后工作的工作箭线的箭头节点，以保证网络图只有一个终点节点（多目标网络计划除外）。

（4）当确认所绘制的网络图正确后，即可进行节点编号。网络图的节点编号在满足前述要求的前提下，有时采用不连续的编号方法，以避免以后增加工作时改动整个网络图的节点编号。

以上所述是已知各项工作的紧前工作时的绘图方法，当已知各项工作的紧后工作时，可按类似方法绘制网络图，只是其绘图顺序由前述的紧前工作改为紧后工作。

3. 双代号网络图绘图示例

【例 4-8】 已知各工作之间的逻辑关系如表 4-3 所示，则可按下述步骤绘制其双代号网络图。

表 4-3　工作逻辑关系表（一）

工作名称	A	B	C	D
紧前工作	—	—	A、B	B

【解】 （1）绘制工作 A 和工作 B 的箭线，如图 4-24（a）所示。

（2）按前述原则绘制工作 C 的箭线，如图 4-24（b）所示。

（3）按前述原则绘制工作 D 的箭线后，将工作箭线 C 和 D 的箭头节点合并，以保证网络图只有一个终点节点。当确认给定的逻辑关系表达正确后，再进行节点编号。表 4-3 所给定的逻辑关系对应的双代号网络图如图 4-24（c）所示。

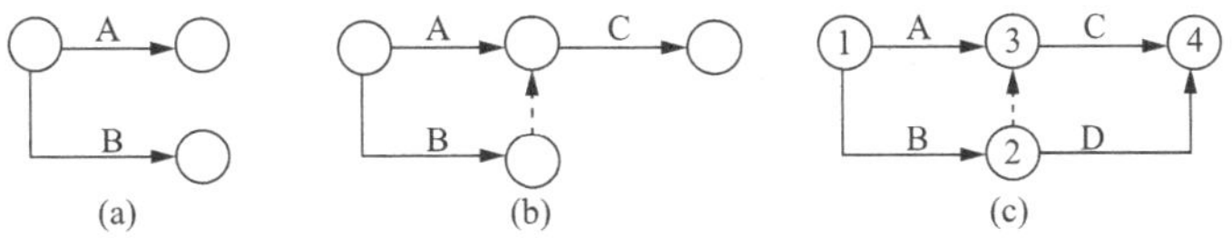

图 4-24　双代号网络图绘图过程

【例 4-9】　已知某工程各项工作名称、逻辑关系如表 4-4 所示。试绘制其双代号网络图。

表 4-4　工作逻辑关系表（二）

工作名称	A	B	C	D	E	F
紧后工作	E	E、F	E、F	F	—	—

【解】　根据给定的逻辑关系和绘图规则绘制的网络图如图 4-23 所示。图 4-23 中，工作②—③起区分作用，工作③—④起联系作用，工作③—⑤起断路和联系双重作用。

（四）双代号网络图时间参数的概念和计算

1. 时间参数的概念

时间参数是指网络计划、工作和节点所具有的各种时间值。

1）工作持续时间

工作持续时间是指一项工作从开始到完成的时间，常用 D_{i-j} 表示。

2）工期

工期泛指完成一项任务所需要的时间。在网络计划中，工期一般有以下三种。

（1）计算工期。根据网络计划时间参数计算而得到的工期，用 T_c 表示。

（2）要求工期。任务委托人所提出的指令性工期，用 T_r 表示。

（3）计划工期。根据要求工期和计算工期所确定的预期工期，用 T_p 表示。

当已规定要求工期时，计划工期不应超过要求工期，即 $T_p \leqslant T_r$；当未规定要求工期时，可令计划工期等于计算工期，即 $T_p = T_c$。

3）工作的六个基本时间参数

网络计划中工作的六个基本时间参数是：工作最早开始时间（ES_{i-j}）、工作最早完成时间（EF_{i-j}）、工作最迟完成时间（LF_{i-j}）、工作最迟开始时间（LS_{i-j}）、工作总时差（TF_{i-j}）和工作自由时差（FF_{i-j}）。

（1）工作最早开始时间：在紧前工作和有关时限约束下，工作有可能开始的最早时刻。

（2）工作最早完成时间：在紧前工作和有关时限约束下，工作有可能完成的最早时刻。

（3）工作最迟开始时间：在不影响任务按期完成和有关时限约束下，工作最迟必须开始的时刻。

（4）工作最迟完成时间：在不影响任务按期完成和有关时限约束下，工作最迟必须完成的时刻。

（5）工作总时差：在不影响工期和有关时限的前提下，一项工作可以利用的机动时间。

（6）工作自由时差：在不影响其紧后工作最早开始和有关时限的前提下，一项工作可以利用的机动时间。

4）节点最早时间和最迟时间

（1）节点最早时间：双代号网络计划中，以某节点为始节点的工作的最早开始时间。

（2）节点最迟时间：双代号网络计划中，以某节点为末节点的工作的最迟完成时间。

5）相邻两项工作之间的时间间隔

相邻两项工作之间的时间间隔是指本工作的最早完成时间与其紧后工作最早开始时间之间的差值。

2. 时间参数的计算方法

双代号网络计划时间参数的计算方法有按工作计算法和按节点计算法两种。

1）按工作计算法

按工作计算法是以网络计划中的工作为对象，直接计算各项工作的时间参数。

下面以图 4-25 所示双代号网络计划为例，说明按工作计算法计算时间参数的过程。

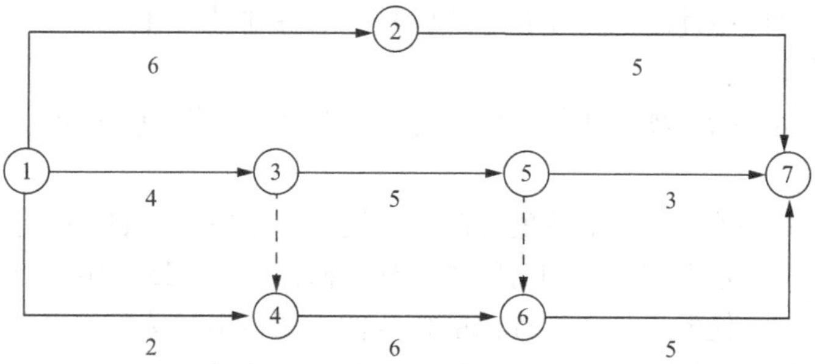

图 4-25　双代号网络计划（一）

（1）计算工作的最早开始时间 ES_{i-j} 和最早完成时间 EF_{i-j}。

工作最早开始时间和最早完成时间的计算应从网络计划的开始节点起顺着箭线方向依次进行。

A. 工作最早开始时间：以网络计划开始节点为始节点的工作，一般规定其最早开始时间为零，其他工作的最早开始时间等于其紧前工作最早完成时间的最大值，即

$$ES_{1-2}=ES_{1-3}=ES_{1-4}=0，\text{通式为 } ES_{i-j}=0(i=1)$$

$$ES_{i-j}=\max\{EF_{h-i}\}=\max\{ES_{h-i}+D_{h-i}\}$$

式中，EF_{h-i} 为工作 $i—j$ 的紧前工作 $h—i$（非虚工作）的最早完成时间；ES_{h-i} 为工作 $i—j$ 的紧前工作 $h—i$（非虚工作）的最早开始时间；D_{h-i} 为工作 $i—j$ 的紧前工作 $h—i$（非虚工作）的作业持续时间。

例如，在本例中，$ES_{4-6}=\max\{EF_{1-3}，EF_{1-4}\}=\max\{4，2\}=4$。

某工作的最早开始时间的确定，为顺着网络图的箭线方向，取紧前工作最早结束时间的最大值，即“早顺大”。

B. 工作最早完成时间：本工作的最早开始时间加上其作业持续时间。

$$EF_{i-j}=ES_{i-j}+D_{i-j}$$

例如，在本例中，$EF_{1-3}=ES_{1-3}+D_{1-3}=0+4=4$。

（2）计算工期 T_c 的确定。

$$T_c=\max\{EF_{i-n}\}$$

式中，EF_{i-n} 为以网络计划终点节点 n 为完成节点的工作最早完成时间。

在本例中，$T_c=\max\{EF_{2-7},\ EF_{5-7},\ EF_{6-7}\}=\max\{11,\ 12,\ 15\}=15$。

（3）计算工作的最迟完成时间 LF_{i-j} 和最迟开始时间 LS_{i-j}。

工作最迟完成时间和最迟开始时间的计算应从网络图终点节点起逆着箭线方向依次进行。

A. 工作最迟完成时间：当规定有计划工期时，以网络图终点节点为末节点的工作最迟完成时间 LF_{i-n} 等于网络计划的计划工期；当未规定计划工期时，一般假定 $T_p=T_c$。其他工作的最迟完成时间 LF_{i-j} 应等于其紧后工作最迟开始时间的最小值，即

$$LF_{i-n}=T_p=T_c$$

$$LF_{i-j}=\min\{LS_{j-k}\}=\min\{LF_{j-k}-D_{j-k}\}$$

式中，LF_{i-n} 为以网络计划终点节点 n 为完成节点的工作的最迟完成时间；LF_{j-k} 为工作 $i—j$ 的各项紧后工作 $j—k$ 的最迟完成时间。

例如，在本例中，$LF_{3-5}=\min\{LS_{5-7},\ LS_{6-7}\}=\min\{12,\ 10\}=10$。

某工作的最迟结束时间的确定，为逆着网络图的箭线方向，取紧后工作最迟开始时间的最小值，即“迟倒小”。

B. 工作最迟开始时间：本工作的最迟完成时间减去本工作的作业持续时间。

$$LS_{i-j}=LF_{i-j}-D_{i-j}$$

例如，在本例中，$LS_{5-7}=LF_{5-7}-D_{5-7}=15-3=12$。

（4）计算工作的总时差。

工作总时差等于该工作最迟完成时间与最早完成时间之差，或该工作最迟开始时间与最早开始时间之差，即“下减上”。

$$TF_{i-j}=LF_{i-j}-EF_{i-j}=LS_{i-j}-ES_{i-j}$$

例如，在本例中，$TF_{3-5}=LF_{3-5}-EF_{3-5}=10-9=1$；或 $TF_{3-5}=LS_{3-5}-ES_{3-5}=5-4=1$。

（5）计算工作的自由时差。

工作自由时差的计算应按以下两种情况分别考虑。

A. 对于有紧后工作的工作，

$$FF_{i-j}=\min\{ES_{j-k}-EF_{i-j}\}$$

式中，ES_{j-k} 为工作 i—j 的紧后工作 j—k（非虚工作）的最早开始时间。

本例中，$FF_{3-5}=\min\{ES_{5-7}-EF_{3-5},\ ES_{6-7}-EF_{3-5}\}=\min\{9-9,\ 10-9\}=0$。

B. 对于无紧后工作的工作，也就是以网络计划终点节点为完成节点的工作，其自由时差等于计划工期与本工作最早完成时间之差，即

$$FF_{i-n}=T_p-EF_{i-n}$$

当 $T_p=T_c$ 时，$FF_{i-n}=TF_{i-n}$，如在本例中，$FF_{2-7}=TF_{2-7}=4$。

（6）确定关键工作和关键线路。

A. 在网络计划中，总时差最小的工作为关键工作。例如，在本例中，由于计划工期等于计算工期，工作①—③、工作④—⑥和工作⑥—⑦的总时差均为零，总时差最小，故它们都是关键工作。关键工作的实际进度拖后，会对总工期产生影响。因此，关键工作的实际进度是建设工程进度控制的工作重点。

B. 双代号网络图中，自始至终全部由关键工作组成的线路或工作持续时间最长的线路称为关键线路。在关键线路上可能有虚工作存在，关键线路可能不止一条。而且在网络计划的实施过程中，关键线路可能还会发生转移，关键线路一般用粗箭线、彩色线或双箭线表示。关键线路上各项工作的持续时间总和等于网络计划的计算工期，这一特点也是判别关键线路是否正确的准则。例如，在本例中，线路①→③→④→⑥→⑦为关键线路。

本例时间参数计算结果如图 4-26 所示。

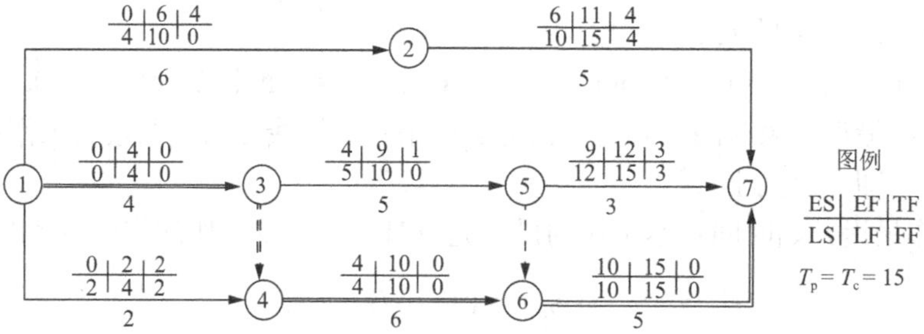

图 4-26　双代号网络计划（按工作计算法）

2）按节点计算法

所谓按节点计算法，就是先计算网络计划中各个节点的最早时间和最迟时间，然后再据此计算各项工作的时间参数和网络计划的计算工期。

下面仍以图 4-25 为例，说明按节点计算法计算时间参数的过程。

（1）计算节点的最早时间。节点最早时间的计算应从网络计划起点节点开始顺着箭线方向依次进行。当未规定其最早开始时间时，网络计划起点节点的最早时间为零，其他节点最早时间等于其紧前节点最早时间的最大值，即

$$ET_1=0$$

$$ET_j=\max\{ET_i+D_{i-j}\}$$

式中，ET_j为工作 $i—j$ 的完成节点 j 的最早时间；ET_i为工作 $i—j$ 的开始节点 i 的最早时间。

例如，在本例中，节点④的最早时间为

$$ET_4=\max\{ET_1+D_{1-4}，ET_3+D_{3-4}\}=\max\{0+2，4+0\}=4$$

（2）确定网络计划的计算工期。计算工期等于网络计划终点节点的最早时间，即

$$T_c=ET_n$$

（3）计算节点的最迟时间。节点最迟时间的计算应从网络计划的终点节点开始逆着箭线方向依次进行。当规定有计划工期时，网络计划终点节点的最迟时间等于网络计划的计划工期；当未规定计划工期时，一般假定 $T_p=T_c$，即

$$LT_n=T_p=T_c$$

式中，LT_n为网络计划终点节点 n 的最迟时间。

其他节点的最迟时间应按下面公式进行计算：

$$LT_i=\min\{LT_j-D_{i-j}\}$$

式中，LT_i为工作 $i—j$ 的开始节点 i 的最迟时间；LT_j为工作 $i—j$ 的完成节点 j 的最迟时间。

例如，在本例中，节点⑤的最迟时间为

$$LT_5=\min\{LT_6-D_{5-6}，LT_7-D_{5-7}\}=\min\{10-0，15-3\}=10$$

（4）根据节点的最早时间和最迟时间判定工作的六个基本时间参数。

A. 工作的最早开始时间等于该工作开始节点的最早时间，即

$$ES_{i-j}=ET_i$$

B. 工作的最早完成时间等于该工作开始节点的最早时间与其持续时间之和，即

$$EF_{i-j}=ET_i+D_{i-j}=ES_{i-j}+D_{i-j}$$

C. 工作的最迟完成时间等于该工作完成节点的最迟时间，即

$$LF_{i-j}=LT_j$$

D. 工作的最迟开始时间等于该工作完成节点的最迟时间与其持续时间之差，即

$$LS_{i-j}=LT_j-D_{i-j}=LF_{i-j}-D_{i-j}$$

E. 工作的总时差：

$$TF_{i-j}=LF_{i-j}-EF_{i-j}=LS_{i-j}-ES_{i-j}$$

F. 工作的自由时差：

$$FF_{i-j}=\min\{ES_{j-k}-EF_{i-j}\}$$

本例中节点时间计算结果如图 4-27 所示，工作时间参数计算结果同图 4-26。

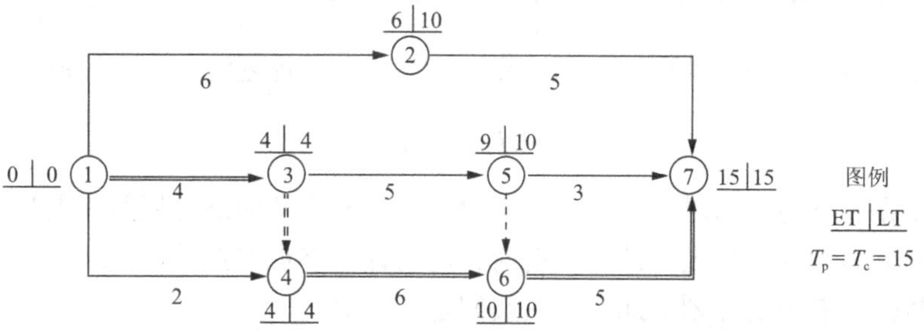

图 4-27　双代号网络计划（按节点计算法）

3）标号法

标号法是一种快速寻求网络计划计算工期和关键线路的方法。它利用按节点计算法的基本原理，对网络计划中的每一个节点进行标号，然后利用标号值确定网络计划的计算工期和关键线路。

（1）标号法的计算步骤。下面仍以图 4-25 为例，说明标号法的计算过程。其计算结果如图 4-28 所示。

A. 网络计划起点节点的标号值为零。例如，在本例中，节点①的标号值为零。

B. 其他节点的标号值应根据下面公式按节点编号从小到大的顺序逐个进行计算。

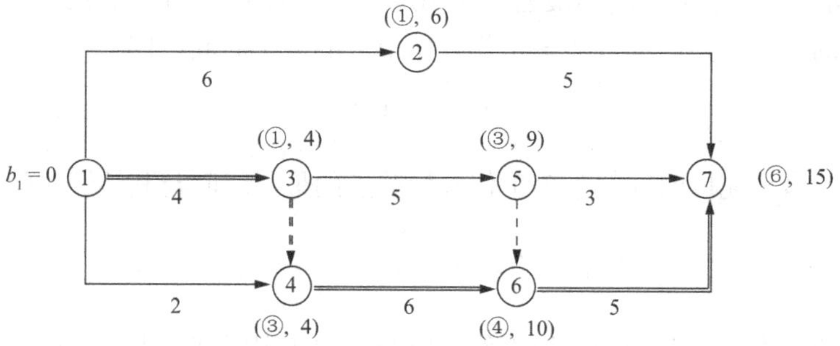

图 4-28　标号法计算结果

$$b_j=\max\{b_i+D_{i-j}\}$$

式中，b_j 为工作 i—j 的完成节点 j 的标号值；b_i 为工作 i—j 的开始节点 i 的标号值。

例如，在本例中，节点③和节点④的标号值分别为

$$b_3=b_1+D_{1-3}=0+4=4$$

$$b_4=\max\{b_1+D_{1-4},\ b_3+D_{3-4}\}=\max\{0+2,\ 4+0\}=4$$

C. 对节点进行标号。当计算出节点的标号值后，用标号值和其源节点对该节点进行

双标号。所谓源节点，就是用来确定本节点标号值的节点。例如，在本例中，节点④的标号值 4 是由节点③所确定，故节点④的源节点就是节点③。如果源节点有多个，应将所有源节点标出。

（2）应用标号法确定计算工期。网络计划的计算工期就是网络计划终点节点的标号值。例如，在本例中，其计算工期就等于终点节点⑦的标号值 15。

（3）应用标号法确定关键工作和关键线路。关键工作和关键线路应从网络计划的终点节点开始，逆着箭线方向按源节点确定。例如，在本例中，从终点节点⑦开始，逆着箭线方向按照源节点可以找出关键线路为①→③→④→⑥→⑦，关键工作为①—③、④—⑥和⑥—⑦。

三、单代号网络计划

（一）单代号网络图的概念和特点

用节点或节点编号表示工作的网络图，称为单代号网络图，如图 4-29 所示。与双代号网络图相比，单代号网络图的特点如下。

（1）单代号网络图是以节点及其编号表示工作，以箭线表示工作之间的逻辑关系。

（2）单代号网络图中箭线无虚实之分。

（3）由于工作的持续时间表示在节点之中，没有长度，不够形象，不能直接根据单代号网络进行工期资源优化。

（4）表示工作之间逻辑关系的箭线可能产生较多的纵横交叉现象，这时可通过增加虚节点解决。

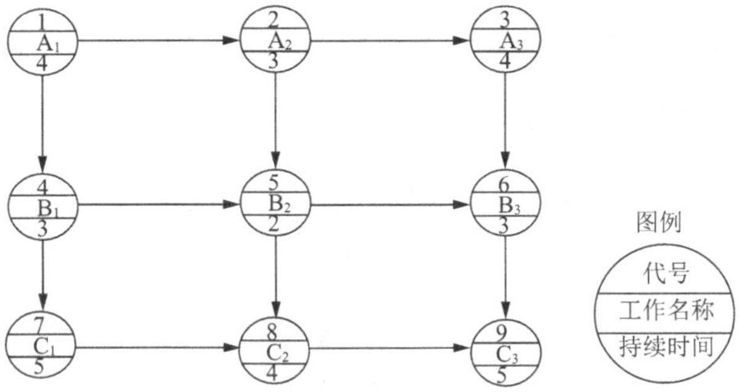

图 4-29　单代号网络计划示例

（二）单代号网络图的绘制规则和方法

1. 单代号网络图的绘图规则

单代号网络图的绘图规则与双代号网络图的绘图规则基本相同。与双代号网络图不同的是，在单代号网络图中，当有两个以上的开始工作或结束工作时，为清楚表示它们同时开始或同时结束，需增加一个虚拟的开始或结束节点，如图 4-30 中的①和⑩节点。

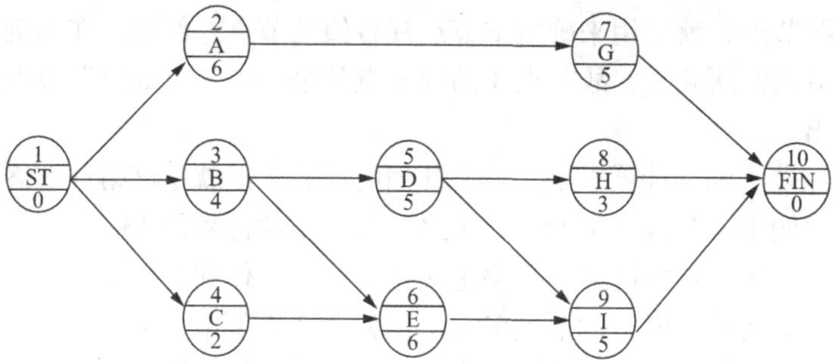

图 4-30　单代号网络图的绘制

2. 单代号网络图的绘制方法

单代号网络图的绘制步骤与双代号网络图的绘制步骤基本相同。

（三）单代号网络图绘制示例

【例 4-10】 已知各工作之间的逻辑关系如表 4-5 所示，绘制单代号网络图。

表 4-5　工作逻辑关系表（三）

项目	工作							
	A	B	C	D	E	G	H	I
紧前工作	—	—	—	B	B、C	A	D	D、E
持续时间	6	4	2	5	6	5	3	5

【解】 根据上述绘制规则和方法，绘图结果如图 4-30 所示。

（四）单代号网络图时间参数的计算

单代号网络计划与双代号网络计划只是表现形式不同，它们所表达的内容和逻辑关系完全一样。因此，两者时间参数计算方法是相同的。计算结果如图 4-31 所示。

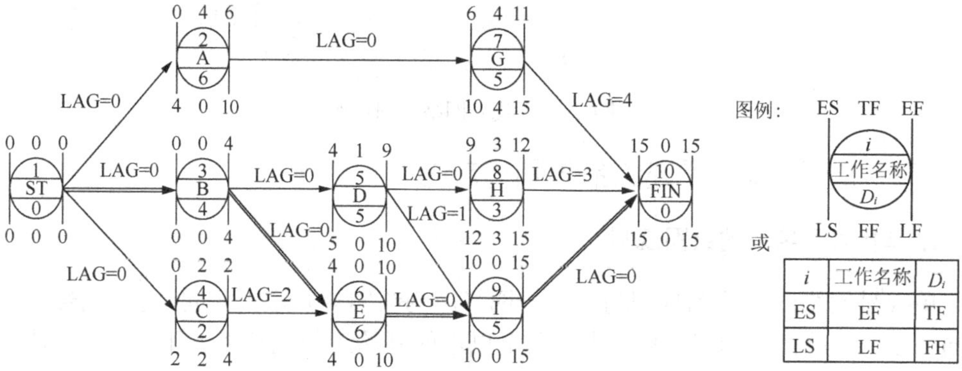

图 4-31　单代号网络图时间参数的计算

其中，单代号网络图多了一个参数，即相邻两项工作之间的时间间隔 LAG，是指其紧后工作的最早开始时间与本工作最早完成时间的差值，即

$$LAG_{i,j}=ES_j-EF_i$$

例如，在本例中，工作 C 与工作 E 的时间间隔为

$$LAG_{4,6}=ES_6-EF_4=4-2=2$$

如前所述，总时差最小的工作为关键工作，将这些关键工作相连，并保证相邻两项关键工作之间的时间间隔为零而构成的线路就是关键线路。

例如，在本例中，由于计划工期等于计算工期，工作 B、E 和 I 的总时差均为零，故它们为关键工作。由网络计划的起点节点①和终点节点⑩与上述三项关键工作组成的线路上，相邻两项工作之间的时间间隔全部为零，故线路①→③→⑥→⑨→⑩为关键线路。

四、双代号时标网络计划

（一）双代号时标网络计划的概念和特点

将表示工作的箭线的水平投影长度按该工作持续时间大小成比例绘制而成的双代号网络计划称为双代号时标网络计划，以下简称时标网络计划。在时标网络计划中，必须以水平时间坐标为尺度表示工作的持续时间大小，并以实箭线表示实工作，以虚箭线垂直方向表示虚工作，以波形线表示工作与其紧后工作之间的时间间隔。

时标网络计划既具有网络计划逻辑关系清楚的优点，又具有横道图直观易懂的优点，它将网络计划的时间参数直观地表达出来。

（二）时标网络计划的分类

根据工作开始时间和完成时间不同，分为早时标网络计划和迟时标网络计划。

（1）早时标网络计划：各项工作均按最早开始和最早完成绘制的时标网络计划。

（2）迟时标网络计划：各项工作均按最迟开始和最迟完成绘制的时标网络计划。

（三）时标网络计划的绘制方法

时标网络计划的绘制方法有间接绘制法和直接绘制法两种，以早时标网络计划的绘制为例介绍如下。

1. 直接绘制法

直接绘制法是指不计算网络计划时间参数而直接按无时标的网络计划绘制时标网络。以图 4-32 所示的网络计划为例，说明时标网络计划的绘制过程。

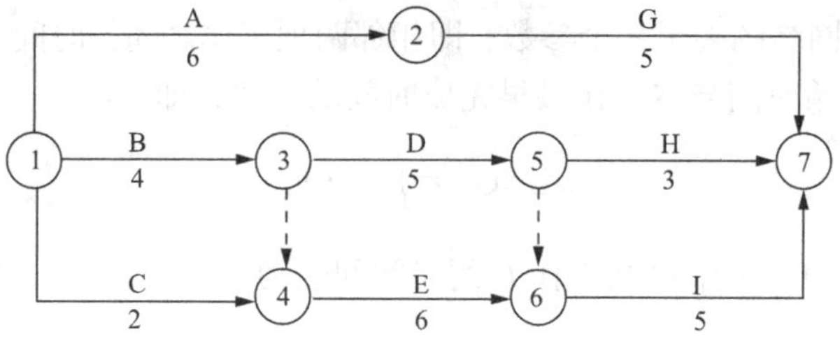

图 4-32　双代号网络计划（二）

（1）将网络计划的起点节点定位在时标网络计划表的起始刻度线上。如图 4-33（a）所示，节点①定位在时标网络计划表的起始刻度线“0”位置上。

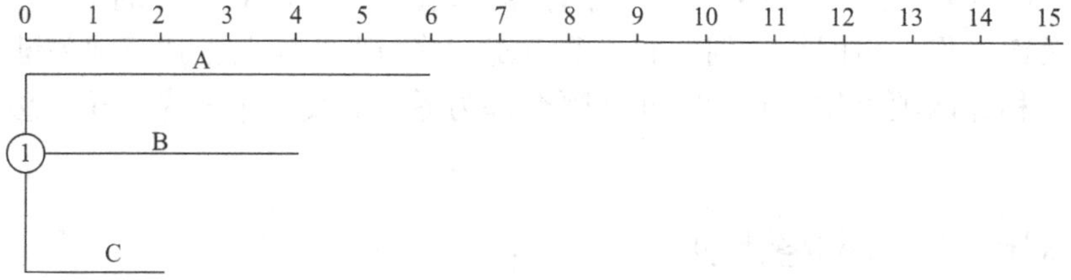

(a)　直接绘制法第一步、第二步

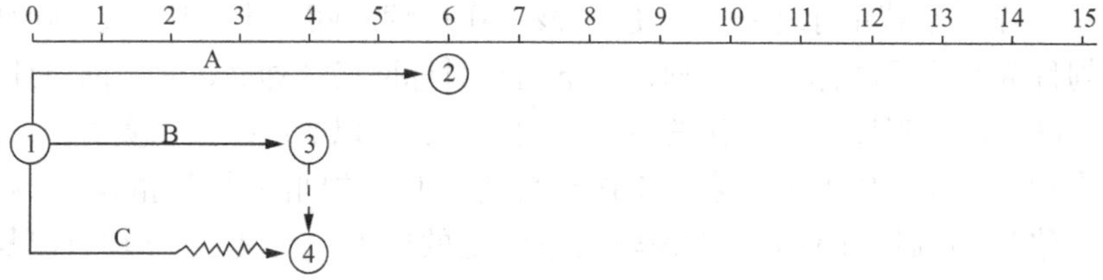

(b)　直接绘制法第三步

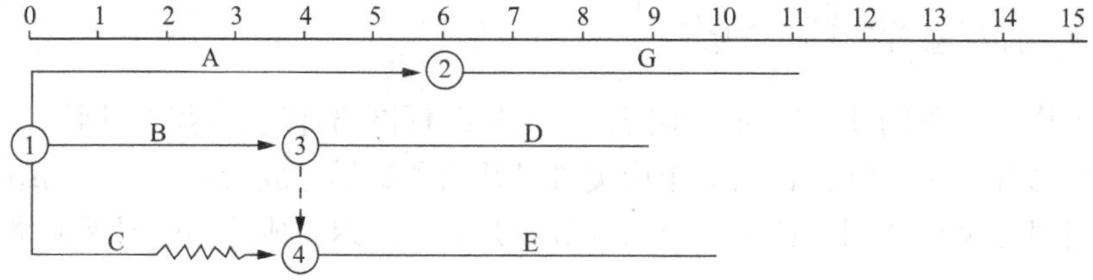

(c)　直接绘制法第四步

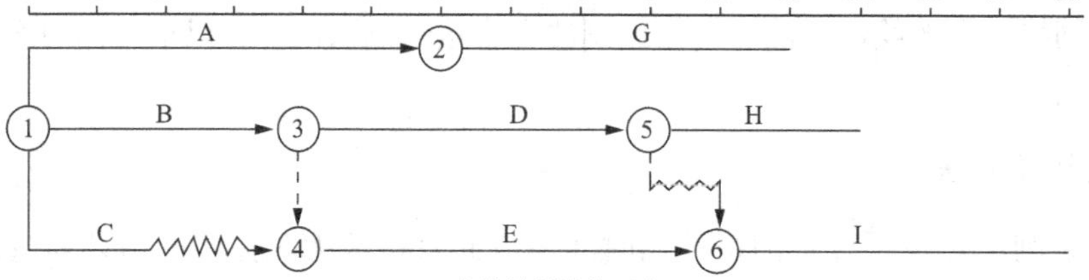

(d)　直接绘制法第五步

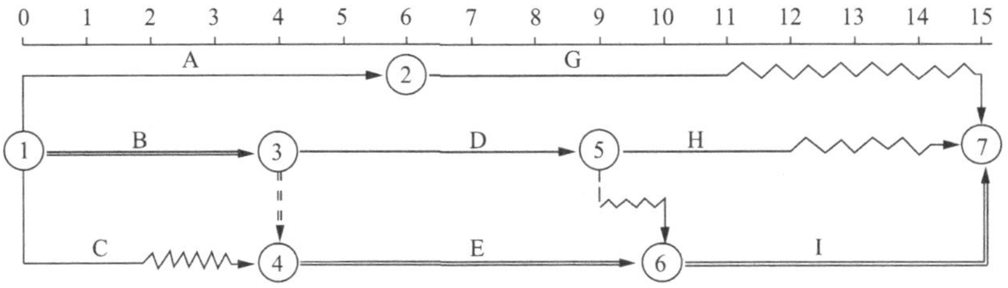

(e)（直接绘制法第六步）时标网络计划

图 4-33 直接绘制法

（2）以网络计划起点节点为开始节点，按工作的持续时间绘制工作箭线。如图 4-33（a）所示，分别绘出工作 A、工作 B 和工作 C 的箭线。

（3）除网络计划的起点节点外，其他节点必须在所有以该节点为完成节点的工作箭线均绘出后，定位在这些工作箭线最早完成时间的最大值的箭线末端。当某些工作箭线的长度不足以到达该节点时，需用波形线补足，箭头画在与该节点的连接处。例如，在本例中，节点②直接定位在工作 A 的箭线末端；节点③直接定位在工作 B 的箭线末端；节点④的位置需要在绘出虚箭线③—④之后，定位在工作 C 和虚箭线③—④中最迟的箭线末端，即坐标“4”的位置上。此时，工作 C 的箭线长度不足以到达节点④，因而用波形线补足，如图 4-33（b）所示。

（4）当某个节点的位置确定之后，即可绘制以该节点为开始节点的工作箭线。例如，在本例中，在图 4-33（b）基础之上，可以分别以节点②、节点③和节点④为开始节点绘制工作 G、工作 D 和工作 E 的箭线，如图 4-33（c）所示。

（5）利用上述方法从左至右依次确定其他各个节点的位置，直至绘出网络计划的终点节点。例如，本例中，在图 4-33（c）基础之上，可以分别确定节点⑤和节点⑥的位置，并在它们之后分别绘制工作 H 和工作 I 的箭线，如图 4-33（d）所示。

（6）最后，根据工作 G、工作 H 和工作 I 的箭线确定出终点节点的位置。本例所对应的时标网络计划如图 4-33（e）所示，图中双箭线表示的线路为关键线路。

2. 间接绘制法

间接绘制法是指先根据无时标的网络计划计算其时间参数并确定关键线路，然后在时标网络计划表中进行绘制。由于此法在技术上无难度，不再举例说明。

（四）时标网络计划时间参数的判定

1. 关键线路和计算工期的判定

1）关键线路的判定

时标网络计划中的关键线路可从网络图的终点节点开始，逆着箭线方向进行判定。凡自始至终不出现波形线的线路为关键线路。因为不出现波形线，就说明在这条线路上相邻两项工作之间的时间间隔全部为零，也就是在计算工期等于计划工期的前提下，这些工作的总时差和自由时差全部为零。例如，在图 4-33（e）所示的时标网络计划中，线路①→③→④→⑥→⑦为关键线路。

2）计算工期的判定

网络计划的计算工期应等于终点节点所对应的时标值与起点节点所对应的时标值之差。例如，图 4-33（e）所示时标网络计划的计算工期为

$$T_c = 15 - 0 = 15$$

2. 相邻两项工作之间时间间隔的判定

除以终点节点为完成节点的工作外，工作箭线中波形线的水平投影长度表示本工作与其紧后工作之间的时间间隔。例如，图 4-33（e）中，工作 C 和工作 E 之间的时间间隔为 2；工作 D 和工作 I 之间的时间间隔为 1；其他工作之间的时间间隔均为零。

3. 工作六个基本时间参数的判定

1）工作最早开始时间和最早完成时间的判定

工作箭线左端节点中心所对应的时标值为该工作的最早开始时间。当工作箭线中不存在波形线时，其右端节点中心所对应的时标值为该工作的最早完成时间；当工作箭线中存在波形线时，工作箭线实线部分右端点所对应的时标值为该工作的最早完成时间。例如，在图 4-33（e）所示的时标网络计划中，工作 A 和工作 H 的最早开始时间分别为 0 和 9，而它们的最早完成时间分别为 6 和 12。

2）工作总时差的判定

工作总时差的判定应从网络计划的终点节点开始，逆着箭线方向依次进行。

（1）以终点节点为完成节点的工作，其总时差应等于计划工期与本工作最早完成时间之差，即

$$\mathrm{TF}_{i-n} = T_p - \mathrm{EF}_{i-n}$$

式中，TF_{i-n} 为以网络计划终点节点 n 为完成节点的工作的总时差；T_p 为网络计划的计划工期；EF_{i-n} 为以网络计划终点节点 n 为完成节点的工作的最早完成时间。

例如，在图 4-33（e）中，假设计划工期为 15，则工作 G 和工作 I 的总时差分别为

$$\mathrm{TF}_{2-7} = T_p - \mathrm{EF}_{2-7} = 15 - 11 = 4$$

$$\mathrm{TF}_{6-7} = T_p - \mathrm{EF}_{6-7} = 15 - 15 = 0$$

（2）其他工作的总时差等于其紧后工作的总时差加本工作与该紧后工作之间的时间间隔所得之和的最小值，即

$$\mathrm{TF}_{i-j} = \min\{\mathrm{TF}_{j-k} + \mathrm{LAG}_{i-j,\ j-k}\}$$

例如，在图 4-33（e）所示的时标网络计划中，工作 D 的总时差为

$$TF_{3-5}=\min\{TF_{5-7}+LAG_{3-5,5-7}, TF_{6-7}+LAG_{3-5,6-7}\}=\min\{3+0, 0+1\}=1$$

工作总时差的判定也可采用以下方法：工作总时差为该工作自由时差和后续线路中工作的自由时差之和，当有多条后续线路时，取最小值。

3）工作自由时差的判定

（1）以终点节点为完成节点的工作，其自由时差等于计划工期与本工作最早完成时间之差，即

$$FF_{i-n}=T_p-EF_{i-n}$$

（2）自由时差就是该工作箭线中波形线的水平投影长度。但当某工作的紧后工作全部为虚工作时，该工作的自由时差为本工作波形线投影长度加上紧后虚工作虚箭线波形线水平投影长度的最短者。

例如，在图 4-33（e）所示的时标网络计划中，工作 A、工作 B、工作 D 和工作 E 的自由时差均为零，而工作 C 的自由时差为 2。

4）工作最迟开始时间和最迟完成时间的判定

（1）工作最迟开始时间等于本工作的最早开始时间与其总时差之和，即

$$LS_{i-j}=ES_{i-j}+TF_{i-j}$$

例如，在图 4-33（e）中，$LS_{1-2}=ES_{1-2}+TF_{1-2}=0+4=4$。

（2）工作最迟完成时间等于本工作的最早完成时间与其总时差之和，即

$$LF_{i-j}=EF_{i-j}+TF_{i-j}$$

例如，在图 4-33（e）中，$LF_{1-2}=EF_{1-2}+TF_{1-2}=6+4=10$。

图 4-33（e）所示的时标网络计划确定的时间参数应与图 4-26 所示的网络计划时间参数的计算结果完全一致。

五、单代号搭接网络图计划

在工程实施中，为了缩短工期，常常将许多工序安排成平行搭接方式进行。这种平行搭接关系，如果用一般网络计划描述，将会增加网络图绘制和计算的工作量，且图面复杂，不容易掌握。20 世纪 70 年代，出现了一种能够反映搭接关系的网络计划技术，补充和扩大了网络计划的应用范围，简化了网络图的表示方式，得到了广泛应用。搭接网络计划是用搭接关系与时距表明紧邻工序之间逻辑关系的一种网络计划。搭接网络计划一般采用单代号网络图的表示方法，即单代号搭接网络计划。

（一）工序的基本搭接关系

单代号搭接网络计划有四种基本的工序搭接关系。

（1）结束到开始的搭接关系（用 FS 或 FTS 表示）：指相邻两工序，前项工序 i 结束后，经过时距 $Z_{i,j}$，后面工序 j 才能开始的搭接关系。当 $Z_{i,j}=0$ 时，表示相邻两工序之间没有间歇时间，即前项工序 i 结束后，后面工序 j 立即开始，这就是一般单代号网络图。

（2）开始到开始的搭接关系（用 SS 或 STS 表示）：指相邻两工序，前项工序 i 开始以后，经过时距 $Z_{i,j}$，后面工序 j 才能开始的搭接关系。

（3）结束到结束的搭接关系（用 FF 或 FTF 表示）：指相邻两工序，前项工序 i 结束以后，经过时距 $Z_{i,j}$，后面工序 j 才能结束的搭接关系。

（4）开始到结束的搭接关系（用 SF 或 STF 表示）：指相邻两工序，前项工序 i 开始以后，经过时距 $Z_{i,j}$，后面工序 j 才能结束的搭接关系。

四种基本搭接关系的表示方法如表 4-6 所示。

表 4-6　搭接关系及其表示方法

搭接关系	横道图表示方法	单代号搭接网络		举例
		表示方法	简易表示方法	
FS（FTS）	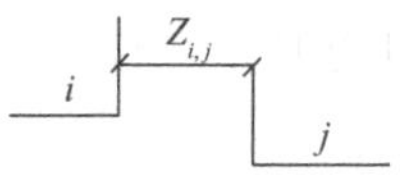	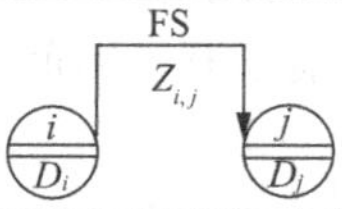	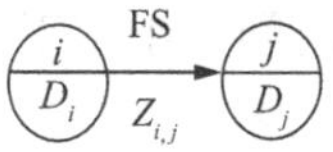	层面保温层上的找平层结束后 4 天，铺油毡防水层才能开始
SS（STS）	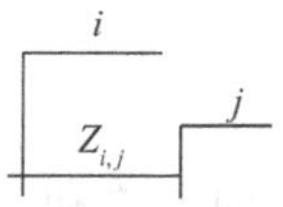	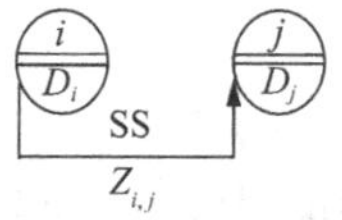	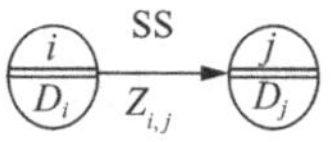	支模板开始 1 天以后，开始绑扎钢筋
FF（FTF）	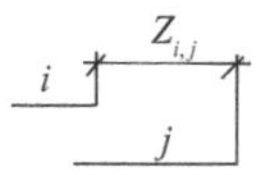	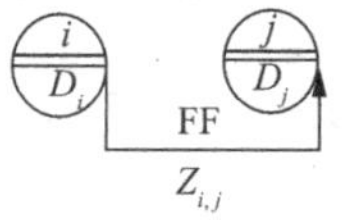	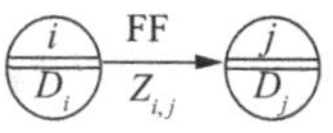	挖基槽结束 1 天以后，浇筑混凝土垫层才能结束
SF（STF）	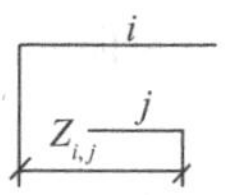	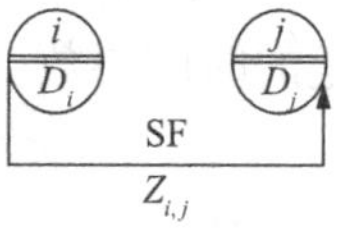	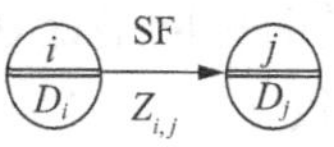	当基坑开挖工作进行到一定时间后，就应开始进行降低地下水的工作，一直进行到地下水水位降到设计位置

除以上搭接关系外，还可以是若干个搭接关系的组合。

（二）单代号搭接网络图的绘制

单代号搭接网络图的绘制与单代号网络图的绘制方法基本相同。首先根据工序的工艺关系和组织关系绘制工序逻辑关系表，确定相邻工序的搭接类型和搭接时距；其次根据工序逻辑关系表，按单代号网络图的绘制方法，绘制单代号网络图；最后再将搭接类型和时距标注在工序箭线上。

需强调指出：与一般网络图相同，在单代号搭接网络图中，不允许有两个或两个以上的开始节点或结束节点。此时，可通过增加虚箭线解决这一问题。如图 4-34 中的虚箭线①—⑥和虚箭线⑦—⑨。

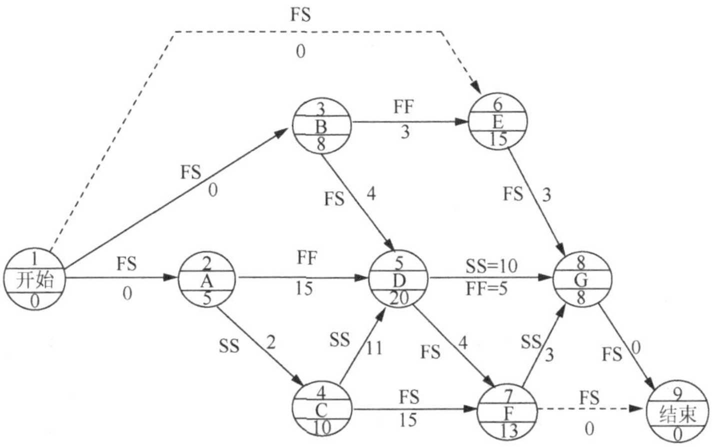

图 4-34　单代号搭接网络图的绘制

【例 4-11】 某工程各项工作搭接关系和时距如表 4-7 所示，试绘制搭接网络图。

表 4-7　工作搭接关系和时距

工作名称	作业时间	紧前工作	搭接关系	搭接时距 $Z_{i,j}$
A	5	—	—	—
B	8	—	—	—
C	10	A	SS	2
D	20	A	FF	15
		B	FS	4
		C	SS	11
E	15	B	FF	3
F	13	C	FS	15
		D	FS	4
G	8	D	SS	10
			FF	5
		E	FS	3
		F	SS	3

【解】（1）根据绘图规则，结合工作搭接类型绘制的搭接网络图如图 4-34 所示。

（2）在图 4-34 中，6 号节点工作 E 的开始时间无约束条件，故应在其前增加一条虚箭线①—⑥。7 号节点工作 F 的结束时间无约束条件，应在其后增加一条虚箭线⑦—⑨。

（三）单代号搭接网络图时间参数的计算

单代号搭接网络计划时间参数的计算与普通单代号网络计划时间参数的计算原理基本相同。但在计算公式和方法上有两点区别：其一，需要考虑搭接类型；其二，需要考虑搭接时距 $Z_{i,j}$。具体计算公式见表 4-8。

表 4-8　单代号搭接网络计划时间参数的计算

搭接类型	ES_j 与 EF_j（紧前工作为 i）	LS_i 与 LF_i（紧后工作为 j）	FF_i
FS	$ES_j=EF_i+Z_{i,j}$，$EF_j=ES_j+D_j$	$LF_i=LS_j-Z_{i,j}$，$LS_i=LF_i-D_i$	$FF_i=ES_j-EF_i-Z_{i,j}$
SS	$ES_j=ES_i+Z_{i,j}$，$EF_j=ES_j+D_j$	$LS_i=LS_j-Z_{i,j}$，$LF_i=LS_i+D_i$	$FF_i=ES_j-ES_i-Z_{i,j}$
FF	$EF_j=EF_i+Z_{i,j}$，$ES_j=EF_j-D_j$	$LF_i=LF_j-Z_{i,j}$，$LS_i=LF_i-D_i$	$FF_i=EF_j-EF_i-Z_{i,j}$
SF	$EF_j=ES_i+Z_{i,j}$，$ES_j=EF_j-D_j$	$LS_i=LF_j-Z_{i,j}$，$LF_i=LS_i+D_i$	$FF_i=EF_j-ES_i-Z_{i,j}$

当有多项紧前工作时，应按表 4-8 中相应公式计算出 ES、EF 后取最大值作为本工作的最早开始和最早完成时间。当有多项紧后工作时，应按表 4-8 中相应公式计算出 LF、LS 后取最小值作为本工作的最迟完成和最迟开始时间。自由时差的计算需要考虑各种搭接关系，按表 4-8 中相应公式计算后取最小值作为本工作的自由时差。总时差的计算与普通单代号图计算方法相同，不再赘述。

本例全部时间参数计算结果如图 4-35 所示，箭线旁边数字为时间间隔 LAG，此时 LAG=min｛实际时距-搭接时距｝。

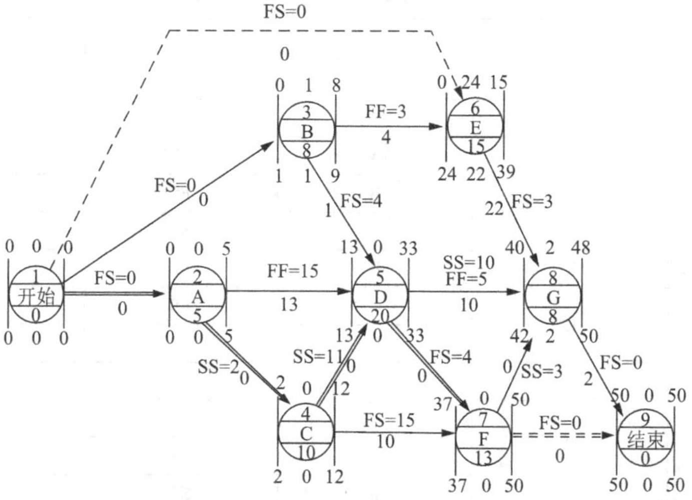

图 4-35　单代号搭接网络图时间参数计算结果

同单代号网络计划一样，总时差最小的工作为关键工作，将这些关键工作相连，并保证相邻两项关键工作之间的时间间隔为零而构成的线路就是关键线路。

例如，在本例中，线路①→②→④→⑤→⑦→⑨为关键线路。关键工作为工作 A、工作 C、工作 D 和工作 F，而开始节点①、结束节点⑨为虚拟工作，其总时差均为零。

第四节　工程项目进度监测

一、进度计划实施中的监测过程

1. 进度计划执行中的跟踪检查

进度计划执行中的跟踪检查途径主要有以下几种。

（1）定期收集进度报表资料。进度报表是反映工程实际进度的主要方式之一。进度控制人员应按照进度计划规定的内容，定期填写进度报表，通过收集进度报表资料掌握工程实际进展情况。

（2）现场实地检查工程进展情况。派管理人员常驻现场，随时检查进度计划的实际执行情况，这样可以加强进度监测工作，掌握工程实际进度的第一手资料，使获取的数据更加及时、准确。

（3）定期召开现场会议。定期召开现场会议，通过与进度计划执行单位的有关人员面对面地交谈，既可以了解工程实际进度状况，也可以协调有关方面的进度关系。

2. 实际进度数据的加工处理

为了进行实际进度与计划进度的比较，必须对收集到的实际进度数据进行加工处理，形成与计划进度具有可比性的数据。

3. 实际进度与计划进度的对比分析

将实际进度数据与计划进度数据进行比较，可以确定工程项目进度实际执行状况与计划目标之间的差距。

二、实际进度与计划进度的比较方法

常用的方法有横道图比较法、“S”形曲线比较法、香蕉形曲线比较法、前锋线比较法和列表比较法等。

（一）横道图比较法

横道图比较法是指将项目实施过程中收集到的数据，经加工整理后直接用横道线平行绘于原计划的横道线处，进行实际进度与计划进度比较的方法。采用横道图比较法，可以形象、直观地反映实际进度与计划进度的比较情况。

横道图比较法分为匀速进展横道图比较法和非匀速进展横道图比较法。

1. 匀速进展横道图比较法

匀速进展是指在项目进行中，单位时间完成的任务量是相等的。采用匀速进展横道图比较法的步骤为：①编制横道图进度计划；②在进度计划上标出检查日期；③将实际进度用粗黑线标于计划进度的下方；④比较分析实际进度与计划进度。具体方法为：①如果粗黑线右端落在检查日期的左侧，表明实际进度拖后；②如果粗黑线右端落在检查日期的右侧，表明实际进度超前；③如果粗黑线右端与检查日期重合，表明实际进度与计划进度一致。

例如，某工程项目基础工程的计划进度与第 9 周末实际进度的对比如图 4-36 所示，其中细线条表示该工程计划进度，粗黑线表示实际进度。从图中实际进度与计划进度的比较可以看出，到第 9 周末进行实际进度检查时，挖土方和做垫层两项工作已经完成；支模板按计划也应该完成，但实际只完成 80%，任务量拖欠 20%；绑扎钢筋按计划应该完成 60%，而实际只完成 20%，任务量拖欠 40%。

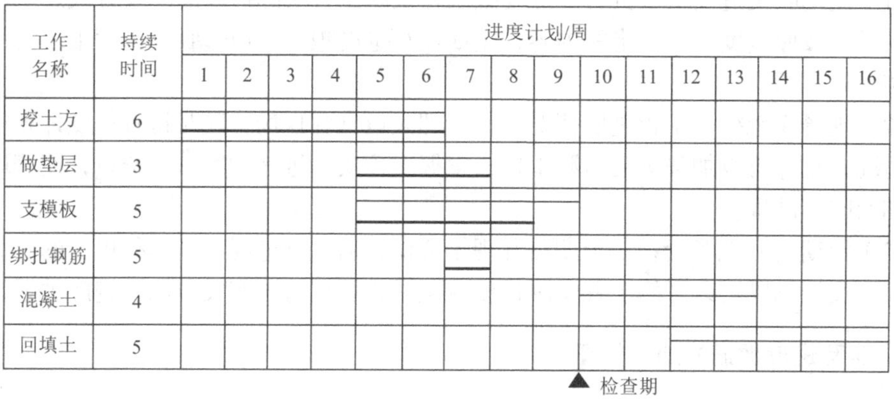

图 4-36　匀速进展横道图比较法

必须指出，该方法仅适用于工作进展速度均为固定不变的情况，工作实际开始时间和计划开始时间相同，工作持续时间相同。如果工作的进展速度是变化的，则不能采用这种方法进行实际进度和计划进度的比较，否则会得出错误的结论。

2. 非匀速进展横道图比较法

实际工作中，非匀速进展更为普遍，其比较的方法步骤如下。

（1）编制横道图进度计划。

（2）在横道线上方标出计划完成任务量累计百分比曲线。

（3）用粗黑线标出实际进度，并在粗黑线下方标出实际完成任务量累计百分比。

（4）比较分析实际进度与计划进度。①如果同一时刻横道线上方累计百分比大于横道线下方累计百分比，表明累计实际进度拖后，二者之差为累计拖欠的任务量；②如果同一时刻横道线上方累计百分比小于横道线下方累计百分比，表明累计实际进度超前，二者之差为累计超前的任务量；③如果同一时刻横道线上方累计百分比等于横道线下方累计百分比，表明累计实际进度与累计计划进度一致。

非匀速进展横道图比较法有两种：双比例单侧横道图比较法和双比例双侧横道图比较法（图 4-37）。两种方法的相同之处是在工作计划横道线上下两侧作两条时间坐标线，并在两坐标线内侧逐日（或每隔一个单位时间）分别记录相应工作的计划和实际完成任务累计百分比，即形成所谓的“双比例”；其不同之处为前一种方法是单侧附着于计划横道线，粗黑线表示相应工作的实际起止时间和持续天数，后一种方法则是双侧附着于计划横道线，粗黑线表示相应工作的实际起止时间和持续天数。

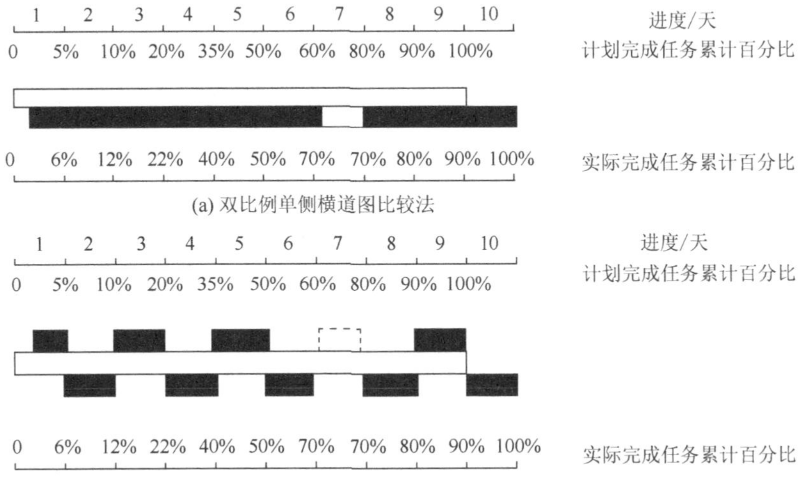

(b) 双比例双侧横道图比较法

图 4-37　非匀速进展横道图比较法

应注意，当比较某时刻（一个单位时间）进度偏差时，实际进度（或计划进度）为该时刻结束（右侧）累计百分比减去该时刻开始（左侧）累计百分比，实际进度减去计划进度。如果该时刻实际进度大于计划进度，表明该时刻进度超前，差值为超前的任务量；如果该时刻实际进度小于计划进度，表明该时刻进度落后，差值为拖欠的任务量；如果该时刻实际进度等于计划进度，表明该时刻实际进度与计划进度一致。如图 4-37（a）中，虽然第 8 天的累计实际进度（80%）小于累计计划进度（90%），累计拖欠的任务量为 10%，但第 8 天实际进度（80%−70%＝10%）与计划进度（90%−80%＝10%）是一致的。同时，实际进度中白色部分，如图 4-37（a）中第 7 天的实际工作，表示实际停工一天（或该时间段没有工作量），所以实际进度第 7 天的结束累计百分比和开始累计百分比均为 70%，没有变化。

（二）“S”形曲线比较法

1. “S”形曲线的概念

从整个工程项目建设进展的全过程来看，单位时间内完成的工作任务量一般都随着时间的递进而呈现出如图 4-38（a）所示的分布规律，即工程的开工和收尾阶段完成的工作任务量少，而中间阶段完成的工作任务量多。这样以横坐标表示进度时间，纵坐标表示累计完成工作任务量而绘制出来的曲线将是一条“S”形曲线，如图 4-38（b）所示，由于其形似英文字母“S”，“S”形曲线由此得名。“S”形曲线比较法就是将计划累计完成工作任务量和实际累计完成工作任务量分别绘制成“S”形曲线，并通过两者的比较借以判断实际进度与计划进度相比是超前还是滞后，得出有关进度信息。

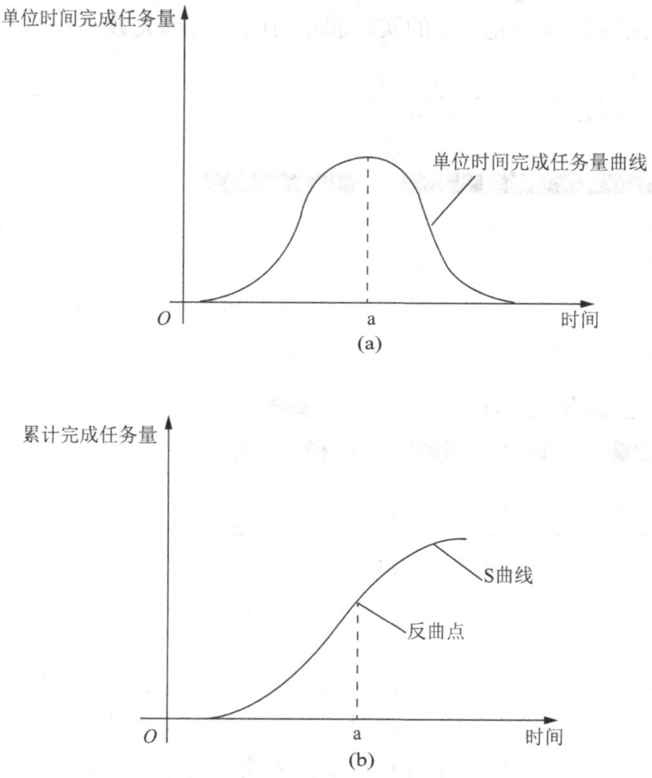

图 4-38　时间与完成任务量关系曲线

2. “S”形曲线的绘制方法

（1）确定单位时间计划和实际完成的任务量。
（2）确定单位时间计划和实际累计完成的任务量。
（3）确定单位时间计划和实际累计完成任务量的百分比。
（4）绘制计划和实际的“S”形曲线。
（5）分析比较“S”形曲线。

【例 4-12】 某土方工程计划开挖量如表 4-9 所示，试绘制其计划开挖量百分比曲线。

表 4-9　某土方工程计划开挖量

时间/天	1	2	3	4	5	6	7	8
计划每日完成量/100 米 ^{3}	2	5	8	10	10	8	5	2

【解】 （1）计算计划每日完成量和每日累计完成量百分比，见表 4-10。

表 4-10　每日完成量和每日累计完成量百分比

时间/天	1	2	3	4	5	6	7	8
每日完成量/100 米 ^{3}	2	5	8	10	10	8	5	2

续表

时间/天	1	2	3	4	5	6	7	8
每日累计完成量/100 米 3	2	7	15	25	35	43	48	50
每日累计完成量百分比	4%	14%	30%	50%	70%	86%	96%	100%

（2）根据表 4-10，以时间为横坐标，以累计工作量百分比为纵坐标绘制计划的“S”形曲线如图 4-39 所示。

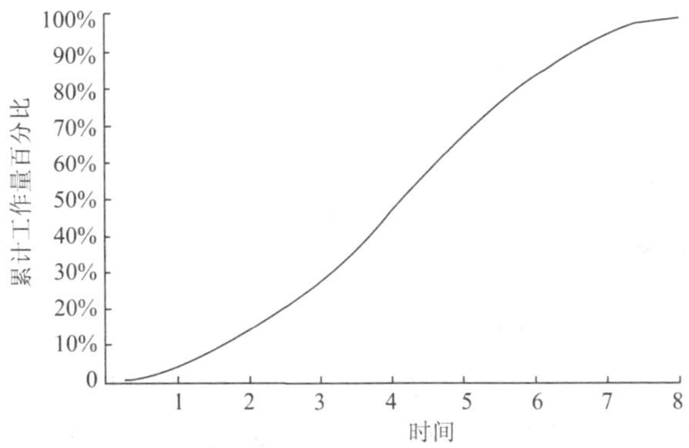

图 4-39 “S”形曲线示意图

3. “S”形曲线的比较分析

一般情况下，“S”形曲线形式如图 4-40 所示。应用“S”形曲线比较实际进度与计划进度两条曲线，可以得出以下分析与判断结果。

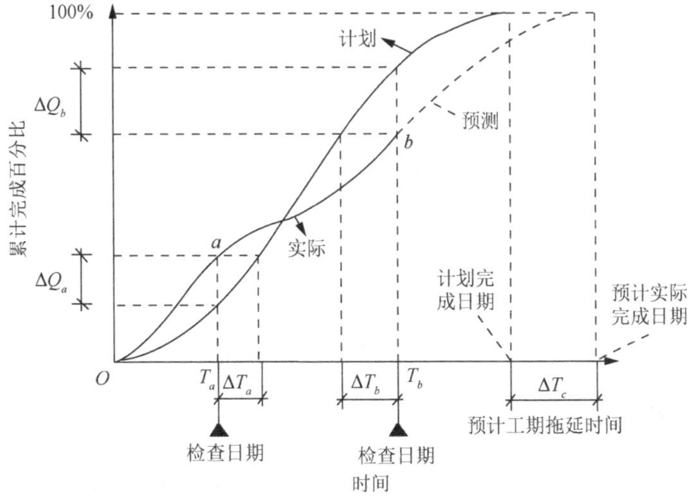

图 4-40 “S”形曲线比较法

1）实际进度与计划进度比较情况

对应于任意检查日期，如果相应的实际进度曲线上的一点，位于计划“S”形曲线左侧（或上侧），表示此时实际进度比计划进度超前，位于右侧（或下侧）则表示实际进度比计划进度滞后。

2）实际进度比计划进度超前或滞后的时间

ΔT_a表示 T_a时刻实际进度超前的时间，ΔT_b表示 T_b时刻实际进度滞后的时间。

3）实际比计划超出或拖欠的工作任务量

ΔQ_a表示 T_a时刻超额完成的工作任务量，ΔQ_b表示 T_b时刻拖欠的工作任务量。

4）预测工作进度

在 T_b时刻，若工程按原计划速度进行，则此项工作的总计拖延时间的预测值为 ΔT_c，且 $\Delta T_c > \Delta T_b$。

（三）香蕉形曲线比较法

1. 香蕉形曲线的概念

网络计划中的任何一项工作均具有最早开始时间和最迟开始时间，于是，工程网络计划中的任何一项工作，其逐日累计完成的工作任务量就可借助于两条“S”形曲线概括表示：一是按工作的最早开始时间安排计划进度而绘制的“S”形曲线，称 ES 曲线；二是按工作的最迟开始时间安排计划进度而绘制的“S”形曲线，称 LS 曲线。两条曲线除在开始点和结束点相重合外，ES 曲线的其余各点均落在 LS 曲线的左侧，使两条曲线围合成一个形如香蕉的闭合曲线圈，故将其称为香蕉形曲线，如图 4-41 所示。

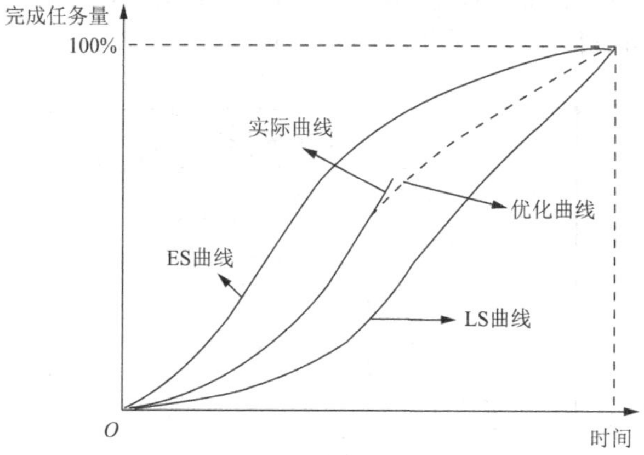

图 4-41　香蕉形曲线示意图

2. 香蕉形曲线的绘制

香蕉形曲线是由两条“S”形曲线构成的，因此，其绘制方法与“S”形曲线绘制方法相同，绘制过程及方法如图 4-42 所示。

时间(天)	1	2	3	4	5	6	7	8	9	10

早时标网络图

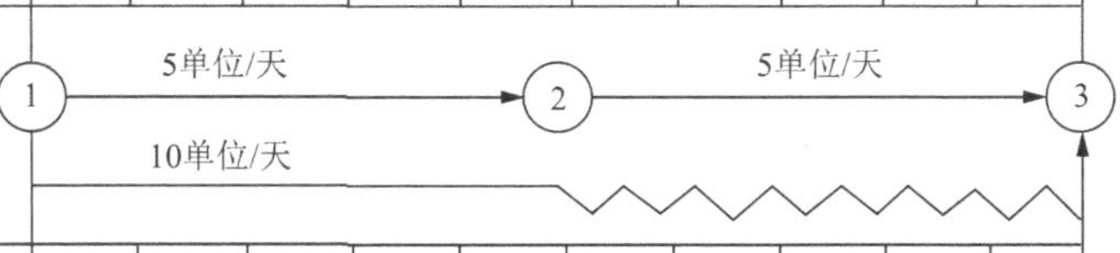

资源需要量	15	15	15	15	15	5	5	5	5	5
累计资源量	15	30	45	60	75	80	85	90	95	100
累计百分比	15%	30%	45%	60%	75%	80%	85%	90%	95%	100%

迟时标网络图

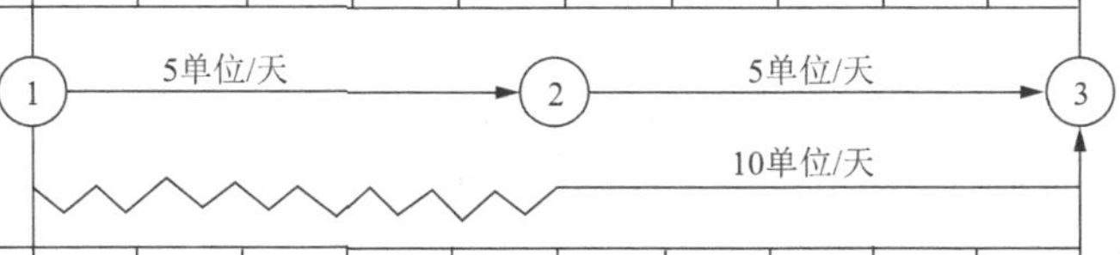

资源需要量	5	5	5	5	5	15	15	15	15	15
累计资源量	5	10	15	20	25	40	55	70	85	100
累计百分比	5%	10%	15%	20%	25%	40%	55%	70%	85%	100%

图 4-42　香蕉形曲线绘制过程

3. 香蕉形曲线的作用

在项目实施过程中，进度控制的理想状况是在任一时刻按实际进度描出的点均落在香蕉形曲线区域内，这说明实际工程进度被控制在工作的最早开始时间和最迟开始时间范围内，呈正常状态。而一旦按实际进度描出的点落在 ES 曲线的上方（左侧）或 LS 曲线的下方（右侧），则说明与计划要求相比，实际进度超前或滞后，已产生进度偏差。香蕉形曲线的作用还可用于对工程实际进度进行合理的调整与安排，以及在计划执行情况检查状态下，确定后期工程的 ES 曲线和 LS 曲线的变化趋势。

（四）前锋线比较法

1. 前锋线的概念

所谓前锋线，是指在原时标网络计划上，从检查时刻的时标点出发，用虚线或点画线，依次将各项工作实际进展位置点连接而成的折线。前锋线比较法就是通过实际进度前锋线与原进度计划的位置来判断工作实际进度与计划进度的偏差，进而判定该偏差对后续工作及总工期影响程度的一种比较方法。

2. 前锋线的绘制

（1）绘制时标网络计划图。为清楚起见，可在时标网络计划图的上方和下方各设一时间坐标。

（2）绘制实际进度前锋线。一般从时标网络计划图上方时间坐标的检查日期开始绘制，依次连接相邻工作的实际进展位置点，最后与时标网络计划图下方坐标的检查日期相连接。工作实际进展位置点的标定方法有两种：①按该工作已完成任务量比例进行标定。假设各项工作均为匀速进展，根据实际进度检查该工作已完成任务量占其计划完成总任务量的比例，在工作箭线上从左至右按相同的比例标定其实际进展位置点。②按尚需作业时间进行标定。当某些工作的持续时间难以按实物工程量来计算而只能凭经验估算时，可以先估算出检查时刻到该工作全部完成尚需作业的时间，然后在该工作箭线上从右向左逆向标定其实际进展位置点。

3. 前锋线的比较分析

前锋线可以直观地反映出检查日期有关工作实际进度与计划进度之间的关系。

（1）工作实际进展位置点落在检查日期的左侧，表明该工作实际进度拖后，拖后时间为二者之差。

（2）工作实际进展位置点与检查日期重合，表明该工作实际进度与计划进度一致。

（3）工作实际进展位置点落在检查日期的右侧，表明该工作实际进度超前，超前时间为二者之差。

（4）预测进度偏差对后续工作及总工期的影响。

通过实际进度与计划进度的比较确定进度偏差后，还可根据工作的自由时差和总时差预测该进度偏差对后续工作及总工期的影响。前锋线比较法既适用于工作实际进度与计划进度之间的局部比较，又可用来分析和预测工程项目整体进度状况。

4. 前锋线比较法应用示例

【例 4-13】 某工程项目时标网络计划如图 4-43 所示。该计划执行到第 6 周末检查实际进度时，发现工作 A 和 B 已经全部完成，工作 D、E 分别完成计划任务量的 20% 和 50%，工作 C 尚需 3 周完成，试用前锋线法进行实际进度与计划进度的比较。

【解】 根据第 6 周末实际进度的检查结果绘制前锋线，如图 4-43 中虚折线所示。通过比较可以得出以下结论。

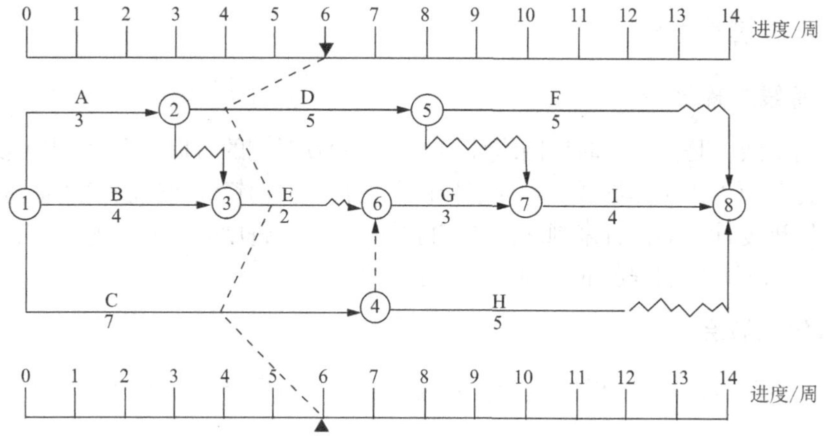

图 4-43　某工程前锋线比较图（一）

（1）工作 D 实际进度拖后 2 周，D 的总时差为 1 周、自由时差为 0 周，将使其紧后工作 F 的最早开始时间推迟 2 周，使总工期延长 1 周。

（2）工作 E 实际进度拖后 1 周，E 的总时差为 1 周、自由时差为 1 周，不影响总工期，也不影响紧后工作的正常进行。

（3）工作C实际进度拖后2周，C的总时差和自由时差均为0周，将使其紧后工作G、H的最早开始时间推迟2周，使总工期延长2周。

综上所述，如果不采取措施加快进度，该工程项目的总工期将延长2周。

（五）列表比较法

当工程进度计划用非时标网络图表示时，可以采用列表比较法进行实际进度与计划进度的比较。这种方法是记录检查日期应该进行的工作名称及其已经作业的时间，然后列表并计算有关时间参数，并根据工作总时差进行实际进度与计划进度比较的方法。其表格形式如表4-11所示。

采用列表比较法进行实际进度与计划进度的比较，其步骤如下。

（1）对于实际进度检查日期应该进行的工作，根据已经作业的时间，确定其尚需作业时间。

（2）根据原进度计划，计算检查日期应该进行的工作从检查日期到该工作原计划最迟完成时间尚余（有）的时间。

表4-11　工程进度检查比较表

工作代号	工作名称	检查计划时尚需作业周数/周	到计划最迟完成时尚有时间/周	原有总时差/周	尚有总时差/周	情况判断
5—8	F	4	4	1	0	拖后1周，但不影响工期
6—7	G	1	0	0	−1	拖后1周，影响工期1周
4—8	H	3	4	2	1	拖后1周，但不影响工期

（3）计算工作尚有总时差，其值等于工作从检查日期到原计划最迟完成时间尚余时间与该工作尚需作业时间之差。

（4）比较实际进度与计划进度，可能有以下几种情况：①如果工作尚有总时差与原有总时差相等，说明该工作实际进度与计划进度一致；②如果工作尚有总时差大于原有总时差，说明该工作实际进度超前，超前的时间为二者之差；③如果工作尚有总时差小于原有总时差，且尚有总时差为正，说明该工作实际进度拖后，拖后的时间为二者之差，但不影响总工期；④如果工作尚有总时差小于原有总时差，且尚有总时差为负值，说明该工作实际进度拖后，拖后的时间为二者之差，此时工作实际进度偏差将影响总工期。

【例4-14】 某工程项目进度计划仍如图4-43所示。该计划执行到第10周末检查实际进度时，发现工作A～工作E已经全部完成，工作F已进行1周，工作G和工作H均已进行2周，试用列表比较法进行实际进度与计划进度的比较。

【解】 根据工程项目进度计划和实际进度检查结果，可以计算出检查日期应进行工作的尚需作业时间、原有总时差和尚有总时差等，计算结果见表4-11。通过比较尚有总时差和原有总时差，可判断目前工程实际进展状况。

从表4-11可以看出，如果不采取措施加快进度，该工程项目的总工期将延长1周。

第五节　工程项目进度调整

一、进度偏差的影响性分析

进度计划执行过程中如发生实际进度与计划进度不符的情况，究竟有无必要修改或调整原定计划，使之与变化后的实际情况相适应，还应视进度偏差的具体情况而定。

1. 当进度偏差体现为某项工作的实际进度超前

加快某些工作的实施进度，往往可导致资源使用情况发生变化。特别是在有多个平行承包单位施工的情况下，由此而引起后续工作时间安排的变化往往会带来潜在的风险和索赔事件的发生，使缩短部分工期的实际效果得不偿失。因此，当进度计划执行过程中产生的进度偏差体现为某项工作的实际进度超前时，若超前幅度不大，此时计划不必调整；若超前幅度过大，则此时计划需要调整。

2. 当进度偏差体现为某项工作的实际进度滞后

进度计划执行过程中若出现实际工作进度滞后，此时是否调整原定计划通常应视进度偏差与相应工作总时差和自由时差的比较结果而定。

（1）若出现进度偏差的工作为关键工作，则工作进度滞后必然会引起紧后工作最早开始时间的延误和整个计划工期的相应延长，因而，必须对原定进度计划采取相应调整措施。

（2）若出现进度偏差的工作为非关键工作，且工作进度滞后天数已超出其总时差，工作进度滞后会引起紧后工作最早开始时间的延误和整个计划工期的相应延长，因而，必须对原定进度计划采取相应调整措施。

（3）若出现进度偏差的工作为非关键工作，且工作进度滞后天数已超出其自由时差而未超出其总时差，工作进度滞后只引起紧后工作最早开始时间的拖延而对整个计划工期并无影响，此时只有在紧后工作最早开始时间不宜推后的情况下才考虑对原定进度计划采取相应调整措施。

（4）若出现进度偏差的工作为非关键工作，且工作进度滞后天数未超出其自由时差，工作进度滞后对紧后工作的最早开始时间和整个计划工期均无影响，因而不必对原定进度计划采取调整措施。

通过分析，进度控制人员可以根据进度偏差的影响程度，制定相应的纠偏措施进行调整，以获得符合实际进度情况和计划目标的新进度计划。

二、进度计划的调整方法

对于工作进度滞后引起紧后工作开始时间或计划工期的延误，主要有两种调整方法。

1. 改变某些后续工作之间的逻辑关系

若进度偏差已影响计划工期，且有关后续工作之间的逻辑关系允许改变，此时可变更关键线路或非关键线路（延误时间已超出其总时差）上有关工作之间的逻辑关系，从而达到缩短工期的目的。例如，可将按原计划依次进行的工作关系改变为平行进行、搭接进行或分段流水进行的工作关系。通过变更工作逻辑关系缩短工期的方法往往简便易行且效果显著。

2. 缩短某些后续工作的持续时间

当进度偏差已影响计划工期，进度计划调整的另一方法是不改变工作之间的逻辑关系，只压缩某些后续工作的持续时间，以此加快后期工程进度，使原计划工期仍然能够得以实现。

缩短某些后续工作的持续时间，根据限制条件及对其后续工作影响程度的不同，一般可分为以下两种情况。

第一，网络计划中某项工作进度拖延的时间已超过其自由时差但未超过其总时差。

如前所述，此时该工作的实际进度不会影响总工期，而只对其紧后工作产生影响。因此，在进行调整前，需要确定其紧后工作允许拖延的时间限制。

（1）紧后工作拖延的时间无限制。如果紧后工作拖延的时间完全被允许，可将拖延后的时间参数代入原计划，并化简网络图（即去掉已执行部分，以进度检查日期为起点，将实际数据代入，绘制出未实施部分的进度计划），可得调整方案。

（2）紧后工作拖延的时间有限制。如果紧后工作不允许拖延或拖延的时间有限制，需要根据限制条件对网络计划进行调整，寻求最优方案。一般情况下，可利用工期优化的原理确定后续工作中被压缩的工作,从而得到满足后续工作限制条件的最优调整方案。

第二，网络计划中某项工作进度拖延的时间超过其总时差。

此时，进度计划的调整方法又可分为以下三种情况。

（1）项目总工期不允许拖延。如果工程项目必须按照原计划工期完成，则只能采取缩短关键线路上后续工作持续时间的方法来达到调整计划的目的。

（2）项目总工期允许拖延，且拖延时间无限制。如果项目总工期允许拖延，则此时只需以实际数据取代原计划数据，并重新绘制实际进度检查日期之后的网络计划即可。

（3）项目总工期允许拖延，但拖延的时间有限制。如果项目总工期允许拖延，但允许拖延的时间有限，则当实际进度拖延的时间超过此限制时，也需要对网络计划进行调整，即通过缩短关键线路上后续工作持续时间的方法来使总工期满足规定工期的要求。

具体调整方法可采用以下进度计划的优化。

三、进度计划的优化

进度计划的优化是指在一定约束条件下，按既定目标对进度计划进行不断改进，以寻求满意方案的过程。根据优化目标的不同，进度计划的优化可分为工期优化、费用优化和资源优化三种。

（一）工期优化

所谓工期优化，是指网络计划的计算工期不满足要求工期，通过压缩关键工作的持续时间以达到满足要求工期的过程。

1. 工期优化的方法

网络计划工期优化的基本方法是在不改变网络计划中各项工作之间逻辑关系的前提下，通过压缩关键工作的持续时间来达到优化目标。在工期优化过程中，按照经济合理的原则，不能将关键工作压缩成非关键工作。此外，当工期优化过程中出现多条关键线路时，必须将各条关键线路的总持续时间压缩相同数值。否则，不能有效地缩短工期。

网络计划的工期优化可按下列步骤进行。

（1）确定网络计划的初始计算工期、关键线路和关键工作。

（2）按要求工期计算应缩短的时间 ΔT_i:

$$\Delta T_i = T_{ai} - T_{\mathrm{r}} \tag{4-11}$$

式中，ΔT_i 为第 i 次优化时应缩短的时间；T_{ai} 为第 i 次优化前网络计划的计算工期；T_{r} 为要求工期。

（3）选择应缩短持续时间的关键工作。

选择压缩对象时宜在关键工作中考虑下列因素：①缩短持续时间对质量和安全影响不大的关键工作；②有充足备用资源的关键工作；③缩短持续时间所需增加的费用最少的关键工作。

（4）压缩选定关键工作的持续时间，其缩短值的确定必须符合下列两条原则：①缩短后工作的持续时间不能小于其最短持续时间；②不能将选定的关键工作压缩变成非关键工作。

用公式表示为

$$\Delta t = \min\{D_{\mathrm{n}} - D_{\mathrm{c}}, \mathrm{TF}_{\min}^{f}, \Delta T_i\}$$

式中，Δt 为某关键工作可压缩的时间；D_{n} 为该工作正常作业时间；D_{c} 为该工作最短作业时间；$\mathrm{TF}_{\min}^{f}$ 为所有非关键工作总时差的最小值。

（5）重新确定计算工期和关键线路。

（6）当计算工期仍超过要求工期时，则重复上述（2）～（5），直至计算工期满足要求工期或计算工期已不能再缩短为止。

（7）当所有关键工作的持续时间都已达到其缩短的极限，也寻求不到继续缩短工期的方案，且网络计划的计算工期仍不能满足要求工期时，应对网络计划的原技术方案和组织方案进行调整，或对要求工期重新审定。

2. 工期优化示例

【例 4-15】 已知某工程双代号网络计划如图 4-44 所示，图中箭线下方括号外数字为工作的正常持续时间，括号内数字为最短持续时间；箭线上方括号内数字为优选系数，该系数综合考虑质量、安全和费用增加情况而确定。选择压缩对象时，应选择优选系数最小的关键工作。若需要同时压缩多个关键工作的持续时间，则它们的优选系数之和最小者应优先作为压缩对象。现假设要求工期为 15 时间单位，试对其进行工期优化。

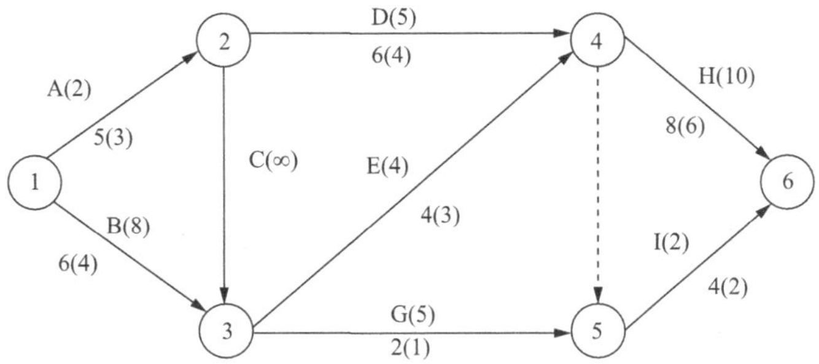

图 4-44　初始网络计划

【解】 该网络计划的工期优化可按以下步骤进行。

1. 根据各项工作的正常持续时间，用标号法确定网络计划的计算工期和关键线路，如图 4-45 所示。此时关键线路为①→②→④→⑥，T_0=19。

2. 第一次优化。

（1）需要缩短的时间 ΔT_1=19−15=4。

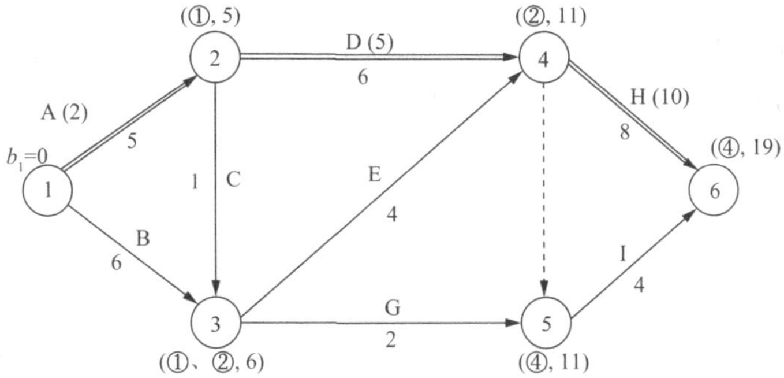

图 4-45　初始网络计划中的关键线路

（2）选择压缩对象。

此时关键工作为工作 A、工作 D 和工作 H，而其中工作 A 的优选系数最小，故应将工作 A 作为优先压缩的对象。

（3）确定工作 A 可压缩的时间。

$$\Delta t = \min\{D_n - D_c, TF_{min}^f, \Delta T_1\} = \min\{5-3, 1, 4\} = 1$$

（4）确定新的计算工期和关键线路，如图 4-46 所示。此时，网络计划出现两条关键线路，即①→②→④→⑥和①→③→④→⑥，工期 T_1=18。

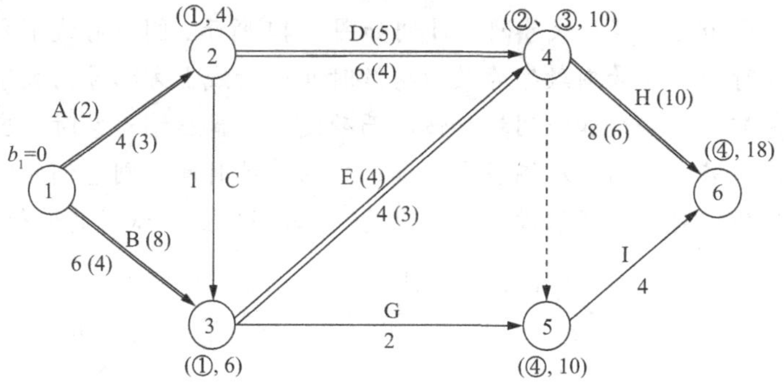

图 4-46　第一次压缩后的网络计划

（5）此时计算工期为 18，仍大于要求工期，故需继续压缩。

3. 第二次优化。

（1）需要缩短的时间 ΔT_2=18−15=3。

（2）选择压缩对象。在图 4-46 所示的网络计划中，有以下五个压缩方案：①同时压缩工作 A 和工作 B，组合优选系数为 2+8=10；②同时压缩工作 A 和工作 E，组合优选系数为 2+4=6；③同时压缩工作 B 和工作 D，组合优选系数为 8+5=13；④同时压缩工作 D 和工作 E，组合优选系数为 5+4=9；⑤单独压缩工作 H，优选系数为 10。

在上述压缩方案中，选择同时压缩工作 A 和工作 E 的方案，即选择方案②。

（3）确定工作 A 和工作 E 可压缩的时间：

$$\Delta t = \min\{D_n^A - D_c^A, D_n^E - D_c^E, TF_{\min}^f, \Delta T_2\} = \min\{4-3, 4-3, 1, 3\} = 1$$

（4）确定新的计算工期和关键线路，如图 4-47 所示。此时，关键线路仍为两条，即①→②→④→⑥和①→③→④→⑥，工期 T_2=17。

（5）由于此时计算工期为 17，仍大于要求工期，故需继续压缩。

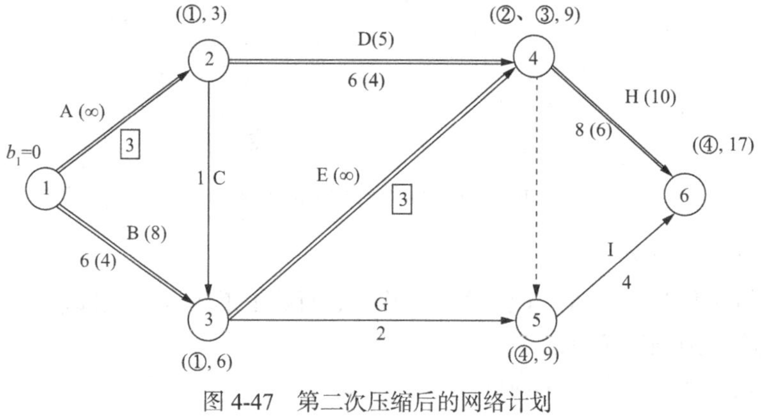

图 4-47　第二次压缩后的网络计划

4. 第三次优化。

（1）压缩时间：

$$\Delta T_3=17-15=2$$

（2）选择压缩对象。此时，在图 4-47 中关键工作 A 和工作 E 的持续时间已达最短，不能再压缩，只有两个方案可供选择：①同时压缩工作 B 和工作 D，组合优选系数为 8+5=13；②压缩工作 H，优选系数为 10。

在上述方案中，选择压缩工作 H 的方案。

（3）确定工作 H 可压缩的时间。

$$\Delta t=\min\{D_n-D_c, TF_{\min}^{f}, \Delta T_3\}=\min\{2, 4, 2\}=2$$

（4）确定新的计算工期和关键线路，如图 4-48 所示。此时，计算工期为 15，已等于要求工期，故图 4-48 所示网络计划为优化方案。

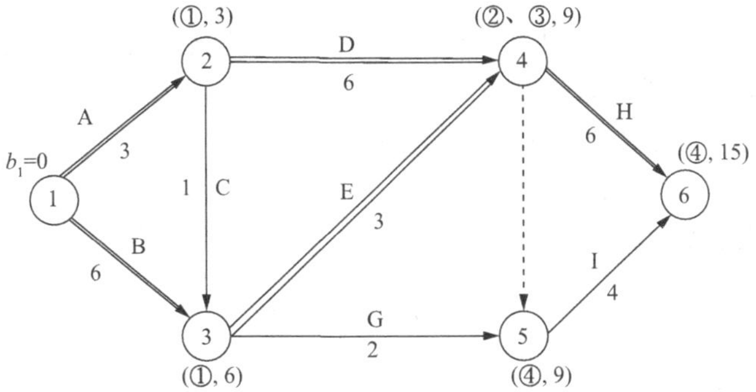

图 4-48　工期优化后的网络计划

（二）费用优化

费用优化又称工期-费用优化，是指寻求工程总费用最低时的工期安排，或按要求工期寻求最低费用的计划安排过程。

1. 费用和时间的关系

建筑安装工程费包括：人工费、材料费、施工机具使用费、企业管理费、利润、规费和税金，本处暂不考虑利润、规费和税金。直接费为人工费、材料费、施工机具使用费，间接费为企业管理费。直接费会随着工期的缩短而增加，间接费会随着工期的缩短而减少。工程费用与工期的关系如图 4-49 所示。

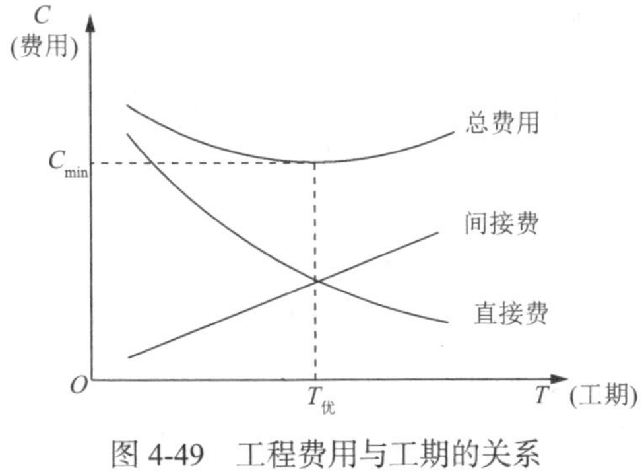

图 4-49　工程费用与工期的关系

2. 费用优化的基本原理

对于网络计划中的每一项工作，其费用与持续时间之间的关系类似于工程费用与工期之间的关系。其中，工作间接费与持续时间之间的关系被近似地认为是线性关系，直线斜率称为间接费率，指工期或作业持续时间每缩短一个单位时间引起间接费的变化率；工作直接费与持续时间之间的关系为非线性关系，为简化计算，近似地用一条直线表示，如图 4-50 所示。该直线的斜率称为直接费率，指工期或作业持续时间每缩短一个单位时间引起直接费的变化率，按式（4-12）计算：

$$K_{i-j}=\frac{\mathrm{CC}_{i-j}-\mathrm{CN}_{i-j}}{\mathrm{DN}_{i-j}-\mathrm{DC}_{i-j}} \tag{4-12}$$

式中，K_{i-j} 为工作 $i—j$ 的直接费率；CC_{i-j} 为按最短持续时间完成工作 $i—j$ 时所需的直接费；CN_{i-j} 为按正常持续时间完成工作 $i—j$ 时所需的直接费；DN_{i-j} 为工作 $i—j$ 的正常持续时间；DC_{i-j} 为工作 $i—j$ 的最短持续时间。

假如，网络计划通过压缩某关键工作的持续时间，使工期缩短了一个单位时间 Δt，由此引起的费用变化为 ΔC，则

$$\Delta C=(K_{i-j}-\xi)\cdot\Delta t \tag{4-13}$$

式中，ξ 为工程间接费的费率，其他符号意义同上。

如果 $\Delta C<0$，说明工期缩短一个单位时间 Δt 后，费用减少了，工期更优了。

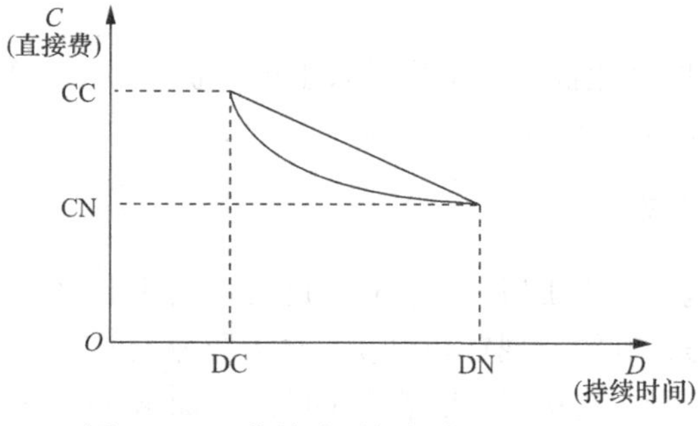

图 4-50　工作持续时间与直接费的关系

3. 费用优化的方法步骤

费用优化的基本思路是不断地在网络计划中找出直接费率（或组合直接费率）最小的关键工作，缩短其持续时间，同时考虑间接费随工期缩短而减少的数值，最后求得工程总费用最低时的工期。

按照上述基本思路，费用优化可按以下步骤进行。

（1）按工作的正常持续时间确定计算工期和关键线路。

（2）计算各项工作的直接费率。

（3）当只有一条关键线路时，应找出直接费率最小的一项关键工作，作为缩短持续

时间的对象；当有多条关键线路时，应找出组合直接费率最小的一组关键工作，作为缩短持续时间的对象。

（4）对选定的压缩对象，比较其直接费率或组合直接费率与工程间接费率的大小。①如果被压缩对象的直接费率或组合直接费率大于工程间接费率，说明压缩关键工作的持续时间会使工程总费用增加，此时应停止缩短关键工作的持续时间，在此之前的方案即优化方案。②如果被压缩对象的直接费率或组合直接费率等于工程间接费率，说明压缩关键工作的持续时间不会使工程总费用增加，故应缩短关键工作的持续时间。③如果被压缩对象的直接费率或组合直接费率小于工程间接费率，说明压缩关键工作的持续时间会使工程总费用减少，故应缩短关键工作的持续时间。

（5）当需要缩短关键工作的持续时间时，其缩短值的确定用公式表示为

$$\Delta t = \min\{D_{\rm n} - D_{\rm c}, {\rm TF}_{\min}^{f}\} \tag{4-14}$$

（6）计算关键工作持续时间缩短后总费用的变化。

（7）重复上述（3）～（6），直至得到优化方案。

4. 费用优化示例

【例 4-16】 已知某工程双代号网络计划如图 4-51 所示，图中箭线下方括号外数字为工作正常时间，括号内数字为最短持续时间；箭线上方括号内数字为工作的直接费率。假设该工程间接费率为 2.2 万元/天，时间单位为天。试确定其最优工期。

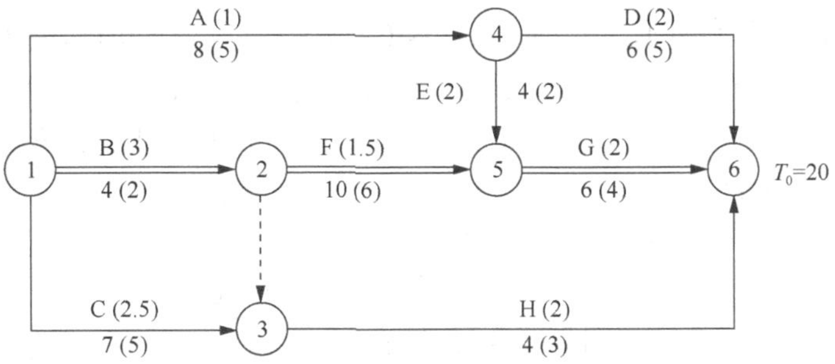

图 4-51　费用优化初始网络图

【解】 1. 计算初始工期，确定关键线路，得 T_0=20 天，关键线路如图 4-51 所示。

2. 第一次优化。

（1）确定压缩对象，可行方案有以下三种。

①压缩工作①—②，其中

$$k_{1-2}=3\text{（万元/天）}$$

②压缩工作②—⑤，其中

$$k_{2-5}=1.5\text{（万元/天）}$$

③压缩工作⑤—⑥，其中

$$k_{5-6}=2\text{（万元/天）}$$

故选择压缩工作②—⑤，且$(k_{2-5}=1.5)<(\xi=2.2)$（万元/天），可以压缩。

（2）确定压缩时间：$\Delta t_{2-5}=\min\{D_n-D_c,\mathrm{TF}_{\min}^f\}=\min\{10-6,2\}=2$（天）。

（3）费用变化：$\Delta C=\Delta t\cdot(k_{2-5}-\xi)=2\times(1.5-2.2)=-1.4$（万元）。所以，$T_1=T_0-2=20-2=18$（天），优于$T_0=20$（天）。

（4）第一次优化后的网络图如图 4-52 所示。

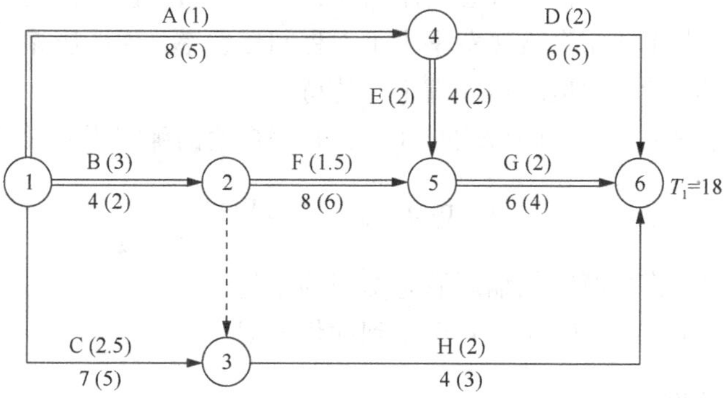

图 4-52　第一次优化后的网络图

3. 第二次优化。

（1）确定压缩对象，可行方案有：①同时压缩工作①—②和工作①—④，$k_{1-2}+k_{1-4}=4$（万元/天）；②同时压缩工作①—②和工作④—⑤，$k_{1-2}+k_{4-5}=5$（万元/天）；③同时压缩工作②—⑤和工作①—④，$k_{2-5}+k_{1-4}=2.5$（万元/天）；④同时压缩工作②—⑤和工作④—⑤，$k_{2-5}+k_{4-5}=3.5$（万元/天）；⑤压缩工作⑤—⑥，$k_{5-6}=2$（万元/天）。

选择压缩工作⑤—⑥，且$(k_{5-6}=2)<(\xi=2.2)$（万元/天），可以压缩。

（2）确定压缩时间：$\Delta t_{5-6}=\min\{D_n-D_c,\mathrm{TF}_{\min}^f\}=\min\{6-4,4\}=2$（天）。

（3）费用变化：$\Delta C=\Delta t(k_{5-6}-\xi)=2\times(2-2.2)=-0.4$（万元）。

由此可见，$T_2=T_1-2=18-2=16$（天），优于$T_1=18$（天）。

（4）第二次优化后的网络图如图 4-53 所示。

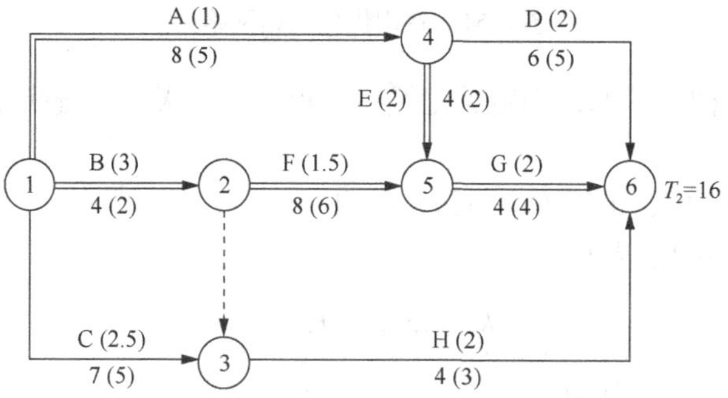

图 4-53　第二次优化后的网络图

4. 第三次优化。

确定压缩对象，可行方案有：①同时压缩工作①—②和工作①—④，$k_{1-2}+k_{1-4}=4$（万元/天）；②同时压缩工作①—②和工作④—⑤，$k_{1-2}+k_{4-5}=5$（万元/天）；③同时压缩工作②—⑤和工作①—④，$k_{2-5}+k_{1-4}=2.5$（万元/天）；④同时压缩工作②—⑤和工作④—⑤，$k_{2-5}+k_{4-5}=3.5$（万元/天）。

选择同时压缩工作②—⑤和工作①—④，但$(k_{1-4}+k_{2-5}=2.5)>(\xi=2.2)$（万元/天），故不能压缩。

结论：该工作最优工期为 16 天，最优计划方案如图 4-53 所示。

（三）资源优化

资源是指为完成工程任务所需的人力、材料、机械设备和资金等的统称。一项工程任务的完成，所需资源总量基本是不变的，不可能通过资源优化将其减少。资源优化是通过改变工作的开始时间，使资源按时间的分布符合优化目标。资源优化中常用到以下术语。

资源强度：网络计划中一项工作在单位时间内所需的某种资源数量之和。工作 i—j 资源强度用 r_{i-j} 表示。

资源需用量：网络计划中各项工作在某一单位时间内所需某种资源数量。第 t 天资源需用量用 R_t 表示。

资源限量：单位时间内可供使用的某种资源的最大数量，用 R_a 表示。

根据限定条件不同，资源优化分为资源有限-工期最短和工期固定-资源均衡两类优化问题。

1. 资源有限-工期最短的优化

资源有限-工期最短的优化是调整计划安排，以满足资源限制条件，并使工期拖延最少的过程。

1）优化的前提条件

（1）优化过程中，原网络计划的逻辑关系不改变；

（2）优化过程中，网络计划的各项工作持续时间不改变；

（3）除规定可中断的工作外，一般不允许中断工作，应保持其连续性；

（4）各工作资源强度是均衡合理的，在优化过程中不予变更。

2）优化步骤

（1）计算网络计划每个时间单位的资源需用量。

（2）从计划开始日期起，逐段检查每个时段（同一资源需用量的时间区段）资源需用量 R_t 是否超过资源限量 R_a。①若整个工期内所有时段都是 $R_t \leqslant R_a$，则方案可行，优化完成。②若发现 $R_t>R_a$，则转入下一步调整计划。

（3）调整计划时，如果在该时段内有若干项工作平行作业，应将某项工作安排在另一项工作之后进行，以降低该时段的资源需用量。假设将平行进行的两项工作 a 和 b 改变为工作 a 在工作 b 之前进行，新的顺序使工期延长的时间按下列公式计算：

$$\Delta T_{a,b}=EF_a+D_b-LF_b=EF_a-LS_b \tag{4-15}$$

式中，$\Delta T_{a,b}$为工作 a 安排在工作 b 之前时，所对应的工期延长时间；EF_a为工作 a 的最早完成时间；LS_b为工作 b 的最迟开始时间。

同理可得$\Delta T_{b,a}$，比较$\Delta T_{a,b}$和$\Delta T_{b,a}$，选择其中的最小者为优化方案。

（4）绘制调整后的网络计划，重复以上步骤，直到满足要求。

3）优化示例

【例 4-17】 已知网络计划如图 4-54 所示，图中箭线上方为工作资源强度，箭线下方为持续时间（天），若资源限量为 R_a=12（资源单位），试对其进行优化。

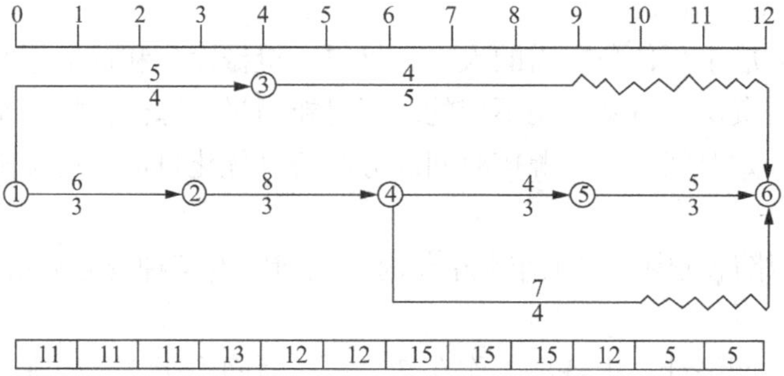

图 4-54　某网络计划及初始资源需用量

【解】 1. 计算每日资源需用量，如图 4-54 所示。

2. 从计划开始之日起，逐段检查资源需用量，发现在(3，4)时段有$(R_{3,4}=13)>(R_a=12)$，故需进行调整。

3. 第一次调整。

（1）该时段内有工作①—③和工作②—④两项，分别计算$\Delta T_{1-3,2-4}$和$\Delta T_{2-4,1-3}$。

$$\Delta T_{1-3,2-4}=EF_{1-3}-LS_{2-4}=4-3=1$$

$$\Delta T_{2-4,1-3}=EF_{2-4}-LS_{1-3}=6-3=3$$

（2）考虑将工作②—④安排在工作①—③之后进行，绘出其网络计划如图 4-55 所示，并重新计算资源需用量。

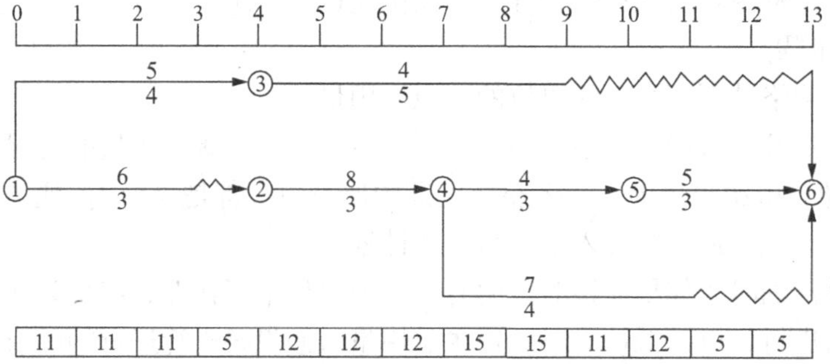

图 4-55　第一次调整后的网络计划及资源需用量

4. 继续逐段检查资源需用量，发现在(7，9)时段，$(R_{7,9}=15)>(R_a=12)$，故需进行第二次调整。

5. 第二次调整。

（1）资源超限时段内的工作有工作③—⑥（EF_{3-6}为9天，LS_{3-6}为8天）、工作④—⑤（EF_{4-5}为10天，LS_{4-5}为7天）、工作④—⑥（EF_{4-6}为11天，LS_{4-6}为9天）三项，分别计算$\Delta T_{a,b}$，见表4-12。

表 4-12　超过资源限量的时段的工作方案及$\Delta T_{a,b}$

工作顺序	方案 1	方案 2	方案 3	方案 4	方案 5	方案 6
之前工作	③—⑥	③—⑥	④—⑤	④—⑤	④—⑥	④—⑥
之后工作	④—⑤	④—⑥	③—⑥	④—⑥	③—⑥	④—⑤
$\Delta T_{a,b}$	2	0	2	1	3	4

（2）选择方案2，将工作③—⑥安排在工作④—⑥之前进行，绘出其网络计划如图4-56所示，此时工期没有增加，仍为13天，并重新计算资源需用量。

6. 继续逐段检查资源需用量，均能满足要求，故图4-56为最优计划。

应当指出，如果有多个平行作业，当调整一项工作的最早开始时间后仍不能满足要求，就应继续调整。

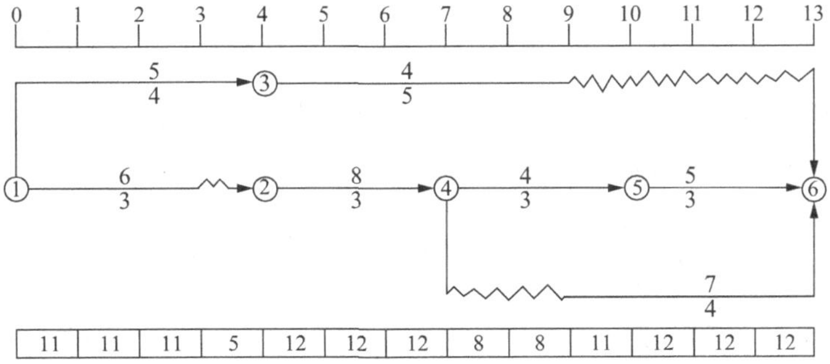

图 4-56　第二次调整后的网络计划及资源需用量

2. 工期固定-资源均衡的优化

1）衡量资源均衡性的指标

（1）不均衡系数K：

$$K = \frac{R_{\max}}{R_m} \tag{4-16}$$

式中，$R_{\max}$为最大的资源需用量；R_m为资源需用量的平均值。K值越小，资源均衡性越好。

（2）极差值ΔR：

$$\Delta R = \max\{|R_t - R_m|\} \ (0 \leqslant t \leqslant T)$$

式中，R_t为第t时间单位的资源需用量；R_m含义同上。ΔR值越小，资源均衡性越好。

（3）方差值 σ^2：

$$\sigma^2 = \frac{1}{T}\sum_{t=1}^{T}(R_t - R_m)^2 \tag{4-17}$$

式中，T 为网络计划总工期，其他符号含义同上。σ^2 值越小，资源均衡性越好。

2）用方差值 σ^2 进行最小优化的基本原理

优化的基本思想是利用网络计划各项工作的时差，通过改变非关键工作的开始时间和完成时间，使资源需用量的方差值减到最小，从而达到均衡使用资源的目的。将资源需用量方差 σ^2 式展开：

$$\begin{aligned}\sigma^2 &= \frac{1}{T}\sum_{t=1}^{T}(R_t - R_m)^2 \\ &= \frac{1}{T}\sum_{t=1}^{T}(R_t^2 - 2R_tR_m + R_m^2) \\ &= \frac{1}{T}\sum_{t=1}^{T}R_t^2 - 2\frac{1}{T}\sum_{t=1}^{T}R_tR_m + \frac{1}{T}\sum_{t=1}^{T}R_m^2 \\ &= \frac{1}{T}\sum_{t=1}^{T}R_t^2 - R_m^2\end{aligned} \tag{4-18}$$

由式（4-18）可以看出，T 及 R_m 皆为常数，欲使 σ^2 为最小值，只需 $\sum_{t=1}^{T}R_t^2$ 为最小值。

对网络计划中某项工作 $k—l$ 而言，其资源强度为 r_{k-l}。在调整计划前，工作 $k—l$ 从第 i 天初开始，到第 j 天末完成，则令

$$W = \sum_{t=1}^{T}R_t^2 = R_t^1 + \cdots + R_i^2 + R_{i+1}^2 + \cdots + R_j^2 + R_{j+1}^2 + \cdots + R_T^2 \tag{4-19}$$

如果工作 $k—l$ 右移一天，则第 i 天的资源需用量将减少 r_{k-l}，而第 j+1 天的资源需用量增加 r_{k-l}。这时，W 值的变化量为

$$\Delta W = (R_i - r_{k-l})^2 + (R_{j+1} + r_{k-l})^2 - R_i^2 - R_{j+1}^2 = 2r_{k-l}(R_{j+1} - R_i + r_{k-l}) \tag{4-20}$$

若 $\Delta W<0$，表示工作 $k—l$ 右移一天会使 σ^2 减小，即当 $R_{j+1} + r_{k-l} \leqslant R_i$ 时，说明工作 $k—l$ 可右移一天。

若 $\Delta W>0$，不能向右移一天。此时，可考虑在总时差允许的范围内右移多天，计算各天的 ΔW 累计值 $\sum\Delta W$，如果 $\sum\Delta W \leqslant 0$，则将工作右移至该天；否则，不能右移。

3）优化步骤

（1）确定关键线路和非关键工作总时差。为了满足工期固定的条件，在优化过程中不考虑关键工作的调整。

（2）调整顺序。调整宜从网络计划终点节点开始，从右向左逐次进行。按工作末节点编号从大到小的顺序进行调整，同一个完成节点的工作则先调整开始时间较迟的工作。

工作右移的条件：一是工作有时差，右移不影响工期；二是方差值应减小。

（3）当所有工作都按上述顺序自右向左进行了一次调整之后，再按上述顺序自右向左进行多次调整，直至所有工作的位置都不能再移动为止。

复　习　题

一、单项选择题（每题备选项中，只有一个最符合题意）

1. 施工合同条款中关于工期提前的奖励或误期损失赔偿，是进度控制的（　　）。
   A. 技术措施　　B. 管理措施　　C. 经济措施　　D. 组织措施
2. 建设工程采用流水施工方式的特点是（　　）。
   A. 施工现场的组织管理比较简单　　B. 各工作队实现了专业化施工
   C. 单位时间内投入的资源量较少　　D. 能够以最短工期完成施工任务
3. 建设工程组织流水施工时，用来表达流水施工在空间布置上开展状态的参数有（　　）。
   A. 施工过程和流水强度　　B. 流水节拍和流水步距
   C. 工作面和施工段　　D. 成倍节拍和流水节奏
4. 对于多层建筑物，为保证层间连续作业，施工段数 m 应（　　）施工过程数 n。
   A. 大于　　B. 小于　　C. 等于　　D. 大于或等于
5. 某基础工程土方开挖总量为 8800 立方米，该工程拟分 5 个施工段组织全等节拍流水施工，两台挖掘机每台班产量定额均为 80 立方米，其流水节拍为（　　）天。
   A. 55　　B. 11　　C. 8　　D. 6
6. 某工程在第 i 段上的第 j 过程采用了新技术，无现成定额，不便求得施工流水节拍。经专家估算，最短、最长、最可能的时间分别为 12 天、22 天、14 天，则该过程的期望时间为（　　）天。
   A. 14　　B. 15　　C. 16　　D. 17
7. 相邻两工序在同一施工段上相继开始的时间间隔称（　　）。
   A. 流水作业　　B. 流水步距　　C. 流水节拍　　D. 技术间歇
8. 全等节拍流水施工的特点是（　　）。
   A. 各专业队在同一施工段流水节拍固定　　B. 各专业队在施工段可间歇作业
   C. 各专业队在各施工段的流水节拍均相等　　D. 专业队数等于施工段数
9. 某基础工程有挖土、垫层、混凝土浇筑、回填土 4 个施工过程，分 5 个施工段组织流水施工，流水节拍均为 3 天，且混凝土浇筑 2 天后才能回填土，该工程的施工工期为（　　）天。
   A. 39　　B. 29　　C. 26　　D. 14
10. 某项目组织了甲、乙、丙、丁共 4 个专业队进行等节奏（全等节拍）流水施工，流水节拍为 6 周，最后一个专业队（丁队）从进场到完成各施工段施工共需 36 周。根据分析，甲与乙、乙与丙之间各需 2 周的技术间歇，而经过合理组织，丁对丙可提前 3 周进场，该项目的总工期为（　　）周。
    A. 55　　B. 49　　C. 50　　D. 51
11. 多层建筑物在保证层间连续施工的前提下，组织全等节拍流水施工的工期计算式 $T=(j\cdot m+n-1)\cdot k+\sum z_1-\sum c$ 中的 z_1 为两施工过程（　　）。
    A. 一层内的技术组织间歇时间　　B. 在楼层间的技术组织间歇时间
    C. 在一层内的平行搭接时间　　D. 层内和层间技术组织间歇时间之和
12. 在流水施工方式中，成倍节拍流水施工的特点之一是（　　）。
    A. 相邻专业工作队之间的流水步距相等，且等于流水节拍的最大公约数
    B. 相邻专业工作队之间的流水步距相等，且等于流水节拍的最小公倍数
    C. 相邻专业工作队之间的流水步距不相等，但其值之间为倍数关系
    D. 同一施工过程在各施工段的流水节拍不相等，但其值之间为倍数关系

13. 某分部工程有 3 个施工过程，各分为 5 个流水节拍相等的施工段组织成倍节拍流水施工，已知各施工过程的流水节拍分别为 4 天、6 天、4 天，则流水步距和专业工作队数分别为（　　）。
A. 6 天和 3 个　B. 4 天和 4 个　C. 4 天和 3 个　D. 2 天和 7 个
14. 某工程划分为 4 个施工过程、5 个施工段进行施工，各施工过程的流水节拍分别为 6 天、4 天、4 天、2 天。如果组织成倍节拍流水施工，则流水施工工期为（　　）天。
A. 40　B. 30　C. 24　D. 20
15. 组织无节奏分别流水施工时，应用潘考夫斯基定理确定流水步距的目的是保证（　　）。
A. 时间连续　B. 空间连续　C. 工作面连续　D. 时间和空间均连续
16. 某工程有前后两道施工工序，在 4 个施工段组织时间连续的流水施工，流水节拍分别为 4 天、3 天、2 天、5 天与 3 天、2 天、4 天、3 天，则组织时间连续时的流水步距与流水施工工期分别为（　　）天。
A. 5 和 17　B. 5 和 19　C. 4 和 16　D. 4 和 26
17. 网络计划中，工作 K 是工作 H 的先行工作，则工作 H 必是工作 K 的（　　）。
A. 紧后工作　B. 后续工作　C. 紧前工作　D. 平行工作
18. 由生产工艺或工作程序决定的先后顺序关系简称（　　）。
A. 工艺关系　B. 组织关系　C. 隶属关系　D. 搭接关系
19. 双代号网络计划中的虚工作（　　）。
A. 既消耗时间，又消耗资源　B. 只消耗时间，不消耗资源
C. 不消耗时间，只消耗资源　D. 既不消耗时间，也不消耗资源
20. 用箭线或箭线两端节点的编号表示工作的网络图，称为（　　）。
A. 单代号网络图　B. 双代号网络图
C. 时标网络图　D. 搭接网络图
21. 在工程网络计划中，工作 M 的最迟完成时间为第 25 天，其持续时间为 6 天。该工作有三项紧前工作，它们的最早完成时间分别为第 10 天、第 12 天和第 13 天，则工作 M 的总时差为（　　）天。
A. 6　B. 9　C. 12　D. 15
22. 当网络计划的计划工期等于计算工期时，则除（　　）外，关键线路上有 3 个参数一定为零。
A. 工作的自由时差　B. 工作的持续时间
C. 相邻两项工作之间的时间间隔　D. 工作箭线上的波形线长度
23. 在某设备安装工程双代号网络计划中，如果以某关键节点为完成节点的工作有 3 项，则该 3 项工作（　　）。
A. 至少有一项为关键工作　B. 自由时差相等
C. 全部为关键工作　D. 总时差相等
24. 单代号网络计划中，由关键工作连成的线路（　　）。
A. 一定是关键线路　B. 是非关键线路
C. 可能是关键线路　D. 与双代号相同
25. 单代号网络计划中，（　　）。
A. 箭线表示工作及其进行的方向，节点表示工作之间的逻辑关系
B. 节点表示工作，箭线表示工作进行的方向
C. 箭线表示工作及其进行的方向，节点表示工作的开始或结束
D. 节点表示工作，箭线表示工作之间的逻辑关系
26. 网络计划中，前后两项工作间的时间间隔与紧前工作自由时差的关系是（　　）。
A. 自由时差等于时间间隔　B. 自由时差等于时间间隔的最小值
C. 自由时差大于时间间隔　D. 自由时差小于时间间隔
27. 双代号时标网络计划中，工作后面波形线的长度表示（　　）。

A. 工作自由时差　　B. 工作间的时间间隔
C. 工作总时差　　D. 工作相干时差

28. 在双代号时标网络计划中，关键线路是指（　　）。
A. 没有波形线的线路　　B. 由关键节点组成的线路
C. 没有虚工作的线路　　D. 持续时间最长工作所在的线路

29. 下列关于双代号时标网络计划的表述中，正确的是（　　）。
A. 双代号时标网络计划只能表示工作的开始和完成时间
B. 虚箭线只能垂直画是因为虚工作的持续时间为零
C. 时标网络计划宜按各项工作的最晚开始时间编制
D. 双代号时标网络计划必须以天为时标单位

30. 当采用匀速进展横道图比较法时，如果实际进度的横道线右端点位于检查日期的右侧，则该端点与检查日期的距离表示工作（　　）。
A. 实际少耗费的时间　　B. 实际多耗费的时间
C. 进度超前的时间　　D. 进度拖后的时间

31. 当采用“S”形曲线比较法时，如果按实际进度描出的点位于计划“S”形曲线的右侧，则该点与计划“S”形曲线的垂直距离表明实际进度比计划进度（　　）。
A. 超前的时间　　B. 拖后的时间
C. 超额完成的任务量　　D. 拖欠的任务量

32. 应用香蕉形曲线进行实际进度与计划进度比较时，按实际进度描出的点均落在香蕉形曲线的 ES 曲线下方，说明实际工程进度（　　）。
A. 呈现正常状态　　B. 超前　　C. 滞后　　D. 不能判断

33. 在工程网络计划中，已知工作 M 没有自由时差，但总时差为 5 天，检查实际进度时发现该工作的持续时间延长了 4 天，说明此时工作 M 的实际进度（　　）。
A. 不影响后续工作和总工期　　B. 不影响总工期，但影响紧后工作最早开始时间
C. 影响总工期 1 天　　D. 使紧后工作和总工期均延长 4 天

34. 在工程网络计划的实施过程中，需要确定某项工作的进度偏差对紧后工作最早开始时间的影响程度，应根据（　　）的差值进行确定。
A. 自由时差与进度偏差　　B. 自由时差与总时差
C. 总时差与进度偏差　　D. 时间间隔与进度偏差

35. 某工程网络计划中工作 H 的自由时差为 3 天，总时差为 5 天。检查进度时发现该工作的实际进度拖延，且影响总工期 1 天。则工作 H 的实际进度比计划进度拖延了（　　）天。
A. 3　　B. 4　　C. 5　　D. 6

36. 某工程施工过程中，检查进度时发现工作 G 的总时差由原计划的 2 天变为–1 天，若其他工作的进度均正常，则说明工作 G 的实际进度（　　）。
A. 提前 1 天，不影响工期　　B. 拖后 3 天，影响工期 1 天
C. 提前 3 天，不影响工期　　D. 拖后 3 天，影响工期 2 天

37. 工作尚有总时差等于（　　）。
A. 从检查日期到该工作原计划最迟完成时尚余时间－该工作尚需作业时间
B. 从检查日期到该工作原计划最早完成时尚余时间－该工作尚需作业时间
C. 该工作尚需作业时间－从检查日期到该工作原计划最早完成时尚余时间
D. 该工作原计划最迟完成时间－该工作原计划最早完成时间

38. 对某工程网络计划实施过程进行监测时，发现非关键工作 K 存在的进度偏差不影响总工期，但会影响后续承包单位的进度，调整该工程进度计划的最有效的方法是缩短（　　）。
A. 后续工作的持续时间　　B. 工作 K 的持续时间

C. 与工作 K 平行的工作的持续时间　　D. 关键工作的持续时间

39. 工程网络计划的工期优化是指通过（　　）而使计算工期满足要求工期。

A. 压缩关键工作的持续时间　　B. 改变关键工作之间的逻辑关系

C. 压缩资源需求量小的工作的持续时间　　D. 减少非关键工作的自由时差

40. 工程网络计划的费用优化是指寻求（　　）的过程。

A. 资源使用均衡时工程总费用最低　　B. 工程总费用固定条件下最短工期安排

C. 工程总费用最低时工期安排　　D. 工期固定条件下工程总费用最低

二、多项选择题（每题备选项中，至少有两个符合题意，多选、错选不得分）

1. 影响施工项目进度的施工技术因素主要有（　　）等。

A. 施工安全措施不当　　B. 不合理的施工方案

C. 设计内容不完善　　D. 施工图纸供应不及时

E. 计划安排不周密

2. 施工进度控制的技术措施主要有（　　）。

A. 改进施工工艺　　B. 缩短技术间隙时间

C. 增加人数或机械数量　　D. 采用更先进的施工方法和施工机械

E. 延长作业时间

3. 无论是否应用流水作业原理，工程进展状况均可用（　　）等表示方法。

A. 横道图　　B. 网络图

C. 系统图　　D. 结构图

E. 流程图

4. 组织产品生产的方式较多，归纳起来有（　　）等基本方式。

A. 全等节拍流水　　B. 分别流水

C. 流水作业　　D. 平行作业

E. 依次作业

5. 流水施工是一种科学合理、经济效果明显的作业方式，其特点为（　　）。

A. 工期比较合理　　B. 提高劳动生产率

C. 保证工程质量　　D. 降低工程成本

E. 施工现场的组织及管理比较复杂

6. 下列施工过程中，作为建造类施工过程而必须列入流水施工进度计划之中的有（　　）。

A. 混凝土构件预制　　B. 基础混凝土浇筑

C. 建筑材料运输　　D. 砂浆预制

E. 主体结构工程

7. 划分施工段，通常应遵循（　　）等基本原则。

A. 各施工段上的工程量大致相等

B. 能充分发挥主导机械的效率

C. 对于多层建筑物，施工段数应小于施工过程数

D. 保证结构整体性

E. 对于多层建筑物，施工段数应不小于施工过程数

8. 组织流水施工时，划分施工段的主要目的有（　　）。

A. 可增加更多的专业队

B. 有利于各专业队在各施工段组织流水施工

C. 有利于不同专业队同一时间内在各施工段平行施工

D. 缩短施工工艺与组织间歇时间

E. 充分利用工作面、避免窝工，有利于缩短工期

9. 关于组织流水施工条件的说法，正确的有（　　）。
A. 工程项目划分为工程量大致相等的施工段
B. 工程项目分解为若干个施工过程
C. 组织尽量多的施工队，并确定各专业队在各施工段的流水节拍
D. 不同专业队完成各施工过程的时间适当搭接起来
E. 各专业队连续作业

10. 表达流水施工的时间参数有（　　）。
A. 流水强度　B. 流水节拍
C. 流水段　D. 流水步距
E. 流水施工工期

11. 确定流水节拍的方法有（　　）。
A. 测试法　B. 定额计算法
C. 潘特考夫斯基法　D. 经验估算法
E. 工期反算法

12. 在组织流水施工时，确定流水节拍应考虑的因素有（　　）。
A. 所采用的施工方法和施工机械
B. 相邻两个施工过程相继开始施工的最小间隔时间
C. 施工段数目
D. 在工作面允许的前提下投入的劳动量和机械台班数量
E. 专业工作队的工作班次

13. 确定流水步距的原则是（　　）。
A. 保证各专业队能连续作业　B. 流水步距等于流水节拍
C. 满足安全生产需要　D. 流水步距等于各流水节拍的最大公约数
E. 满足相邻工序在工艺上的要求

14. 建设工程组织流水施工时，流水步距的大小取决于（　　）。
A. 参加流水的施工过程数　B. 施工段的划分数量
C. 施工段上的流水节拍　D. 参加流水施工的作业队数
E. 流水施工的组织方式

15. 组织流水作业的基本方式有（　　）。
A. 全等节拍流水　B. 分别流水
C. 成倍节拍流水　D. 平行作业
E. 依次作业

16. 流水施工工期 $T=(j\cdot m+n-1)\cdot k+\sum z_1-\sum c$ 计算式，适用于（　　）。
A. 单层建筑物全等节拍流水　B. 多层建筑物全等节拍流水，无技术间歇
C. 分别流水　D. 有技术组织间歇和平行搭接的流水作业
E. 多层建筑物全等节拍流水，且有技术间歇

17. 有可能同时保证时间连续和保证空间连续的组织方式是（　　）流水作业。
A. 全部　B. 全等节拍
C. 成倍节拍　D. 分别
E. 不定节拍

18. 双代号网络计划中的虚工作一般起着（　　）三个作用。
A. 联系　B. 平行搭接
C. 区分　D. 断路
E. 技术间歇

19. 在双代号网络计划中，节点时间与工作时间的关系为（　　）。
A. 工作的最早开始时间等于其开始节点的最早时间
B. 工作的最迟开始时间等于其开始节点的最迟时间
C. 工作的最迟完成时间等于其完成节点的最早时间
D. 工作的最早完成时间等于其完成节点的最早时间
E. 工作的最迟完成时间等于其完成节点的最迟时间
20. 网络计划中工作 M 只有一项紧后工作 N，已知 ES_N=8 天，ES_M=4 天，LS_M=9 天，D_M=3 天，则工作 M 的（　　）。
A. 总时差为 5 天　　B. 自由时差为 1 天
C. 总时差为 6 天　　D. 自由时差为 2 天
E. 与紧后工作 N 之间的时间间隔为 1 天
21. 单代号网络计划中，工作 i 的紧后工作为 j，则工作 i 的总时差为（　　）。
A. 工作 i 的最迟完成时间与工作 i 的最早完成时间之差
B. 工作 i 的最迟开始时间与工作 i 的最早开始时间之差
C. 工作 i 的最早完成时间与工作 j 的最迟开始时间之差
D. 工作 i 与工作 j 的时间间隔加上 j 工作的总时差
E. 工作 i 的最早完成时间与工作 j 的最迟开始时间之和
22. 网络计划的总工期应为（　　）。
A. 关键线路的长度　　B. 总持续时间最长线路的长度
C. 线路的总长度　　D. 持续时间最长工作所在线路的长度
E. 关键工作持续时间之和
23. 下列关于网络计划关键线路的叙述，（　　）是正确的。
A. 关键线路只有一条　　B. 关键线路可能有多条
C. 关键线路始终不变　　D. 关键线路上可能有虚工作
E. 非关键线路可以转化为关键线路
24. 工作总时差、自由时差及相邻两项工作之间时间间隔的关系为（　　）。
A. 工作自由时差为零，其总时差一定为零
B. 工作总时差为零，其自由时差一定为零
C. 工作自由时差一定不会超过其总时差
D. 工作总时差等于其自由时差与紧后工作时间间隔之和
E. 工作自由时差一定不会超过该工作与其紧后工作之间的时间间隔
25. 进度计划执行中的跟踪检查途径主要有（　　）。
A. 加工处理实际进度数据　　B. 实地检查工程进展情况
C. 定期召开现场会议　　D. 定期收集进度报表资料
E. 定期比较实际进度与计划进度
26. 由于工作进度滞后，需要调整进度计划时采用的主要方法有（　　）。
A. 改变工作间的逻辑关系　　B. 香蕉曲线法
C. 负时差法　　D. 分析进度偏差对总工期的影响
E. 缩短某些工作的持续时间
27. 某工程项目中，某工作计划进度与实际进度如图 4-57 所示，从图中可获得的正确信息有（　　）。
A. 第 4 天至第 7 天内计划进度为非匀速进展
B. 第 1 天实际进度超前，但在第 2 天停工 1 天
C. 该工作已提前 1 天完成
D. 第 3 天至第 6 天内实际进度为匀速进展

E. 第 3 天内实际进度与计划进度一致

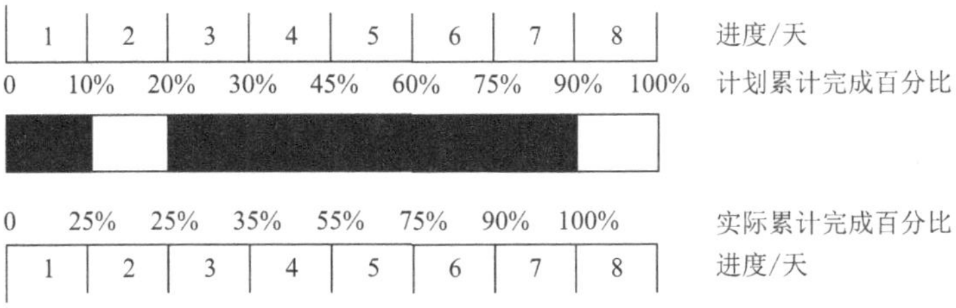

图 4-57　某工作计划进度与实际进度图

28. 应用“S”形曲线比较法比较实际进度和计划进度可获得（　　）信息。
A. 工作进展情况　　B. 实际比计划超出或拖欠的工作量
C. 预测后期工作进度　　D. 实际进度比计划超前或滞后的时间
E. 单位时间计划和实际完成的任务量

29. 进行工程项目实际进度与计划进度比较时，采用香蕉形曲线比较法的主要作用表现在（　　）。
A. 合理安排项目进度计划　　B. 定期比较实际进度与计划进度
C. 预测后期工程进展趋势　　D. 判定时间与任务量的关系
E. 衡量资源的均衡性

30. 通过实际进度前锋线与原进度计划中各工作箭线交点的位置可（　　）。
A. 判断实际进度与计划进度的偏差　　B. 判定进度偏差对后续工作影响程度
C. 判定进度偏差对总工期影响程度　　D. 合理安排项目进度计划
E. 预测后期工程进展趋势

31. 某工程双代号时标网络计划执行到第 4 周末和第 10 周末时，检查其实际进度如图 4-58 中前锋线所示，检查结果表明（　　）。

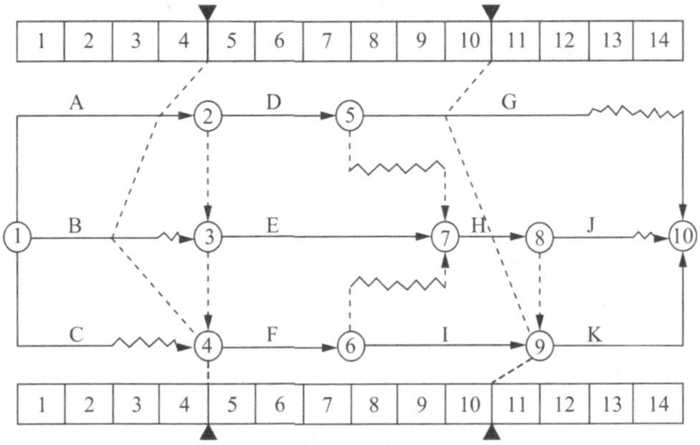

图 4-58　某工程前锋线比较图（二）

A. 第 4 周末检查时工作 B 拖后 1 周，影响工期 1 周
B. 第 4 周末检查时工作 A 拖后 1 周，影响工期 1 周
C. 第 10 周末检查时工作 I 提前 1 周，工期提前 1 周
D. 第 10 周末检查时工作 G 拖后 1 周，影响工期 1 周
E. 第 10 周末检查时工作 G 拖后 1 周，但不影响工期

32. 在前锋线比较法中，某工作的工作偏差 Δ 满足（　　）条件时，必影响紧后工作的最早开始时间。
A. $\Delta>0$　　B. FF>Δ>0　　C. Δ>FF　　D. Δ>TF　　E. TF>Δ>FF

33. 网络计划中，某工作原有总时差为 2 天，在检查计划时尚需作业时间 3 天，到计划最迟完成时尚余

4 天，该工作（　　）。

A. 正常　　B. 尚有总时差 1 天

C. 拖后 1 天，影响工期 1 天　　D. 拖后 1 天，但不影响工期

E. 正常与否不能确定

34. 在网络计划的工期优化过程中，应选择（　　）作为压缩对象。

A. 有充足备用资源的工作

B. 有充足备用资源的关键工作

C. 缩短持续时间所需增加费用最少的关键工作

D. 缩短持续时间对质量和安全影响不大的工作

E. 缩短持续时间对质量和安全影响不大的关键工作

35. 工程网络计划资源优化中，衡量资源均衡性的指标有（　　）。

A. 资源强度均方差值　　B. 资源需用量方差值

C. 资源需用量不均衡系数　　D. 资源需用量极差值

E. 资源强度极差值

36. 工程网络计划资源优化的目的是（　　）。

A. 资源均衡利用条件下的最短工期安排　　B. 资源有限条件下的最短工期安排

C. 工期最短条件下的资源均衡方案　　D. 工期固定条件下的资源均衡方案

E. 工期最短条件下的总费用最低方案

三、简答题

1. 横道图与网络图在安排进度计划时，各有哪些优点和局限性?
2. 流水施工的组织方式有哪些？各在什么条件下适用?
3. 施工段的划分要考虑哪些因素?
4. 双代号网络计划中时间参数有哪些？如何计算?
5. 单代号搭接网络计划的特点是什么？搭接类型有哪些？时间参数如何计算?
6. 简述双代号时标网络计划的绘制方法。
7. 简述网络计划工期优化、费用优化、资源优化的原理。

四、计算题

1. 某屋面工程有三道工序：保温层→找平层→卷材层，分三段进行流水施工，流水节拍均为 2 天，且找平层需两天干燥后才能在其上铺卷材层。试绘制该工程流水施工横道图进度计划。
2. 某两层主体结构工程有支模板→绑扎钢筋→浇混凝土三个施工过程，组织流水作业，已知流水节拍均为 2 天，混凝土养护需要 2 天，试绘制其流水施工横道图计划表。
3. 某建筑工程公司承包的基础工程，需要用流水施工方法编制实施性施工进度计划，该基础工程的工程量及时间定额等有关参数如表 4-13 所示，试组织全等节拍流水施工。

表 4-13　某基础工程施工的有关参数

编号	施工过程	工程量	时间定额	说明
1	基槽开挖	460 立方米	0.51 工日/米^3	1. 基础总长度为 370 米左右； 2. 砌砖的技工与普工的比例为 2∶1，技工所需的最小工作面为 7.6 米/人
2	绑扎钢筋	10.5 吨	7.8 工日/吨	
3	混凝土浇筑	150 立方米	0.83 工日/米^3	
4	砖基础及回填土	180 立方米	1.45 工日/米^3	

4. 某工程包括三幢结构相同的单层砖混住宅楼，以每幢住宅楼为一个施工段组织流水作业。已知±0.00

米以下部分有挖土、垫层、基础混凝土、回填土四个施工过程，组织全等节拍流水施工，流水节拍为 2 周；±0.00 米以上部分按主体结构、装修、室外工程组织成倍节拍流水施工，流水节拍分别为 4 周、4 周、2 周。不考虑间歇时间，试绘制其横道图施工进度计划。

5. 某工程包括四幢完全相同的砖混住宅楼，以每个单幢为一个施工流水段组织单位工程流水施工。已知：地面 ± 0.00 米以下部分有四个施工过程：土方开挖、基础施工、底层预制板安装、回填土，四个施工过程流水节拍均为 2 周；地上部分有三个施工过程：主体结构、装饰装修、室外工程，三个施工过程的流水节拍分别为 4 周、4 周、2 周。
（1）地下主体工程适合采用何种形式的流水施工方式？并计算流水施工工期。
（2）地上工程适合采用何种形式的流水施工方式？并计算流水施工工期。
（3）如果地上、地下均采用相应适合的流水施工方式，现在要求地上部分与地下部分最大限度地搭接，各施工过程间均没有间歇时间，计算最大限度搭接时间。
（4）试按第（3）问的条件绘制流水施工进度计划，并计算总工期。

6. 各工序在各施工段上的作业持续时间如表 4-14 所示。试分别绘制其时间连续和空间连续的横道图进度计划，并用公式计算工期。

表 4-14　工序作业时间表　　单位：天

工艺过程	施工段			
	I	II	III	IV
甲	2	4	3	2
乙	3	3	2	2
丙	4	2	3	2

7. 已知某工程逻辑关系如表 4-15 所示，试绘制双代号网络图和单代号网络图。

表 4-15　逻辑关系表（一）

工作	A	B	C	D	E	G	H
紧前工作	C、D	E、H	—	—	—	D、H	—

8. 某网络计划的有关资料如表 4-16 所示，试绘制双代号网络计划，并按工作计算法计算各项工作的六个基本时间参数。最后，用双箭线标明关键线路。

表 4-16　逻辑关系表（二）

项目	工作										
	A	B	C	D	E	F	G	H	I	J	K
持续时间	22	10	13	8	15	17	15	6	11	12	20
紧前工作	—	—	B、E	A、C、H	—	B、E	E	F、G	F、G	A、C、I、H	F、G

9. 某网络计划的有关资料如表 4-17 所示，试绘制双代号网络计划，按工作计算法计算各项工作的六个基本时间参数。最后，用双箭线标明关键线路。

表 4-17　逻辑关系表（三）

项目	工作						
	A	B	C	D	E	F	G
持续时间	4	5	4	2	5	4	5
紧后工作	C、D	D、E	F	F、G	G	—	—

10. 某工程单层框架一个结构层有如下工程活动：柱扎钢筋（A），抗震墙扎钢筋（B），柱支模板（C），电梯井支内模板（D），抗震墙支模板（E），电梯井扎钢筋（F），楼梯支模板（G），电梯井支外模板（H），梁支模板（I），楼板支模板（J），楼梯扎钢筋（K），墙、柱等浇混凝土（L），铺设暗管（M），梁板扎钢筋（N），梁、板浇混凝土（P）。它们的逻辑关系和持续时间见表 4-18。

表 4-18　逻辑关系表（四）

项目	活动代码														
	A	B	C	D	E	F	G	H	I	J	K	L	M	N	P
紧前活动	—	A	A	—	B、C	B、D	D	E、F	C	I、H	G、F	K、J	L	L	N、M
持续时间	2	2	3	2	2	2	2	2	3	2	1	3	2	2	2

试绘制该单层框架一个结构层钢筋混凝土工程施工的双代号网络图，并计算总工期，确定关键线路。

11. 某高架输水管道建设工程中有 20 组钢筋混凝土支架，每组支架的结构形式和工程量相同，均由基础、柱和托梁三部分组成，如图 4-59 所示。业主通过招标将 20 组钢筋混凝土支架的施工任务承包给某施工单位，并与其签订了施工合同，合同工期为 190 天。

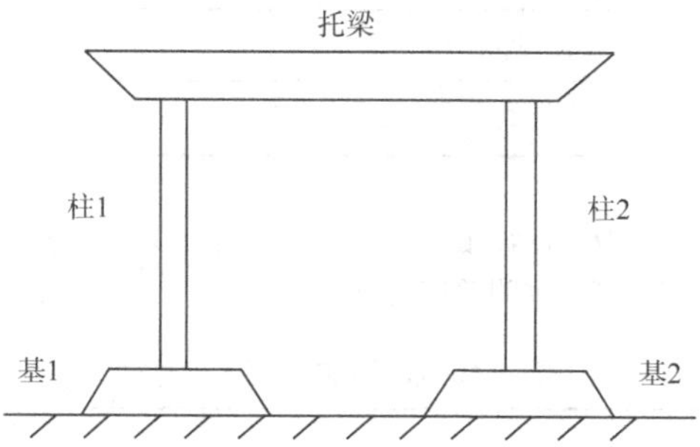

图 4-59　托梁示意图

在工程开工前，该承包单位向项目监理机构提交了以下施工方案及施工进度计划。

1）施工方案

施工流向：从第1组支架依次流向第 20 组支架。

劳动组织：基础、柱和托梁分别组织混合工种专业工作队。

技术间歇：柱混凝土浇筑后需养护 20 天后方能进行托梁施工。

物资供应：脚手架、模板、机具及商品混凝土等均按施工进度要求调度。

2）施工进度计划

施工进度计划如图 4-60 所示，时间单位为天。

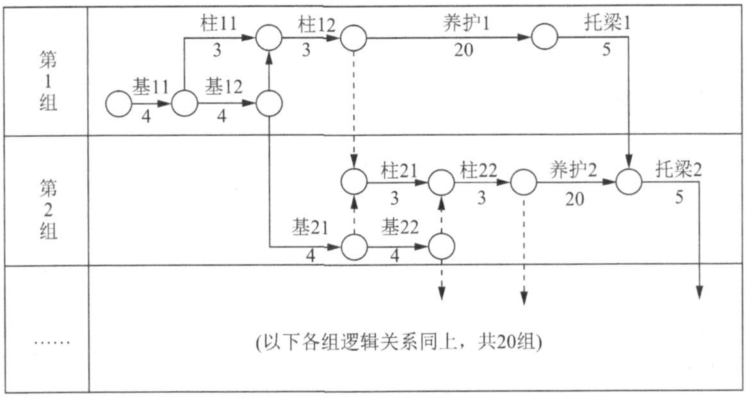

图 4-60　钢筋混凝土支架施工进度计划

试分析施工进度计划，并判断监理工程师是否应批准该施工进度计划。

12. 某工程逻辑关系如表 4-19 所示，试绘制单代号网络图，并在图中标出各项工作的六个基本时间参数及相邻两项工作之间的时间间隔。最后，用双箭线标明关键线路。

表 4-19　逻辑关系表（五）

项目	工作					
	A	B	C	D	E	G
持续时间	12	10	5	7	6	4
紧前工作	—	—	—	B	B	C、D

13. 某网络计划的有关资料如表 4-20 所示，试绘制双代号时标网络计划。

表 4-20　逻辑关系表（六）

项目	工作									
	A	B	C	D	E	G	H	I	J	K
持续时间	2	3	5	2	3	3	2	3	6	2
紧前工作	—	A	A	B	B	D	G	E、G	C、E、G	H、I

14. 试计算图 4-61 所示单代号搭接网络计划的时间参数，并确定其关键工作和关键线路。未注明的搭接关系均为 FTS=0 类型。

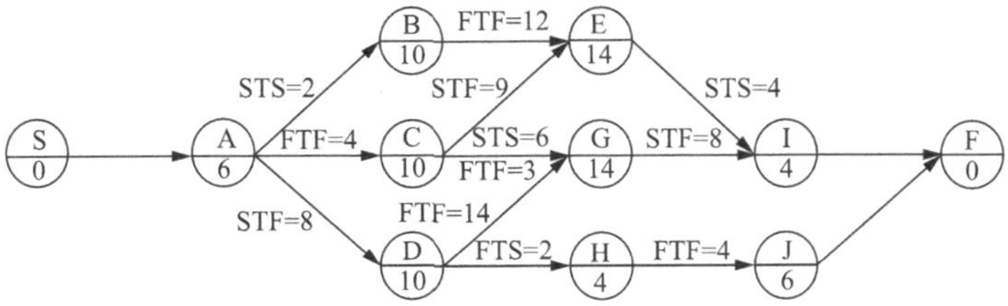

图 4-61　搭接网络计划图

15. 某钢筋工程按施工计划需要 9 天完成，其实际进度与计划进度如图 4-62 所示。试应用横道图比较法分析各天实际进度与计划进度之偏差。

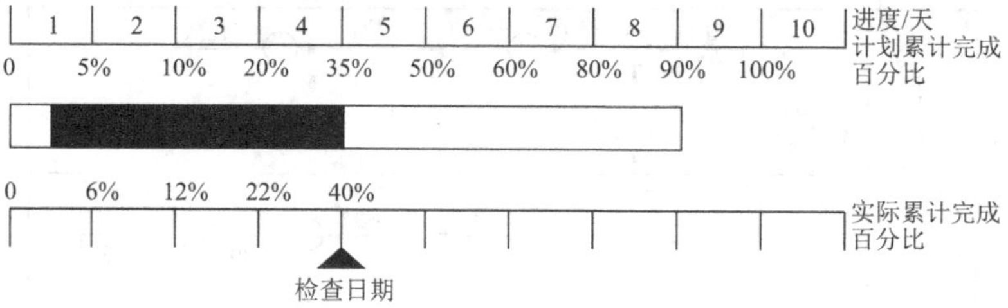

图 4-62　双比例单侧横道比较图

16. 某土方工程的总开挖量为 10 000 立方米，要求在 10 天内完成，不同时间计划土方开挖量和实际完成任务情况如表 4-21 所示。试应用“S”形曲线对第 2 天和第 6 天的工程实际进度与计划进度进行比较分析。

表 4-21　土方开挖量　　单位：米 ^{3}

完成量	1 天	2 天	3 天	4 天	5 天	6 天	7 天	8 天	9 天	10 天
计划完成量	200	600	1000	1400	1800	1800	1400	1000	600	200
实际完成量	600	800	600	700	800	1000				

17. 已知某工程双代号网络计划如图 4-63 所示，该项任务要求工期为 14 天。第 5 天末检查发现：A 工作已完成 3 天工作量，B 工作已完成 1 天工作量，C 工作已全部完成，E 工作已完成 2 天工作量，D 工作已全部完成，G 工作已完成 1 天工作量，H 工作尚未开始，其他工作均未开始。试应用前锋线比较法分析工程实际进度与计划进度。

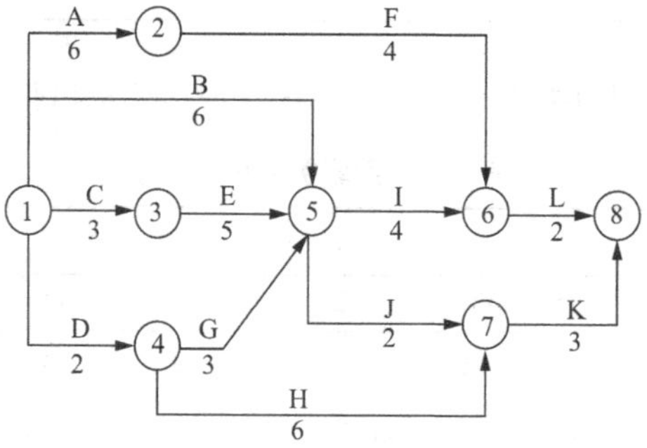

图 4-63　双代号网络图（一）

18. 已知网络计划如图 4-64 所示，箭线下方括号外数字为工作的正常持续时间，括号内数字为工作的最短持续时间；箭线上方括号内数字为优选系数。要求工期为 12 天，试对其进行工期优化。

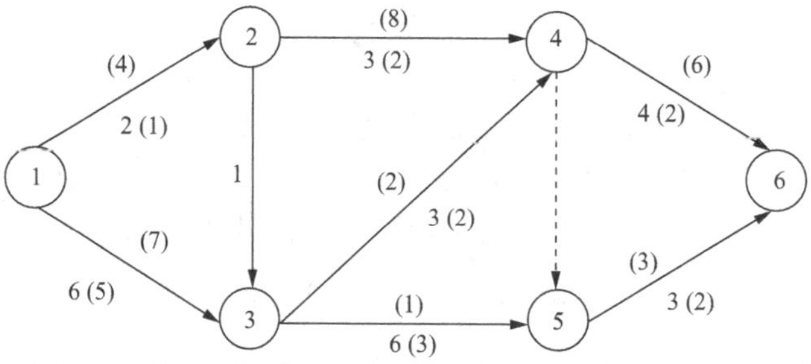

图 4-64　网络计划工期优化

19. 已知网络计划如图 4-65 所示，箭线下方括号外数字为工作的正常持续时间，括号内数字为工作的最短持续时间；箭线上方括号外数字为正常持续时间时的直接费，括号内数字为工作最短持续时间时的直接费。费用单位为万元，时间单位为天。如果工程间接费率为 0.8 万元/天，则最低工程费用时的工期为多少天？

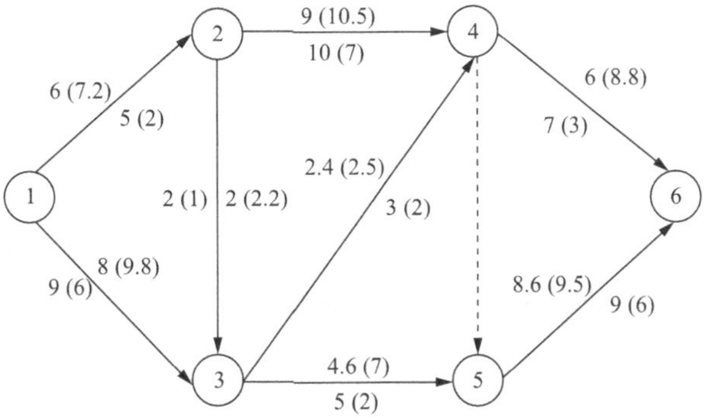

图 4-65　单代号网络图

20. 已知某工程网络进度计划如图 4-66 所示，图中箭线上方为资源强度，箭线下方为工作持续时间，若资源限量 Q=20，如何调整该进度计划？

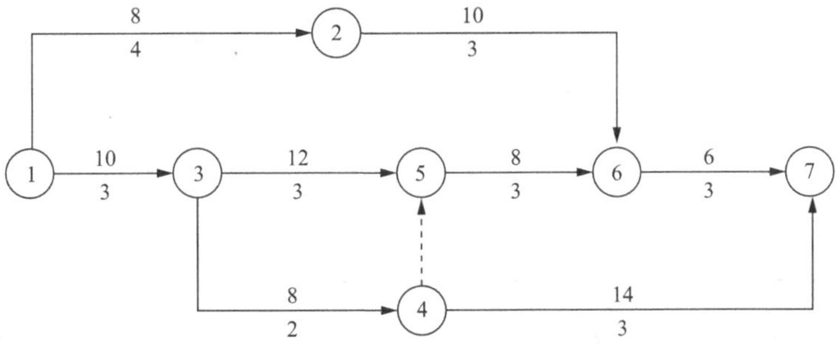

图 4-66　双代号网络图（二）

21. 某工程双代号施工网络计划图见图 4-67，该进度计划已经监理工程师审核批准，合同工期为 23 个月。

求：（1）计算该网络的时间参数，确定工期和关键线路。

（2）如果工作 C 和工作 G 需共用一台施工机械且只能按先后顺序施工（工作 C 和工作 G 不能同时施工），该施工网络进度计划应如何调整较合理？

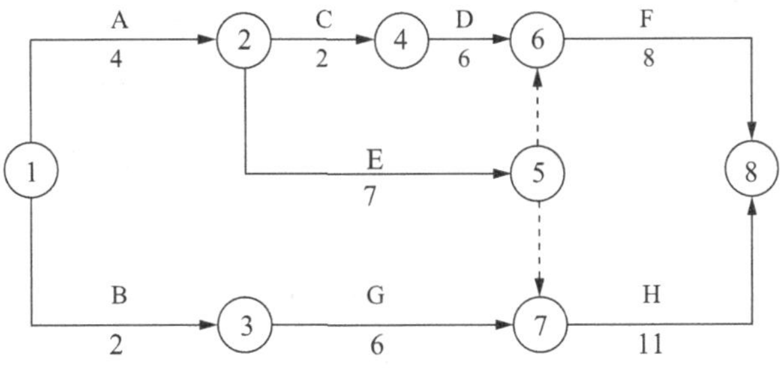

图 4-67　双代号网络图（三）

22. 某建设工程合同工期为 25 个月，其双代号网络计划如图 4-68 所示。该计划已经监理工程师批准。

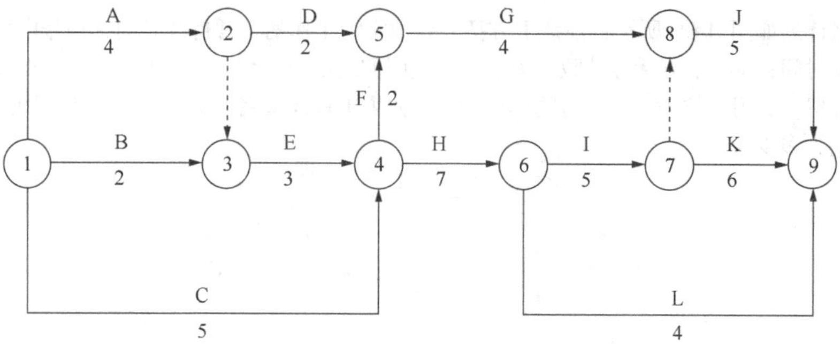

图 4-68　原双代号网络图

（1）该网络计划的计算工期是多少？为确保工程按期完工，哪些施工过程应作为重点控制对象？为什么？

（2）当该计划执行 7 个月后，经监理工程师检查发现，施工过程 C 和施工过程 D 已完成，而施工过程 E 将拖后 2 个月。此时施工过程 E 的实际进度是否影响总工期？为什么？

（3）如果实际进度确实影响到总工期，为保证总工期不延长，对原进度计划有如下两种调整方案。

①组织施工过程 H、I、J、K 进行流水施工。各施工过程中的施工段及其流水节拍见表 4-22。

表 4-22　工序作业持续时间表

施工过程	施工段及其流水节拍/月		
	Ⅰ	Ⅱ	Ⅲ
H	2	3	2
I	1	2	2
J	2	1	2
K	2	3	1

按照原进度计划中的逻辑关系，组织施工过程 H、I、J、K 进行流水施工的方案有哪些？试比较各方案的流水施工工期，并判断调整后的计划能否满足合同工期的要求？

②压缩某些施工过程的持续时间。各施工过程的直接费用率及其最短持续时间见表 4-23。

表 4-23　工序费率及最短持续时间

项目	施工过程						
	F	G	H	I	J	K	L
直接费用率/（万元/月）	—	10.0	6.0	4.5	3.5	4.0	8.5
最短持续时间/月	2	3	5	3	3	4	3

在不改变各施工过程逻辑关系的前提下，原进度计划的最优调整方案是什么？为什么？此时直接费用将增加多少万元？

五、思考题

了解青藏铁路、成昆铁路、京新高速、219 国道的建设背景和过程。

【延伸阅读】西安世园会项目进度管理

2007 年 9 月，在英国布莱顿举行的国际园艺生产者协会第 59 届大会上，西安市成功申办到 2011 年世界园艺博览会（以下简称世园会）。会期为 2011 年 4 月 28 日至 10 月 22 日，共 178 天。地点位于陕西省西安市灞桥区浐灞生态区广运潭景区，总面积 418 公顷，其中水域面积 188 公顷。主办单位为国家林业局、中国国际贸易促进委员会、中国花卉协会、陕西省人民政府，承办单位为西安市人民政府。

2011 年西安世园会作为一个重大项目，是一项复杂的系统工程，时间紧，投资大，项目类型多，协作单位多，管理难度大，要实现“示范工程、民生工程、引擎工程、特色工程、精品工程”的目标，无疑是“2011 西安世界园艺博览会”项目管理的重大课题，也是对项目管理者提出的更高要求。

以工程建设项目群为例，西安世园会工程建设项目包括四大标建（标志性建筑）、三大服务区、109 个展园、世园村、指挥中心、灞柳驿酒店与园区周边配套设施等上百个项目群体。工程建设项目分类如表 4-24 所示。工程项目建设头绪多、施工过程复杂、工期要求紧迫，但其各项管理工作井然有序。

表 4-24　西安世园会工程建设项目分类

项目	子项目	次级子项目
工程建设项目	四大标建	长安塔、自然馆、创意馆、广运门
	三大服务区	椰风水岸、灞上人家、欧陆风情
	109 个展园	种类繁多，涉及不同单位和组织
	其他工程	世园村、指挥中心、新闻中心、出入口、灞柳驿酒店等
	公共配套	水电气暖、绿化、桥梁、停车场、充电站、票证检查设施、服务用房、监控报警、广播网络、环卫设施等
	基础设施	道路设施、泵站水闸、河道、专项设施等

世园会项目具有建设期向运营期过渡的特点，同时又具有公共项目的特点，因此，在项目建设初期，就需要以项目全生命周期的视角去开展各项工作，在充分考虑建设期、运营期需求的同时，兼顾到“后世园”的发展规划，世园会项目生命周期如图 4-69 所示。

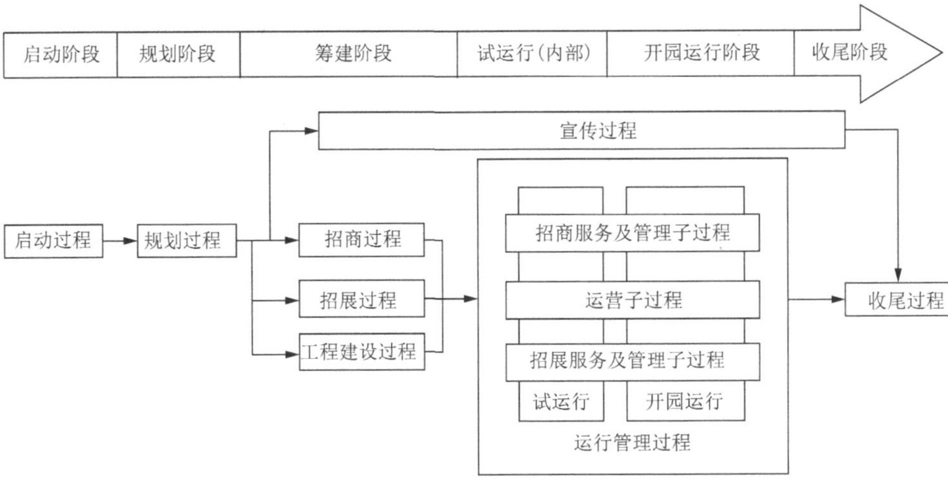

图 4-69　世园会项目生命周期

强化计划管理、风险管理和沟通管理。加强计划的总控管理，以计划为龙头协调各项工作的有序开展、监督考核计划执行状态，建立报告制度、会议制度，并建立项目管理信息系统，强化团队成员之间的沟通，及时发现问题，并采取必要的组织措施控制实施阶段的风险。

借助项目管理工具，实现科学管理。全面推广工作分解结构，细化并界定各项工作范围；应用责任矩阵，明确工作责任；运用里程碑节点控制，制定工作计划，采用网络图、甘特图确保计划的科学性。世园会项目重大里程碑节点如图 4-70 所示。

西安世园会于 2011 年 4 月 28 日成功开园。世园会项目是当时在我国西北地区举办的规模最大、规格最高的世界性展会，也是具有多方面影响的一次重大国际盛会。

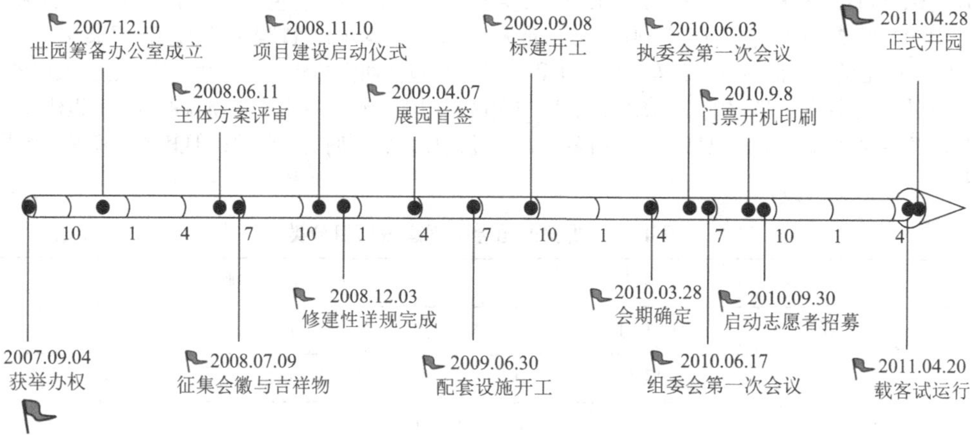

图 4-70　世园会项目重大里程碑节点

第 二 课 堂

[1] Microsoft Project 软件、Oracle Primavera P6 软件

[2] Power Highlight 软件（中国式计划编制与展示软件）

[3] DBWorld工程云

[4] iTWO 3D

[5] 广联达斑马进度

第五章　工程项目质量管理

☆导读

三大目标管理中，质量管理是项目管理的根本。质量管理主要包括勘察设计、设备采购、施工、保修等阶段的管理。施工阶段是工程项目实施期间影响质量的主要阶段，本章主要围绕施工阶段的质量管理展开，同时也减少与《工程监理》和《土木工程质量管理》课程内容的重合。本章各节关系如图 5-1 所示。

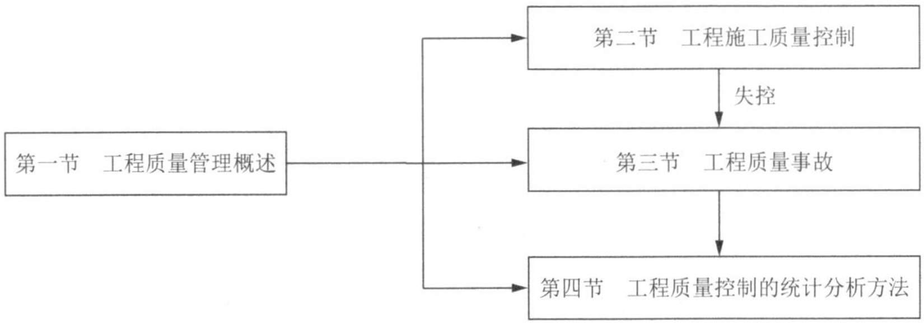

图 5-1　本章各节关系图

问题引入

1. 工程质量的度量标准是什么？
2. 企业文化对工程质量有何影响？
3. 质量与进度之间的关系是什么？

【导例】我国古代工程质量管理

我国古代工程中对许多工艺方法和质量要求非常高，至今还能看到或甚至使用这些工程。古代对工程有预定的质量要求，有严格的质量检查和质量控制的过程和方法，这样才能保证工程质量。

在《考工记》中，就有取得高质量工程的条件："天有时，地有气，材有美，工有巧，合此四者，然后可以为良。"这与现代工程质量管理的五大要素，即人、材料、机械、方法、环境是一致的。因为"工有巧"，不仅指工艺，而且指工匠（人员）。

《考工记》中详细叙述了古代各种器物（包括木器、五金、皮革、绘画、纺织印染、编织、雕刻、陶器等）的制作方式、尺寸、工艺、用料，甚至原材料的出产地，各种不同用途的合金配合比要求，还包括城市建设工程规划标准，壕沟、仓储、城墙、房屋的施工要求等。

在我国古代一些建筑遗址（如秦兵马俑）中，就发现在建筑结构和构件上刻生产者名字的做法。这种“物勒工名”制度，就是古代一种非常重要的质量管理制度。《吕氏春秋·孟冬纪》云：“物勒工名，以考其诚。工有不当，必行其罪，以究其情。”即在产品上刻上生产者的名字，以进行考核，把严格的考核制度与奖惩相结合，以确保工程的质量和数量按照规定的要求如期完成。这种质量管理责任制形式，与现在规定设计人员必须在图纸上签字一样。

典型的工程还有明代南京城墙的建设，其质量控制方法和责任制形式是在城墙砖上刻生产者的名字（图 5-2），如果出现质量问题可以方便地追究生产者责任。

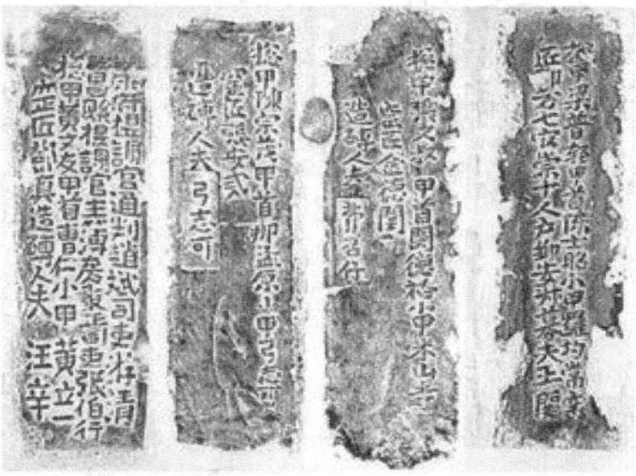

图 5-2　南京城墙砖的质量责任

这些质量管理方法简单而有效，直到现在，南京明代城墙上砖头质量都很好，甚至还可以清晰读出生产者的名字。

到了清代，工程质量管理体系已经十分完备。例如，对工程保固和赔修均有规定，宫殿内的岁修工程，均限保固三年；其余新、改、扩建工程，按建设规模、性质，保固期分别为 3 年、5 年、6 年、10 年四种期限。工程如在保固期限内坍塌，监修官员负责赔修并交由内务府处理，如在工程保固期内发生渗漏，由监修官员负责赔修。

资料来源：成虎（2017）

第一节　工程质量管理概述

质量管理是为确保项目的质量特性满足要求而进行的计划、组织、指挥、协调和控制等活动。组织应根据需求制定项目质量管理制度和质量管理绩效考核制度，配备质量管理资源。

项目管理机构的质量管理需与国家有关质量管理法律法规和标准要求相一致。建立项目质量管理制度，包括质量终身责任和竣工后永久性标牌制度，对项目负责人履行质量责任不到位的情况进行追究；制定项目质量管理绩效考核制度，包括合理配备质量管理资源及明确各自的质量责任和义务，以监督落实项目负责人的质量终身责任。

项目质量管理应按确定质量计划、实施质量控制、开展质量检查与处置、落实质量改进的程序实施。

一、质量计划

项目质量计划应在项目管理策划过程中编制。项目质量计划作为对外质量保证和对内质量控制的依据，体现项目全过程质量管理要求。项目质量计划是关于项目质量管理体系过程和资源的文件，需与施工组织设计、施工方案等文件相协调与匹配，体现项目从资源投入到完成工程最终检验试验的全过程质量管理与控制要求，可以作为项目实施规划的一部分或单独成文，由组织管理制度规定的责任人负责编制，并按照规定程序进行审批。

项目质量计划编制依据应包括：合同中有关产品质量要求；项目管理规划大纲；项目设计文件；相关法律法规和标准规范；质量管理其他要求。

项目质量计划应包括：质量目标和质量要求；质量管理体系和管理职责；质量管理与协调的程序；法律法规和标准规范；质量控制点的设置与管理；项目生产要素的质量控制；实施质量目标和质量要求所采取的措施；项目质量文件管理。质量管理体系是为了实现质量管理目标而建立的组织结构、职责、过程、资源、方法的有机整体，是围绕工程产品质量管理需要建立的。

项目质量计划应报组织批准。项目质量计划需修改时，应按原批准程序报批。

二、质量控制

项目质量控制应确保下列内容满足规定要求：实施过程的各种输入；实施过程控制点的设置；实施过程的输出；各个实施过程之间的接口。质量控制是一个动态的过程，需根据实际情况的变化，采取适当的措施。质量控制需注意有关过程的接口，例如，设计与施工的接口，施工总承包与分包的接口及施工与试运行的接口，单位工程、分部分项、检验批的接口等。

项目管理机构应在质量控制过程中，跟踪、收集、整理实际数据，与质量要求进行比较，分析偏差，采取措施予以纠正和处置，并对处置效果复查。质量控制需要建立在真实可靠的数据基础上，应当确定获得和利用数据信息的方法。组织需比较和分析所获取的数据，既包括对产品要求的比较分析，也包括对质量管理体系适宜性和有效性的证实。基于以上分析结果，提出对不合格品的处置和有关的预防措施。

设计质量控制应包括下列流程：按照设计合同要求进行设计策划；根据设计需求确定设计输入；实施设计活动并进行设计评审；验证和确认设计输出；实施设计变更控制。设计评审是指对设计能力和结果的充分性和适宜性进行评价的活动。设计验证：为确保设计输出满足输入的要求，依据所策划的安排对工程设计进行的认可活动。设计确认：为确保产品能够满足规定的使用要求或已知用途的要求，依据所策划的安排对工程设计进行的认可活动。设计的评审、验证和确认需参照设计的相关规定和制度执行，也可采用审查、批准等方式进行。设计变更：是指设计单位依据建设单位要求对原设计内容进行的修改、完善和优化。设计变更应以图纸或设计变更通知单的形式发出。

采购质量控制应包括下列流程：确定采购程序；明确采购要求；选择合格的供应单位；实施采购合同控制；进行进货检验及问题处置。

施工质量控制应包括下列流程：施工质量目标分解；施工技术交底与工序控制；施工质量偏差控制；产品或服务的验证、评价和防护。

项目质量创优控制宜符合下列规定：明确质量创优目标和创优计划；精心策划和系统管理；制定高于国家标准的控制准则；确保工程创优资料和相关证据的管理水平。工程开工前需根据工程合同、工程特点、体量、规模及企业自身经营发展理念等确定项目创优的目标。项目质量创优的工程还应符合优质工程申报条件。项目质量创优需注重事前策划、细部处理、深化设计和技术创新。施工质量策划确定项目施工质量目标、措施和主要技术管理程序，同时制定施工分项分部工程的质量控制标准，为施工质量提供控制依据。项目质量创优不是组织必须实施的工作，是组织根据合同要求或组织的承诺实施的一种特殊质量管理行为，其工程质量结果一般应高于国家规定的合格标准。

分包的质量控制应纳入项目质量控制范围，分包人应按分包合同的约定对其分包的工程质量向项目管理机构负责。

三、质量检查与处置

项目管理机构应根据项目管理策划要求实施检验和监测，并按照规定配备检验和监测设备。检验和监测设备的控制包括：确定设备的型号、数量；明确相关工作过程；制定质量保证措施。

对项目质量计划设置的质量控制点，项目管理机构应按规定进行检验和监测。质量控制点可包括下列内容：对施工质量有重要影响的关键质量特性、关键部位或重要影响因素；工艺上有严格要求，对下道工序的活动有重要影响的关键质量特性、部位；严重影响项目质量的材料质量和性能；影响下道工序质量的技术间歇时间；与施工质量密切相关的技术参数；容易出现质量通病的部位；紧缺工程材料、构配件和工程设备或可能对生产安排有严重影响的关键项目；隐蔽工程验收。

项目管理机构对不合格品控制应符合下列规定：对检验和监测中发现的不合格品，按规定进行标识、记录、评价、隔离，防止非预期的使用或交付；采用返修、加固、返工、让步接收和报废措施，对不合格品进行处置。组织需规定处置不合格品的有关职责和权限，处置不合格品应根据国家的有关规定进行，并保持记录，在得到纠正后还需再次进行验证，以证明符合要求。当在交付后发现不合格品，组织需采取消除影响的适当措施。

四、质量改进

组织应根据不合格的信息，评价采取改进措施的需求，实施必要的改进措施。当经过验证效果不佳或未完全达到预期的效果时，应重新分析原因，采取相应措施。项目管理机构是质量改进的主要实施者，项目管理机构按组织要求定期进行质量分析，提出持续改进的措施，将有助于管理层了解、促进项目管理机构的质量改进工作。组织可采取质量方针、目标、审核结果、数据分析、纠正预防措施以及管理评审等持续改进质量措施，确保管理的有效性。

项目管理机构应定期对项目质量状况进行检查、分析，向组织提出质量报告，明确质量状况、发包人及其他相关方满意程度、产品要求的符合性以及项目管理机构的质量改进措施。

组织应对项目管理机构进行培训、检查、考核，定期进行内部审核，确保项目管理机构的质量改进。组织应了解发包人及其他相关方对质量的意见，确定质量管理改进目标，提出相应措施并予以落实。

五、项目质量的影响因素

建设工程项目质量的影响因素，主要是指在项目质量目标策划、决策和实现过程中影响质量形成的各种客观因素和主观因素，包括人（man）的因素、机械（machine）因素、材料（material）（含设备）因素、方法（method）因素和环境（environment）因素（简称人、机、料、法、环，即4M1E）等。

（一）人的因素

在工程项目质量管理中，人的因素起决定性的作用。项目质量控制应以控制人的因素为基本出发点。影响项目质量的人的因素包括两个方面：一是指直接履行项目质量职能的决策者、管理者和作业者个人的质量意识及质量活动能力；二是指承担项目策划、决策或实施的建设单位、勘察设计单位、咨询服务机构、工程承包企业等实体组织的质量管理体系及其管理能力。前者是个体的人，后者是群体的人。我国实行建筑业企业经营资质管理制度、市场准入制度、执业资格注册制度、作业及管理人员持证上岗制度等，从本质上说，这些制度都是对从事建设工程活动的人的素质和能力进行的必要的控制。人，作为控制对象，人的工作应避免失误；作为控制动力，应充分调动人的积极性，发挥人的主导作用。因此，必须有效控制项目参与各方的人员素质，不断提高人的质量活动能力，才能保证项目质量。

（二）机械的因素

机械主要是指施工机械和各类工器具，包括施工过程中使用的运输设备、吊装设备、操作工具、测量仪器、计量器具及施工安全设施等。施工机械设备是所有施工方案和工法得以实施的重要物质基础，合理选择和正确使用施工机械设备是保证项目施工质量和安全的重要条件。

（三）材料（含设备）的因素

材料包括工程材料和施工用料，又包括原材料、半成品、成品、构配件和周转材料等。各类材料是工程施工的基本物质条件，材料质量不符合要求，工程质量就不可能达到标准。这里说的设备是指工程设备，是组成工程实体的工艺设备和各类机具，如各类生产设备、装置和辅助配套的电梯、泵机，以及通风空调和消防、环保设备等，它们是工程项目的重要组成部分，其质量的优劣直接影响到工程使用功能的发挥。所以加强对材料设备的质量控制，是保证工程质量的基础。

（四）方法的因素

方法的因素也可以称为技术因素，包括勘察、设计、施工所采用的技术和方法，以及工程检测、试验的技术和方法等。从某种程度上说，技术方案和工艺水平的高低，决定了项目质量的优劣。依据科学的理论，采用先进合理的技术方案和措施，按照规范进行勘察、设计、施工，必将对保证项目的结构安全和满足使用功能，以及组成质量因素的产品精度、强度、平整度、清洁度、耐久性等物理、化学特性等方面起到良好的推进作用。比如，建设主管部门推广应用的 10 项新技术：地基基础和地下空间工程技术，钢筋与混凝土技术，模板及脚手架技术，装配式混凝土结构技术，钢结构技术，机电安装工程技术，绿色施工技术，防水技术与围护结构节能，抗震、加固与监测技术，信息化技术。对消除质量通病、保证建设工程质量都有积极作用，收到明显的效果。

（五）环境的因素

环境因素包括项目的自然环境因素、社会环境因素、管理环境因素和作业环境因素。自然环境因素主要指工程地质、水文、气象条件和地下障碍物及其他不可抗力等影响项目质量的因素；社会环境因素主要是指会对项目质量造成影响的各种社会环境因素；管理环境因素主要是指项目参建单位的质量管理体系、质量管理制度和各参建单位之间的协调等因素；作业环境因素主要指项目实施现场平面和空间环境条件，各种能源介质供应，施工照明、通风、安全防护设施，施工场地给排水，以及交通运输和道路条件等因素。

上述因素对项目质量的影响，具有复杂多变和不确定性的特点。对这些因素进行控制，是项目质量控制的主要内容。

项目管理机构应通过对人员、机具、材料、方法、环境要素的全过程管理，确保工程质量满足质量标准和相关方要求。质量管理需满足明示的、通常隐含的或必须履行的需求或期望，包括达到发包人、相关方满意以及法律法规、技术标准和产品的质量要求。相关方可能是建设单位（或工程用户）、勘察单位、设计单位、监理单位、供应商、分包商等。

【例 5-1】 某钻孔灌注桩按要求在施工前进行了两组试桩，试验结果未达到预计效果，经分析，发现以下问题。

（1）施工单位不是专业的钻孔灌注桩施工队伍。

（2）混凝土强度未达到设计要求。

（3）焊条的规格未满足要求。

（4）钢筋工没有上岗证书。

（5）施工中采用的钢筋笼主筋型号不符合规格要求。

（6）在暴雨条件下进行钢筋笼的焊接。

（7）钻孔时施工机械经常出现故障造成停钻。

（8）按规范应采用反循环方法施工，而施工单位采用正循环方法施工。

（9）清孔的时间不够。

（10）钢筋笼起吊方法不对，造成钢筋笼弯曲。

问题：影响工程质量的因素有哪几类？以上问题各属于哪类影响因素？

【解】 影响工程质量的因素有：人、机械、材料（含设备）、方法、环境五大类。

影响上述工程质量属于人力方面的因素为第（1）、（4）两项，属于施工机械方面的因素为第（7）项，属于材料方面的因素为第（2）、（3）、（5）三项，属于施工工艺方法方面的因素为第（8）、（9）、（10）三项，属于施工环境方面的因素为第（6）项。

六、工程项目质量控制的基本原理

（一）质量管理的 PDCA 循环

在长期的生产实践和理论研究中形成的 PDCA（即 plan、do、check、action）循环，是建立质量管理体系和进行质量管理的基本方法。PDCA 循环如图 5-3 所示。

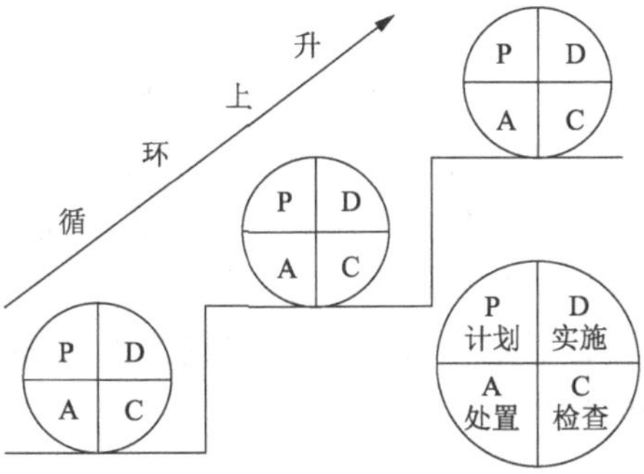

图 5-3　PDCA 循环示意图

从某种意义上说，管理就是确定任务目标，并通过 PDCA 循环来实现预期目标。每一循环都围绕着实现预期的目标，进行计划、实施、检查和处置活动，随着对存在问题的解决和改进，在一次一次的滚动循环中逐步上升，不断增强质量管理能力，不断提高质量水平。每一个循环的四大职能活动相互联系，共同构成了质量管理的系统过程。

项目质量管理应坚持缺陷预防的原则，按照策划（计划）、实施、检查、处置的循环方式进行系统运作，持续改进。

（二）全面质量管理理念

全面质量管理（total quality control，TQC）是 20 世纪中期开始在欧美和日本广泛应用的质量管理理念和方法。我国从 20 世纪 80 年代开始引进和推广全面质量管理，其基本原理就是强调在企业或组织最高管理者的质量方针指引下，实行全面、全过程和全员（“三全”）参与的质量管理。全面质量管理的主要特点是：以顾客满意为宗旨，领导参与质量方针和目标的制定，提倡预防为主、科学管理、用数据说话等。建设工程项目的质量管理，同样应贯彻“三全”管理的思想和方法。

1. 全面质量管理

全面质量管理，是指项目参与各方所进行的工程项目质量管理的总称，其中包括工程（产品）质量和工作质量的全面管理。工作质量是产品质量的保证，直接影响产品质量的形成。建设单位、监理单位、勘察单位、设计单位、施工总承包单位、施工分包单位、材料设备供应商等，任何一方、任何环节的怠慢疏忽或质量责任不落实都会对建设工程质量造成不利影响。

2. 全过程质量管理

全过程质量管理，是指根据工程质量的形成规律，从源头抓起，全过程推进。我国质量管理体系标准强调质量管理的“过程方法”原则，要求应用“过程方法”进行全过程质量控制。要控制的主要过程有：项目策划与决策过程、勘察设计过程、设备材料采购过程、施工组织与实施过程、检测设施控制与计量过程、施工生产的检验试验过程、工程质量的评定过程、工程竣工验收与交付过程、工程回访维修服务过程等。

3. 全员参与质量管理

按照全面质量管理的思想，组织内部的每个部门和工作岗位都承担着相应的质量职能，组织的最高管理者确定了质量方针和目标，应组织和动员全体员工参与到实施质量方针的系统活动中去，发挥自己的角色作用。开展全员参与质量管理的重要手段就是运用目标管理方法，将组织的质量总目标逐级进行分解，使之形成自上而下的质量目标分解体系和自下而上的质量目标保证体系，发挥组织系统内部每个工作岗位、部门或团队在实现质量总目标过程中的作用。

（三）三阶段控制原理

施工质量控制应贯彻全面、全员、全过程质量管理的思想，运用动态控制原理，进行质量的事前控制、事中控制和事后控制。

1. 事前质量控制

在正式施工前进行的事前主动质量控制，通过编制施工质量计划，明确质量目标，制定施工方案，设置质量管理点，落实质量责任，分析可能导致质量目标偏离的各种影响因素，针对这些影响因素制定有效的预防措施，防患于未然。

事前质量控制要求针对质量控制对象的控制目标、活动条件、影响因素进行周密分析，找出薄弱环节，制定有效的控制措施和对策。

2. 事中质量控制

在施工质量形成过程中，对影响施工质量的各种因素进行全面的动态控制。事中质量控制也称作业活动过程质量控制，包括质量活动主体的自我控制和他人监控的控制方式。自我控制是第一位的，即作业者在作业过程中对自己质量活动行为的约束和技术能力的发挥，以完成符合预定质量目标的作业任务；他人监控是针对作业者的质量活动过程和结果，由来自企业内部管理者和企业外部有关方面进行监督检查，如工程监理机构、政府质量监督部门等的监控。

施工质量的自控和监控是相辅相成的系统过程。自控主体的质量意识和能力是关键，是施工质量的决定因素；各监控主体所进行的施工质量监控是对自控行为的推动和约束。因此，自控主体必须正确处理自控和监控的关系，在致力于施工质量自控的同时，还必须接受来自业主、监理等方面对其质量行为和结果所进行的监督管理，包括质量检查、评价和验收。自控主体不能因为监控主体的存在和监控职能的实施而减轻或推脱其质量责任。

事中质量控制的目标是确保工序质量合格，杜绝质量事故发生；控制的关键是坚持质量标准；控制的重点是工序质量、工作质量和质量控制点。

3. 事后质量控制

事后质量控制也称事后质量把关，以确保不合格的工序或最终产品（包括单位工程或整个工程项目）不流入下道工序、不进入市场。事后质量控制包括：对质量活动结果的评价、认定；对工序质量偏差的纠正；对不合格产品进行整改和处理。控制的重点是发现施工质量方面的缺陷，并通过分析提出施工质量改进的措施，保证质量处于受控状态。

以上三大环节不是互相孤立和截然分开的，它们共同构成有机的系统过程，实质上是质量管理 PDCA 循环的具体化，在每一次滚动循环中不断提高，达到质量管理和质量控制的持续改进。

第二节　工程施工质量控制

一、工程施工质量控制的基本术语

1. 建筑工程

通过对各类房屋建筑及其附属设施的建造和与其配套线路、管道、设备等的安装所形成的工程实体。

2. 验收

建筑工程质量在施工单位自行检查合格的基础上，由工程质量验收责任方组织，工程建设相关单位参加，对检验批、分项、分部、单位工程及其隐蔽工程的质量进行抽样检验，对技术文件进行审核，并根据设计文件和相关标准以书面形式对工程质量是否达到合格做出确认。

3. 检验批

按相同的生产条件或按规定的方式汇总起来供抽样检验用的、由一定数量样本组成的检验体。

4. 主控项目

建筑工程中对安全、节能、环境保护和主要使用功能起决定性作用的检验项目。

5. 一般项目

除主控项目以外的检验项目。

6. 观感质量

通过观察和必要的测试所反映的工程外在质量和功能状态。

7. 返修

对施工质量不符合标准规定的部位采取的整修等措施。

8. 返工

对施工质量不符合标准规定的部位采取的更换、重新制作、重新施工等措施。

9. 检验

对被检验项目的特征、性能进行量测、检查、试验等，并将结果与标准规定的要求进行比较，以确定项目每项性能是否合格的活动。

10. 进场检验

对进入施工现场的建筑材料、构配件、设备及器具，按相关标准的要求进行检验，并对其质量、规格及型号等是否符合要求做出确认的活动。

11. 见证检验

施工单位在工程监理单位或建设单位的见证下，按照有关规定从施工现场随机抽取试样，送至具备相应资质的检测机构进行检验的活动。

12. 复验

建筑材料、设备等进入施工现场后，在外观质量检查和质量证明文件核查符合要求的基础上，按照有关规定，从施工现场抽取试样送至试验室进行检验的活动。

二、施工质量控制基本规定

工程项目施工应建立项目质量管理体系，明确质量责任人及岗位职责，建立质量责任追溯制度。施工过程中应建立质量管理标准化制度，制定质量管理标准化文件，文件中应明确人员管理、技术管理、材料管理、分包管理、施工管理、资料管理和验收管理等要求。

工程项目各方的工程建设合同，应明确具体质量标准、各方质量控制的权利与责任。勘察、设计文件应符合工程特点和合同要求，应说明工程地质、水文和环境条件可能造成的工程质量风险，设计深度应符合施工要求，并应经过质量管理程序审批。工程项目各方不得擅自修改工程设计，确需修改的应报建设单位同意，由设计单位出具设计变更文件，并应按原审批程序办理变更手续。

施工进度计划应经建设单位、监理单位审批后执行。施工中不得任意压缩工期，进度计划的重大调整应按原审批程序办理变更手续，并应制定相应的质量控制措施。

工程质量控制资料应准确齐全、真实有效，且具有可追溯性。当部分资料缺失时，应委托有资质的检验检测机构进行相应的实体检验或抽样试验，并应出具检测报告，作为工程质量验收资料的一部分。

实行监理的工程项目，施工前应编制监理规划和监理实施细则，并应按规定程序审批，当需变更时应按原审批程序办理变更手续；未实行监理的工程项目，建设单位应成立专门机构或委托具备相应质量管理能力的单位独立履行监理职责。

施工现场应根据项目特点和合同约定，制定技能工人配备方案，其中中级工及以上占比应符合项目所在地区施工现场建筑工人配备标准。施工现场技能工人配备方案应报监理单位审查后实施。

施工管理人员和现场作业人员应进行全员质量培训，并应考核合格。质量培训应保留培训记录。应对人员教育培训情况实行动态管理。

三、施工过程质量控制

工程项目中使用的施工图纸及其他有关设计文件应合格有效。施工前应进行勘察说明、设计交底、图纸会审，并应保留记录。

工程项目开工前应进行质量策划，应确定质量目标和要求、质量管理组织体系及管理职责、质量管理与协调的程序、质量控制点、质量风险、实施质量目标的控制措施，并应根据工程进展实施动态管理。

工程质量策划中应在下列部位和环节设置质量控制点：影响施工质量的关键部位、关键环节；影响结构安全和使用功能的关键部位、关键环节；采用新技术、新工艺、新材料、新设备的部位和环节；隐蔽工程验收。

施工组织设计和施工方案应根据工程特点、现场条件、质量风险和技术要求编制，并应按规定程序审批后执行，当需变更时应按原审批程序办理变更手续。

施工前应对施工管理人员和作业人员进行技术交底，交底的内容应包括施工作业条件、施工方法、技术措施、质量标准以及安全与环保措施等，并应保留相关记录。分项工程施工，应实施样板示范制度，以多种形式直观展示关键部位、关键工序的做法与要求。

施工使用的测量与计量设备、仪器应经计量检定、校准合格，并在有效期内。监理单位应定期检查设备、仪器的检定和校准报告。

1. 材料、构配件及设备质量控制

工程采用的主要材料、半成品、成品、构配件、器具和设备应进行进场检验。涉及安全、节能、环境保护和主要使用功能的重要材料、产品应按各专业相关规定进行复验，并应经监理工程师检查认可。

对涉及结构安全、节能、环境保护和主要使用功能的试块、试件及材料，应按规定进行见证检验。见证检验应在建设单位或者监理单位的监督下现场取样、送检，检测试样应具有真实性和代表性。

进口产品应符合合同规定的质量要求，并附有中文说明书和商检证明，经进场验收合格后方可使用。

施工现场的材料、半成品、成品、构配件、器具和设备，在运输和储存时应采取确保其质量和性能不受影响的储存及防护措施。

2. 工艺质量控制

施工单位应对施工平面控制网和高程控制点进行复测，其复测成果应经监理单位查验合格，并应对控制网进行定期校核。重要线位、控制点和定位点测设完成后应经复测无误后方可使用。

施工单位应保留工程测量原始观测数据的现场记录及测量成果交付记录，并应对测量结果进行校核。

监理人员应对工程施工质量进行巡视、平行检验，对关键部位、关键工序进行旁站，并应及时记录检查情况。

施工工序间的衔接，应符合下列规定：每道施工工序完成后，施工单位应进行自检，并应保留检查记录；各专业工种之间的相关工序应进行交接检验，并应保留检查记录；对监理规划或监理实施细则中提出检查要求的重要工序，应经专业监理工程师检查合格并签字确认后，进行下道工序施工；隐蔽工程在隐蔽前应由施工单位通知监理单位进行验收，并应留存现场影像资料，形成验收文件，经验收合格后方可继续施工。

基坑、基槽、沟槽开挖后，建设单位应会同勘察、设计、施工和监理单位实地验槽，并应会签验槽记录。

主体结构为装配式混凝土结构体系时，套筒灌浆连接应采用由接头型式检验确定的相匹配的灌浆套筒、灌浆料，灌浆应密实饱满。

装饰装修工程施工应符合下列规定：当既有建筑装饰装修工程设计涉及主体结构和承重结构变动时，应在施工前委托原结构设计单位或具有相应资质等级的设计单位提出设计方案，或由鉴定单位对建筑结构的安全性进行鉴定，依据鉴定结果确定设计方案；建筑外墙外保温系统与外墙的连接应牢固，保温系统各层之间的连接应牢固；建筑外门窗应安装牢固，推拉门窗扇应配备防脱落装置；临空处设置的用于防护的栏杆以及无障碍设施的安全抓杆应与主体结构连接牢固；重量较大的灯具，以及电风扇、投影仪、音响等有振动荷载的设备仪器，不应安装在吊顶工程的龙骨上。

屋面工程施工应符合下列规定：每道工序完成后应及时采取保护措施；伸出屋面的管道、设备或预埋件等，应在保温层和防水层施工前安设完毕；屋面保温层和防水层完工后，不得进行凿孔、打洞或重物冲击等有损屋面的作业；屋面瓦材必须铺置牢固，在大风及地震设防地区或屋面坡度大于100%时，应采取固定加强措施。

设备、管道及其支吊架等的安装位置、尺寸以及与主体结构的连接方法和质量应满足设计及使用功能要求。地下管道防腐层应完整连续，新建管道阴极保护设计、施工应与管道设计、施工同时进行，阴极保护应经检测合格，并同时投入使用。管道清扫冲洗、强度试验及严密性试验和室内消火栓系统试射试验前，施工单位应编制试验方案，应按设计要求确定试验方法、试验压力和合格标准，应制定质量和安全保证措施。隧道工程施工应对线路中线、高程进行检核，隧道的衬砌结构不得侵入建筑限界。工程中包含的机械、电气和自动化系统与设备应按设计要求进行试运行，并能正常使用。

3. 施工检测质量控制

建设单位应委托具备相应资质的第三方检测机构进行工程质量检测，检测项目和数量应符合抽样检验要求。非建设单位委托的检测机构出具的检测报告不得作为工程质量验收依据。

工程施工前应制定工程试验及检测方案，并应经监理单位审核通过后实施。施工过程质量检测试样，除确定工艺参数可制作模拟试样外，均应从现场相应的施工部位制取。

检测机构应独立出具检验检测数据和结果。检测机构应对检测数据和检测报告的真实性和准确性负责。对检测结果不合格的报告严禁抽撤、替换或修改。检测机构严禁出具虚假检测报告。

四、施工质量验收

施工质量验收应包括单位工程、分部工程、分项工程和检验批施工质量验收，并应符合下列规定：①检验批应根据施工组织、质量控制和专业验收需要，按工程量、楼层、施工段划分，检验批抽样数量应符合有关专业验收标准的规定。②分项工程应根据工种、材料、施工工艺、设备类别划分。③分部工程应根据专业性质、工程部位划分。④单位工程应为具备独立使用功能的建筑物或构筑物；对市政道路、桥梁、管道、轨道交通、综合管廊等，应根据合同段，并结合使用功能划分单位工程。

施工前，应由施工单位制定单位工程、分部工程、分项工程和检验批的划分方案，并应由监理单位审核通过后实施。施工现场情况与《建筑与市政工程施工质量控制通用规范》（GB 55032—2022）附录不同时，应按实际情况进行分部工程、分项工程和检验批划分，由建设单位组织监理单位、施工单位共同确定。

应建立工程质量信息公示制度。工程竣工验收合格后，建设单位应在建（构）筑物的明显位置设置有关工程质量责任主体的永久性标牌。

工程资料文件的形成和积累应纳入工程建设管理的各个环节和有关人员的职责范

围，全面反映工程建设活动和工程实际情况。工程资料文件应随工程建设进度同步形成。

工程资料归档应符合下列规定：勘察、设计、施工、监理等单位应将本单位形成的工程文件立卷后向建设单位移交；工程竣工验收备案前，建设单位应根据工程类别和当地城建档案管理机构的要求，将全部工程文件收集齐全、整理立卷，向城建档案管理机构移交。

1. 验收要求

工程施工质量应符合国家现行强制性工程建设规范的规定，并应符合工程勘察设计文件的要求和合同约定。施工质量验收逻辑关系如图 5-4 所示。

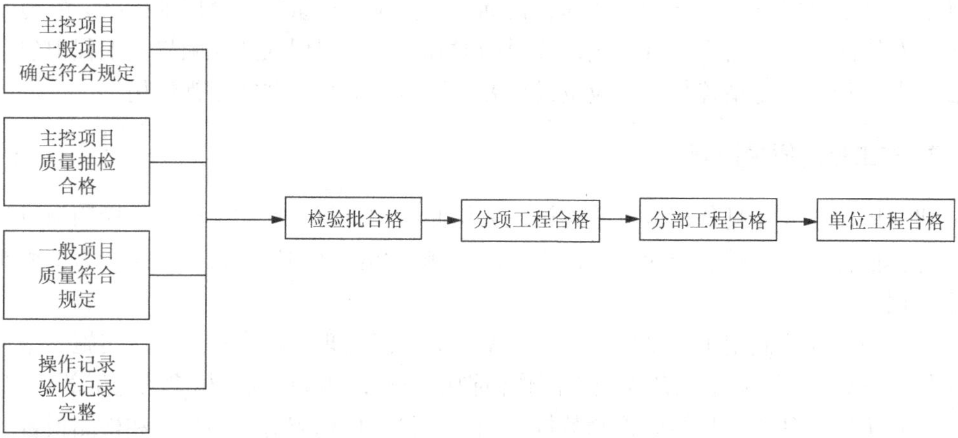

图 5-4　施工质量验收逻辑关系

1）检验批

检验批质量应按主控项目和一般项目验收，并应符合下列规定：主控项目和一般项目的确定应符合国家现行强制性工程建设规范和现行相关标准的规定；主控项目的质量经抽样检验应全部合格；一般项目的质量应符合国家现行相关标准的规定；应具有完整的施工操作依据和质量验收记录。

当检验批施工质量不符合验收标准时，应按下列规定进行处理：经返工或返修的检验批，应重新进行验收；经有资质的检测机构检测能够达到设计要求的检验批，应予以验收；经有资质的检测机构检测达不到设计要求，但经原设计单位核算认可能够满足安全和使用功能的检验批，应予以验收。

2）分项工程

分项工程质量验收合格应符合下列规定：所含检验批的质量应验收合格；所含检验批的质量验收记录应完整、真实。

3）分部工程

分部工程质量验收合格应符合下列规定：所含分项工程的质量应验收合格；质量控制资料应完整、真实；有关安全、节能、环境保护和主要使用功能的抽样检验结果应符合要求；观感质量应符合要求。

4）单位工程

单位工程质量验收合格应符合下列规定：所含分部工程的质量应全部验收合格；质量控制资料应完整、真实；所含分部工程中有关安全、节能、环境保护和主要使用功能的检验资料应完整；主要使用功能的抽查结果应符合国家现行强制性工程建设规范的规定；观感质量应符合要求。

当经返修或加固处理的分项工程、分部工程，确认能够满足安全及使用功能要求时，应按技术处理方案和协商文件的要求予以验收；经返修或加固处理仍不能满足安全或重要使用功能要求的分部工程及单位工程，严禁验收。

2. 验收组织

检验批应由专业监理工程师组织施工单位项目专业质量检查员、专业工长等进行验收。分项工程应由专业监理工程师组织施工单位项目专业技术负责人等进行验收。

分部工程应由总监理工程师组织施工单位项目负责人和项目技术负责人等进行验收。勘察、设计单位项目负责人和施工单位技术、质量部门负责人应参加地基与基础分部工程的验收，设计单位项目负责人和施工单位技术、质量部门负责人应参加主体结构、节能分部工程的验收。

单位工程完工后，各相关单位应按下列要求进行工程竣工验收：勘察单位应编制勘察工程质量检查报告，按规定程序审批后向建设单位提交；设计单位应对设计文件及施工过程的设计变更进行检查，并应编制设计工程质量检查报告，按规定程序审批后向建设单位提交；施工单位应自检合格，并应编制工程竣工报告，按规定程序审批后向建设单位提交；监理单位应在自检合格后组织工程竣工预验收，预验收合格后应编制工程质量评估报告，按规定程序审批后向建设单位提交；建设单位应在竣工预验收合格后组织监理、施工、设计、勘察单位等相关单位项目负责人进行工程竣工验收。

五、质量保修与维护

建筑工程应编制工程使用说明书，并应包括下列内容：工程概况；工程设计合理使用年限、性能指标及保修期限；主体结构位置示意图、房屋上下水布置示意图、房屋电气线路布置示意图及复杂设备的使用说明；使用维护注意事项。

建设单位应建立质量回访和质量投诉处理机制。施工单位应履行保修义务，并应与建设单位签署施工质量保修书，施工质量保修书中应明确保修范围、保修期限和保修责任。

当工程在保修期内出现一般质量缺陷时，建设单位应向施工单位发出保修通知，施工单位应进行现场勘察、制定保修方案，并及时进行修复。

当工程在保修期内出现涉及结构安全或影响使用功能的严重质量缺陷时，应由原设计单位或相应资质等级的设计单位提出保修设计方案，施工单位实施保修。保修完成后，工程应符合原设计要求。

建设单位、施工单位或受委托的其他单位在保修期内应明确保修和质量投诉受理部门、人员及联系方式，并建立相关工作记录文件。

第三节 工程质量事故

建筑产品的生产不同于一般的工业产品，设计错误、材料设备不合格、施工方法错误、指挥不当等均可能导致工程质量问题和质量事故。

一、工程质量不合格和质量事故的概念

1. 质量不合格和质量缺陷

根据我国国家标准《质量管理体系 基础和术语》（GB/T 19000—2016）的定义，工程产品未满足质量要求，即质量不合格；而与预期或规定用途有关的质量不合格，称为质量缺陷。

2. 质量问题

凡是工程质量不合格，影响使用功能或工程结构安全，造成永久质量缺陷或存在重大质量隐患，甚至直接导致工程倒塌或人身伤亡的，必须进行返修、加固或报废处理，按照由此造成人员伤亡和直接经济损失的大小区分，在规定限额以下的为质量问题，在规定限额以上的为质量事故。

3. 质量事故

根据住房和城乡建设部颁布的《关于做好房屋建筑和市政基础设施工程质量事故报告和调查处理工作的通知》（建质〔2010〕111 号），工程质量事故是指建设、勘察、设计、施工、监理等单位违反工程质量有关法律法规和工程建设标准，使工程产生结构安全、重要使用功能等方面的质量缺陷，造成人身伤亡或者重大经济损失的事故。

二、工程质量事故的特点和分类

1. 工程质量事故的特点

工程质量事故具有成因复杂、后果严重、种类繁多、往往与安全事故共生的特点。

2. 工程质量事故分类

建设工程质量事故的分类有多种方法，不同专业工程类别对工程质量事故的等级划分也不尽相同。

1）按事故造成损失的程度分级

根据工程质量事故造成的人员伤亡或者直接经济损失，将工程质量事故分为如下 4 个等级。

（1）特别重大事故，是指造成 30 人以上死亡，或者 100 人以上重伤，或者 1 亿元以上直接经济损失的事故。

（2）重大事故，是指造成 10 人以上 30 人以下死亡，或者 50 人以上 100 人以下重伤，或者 5000 万元以上 1 亿元以下直接经济损失的事故。

（3）较大事故，是指造成 3 人以上 10 人以下死亡，或者 10 人以上 50 人以下重伤，或者 1000 万元以上 5000 万元以下直接经济损失的事故。

（4）一般事故，是指造成 3 人以下死亡，或者 10 人以下重伤，或者 100 万元以上 1000 万元以下直接经济损失的事故。

该等级划分所称的“以上”包括本数，所称的“以下”不包括本数。

2）按事故责任分类

（1）指导责任事故，是指对工程实施指导或领导失误而造成的质量事故。例如，由于工程负责人片面追求施工进度，放松或不按质量标准进行控制和检验，降低施工质量标准等。

（2）操作责任事故，是指在施工过程中，实际操作者不按规程和标准实施操作，而造成的质量事故。例如，浇筑混凝土时随意加水，或振捣疏漏造成混凝土质量事故等。

（3）自然灾害事故，是指突发的严重自然灾害等不可抗力造成的质量事故。例如，地震、台风、暴雨、雷电、洪水等对工程造成的破坏甚至倒塌。这类事故虽然不是人为责任直接造成的，但灾害事故造成的损失程度也往往与人们是否在事前采取了有效的预防措施有关，相关责任人也可能负有一定责任。

三、施工质量事故的原因和预防

1. 施工质量事故发生的原因

（1）技术原因，是指在项目勘察、设计、施工中技术上的失误。例如，对水文地质情况判断错误，致使地基基础设计采用不正确的方案；结构设计方案不正确，计算失误，构造设计不符合规范要求；施工管理或实际操作人员的技术素质差，采用了不合适的施工方法或施工工艺等。这些技术上的失误是造成质量事故的常见原因。

（2）管理原因，是指管理上的不完善或失误。例如，施工单位或监理单位的质量管理体系不完善、质量管理措施落实不力、施工管理混乱、不遵守相关规范、违章作业、检验制度不严密、质量控制不严格、检测仪器设备管理不善而失准，以及材料质量检验不严等原因引起质量事故。

（3）社会、经济原因，是指社会上存在的不正之风及经济上的原因，滋长了建设中的违法违规行为，而导致出现质量事故。例如，违反基本建设程序，无立项、无报建、无开工许可、无招投标、无资质、无监理、无验收的“七无”工程，边勘察、边设计、边施工的“三边”工程等；某些施工企业盲目追求利润而不顾工程质量，在投标报价中随意压低标价，中标后则依靠违法的手段或修改方案追加工程款，甚至偷工减料等，这些因素都会导致发生重大工程质量事故。

（4）人为事故和自然灾害原因，是指人为的设备事故、安全事故，导致连带发生质量事故，以及严重的自然灾害等不可抗力造成质量事故。

2. 施工质量事故的预防

1）严格按照基本建设程序

首先要做好项目可行性论证，不可未经深入调查分析和严格论证就盲目拍板定案；要彻底搞清工程地质水文条件方可开工；杜绝无证设计、无图施工；禁止任意修改设计和不按图纸施工；工程竣工不进行试车运转、不经验收，不得交付使用。

2）认真做好工程地质勘察

地质勘察时要适当布置钻孔位置和设定钻孔深度。钻孔间距过大，不能全面反映地基实际情况；钻孔深度不够，难以查清地下软土层、滑坡、墓穴、孔洞等有害地质构造。地质勘察报告必须详细、准确，防止因根据不符合实际情况的地质资料而采用错误的基础方案，导致地基不均匀沉降、失稳，使上部结构及墙体开裂、破坏、倒塌。

3）科学地加固处理好地基

对软弱土、冲填土、杂填土、湿陷性黄土、膨胀土、岩层出露、溶洞等不均匀地基要进行科学的加固处理。要根据不同地基的工程特性，按照地基处理与上部结构相结合使其共同工作的原则，从地基处理与设计措施、结构措施、防水措施、施工措施等方面综合考虑治理。

4）进行必要的设计审查复核

请具有合格专业资质的审图机构对施工图进行审查复核，防止因设计考虑不周、结构构造不合理、设计计算错误、沉降缝及伸缩缝设置不当、悬挑结构未通过抗倾覆验算等，导致质量事故的发生。

5）严格把好建筑材料及制品的质量关

要从采购订货、进场验收、质量复验、存储和使用等几个环节，严格控制建筑材料及制品的质量，防止不合格或变质、损坏的材料和制品用到工程上。

6）强化从业人员管理

要加强建筑从业人员职业教育，开展工人职业技能培训，使施工人员掌握基本的建筑结构和建筑材料知识，懂得遵守施工验收规范对保证工程质量的重要性，从而在施工中自觉遵守操作规程，不蛮干，不违章操作，不偷工减料。

7）依法进行施工组织管理

施工管理人员要认真学习、严格遵守国家相关政策法规和施工技术标准，依法进行施工组织管理。施工人员首先要熟悉图纸，对工程的难点和关键工序、关键部位应编制专项施工方案并严格执行；施工作业必须按照图纸和施工验收规范、操作规程进行；施工技术措施要正确，施工顺序要清楚；脚手架和楼面不可超载堆放构件和材料；要严格按照制度进行质量检查和验收。

8）做好应对不利施工条件和各种灾害的预案

根据当地气象资料的分析和预测，事先针对可能出现的风、雨雪、高温、严寒、雷电等不利施工条件，制定相应的施工技术措施；还要对不可预见的人为事故和严重自然灾害做好应急预案，并有相应的人力、物力储备。

9）加强施工安全与环境管理

许多施工安全和环境事故都会连带发生质量事故，加强施工安全与环境管理，也是预防施工质量事故的重要措施。

四、施工质量事故处理依据和程序

1. 施工质量事故处理依据

1）质量事故的实况资料

质量事故的实况资料包括：质量事故发生的时间、地点；质量事故状况的描述；质量事故发展变化的情况；有关质量事故的观测记录、事故现场状态的照片或录像；事故调查组调查研究所获得的第一手资料。

2）有关合同及合同文件

有关合同及合同文件包括工程承包合同、设计委托合同、设备与器材购销合同、监理合同及分包合同等。

3）有关技术文件和档案

有关技术文件和档案主要是有关的设计文件（如施工图纸和技术说明）、与施工有关的技术文件、档案和资料（如施工方案、施工计划、施工记录、施工日志、有关建筑材料的质量证明资料、现场制备材料的质量证明资料、质量事故发生后对事故状况的观测记录、试验记录或试验报告等）。

4）相关建设法规

相关建设法规主要有《中华人民共和国建筑法》《建筑与市政工程施工质量控制通用规范》《建设工程质量管理条例》等相关法规、技术标准、规范、规程和管理办法等。

2. 施工质量事故处理程序

施工质量事故处理的一般程序如图 5-5 所示。

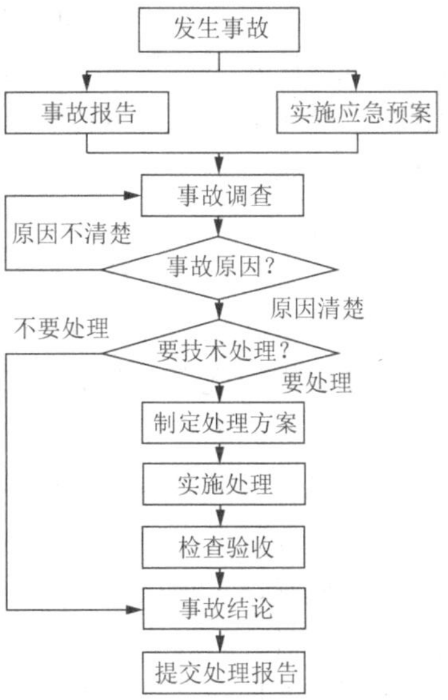

图 5-5　工程质量事故处理的一般程序

1）事故报告

建设工程发生质量事故，有关单位应当在 24 小时内向当地建设行政主管部门和其他有关部门报告。对重大质量事故，事故发生地的建设行政主管部门及其他有关部门应当按照事故类别和等级向当地人民政府与上级建设行政主管部门及其他有关部门报告。如果同时发生安全事故，施工单位应当立即启动生产安全事故应急救援预案，组织抢救遇险人员，采取必要措施，防止事故危害扩大和次生、衍生灾害发生。情况紧急时，事故现场有关人员可直接向事故发生地县级以上政府主管部门报告。

事故报告应包括下列内容：事故发生的时间、地点、工程项目名称、工程各参建单位名称，事故发生的简要经过、伤亡人数和初步估计的直接经济损失，事故原因的初步判断，事故发生后采取的措施及事故控制情况，事故报告单位、联系人及联系方式，其他应当报告的情况。

2）事故调查

事故调查要按规定区分事故的大小，分别由相应级别的人民政府直接或授权委托有关部门组织事故调查组进行调查。未造成人员伤亡的一般事故，县级人民政府也可以委托事故发生单位组织事故调查组进行调查。事故调查应力求及时、客观、全面，以便为事故的分析与处理提供正确的依据。调查结果要整理撰写成事故调查报告，其主要内容如下：事故项目及各参建单位概况；事故发生经过和事故救援情况；事故造成的人员伤亡和直接经济损失；事故项目有关质量检测报告和技术分析报告；事故发生的原因和事故性质；事故责任的认定和对事故责任者的处理建议；事故防范和整改措施。

3）事故的原因分析

原因分析要建立在事故情况调查的基础上，避免情况不明就主观推断事故的原因。特别是对涉及勘察、设计、施工、材料和管理等方面的质量事故，事故的原因往往错综复杂，因此，必须对调查所得到的数据、资料进行仔细的分析，依据国家有关法律法规和工程建设标准分析事故的直接原因和间接原因，必要时组织对事故项目进行检测鉴定和专家技术论证，找出造成事故的主要原因。

4）制定事故处理的技术方案

事故的处理要建立在原因分析的基础上，要广泛地听取专家及有关方面的意见，经科学论证，决定事故是否要进行技术处理和怎样处理。在制定事故处理的技术方案时，应做到安全可靠、技术可行、不留隐患、经济合理、具有可操作性、满足项目的安全和使用功能要求。

5）事故处理

事故处理的内容包括：事故的技术处理，按经过论证的技术方案进行处理，解决事故造成的质量缺陷问题；事故的责任处罚，依据有关人民政府对事故调查报告的批复和有关法律法规的规定，对事故相关责任者实施行政处罚，负有事故责任的人员涉嫌犯罪的，依法追究刑事责任。

6）事故处理的鉴定验收

质量事故的技术处理是否达到预期的目的，是否依然存在隐患，应当通过检查鉴定和验收做出确认。事故处理的质量检查鉴定，应严格按施工验收规范和相关质量标准的规定进行，必要时还应通过实际量测、试验和仪器检测等方法获取必要的数据，以便准确地对事故处理的结果做出鉴定，形成鉴定结论。

7）提交事故处理报告

事故处理后，必须尽快提交完整的事故处理报告，其内容包括：事故调查的原始资料、测试的数据；事故原因分析和论证结果；事故处理的依据；事故处理的技术方案及措施；实施技术处理过程中有关的数据、记录、资料；检查验收记录；对事故相关责任者的处罚情况和事故处理的结论等。

3. 施工质量事故处理的基本要求

质量事故的处理应达到安全可靠、不留隐患、满足生产和使用要求、施工方便、经济合理的目的；消除造成事故的原因，注意综合治理，防止事故再次发生；正确确定技术处理的范围和选择处理的时间与方法；切实做好事故处理的检查验收工作，认真落实防范措施；确保事故处理期间的安全。

五、施工质量缺陷处理的基本方法

1. 返修处理

当项目的某些部分的质量虽未达到规范、标准或设计规定的要求，存在一定的缺陷，但经过采取整修等措施后可以达到要求的质量标准，又不影响使用功能或外观的要求时，可采取返修处理的方法。例如，某些混凝土结构表面出现蜂窝、麻面，或者混凝土结构局部出现损伤，如结构受撞击、局部未振实、冻害、火灾、酸类腐蚀、碱骨料反应等，当这些缺陷或损伤仅在结构的表面或局部，不影响其使用和外观，可进行返修处理。对混凝土结构出现裂缝，经分析研究后如果不影响结构的安全和使用功能时，也可采取返修处理。当裂缝宽度不大于0.2毫米时，可采用表面密封法；当裂缝宽度大于0.3毫米时，采用嵌缝密闭法；当裂缝较深时，则应采取灌浆修补的方法。

2. 加固处理

加固处理主要是针对危及结构承载力的质量缺陷的处理。通过加固处理，使建筑结构恢复或提高承载力，重新满足结构安全性和可靠性的要求，使结构能继续使用或改作其他用途。对混凝土结构常用的加固方法主要有：增大截面加固法、外包角钢加固法、粘钢加固法、增设支点加固法、增设剪力墙加固法、预应力加固法等。

3. 返工处理

当工程质量缺陷经过返修、加固处理后仍不能满足规定的质量标准要求或不具备补救可能性，则必须采取重新制作、重新施工的返工处理措施。例如，某防洪堤坝填筑压实后，其压实土的干密度未达到规定值，经核算将影响土体的稳定且不满足抗渗能力的要求，必须挖除不合格土，重新填筑，重新施工；某公路桥梁工程预应力按规定张拉系数为1.3，而实际仅为0.8，属严重的质量缺陷，也无法修补，只能重新制作；某高层住宅施工中，部分混凝土结构误用了安定性不合格的水泥，无法采用其他补救办法，不得不爆破拆除重新浇筑。

4. 限制使用

当工程质量缺陷按修补方法处理后无法保证达到规定的使用要求和安全要求，而又无法返工处理的情况下，不得已时可做出诸如结构卸荷或减荷及限制使用的决定。

5. 不作处理

某些工程质量问题虽然达不到规定的要求或标准，但其情况不严重，对结构安全或使用功能影响很小，经过分析、论证、法定检测单位鉴定和设计单位等认可后可不作专门处理。一般可不作专门处理的情况有以下几种。

（1）不影响结构安全和使用功能的。例如，有的工业建筑物出现放线定位的偏差，且严重超过规范标准规定，若要纠正会造成重大经济损失，但经过分析、论证其偏差不影响生产工艺和正常使用，在外观上也无明显影响，可不作处理。又如，某些部位的混凝土表面的裂缝，经检查分析，属于表面养护不够的干缩微裂，不影响安全和外观，也可不作处理。

（2）后道工序可以弥补的质量缺陷。例如，混凝土结构表面的轻微麻面，可通过后续的抹灰、刮涂、喷涂等弥补，也可不作处理。再如，混凝土现浇楼面的平整度偏差达到 10 毫米，但因为后续垫层和面层的施工可以弥补，所以也可不作处理。

（3）法定检测单位鉴定合格的。例如，某检验批混凝土试块强度值不满足规范要求，强度不足，但经法定检测单位对混凝土实体强度进行实际检测后，其实际强度达到规范允许和设计要求值时，可不作处理。经检测未达到要求值，但相差不多，经分析和论证，只要使用前经再次检测达到设计强度，也可不作处理，但应严格控制施工荷载。

（4）出现的质量缺陷，经检测鉴定达不到设计要求，但经原设计单位核算，仍能满足结构安全和使用功能的。例如，某一结构构件截面尺寸不足，或材料强度不足，影响结构承载力，但按实际情况进行复核验算后仍能满足设计要求的承载力时，可不进行专门处理。这种做法实际上是挖掘设计潜力或降低设计的安全系数，应谨慎处理。

6. 报废处理

出现质量事故的项目，通过分析或检测，采取上述处理方法后仍不能满足规定的质量要求或标准，则必须予以报废处理。

【例 5-2】 某印刷车间主体工程为钢筋混凝土框架结构，设计要求混凝土抗压强度达到 C25。在其第一层钢筋混凝土柱浇筑完毕拆模后，监理工程师检查发现，钢筋混凝土柱的外观质量很差，用锤轻敲即有混凝土碎块脱落。但施工单位提交的施工现场取样的混凝土强度试验结果达到了设计要求。

问题：（1）作为监理工程师，处理上述问题的程序是什么？

（2）假如经有资质的部门鉴定该层钢筋混凝土柱质量严重不合格，混凝土取样试块强度甚至不足 C20，应当如何处理？

【解】 1. 该质量事故发生后，监理工程师可按下述程序处理。

（1）监理工程师应首先指令施工单位暂停施工。

（2）要求施工单位在有监理方现场见证的情况下，请具有相应资质的检测机构从已浇筑的柱体上钻孔取样进行抽样检验。

（3）根据抽检结果判断质量问题的严重程度，必要时需通过建设单位请原设计单位及质量监督机构参加对该质量问题进行分析判断。

（4）根据判断的结果及质量问题产生的原因决定处理方案。

（5）指令施工单位按批准的方案进行处理，监理方应跟踪监督。

（6）经处理及施工单位自检合格后，监理工程师复检合格加以确认。

（7）明确质量责任，按责任归属承担责任。

2. 根据本问题所述检验结果，该层钢筋混凝土柱应当全部返工重新浇筑混凝土。由此产生的经济损失和工期延误应由施工单位承担责任。监理工程师在对施工单位抽样检验的环节中失控，应对建设单位承担一定的失职责任。

第四节　工程质量控制的统计分析方法

统计质量管理是20世纪30年代发展起来的科学管理理论与方法，它把数理统计方法应用于产品生产过程的抽样检验，通过研究样本质量特性数据的分布规律，分析和推断生产过程质量的总体状况，改变了传统事后把关的质量控制方式，为工业生产的事前质量控制和过程质量控制提供了有效的科学手段。它的作用和贡献使之成为质量管理史上一个阶段性的标志，至今仍是质量管理不可缺少的工具。建筑业虽然是现场型的单件建筑产品生产，数理统计方法直接在现场施工过程质量检验中的应用受到某些客观条件的限制，但在建筑构件的制造、半成品加工和进场材料的抽样检验、试块试件的检测试验等方面，仍然有广泛的应用，尤其是人们应用数理统计原理创立的分层法、调查表法、排列图法、因果分析图法、相关图法、直方图法、控制图法等定量和定性方法，对施工现场质量管理都有实际的应用价值。

一、分层法

分层法是将收集来的数据按不同情况和不同条件分组，每组叫作一层，所以分层法又称分类法或分组法。分层的方法很多，可按班次、日期分类；按操作者、操作方法、检测方法分类；按设备型号、施工方法分类；按使用的材料规格、型号、供料单位分类等。

分层法一般用于将原始数据进行分门别类，使人们能从不同角度分析产品质量问题和影响因素，现举例来说明分层法的应用。

【例 5-3】 某批钢筋的焊接由三位工人操作，而焊条是两家工厂提供的产品，对钢筋焊接质量调查了50个焊接点，其中不合格的19个，不合格率为38%。存在严重的质量问题，用分层法分析质量问题的原因。

【解】（1）按操作者分层，如表5-1所示，从分析结果可以看出，焊接质量最好的为B工人，不合格率为25%。

表 5-1　按操作者分层

操作者	不合格点数	合格点数	不合格率
A	6	13	32%
B	3	9	25%
C	10	9	53%
合计	19	31	38%

（2）按供应焊条的工厂分层，如表 5-2 所示，不论是采用甲厂还是乙厂的焊条，不合格率都很高且相差不多。

表 5-2　按供应焊条工厂分层

工厂	不合格点数	合格点数	不合格率
甲	9	14	39%
乙	10	17	37%
合计	19	31	38%

（3）综合分层。将操作者与供应焊条的工厂结合起来分层，如表 5-3 所示。

表 5-3　综合分层分析焊接质量

操作者		甲厂	乙厂	合计
A	不合格点数	6	0	6
	合格点数	2	11	13
B	不合格点数	0	3	3
	合格点数	5	4	9
C	不合格点数	3	7	10
	合格点数	7	2	9
合计	不合格点数	9	10	19
	合格点数	14	17	31

根据表 5-3 的综合分析可知，在使用甲厂焊条时，应采用 B 工人的操作方法为好；在使用乙厂焊条时，应采用 A 工人的操作方法为好，这样会使合格率大大提高。

应用分层法的关键是调查分析的类别和层次划分，根据管理需要和统计目的，通常可按照以下分层方法取得原始数据。

（1）按施工时间分，如月、日、上午、下午、白天、晚间、季节。

（2）按地区部位分，如区域、城市、乡村、楼层、外墙、内墙。

（3）按产品材料分，如产地、厂商、规格、品种。

（4）按检测方法分，如方法、仪器、测定人、取样方式。

（5）按作业组织分，如工法、班组、工长、工人、分包商。

（6）按工程类型分，如住宅、办公楼、道路、桥梁、隧道。

（7）按合同结构分，如施工总承包、专业承包、专业作业。

经过第一次分层调查和分析，找出主要问题后，还可以针对这个问题再次分层进行调查分析，一直到分析结果满足管理需要为止。层次类别划分越明确、越细致，就越能够准确有效地找出问题及其原因所在。

二、调查表法

调查表法又称调查分析法、检查表法，是收集和整理数据用的统计表，利用这些统计表对数据进行整理，可粗略地进行原因分析。按使用目的不同，常用的检查表有：分项工程作业质量分布调查表、不合格项目调查表、不合格原因调查表、施工质量检查评定调查表等。调查表形式灵活、简便实用，与分层法结合，可更快、更好地找出问题的原因。表 5-4 为混凝土空心板外观质量问题调查表。

表 5-4　混凝土空心板外观质量问题调查表

产品名称	混凝土空心板		生产班组		
日生产总数	200 块	生产时间	年　月　日	检查时间	年　月　日
检查方式	全数检查		检查员		
项目名称	检查记录			合计	
露筋	正 正			9	
蜂窝	正 正 一			11	
孔洞	丅			2	
裂缝	一			1	
其他	下			3	
总计	正正正正正一			26	

三、排列图法

排列图法又叫主次因素分析图或帕累托图，是用来寻找影响产品质量主要因素的一种有效工具。排列图由两个纵坐标、一个横坐标、若干个直方形和一条曲线组成。其中左边的纵坐标表示频数，右边的纵坐标表示频率，横坐标表示影响质量的各种因素。若干个直方形分别表示质量影响因素的项目，直方形的高度则表示影响因素的大小程度，按大小由左向右排列，如图 5-6 所示。曲线表示各影响因素出现的累计频率百分数，这条曲线叫帕累托曲线。一般把影响因素分为三类，累计频率在 0～80%范围内的因素，称为 A 类因素，是主要因素，应集中力量加以重点解决；在 80%～90%范围内的为 B 类因素，是次要因素；在 90%～100%范围内的为 C 类因素，是一般因素。

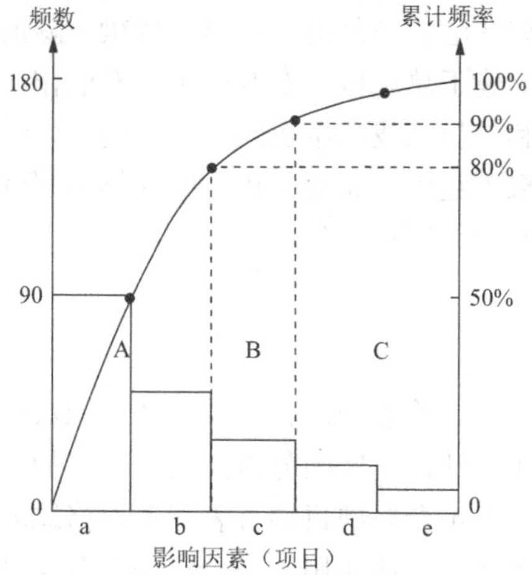

图 5-6　排列图

下面举例说明排列图的基本做法。

【例 5-4】 某工程施工监理中，监理工程师对承建商在施工现场制作的水泥预制板进行质量检查，抽查了 500 块，发现其中存在如表 5-5 所示的质量问题。

表 5-5　预制板质量问题及相关资料

序号	存在问题项目	出现问题频率	累计频率
1	蜂窝麻面	22	55%
2	局部露筋	10	80%
3	强度不足	4	90%
4	横向裂缝	3	97.5%
5	纵向裂缝	1	100%
合计		40	

问题：产品的主要质量问题是什么？监理工程师应如何处理？

【解】（1）采用排列图法分析产品的主要质量问题。

第一步，针对本题特点，应选择排列图法进行分析。

第二步，根据检查记录，按不合格数由大到小进行整理排列，算出频率和累计频率，如表 5-5 所示。

第三步，绘制排列图，如图 5-7 所示。

第四步，分析。由排列图可见，主要的质量问题是水泥预制板的表面出现蜂窝麻面和局部露筋，次要问题是混凝土强度不足，一般问题是横向和纵向裂缝。

（2）出现质量问题后的处理。监理工程师应要求承建商提出具体的质量改进方案，分析产生质量问题的原因，制定具体的措施提交监理工程师审查，经监理工程师审查确认后，由施工单位实施改进。执行过程中，监理工程师应严格监控。

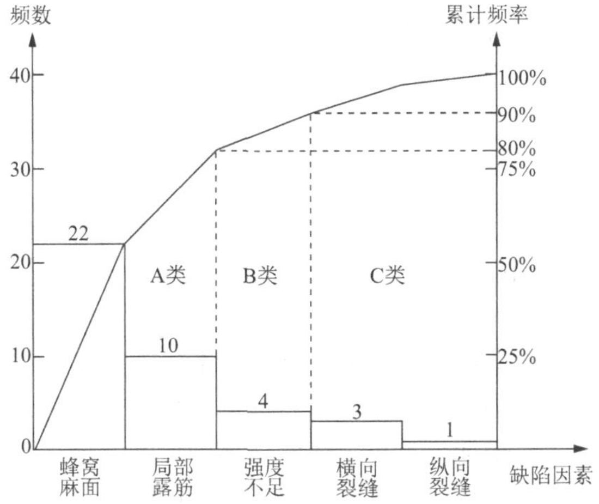

图 5-7　排列图示例

四、因果分析图法

因果分析图法又称质量特征要因图、鱼刺图或树枝图，是用来寻找质量问题产生原因的有效工具。

因果分析图的做法是：首先明确质量特性结果，绘出质量特性的主干线，把它写在右边，从左向右画上带箭头的框线。然后分析确定可以影响质量特性的大原因（大枝），一般有人、机械、材料、方法和环境五个方面。再进一步分析确定影响质量的中、小和更小原因，即画出中小细枝，如图 5-8 所示。

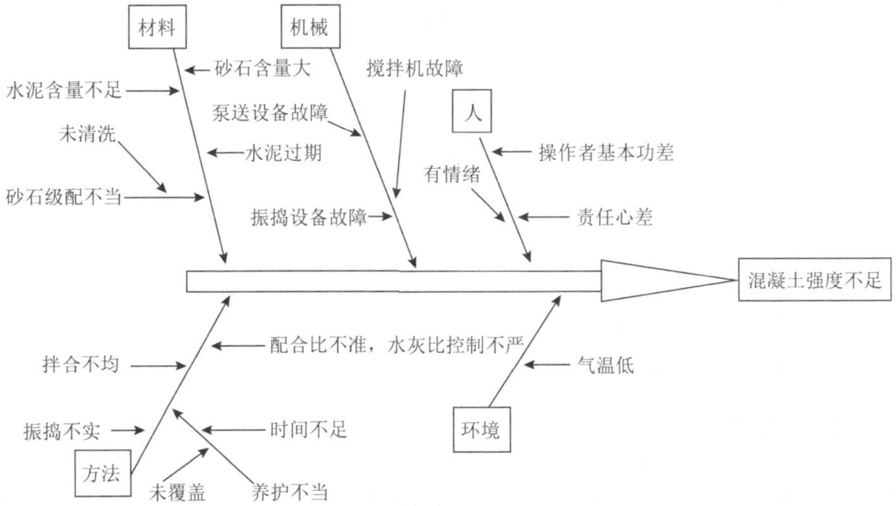

图 5-8　混凝土强度不足因果分析图

对重要的影响原因还要用标记或文字说明，以引起重视。最后对照相关因素逐一落实，制定对策，限期改正，只有这样才能起到因果分析的作用。

画图时应注意找准质量特性结果，以便查找原因。同时要广泛征求意见，特别是现场有实践经验人员的意见，并集中有关人员，共同分析，确定主要原因。分析原因要深入细致，从大到小，从粗到细，找出真正的原因。

五、相关图法

相关图法又称散点图法，它是将两个变量（两个质量特性）间的相互关系用一个直角坐标表示出来，从相关图中点子的分布状况就可看出两个质量特性间的相互关系，以及关系的密切程度。

相关图的几种基本类型如图 5-9 所示，分别表示以下关系。

（1）正相关：因素 x 增加，结果 y 也明显增加，见图 5-9（a）。

（2）弱正相关：因素 x 增加，结果 y 略有增加，见图 5-9（b）。

（3）不相关：因素 x 与结果 y 没有关系，见图 5-9（c）。

（4）弱负相关：因素 x 增加，结果 y 略有减小，见图 5-9（d）。

（5）负相关：因素 x 增加，结果 y 明显减小，见图 5-9（e）。

（6）非线性相关：因素 x 增加到某一范围时，结果 y 也增加，但超过一定范围后 y 反而减小，见图 5-9（f）；或因素 x 增加到某一范围时，结果 y 减小，但超过一定范围后 y 增加。

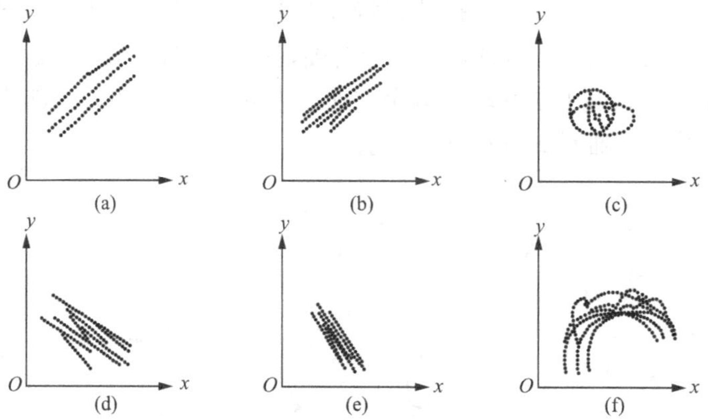

图 5-9　相关图基本类型

从图 5-9（a）和（e）两种图形可以判断 x 是质量特性 y 的重要影响因素，控制好因素 x，就可以把结果 y 较为有效地控制起来。

六、直方图法

直方图又称质量分布图，利用直方图可分析产品质量的波动情况，了解产品质量特征的分布规律，以及判断生产过程是否正常。直方图还可用来估计工序不合格品率的高低、制定质量标准、确定公差范围、评价施工管理水平等。

下面以实例来说明直方图的画法及应用。

1. 直方图的画法

（1）数据的收集与整理。例如，某工地在一个时期内使用 C30 混凝土，共做试块 100 块，抗压强度如表 5-6 所示。从该表中找出全体数据中的最大值为 34.7，最小值为 27.4，两者之差即 34.7−27.4=7.3，称为极差，用符号 R 表示。

表 5-6　混凝土试块强度统计数据表　　单位：兆帕

组号	各组中的数据序号										组中最大	组中最小
	1	2	3	4	5	6	7	8	9	10		
1	32.3	31.0	32.6	30.1	32.0	31.1	32.7	31.6	29.4	31.9	32.7	29.4
2	32.2	32.0	28.7	31.0	29.5	31.4	31.7	30.9	31.8	31.6	32.2	28.7
3	31.4	34.1	31.4	34.0	33.5	32.6	30.9	30.8	31.6	30.4	34.1	30.4
4	31.5	32.7	32.6	32.0	32.4	31.7	32.7	29.4	31.7	31.6	32.7	29.4
5	30.9	32.9	31.4	30.8	33.1	33.0	31.3	32.9	31.7	31.6	33.1	30.8
6	30.3	30.4	30.6	30.9	31.0	31.4	33.0	31.3	31.9	31.8	33.0	30.3
7	31.9	30.9	31.1	31.3	31.9	31.3	30.8	30.5	31.4	31.3	31.9	30.5
8	31.7	31.6	32.2	31.6	32.7	32.6	27.4	31.6	31.9	32.0	32.7	27.4
9	34.7	30.3	31.2	32.0	34.3	33.5	31.6	31.3	31.6	31.0	34.7	30.3
10	30.8	32.0	31.3	29.7	30.5	31.6	31.7	30.4	31.1	32.7	32.7	29.7

（2）确定直方图的组数和组距。组数多少要按收集数据的多少来确定。当数据总数为 50～100 时，可分为 6～10 组；数据总数为 100～250 时，可分为 7～12 组；数据总数超过 250 时，可分为 10～20 组。本例题数据总数为 100，所以分为 10 组。组数用字母 K 表示。为了方便，通常可选定组数，然后算出组距，组距用字母 h 表示。

组数与组距的关系式是：组数=$\dfrac{\text{极差}}{\text{组距}}$，即 $K=\dfrac{R}{h}$。

本例组数选定 K=10 组，则组距 $h=\dfrac{R}{K}=\dfrac{7.3}{10}=0.73$（为了保证所有数据在组距内，$h$ 取 0.8）。

（3）确定数据分组区间。数据分组区间应遵循如下规则：相邻区间在数值上应是连续的，即前一区间的上界值应等于后一区间的下界值；要避免数据落在区间的分界上。为此，一般把区间分界值精度比数据值精度提高半级，即第一区间的下界值，可取最小值减 0.05；第一区间上界值为该区间下界值再加组距，本例中：

第一区间下界值=最小值−0.05=27.4−0.05=27.35；

第一区间上界值=第一区间下界值+h=27.35+0.8=28.15；

第二区间下界值=第一区间上界值=28.15；

第二区间上界值=第二区间下界值+h=28.15+0.8=28.95。以此类推。

（4）编制频数分布统计表。根据确定的各个区间值，就可以进行频数统计，编制出频数分布统计表，如表 5-7 所示。

表 5-7　频数分布统计表

序号	分组区间	频数	序号	分组区间	频数
1	27.35～28.15	1	7	32.15～32.95	15
2	28.15～28.95	1	8	32.95～33.75	5
3	28.95～29.75	4	9	33.75～34.55	3
4	29.75～30.55	8	10	34.55～35.35	1
5	30.55～31.35	25			
6	31.35～32.15	37	合计		100

（5）绘制频数直方图。用横坐标表示数据分组区间，纵坐标表示各数据分组区间出现的频数。本例中混凝土强度频数直方图如图 5-10 所示。

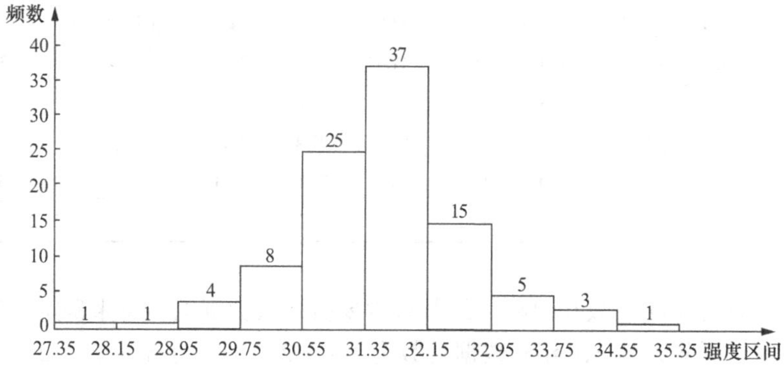

图 5-10　混凝土强度直方图

2. 直方图分析

1）分布状态分析

对直方图分布状态进行分析，可判断生产过程是否正常，常见的直方图分析如下。

（1）正态分布，见图 5-11（a）：说明生产过程正常、质量稳定。

（2）偏态分布，见图 5-11（b）和（c）：由技术或习惯上的原因，或由上下限控制过严造成。

（3）锯齿分布，见图 5-11（d）：组数或组距不当，或测试所用方法和读数有问题所致。

（4）孤岛分布，见图 5-11（e）：原材料变化，如少量材料不合格，或工人临时替班所致。

（5）陡壁分布，见图 5-11（f）：数据收集不正常，可能有意识地去掉上限以上（或下限以下）的数据，或是在检测过程中存在某种人为因素所造成的。

（6）双峰分布，见图 5-11（g）：把两种不同方法、设备生产的产品数据混淆在一起所致。

（7）平峰分布，见图 5-11（h）：即生产过程中由缓慢变化的因素起主导作用的结果。

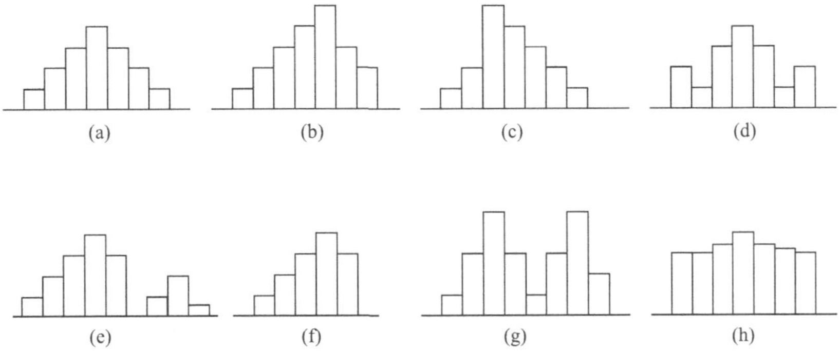

图 5-11 常见直方图分析

2）实际分布与标准分布比较

将实际质量直方图与标准质量进行比较，来判断实际施工能力。如图 5-12 所示，*T* 表示标准质量要求的界限，*B* 表示实际质量特性值分布范围。比较结果一般有以下几种情况。

（1）*B* 在 *T* 中间，两边各有一定余地，这是理想的情况，见图 5-12（a）。

（2）*B* 虽在 *T* 之内，但偏向一边，有超差的可能，需要采取纠偏措施，见图 5-12（b）。

（3）*B* 与 *T* 重合，实际分布太宽，易超差，要采取措施减少数据的分散，见图 5-12（c）。

（4）*B* 的范围远小于 *T*，说明加工过于精确，不经济，见图 5-12（d）。

（5）*B* 偏离 *T* 的中心过大，造成很多不合格品，需要调整，见图 5-12（e）。

（6）*B* 的范围过大，产生大量不合格品，说明工序能力不能满足技术要求，见图 5-12（f）。

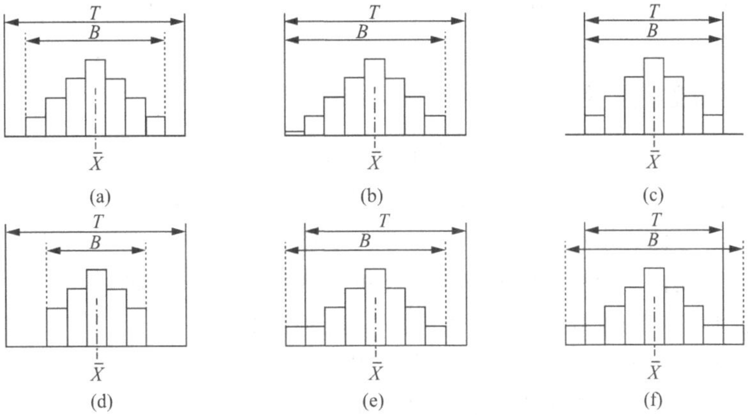

图 5-12 实际质量分布与标准质量分布比较

七、控制图法

控制图法又称管理图法，它可动态地反映质量特性随时间的变化，可以动态掌握质量状态，判断其生产过程的稳定性，从而实现对工序质量的动态控制。

控制图的基本样式见图 5-13，纵坐标为质量特性值，横坐标为子样编号或取样时间。图 5-13 中有三条线：中间的一条细实线为中心线，是数据的均值，用 CL 表示；上下两条虚线为上控制界限 UCL 和下控制界限 LCL。在生产过程中，按时间抽取子样，测量其特征值，将其统计量作为一个点画在控制图上，然后连接各点成为一条折线，即表示质量波动情况。

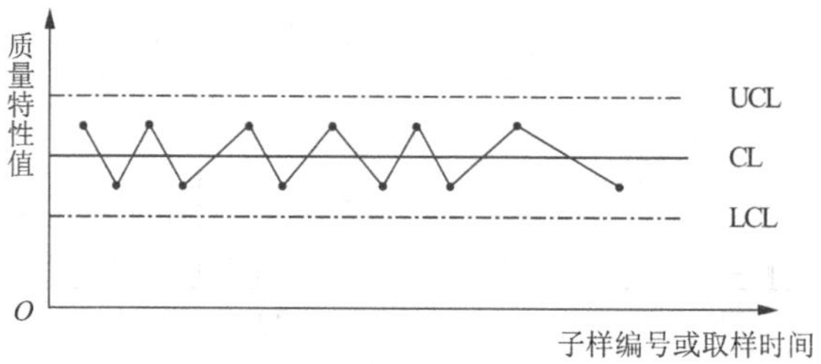

图 5-13　控制图基本样式

1. 控制图的分类

控制图可分为计量值控制图和计数值控制图。计量值控制图有平均值-极差值控制图、中位数-极差值控制图；计数值控制图有不良品数控制图、不良品率控制图、样本缺陷数控制图、单位产品缺陷数控制图等。

2. 控制图的绘制原理

控制图是以正态分布为理论依据，采用“三倍标准偏差法”绘制的，即将中心线定在被控制对象的平均值上面，以中心线为基准，向上、向下各三倍标准偏差作为控制上限和控制下限。应用控制图可以在经济的条件下，实现工序控制，达到保证产品质量的目的。

3. 控制图的观察分析

应用控制图的主要目的是分析判断生产过程是否处于稳定状态，预防不合格品的产生。当控制图的点子满足以下两个条件：一是点子没有跳出控制界限，二是点子随机排列且没有缺陷，可认为生产过程基本上处于控制状态，即生产正常。否则，就认为生产过程发生了异常变化，必须把引起这种变化的原因找出来，并排除掉。

点子在控制界限内排列有缺陷，包括以下几种情况。

（1）点子连续在中心线一侧出现 7 个及以上，见图 5-14（a）。

（2）连续 7 个及以上点子上升或下降，见图 5-14（b）。

（3）点子在中心线一侧多次出现。例如，连续 11 个点中至少有 10 个点在同一侧，见图 5-14（c）；或连续 14 点中至少有 12 点、连续 17 点中至少有 14 点、连续 20 点中至少有 16 点出现在同一侧。

（4）点子接近控制界限。例如，连续 3 个点中至少有 2 点在中心线向上或向下二倍标准偏差横线以外出现，见图 5-14（d）；或连续 7 点中至少有 3 点、连续 10 点中至少有 4 点在该横线外出现。

（5）点子出现周期性波动，见图 5-14（e）。

在使用控制图时，除了上述异常情况外，下列几种情况也应引起重视。

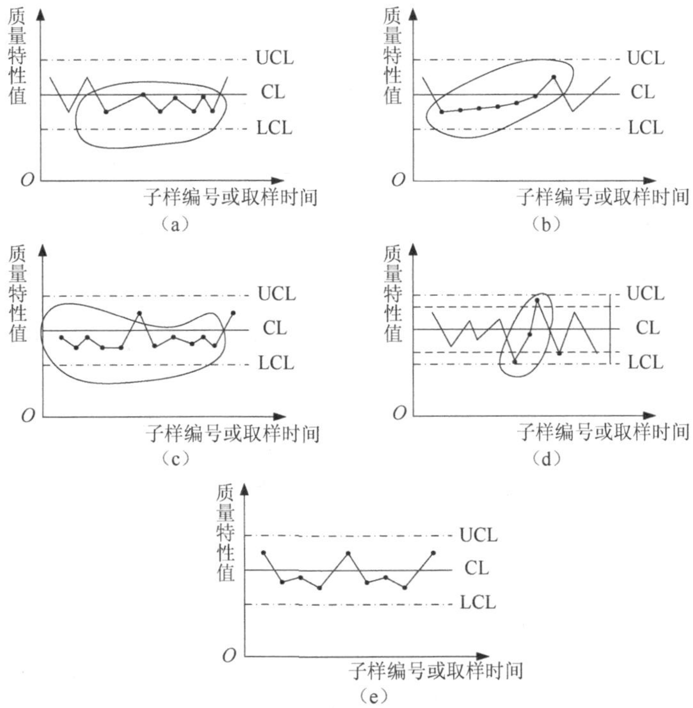

图 5-14　控制图的观察分析

（1）数据点出现上、下循环移动的情形。可能是季节性的环境影响、操作人员的轮换或操作人员的疲劳造成的。

（2）数据点出现朝单一方向变化的趋势。其原因可能是工具磨损、设备未按期进行检验，或原材料的均匀性变质。

（3）太多的数据点接近中心线。若连续 13 点以上落在中心线$\pm\sigma$的带型区域内，此为小概率事件，该情况也应判为异常。出现的原因可能是控制图使用太久没有加以修改而失去控制作用，或者数据不真实。

4. 控制图的重要性

（1）贯彻预防为主的原则。应用控制图有助于保持生产过程处于控制状态，从而起到保证质量、防患于未然的作用。

（2）改进生产过程。应用控制图可以减少废品和返工，从而提高生产率、降低成本和增加生产能力。

（3）防止不必要的过程调整。控制图可用以区分质量的偶然波动和异常波动，从而使操作者减少不必要的过程调整。

（4）提供有关工序能力的信息。控制图可以提供重要的生产过程参数及它们的时间稳定性，这对于生产过程的设计和管理是十分重要的。

复　习　题

一、单项选择题（每题备选项中，只有一个最符合题意）

1. 项目质量计划应在（　　）过程中编制。

A. 项目设计　　B. 项目管理策划　　C. 项目施工　　D. 项目可行性研究

2. 在工程项目质量管理中，（　　）的因素起决定性的作用。

A. 机械　　B. 人　　C. 材料　　D. 方法

3. 建立质量体系和进行质量管理的基本方法是（　　）。

A. 组织论　　B. 控制论　　C. 系统论　　D. PDCA 循环

4. 工程质量检验评定中，按同一生产条件汇总起来供检验用的，由一定数量样本组成的检验体，称为（　　）。

A. 分项工程　　B. 分部工程　　C. 检验批　　D. 抽样检验方案

5. 根据我国相关规定，工程项目竣工质量验收的基本对象是（　　）。

A. 检验批　　B. 单位工程　　C. 分部工程　　D. 分项工程

6. 单位工程的竣工预验收由（　　）组织。

A. 施工单位　　B. 建设单位

C. 监理单位　　D. 设计单位

7. 单位工程的观感质量应由验收人员进行现场检查，最后由（　　）确认。

A. 总监理工程师　　B. 建设单位代表

C. 设计单位代表　　D. 各单位验收人员共同

8. 某建设工程发生一起质量事故，导致 50 人重伤，直接经济损失 5100 万元，则该起质量事故属于（　　）。

A. 一般事故　　B. 严重事故　　C. 较大事故　　D. 重大事故

9. 下列施工质量事故发生的原因中，不属于管理原因的是（　　）。

A. 施工单位的检验制度不严密　　B. 对水文地质情况判断错误

C. 施工单位的质量控制不严密　　D. 施工单位质量管理措施落实不力

10. 工地分别从甲厂和乙厂购买了焊条，工人张某和王某用这些焊条对工程进行了焊接作业，通过质量检查，结果如表 5-8 所示。其中工人王某应选用（　　）的焊条进行作业。

表 5-8　焊接质量检查结果表

焊接工人	检查结果	甲厂		乙厂	
		焊点	不合格率	焊点	不合格率
张某	不合格	20	40%	6	X_1
	合格	30		14	
王某	不合格	5	X_2	10	50%
	合格	20		10	

A. 甲厂　　B. 乙厂　　C. 不能确定　　D. 两者均可

11. 用于分析造成工程施工质量问题主次原因的方法是（　　）。

A. 调查表法　　B. 排列图法　　C. 因果分析图法　　D. 直方图法

12. 因果分析图是用来（　　）。

A. 寻找影响质量的主要问题　　B. 寻找影响质量的主要原因

C. 寻找影响质量的次要原因　　D. 寻找解决质量问题的对策

13. 利用直方图分布位置判断生产过程的质量状况和能力，如果质量特性数据的分布宽度边界达到质量标准的界限，说明生产过程的质量能力（　　）。

A. 偏小、需要整改　　B. 处于临界状态，易出现不合格

C. 适中、符合要求　　D. 偏大、不经济

二、多项选择题（每题备选项中，至少有两个符合题意，多选、错选不得分）

1. 项目质量计划编制依据应包括（　　）。

A. 合同中有关产品质量要求　　B. 项目管理规划大纲

C. 项目设计文件　　D. 相关法律法规和标准规范

E. 质量管理体系和管理职责

2. 以下关于施工检测质量控制的表述，正确的是（　　）。

A. 建设单位应委托具备相应资质的第三方检测机构进行工程质量检测

B. 非建设单位委托的检测机构出具的检测报告不得作为工程质量验收依据

C. 检测机构应独立出具检验检测数据和结果

D. 检测机构应对检测数据和检测报告的真实性和准确性负责

E. 非建设单位委托的检测机构出具的检测报告也可作为工程质量验收依据

3. 检验批的质量验收包括（　　）的内容。

A. 质量资料检查　　B. 主控项目的检验

C. 一般项目的检验　　D. 保证项目的检验

E. 允许偏差项目的检验

4. 分项工程质量验收合格的规定有（　　）。

A. 所含检验批的质量应验收合格　　B. 质量验收记录应完整、真实

C. 质量控制资料应完整　　D. 观感质量应符合要求

E. 主要功能项目应符合相关规定

5. 按事故造成损失的程度，工程质量事故可以分为（　　）。

A. 一般事故　　B. 严重事故　　C. 较大事故　　D. 重大事故

E. 特别重大事故

6. 按事故责任划分，工程质量事故可以分为（　　）。

A. 指导责任事故　　B. 技术责任事故　　C. 操作责任事故　　D. 管理责任事故

E. 自然灾害事故

7. 某工程在浇筑门厅（结构高度为 28.1 米，净跨 24 米）混凝土时，发生支模架坍塌，造成 13 人死亡，17 人受伤。经调查，该事故主要是现场技术管理人员生病请假，工程负责人为了不影响施工进度，未经技术交底就安排工人自行作业造成的，则该工程质量事故应判定为（　　）。

A. 管理原因引发的事故　　B. 技术原因引发的事故

C. 特别重大事故　　D. 指导责任事故

E. 重大质量事故

8. 施工质量缺陷处理的基本方法有（　　）。

A. 表面处理　　B. 加固处理　　C. 返工处理　　D. 返修处理

E. 不作处理

9. 常见的工程质量控制的统计分析方法有（　　）。

A. 决策树法　　B. 分层法　　C. 因果图分析法　　D. 排列图法

E. 直方图法

10. 运用排列图法进行质量管理时，正确的是（　　）。

A. 进行质量抽样检查

B. 得到质量特性不合格点统计数据
C. 按照质量特性不合格点数从大到小的顺序，整理并作排列表
D. 画出因果分析图
E. 分别计算不合格质量特性的累计频数和累计频率

11. 在质量管理的工具和方法中，直方图一般是用来（　　）。
A. 分析生产过程质量是否处于稳定状态　B. 找出影响质量问题的主要因素
C. 分析生产过程质量是否处于正常状态　D. 逐层分析质量问题产生的原因
E. 分析质量水平是否保持在公差允许的范围内

三、简答题

1. 简述项目质量管理的程序。
2. 影响工程质量的因素有哪些？
3. 简述工程质量事故的特点和分类。
4. 简述工程质量控制的主要统计分析方法。

四、计算题

1. 对某工程楼地面质量进行调查后，发现有 80 间房间地面起砂，统计结果如表 5-9 所示。

表 5-9　地面起砂原因统计结果

编号	影响质量的原因	出现次数	编号	影响质量的原因	出现次数
a	砂含泥量过大	17	d	砂浆配合比不当	7
b	砂粒径过细	47	e	水泥强度等级太低	1
c	后期养护不足	5	f	砂浆终凝前压光不足	3

试绘制排列图，并用排列图法分析造成质量问题的主要因素。

2. 某大型基础工程的混凝土设计强度为 C30。在混凝土开始浇筑后，施工单位按规定预留了 40 组混凝土试块，根据其抗压强度试验结果绘制出频数分布情况，见表 5-10。如已知 C30 混凝土强度质量控制范围取值为：上限 T_U=38.2 兆帕，下限 T_L=24.8 兆帕，绘制频数直方图，并对混凝土浇筑质量给予全面评价。

表 5-10　混凝土试块抗压强度试验结果

组号	分组区间	频数	频率
1	25.15～26.95	2	0.05
2	26.95～28.75	4	0.10
3	28.75～30.55	8	0.20
4	30.55～32.35	11	0.275
5	32.35～34.15	7	0.175
6	34.15～35.95	5	0.125
7	35.95～37.75	3	0.075

五、思考题

了解“7381”工程的建设背景和过程。

【延伸阅读】黄河小浪底水利枢纽工程质量管理

黄河小浪底水利枢纽工程（以下简称小浪底工程）位于河南省洛阳市以北约 40 公里的黄河干流上，三门峡水利枢纽下游 130 公里。控制流域面积 69.4 万平方公里，占黄河流域面积的 92.3%。小浪底工程地处黄河中游最后一段峡谷的出口，是控制黄河洪水和泥沙的关键位置，是以防洪、防凌、减淤为主，兼顾供水、灌溉、发电的综合水利枢纽工程，如图 5-15 所示。该工程由拦河大坝、泄洪排沙建筑物、引水发电建筑物组成，水库库容 126.5 亿立方米，泄洪排沙和引水发电隧洞共 15 条。

图 5-15　黄河小浪底水利枢纽工程

1. 质量保证体系

小浪底工程建设全面推行了业主责任制、招标投标制、建设监理制，与国际工程管理实现了全方位的接轨。业主和参建各方组建了质量管理组织机构，建立了质量管理制度，健全了质量保证体系。

1）完善质量管理组织

水利部小浪底水利枢纽建设管理局作为小浪底工程的项目业主，承担项目筹资、建设、运营、还贷及国有资产保值增值等重大责任。小浪底工程采用国际招标建设。以意大利英波基洛公司为责任方的黄河承包商中标承建大坝工程；以德国旭普林公司为责任方的中德意联营体中标承建泄洪工程；以法国杜美兹公司为责任方的小浪底联营体中标承建引水发电设施工程；水轮机由美国 VOITH 公司中标制造；发电机由哈尔滨电机厂和东方电机厂联合制造；机电安装工程由水电四局、中国水电十四局、水电三局组成的联营体中标。

小浪底工程咨询有限公司承担工程监理任务，按合同规定控制工程投资、进度、质量，并协调施工各方关系。

水利部小浪底水利枢纽建设管理局聘请加拿大国际工程咨询公司作为枢纽工程的咨询公司，为小浪底水利枢纽招标投标、合同管理提供咨询；世界银行小浪底特别咨询专家团每年两次到小浪底检查指导工作，对工程建设中重大技术问题进行咨询，并向世界银行提供报告；水利部小浪底水利枢纽建设管理局聘请国内著名水利水电专家组成工程技术委员会。

2）明确质量标准

小浪底工程质量标准依据国家标准，部分规定高于国家标准，是对一流工程质量目标的具体量化和重要体现。在现有国家规范基础上，结合小浪底工程的具体情况，以合同为依据，制定了一系列的质量标准。

2. 工程质量控制

1）严格招标

枢纽工程的金属结构设备不论大小，均通过招标方式，货比三家，择优选厂承制。整个枢纽工程的主要金属结构设备，根据不同的类型，分为卷扬式启闭机、液压启闭机、平面闸门及拦污栅和弧形闸门四个大项分别进行招标，其他大型设备和小型零星设备根据工程进展情况逐项单独进行招标。

招标方式一律采用邀请招标，零星项目大多采用询价议标方式。评标委员会由建设管理局有关领导和机电、计划、合同、财务、运营管理等部门及设计单位有关人员组成，重大项目外聘专家参加评标。开标均不采用公开开标方式，在严格保密的情况下进行开标和评标，不保证最低价中标。

评标时主要考虑如下几个要素：技术装备条件和加工制造能力；是否有完善的管理制度和质量保证体系；是否有良好的社会信誉和售后服务；施工方案和价格是否合理；业主对制造承包商的控制能力；超大件的运输条件。

2）设备制造过程的质量管理

（1）招标采购。小浪底工程全面贯彻招投标制度，在发标之前，业主主管部门的技术人员先对有投标意向的厂家进行考察，同时进行市场调查，比较详细地了解该厂各方面的情况。

（2）产品监造。产品的质量主要依靠制造厂的质量保证体系来保证，即靠制造产品的人来实现，但业主的控制和监督必不可少。每个项目开工前，均委派驻厂监造工程师，按监造大纲对产品实施全过程监造。监造工程师除了履行监造合同规定的职责外，还必须遵守业主单位制定的《机电设备监造人员守则》，用制度和纪律约束他们的行为。

3）制造过程质量控制

（1）产品开工前。业主要求制造厂明确项目负责人和质量负责人，除要报监造工程师外，还要报业主备案，这样既方便工作上的联系，又避免无人负责的局面。

（2）开工投料前。制造厂应完成如下准备工作：应厂家要求，设计人员到厂进行技术沟通；启闭机的设计均由制造厂负责，无设计能力的委托专业设计院进行设计，设计完成后由业主组织审查会进行审查，通过后才能投产；将编制完成的工艺措施、工艺图、焊接工艺指导书和项目进度计划提交监造工程师审查批准。

（3）项目制造工作。项目制造工作一切准备就绪，由制造厂提出开工申请报告，监造工程师全面审核后下达开工令。设备在制造过程中，按工序进行质量控制，前一道工序不合格不得转入下一道工序，工序的转换需监造工程师现场见证。

（4）出厂验收。设备制造完毕并处于总预装状态，制造厂提供全套自检资料交给监造工程师审查，经监造工程师全面检查认可合格后，才能向业主申请出厂前的验收。

（5）竣工资料。设备交货时，制造厂将全套竣工资料移交给业主。这些资料主要包括：竣工图、产品合格证、项目总结及大事记、主要材料的材质证明、外购件质量证明书、焊缝外观检查资料、焊缝及铸锻件报告、设备几何尺寸检测资料、产品预装检查报告、重大缺陷处理记录、涂装检测报告、设计修改通知单和材料代用通知单、有关会议纪要及部件标号图等。

（6）巡检制度。在设备的制造前期，业主主管部门的专业技术人员不定期到制造厂进行巡回检查，其目的在于检查工厂质量保证体系的运转情况、产品的质量状况和监造工程师的工作，同时也协助工厂解决相关问题。

（7）专业检测。在合同中规定，当设备制造完毕时，业主或监造工程师有权邀请专业质量检测部门对即将验收的设备进行全面质量检测或专项抽检，向业主单位提出检测报告。

（8）现场交接。设备运抵小浪底货场后，由业主代表主持，安装监理工程师、安装承包商和制造厂的代表都在场的情况下，对所到设备进行外观检查，清点数量，对发现的问题做好记录，分清责任，最后由四方代表在交接验收单上签字。验收合格后，设备由安装承包商负责管理和维护，制造厂到此完成了制造任务。

4）积极探索

小浪底工程战略地位重要，工程规模宏大，地质条件复杂，水沙条件特殊，运用要求严格，施工强度高，质量要求严，施工技术复杂，组织管理难度大，被中外水利专家视为世界上最复杂的水利工程之一。在施工过程中，有关各方加强协调，勇于探索，克服了孔板消能泄洪洞、深混凝土防渗墙、大跨度地下厂房、密集地下洞群、集中布置的进水塔和消力塘，以及高边坡预应力锚索施工等具有挑战性的一系列技术难题。

3. 质量管理成效

有严格的质量规划和质量保证体系，在各方共同努力下，小浪底工程主体大坝于2000年6月填筑到顶，比合同目标计划提前13个月，创造了我国土石坝施工史上的新纪录。这座宏伟的大坝雄踞在黄河中游最后一段峡谷出口的小浪底村附近，是迄今我国江河上最大的上空心墙堆石坝。为了防止大坝底部渗透水，施工者采取垂直防渗同水平防渗相结合的办法，修筑了主坝混凝土防渗墙和上游围堰高压旋喷防渗墙。

2000年9月，受国家发展计划委员会委托，水利部会同河南、山西两省人民政府对小浪底水利枢纽蓄水相关工程项目和水库移民及库容清理进行了验收。验收委员会认为，小浪底工程已具备蓄水条件，同意通过蓄水阶段验收。这是该工程继1997年实现大河截流后又一项重大阶段性成果，标志着小浪底水库开始发挥调蓄效益。

2000年12月，小浪底工程最后一个国际标竣工，比预定工期提前了12个月，至此，经过万余名中外建设者长达6年的精诚合作和艰苦努力，小浪底水利枢纽3个国际标土建工程施工已全部提前完成。

第二课堂

[1] ISO 9001质量管理体系认证，ISO 14001环境管理体系认证，OHSAS 18000职业健康安全管理体系认证

[2] 全国建筑市场监管公共服务平台：四库一平台

[3] 中国质量协会（www.caq.org.cn）

[4] 工程质量保险

第六章　工程项目成本管理

☆导读

三大目标管理中，成本管理是项目管理的基础。从全过程造价管理角度看，造价管理包括决策阶段（工程经济学）、设计阶段（工程造价管理）、发承包阶段（工程合同管理）、施工阶段和竣工阶段（工程造价管理）。施工阶段是实现建设工程价值的主要阶段，也是资金投入量最大的阶段。同时，工程实际情况多变，使得施工阶段造价管理难度加大。本章主要围绕施工过程价款调整、结算和挣值法展开介绍，也减少与相关课程内容的重合。本章各节关系如图 6-1 所示。

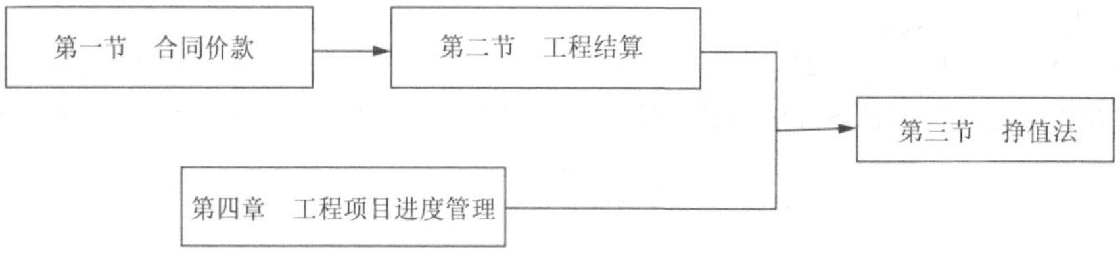

图 6-1　本章各节关系图

问题引入

1. 工程全生命周期成本包括哪些?
2. 大数据分析如何保障成本控制的准确性?
3. 进度、质量和成本之间的关系是什么?

【导例】我国古代工程估价和费用管理

工程估价是一项古老的工程活动，它是与人类工程建造活动同步发展的。中国历史上历代官方都很重视材料和费用消耗的计算,并形成了一些计算工料和费用消耗的方法。

我国在工程投资管理方面很早就形成一套费用的预测、计划、核算、审计和控制体系。北宋时期，李诫编修的《营造法式》更是吸取了历代工匠的经验，对控制工料消耗作了规定，可以说是工料计算方面的巨著。

《儒林外史》第 40 回中描写萧云仙在平定少数民族叛乱后修青枫城城墙，修复工程结束后，萧云仙将本工程的花费清单上报工部。工部对他上报的花费清单进行全面审计，认为清单中有多估冒算，经“工部核算……该抚题销本内：砖、灰、工匠，共开销 19 360 两 1 钱 2 分 15 毫……核减 7525 两”。核减部分必须向他本人追缴，最后他回家变卖了他父亲的庄园才填补了这个空缺。该工程审计得如此精确，而且分别对人工费（工匠）和材料费（砖、灰）进行核算，有相应的核算方法及用工、用料和费用标准（即定额）。

清朝工部颁布的《工程做法则例》是一部优秀的算工算料著作，有许多说明工料计算的方法。为明晰地计算造价，清朝还制定了详细的料例规范——《营造算例》。清朝出现了专门负责工程估工算料和编制预算的部门——算房。它的职责是根据所提供的工程设计（样式），计算出工料和所需费用。

按照清代工程的程序，算房在勘察阶段、设计阶段、勘估阶段、施工阶段、工程完工阶段都要参与工程的工料测算（量），进行全过程费用控制，有一整套的计算规则。

资料来源：成虎（2017）

第一节　合同价款

合同价款的有关事项由发承包双方约定，一般包括合同价款约定方式，预付工程款、工程进度款、施工过程结算价款、工程竣工价款的支付和结算方式，以及合同价款的调整情形等。发承包双方在确定合同价款时，应当考虑市场环境、生产要素价格变化和工程变更对合同价款的影响。发承包双方应当在合同中约定，发生下列情形时合同价款的调整方法：法律、法规、规章或者国家有关政策变化影响合同价款的；发包方和承包方在合同中约定的人工、材料和机械价格变动超出合同约定风险幅度的；经批准变更设计的；发包方更改经审定批准的施工组织设计造成费用变化的；双方约定的其他因素。

一、法规变化类

对于国家法律、法规、规章或政策发生变化而影响合同价款的风险，发承包双方应在合同中约定由发包人承担。

1. 基准日的确定

为了合理划分发承包双方的合同风险，施工合同中应当约定一个基准日，对于基准日之后发生的、作为一个有经验的承包人在招标投标阶段不可能合理预见的风险，应当由发包人承担。对于实行招标的建设工程，一般以施工招标文件中规定的提交投标文件的截止时间前的第 28 天作为基准日；对于不实行招标的建设工程，一般以建设工程施工合同签订前的第 28 天作为基准日。

2. 合同价款的调整方法

施工合同履行期间，国家颁布有关的法律、法规、规章或政策在合同工程基准日之后发生变化，且引起工程造价发生增减，合同双方当事人应当依据法律、法规、规章或政策的规定调整合同价款。如果有关价格（如人工、材料和工程设备等价格）的变化已包含在物价波动事件的调整公式中，则不再予以考虑。

3. 工期延误期间的特殊处理

如果是承包人的原因导致工期延误，按不利于承包人的原则调整合同价款。在工程延误期间，国家有关的法律、法规、规章或政策发生变化引起工程造价变化的，造成合同价款增加的，合同价款不予调整；造成合同价款减少的，合同价款予以调整。

二、工程变更类

工程变更类主要包括工程变更、项目特征不符、工程量清单缺项、工程量偏差、计日工等事件。

（一）工程变更

工程变更是合同实施过程中由发包人或承包人提出，经发包人批准，工作内容、工程数量、质量要求、施工顺序和时间、施工条件、施工工艺及合同条件等的改变。工程变更指令发出后，应当迅速落实指令，全面修改相关文件。如果承包人不能全面落实变更指令，则扩大的损失应当由承包人承担。

1. 工程变更范围

在不同合同文本中规定的工程变更范围可能会有所不同。例如，《建设工程施工合同（示范文本）》（GF—2017—0201）的工程变更范围为：增加或减少合同中任何工作，或追加额外的工作；取消合同中任何工作，但转由他人实施的工作除外；改变合同中任何工作的质量标准或其他特性；改变工程的基线、标高、位置和尺寸；改变工程的时间安排或实施顺序。《中华人民共和国标准施工招标文件》（2007 年版）的工程变更范围为：取消合同中任何一项工作，但被取消的工作不能转由发包人或其他人实施；改变合同中任何一项工作的质量或其他特性；改变合同工程的基线、标高、位置或尺寸；改变合同中任何一项工作的施工时间或改变已批准的施工工艺或顺序；为完成工程需要追加的额外工作。

2. 合同价款的调整方法

1）分部分项工程费的调整

（1）已标价工程量清单中有适用于变更工程项目的，且工程变更导致的该清单项目的工程数量变化不足 15%时，采用该项目的单价。直接采用适用项目单价，前提是其采用的材料、施工工艺和方法相同，不增加关键线路上工作的施工时间。

（2）已标价工程量清单中没有适用，但有类似于变更工程项目的，可在合理范围内参照类似项目的单价或总价调整。采用类似项目的单价，前提是其采用的材料、施工工艺和方法基本相似，不增加关键线路上工作的施工时间。变更后的差异部分，参考类似项目的单价，由发承包双方协商新的项目单价。

（3）已标价工程量清单中没有适用，也没有类似于变更工程项目的，由承包人根据变更工程资料、计量规则和计价办法、工程造价管理机构发布的信息（参考）价格及承包人报价浮动率，提出变更工程项目的单价或总价，报发包人确认后调整。承包人报价浮动率可按下列公式计算。

实行招标的工程：

$$承包人报价浮动率L=\left(1-\frac{中标价}{最高投标限价}\right)\times 100\% \qquad (6\text{-}1)$$

不实行招标的工程：

$$承包人报价浮动率L=\left(1-\frac{中标价}{施工图预算}\right)\times 100\% \qquad (6\text{-}2)$$

（4）已标价工程量清单中没有适用，也没有类似于变更工程项目的，且工程造价管理机构发布的信息（参考）价格缺价的，由承包人根据变更工程资料、计量规则和计价办法，以及通过市场调查等有合法依据的市场价格，提出变更工程项目的单价或总价，报发包人确认后调整。

2）措施项目费的调整

工程变更引起措施项目发生变化的，承包人提出调整措施项目费的，应事先将拟实施的方案提交发包人确认，并详细说明与原方案措施项目相比的变化情况，拟实施的方案经发承包双方确认后执行。应按照下列规定调整措施项目费：安全文明施工费，按照实际发生变化的措施项目调整，不得浮动；采用单价计算的措施项目费，按照实际发生变化的措施项目按前述分部分项工程费的调整方法确定单价；按总价（或系数）计算的措施项目费，除安全文明施工费外，按照实际发生变化的措施项目调整，但应考虑承包人报价浮动因素，即调整金额按照实际调整金额乘以报价浮动率（L）计算。

如果承包人未事先将拟实施的方案提交给发包人确认，则视为工程变更不引起措施项目费的调整或承包人放弃调整措施项目费的权利。

3）删减工作或工程的补偿

如果发包人提出的工程变更，因非承包人原因删减了合同中的某项原定工作或工程，致使承包人发生的费用或（和）得到的收益不能被包括在其他已支付或应支付的项目中，也未被包含在任何替代的工作或工程中，则承包人有权提出并得到合理的费用和利润补偿。

（二）项目特征不符

承包人应按照发包人提供的设计图纸实施合同工程，若在合同履行期间，出现设计图纸（含设计变更）与招标工程量清单某项目的特征描述不符，且该变化引起该项目的工程造价增减的，发承包双方应当按照实际施工的项目特征，重新确定相应工程量清单项目的综合单价，调整合同价款。

（三）工程量清单缺项

招标工程量清单是否准确和完整，其责任应当由提供工程量清单的发包人负责，作为投标人的承包人不应承担工程量清单的缺项、漏项以及计算错误带来的风险和损失。

（1）分部分项工程费的调整。造成新增分部分项工程清单项目的，应按照工程变更事件中关于分部分项工程费的调整方法，调整合同价款。

（2）措施项目费的调整。新增分部分项工程清单项目后，引起措施项目发生变化的，应当按照工程变更事件中关于措施项目费的调整方法，在承包人提交的实施方案被发包人批准后，调整合同价款；由于招标工程量清单中措施项目缺项，承包人应将新增措施项目实施方案提交发包人批准后，按照工程变更事件中的有关规定调整合同价款。

（四）工程量偏差

施工合同履行期间，若应予计算的实际工程量与招标工程量清单列出的工程量出现偏差，或者由工程变更等非承包人原因导致工程量偏差，如果该偏差对工程量清单项目的综合单价将产生影响，是否调整综合单价以及如何调整，发承包双方应当在施工合同中约定。如果合同中没有约定或约定不明的，可按以下原则：当工程量增加 15%以上时，其增加部分的工程量的综合单价应予调低；当工程量减少 15%以上时，减少后剩余部分的工程量的综合单价应予调高。

当偏差超过 15%，且该变化引起措施项目相应发生变化，如该措施项目是按系数或单一总价方式计价的，对措施项目费调整为：工程量增加的，措施项目费调增；工程量减少的，措施项目费调减。具体的调整方法应由双方当事人在合同专用条款中约定。

（五）计日工

1. 计日工费用的产生

发包人通知承包人以计日工方式实施的零星工作，承包人应予执行。采用计日工计价的任何一项变更工作，承包人应在该项变更的实施过程中，按合同约定提交相关报表和有关凭证（工作名称、内容和数量，投入该工作所有人员的姓名、工种、级别和耗用工时，投入该工作的材料名称、类别和数量，投入该工作的施工设备型号、台数和耗用台时，发包人要求提交的其他资料和凭证），送发包人复核。

2. 计日工费用的确认和支付

承包人应按照确认的计日工现场签证报告核实该类项目的工程数量，并根据核实的工程数量和承包人已标价工程量清单中的计日工单价计算，提出应付价款；已标价工程量清单中没有该类计日工单价的，由发承包双方按工程变更的有关规定商定计日工单价计算。

每个支付期末，承包人应与进度款同期向发包人提交本期间所有计日工记录的签证汇总表，以说明本期间自己认为有权得到的计日工金额，调整合同价款，列入进度款支付。

三、物价变化类

物价变化类主要包括物价波动和暂估价事件。

（一）物价波动

施工合同履行期间，因人工、材料、工程设备和施工机具台班等价格波动影响合同价款时，发承包双方可以根据合同约定的调整方法，对合同价款进行调整。调整方法有两种：一种是采用价格指数调整价格差额，另一种是采用造价信息调整价格差额。承包人采购材料和工程设备的，应在合同中约定主要材料、工程设备价格变化的范围或幅度；如没有约定，且材料、工程设备单价变化超过 5%，超过部分的价格按这两种方法之一进行调整。

1. 采用价格指数调整

采用价格指数调整的方法主要适用于施工中所用的材料品种较少，但每种材料使用量较大的土木工程，如公路、水坝等。

1）价格调整公式

根据投标函附录中价格指数和权重表约定的数据，按以下价格调整公式计算差额，并调整合同价款：

$$\Delta P = P_0\left[A + \left(B_1 \times \frac{F_{t1}}{F_{01}} + B_2 \times \frac{F_{t2}}{F_{02}} + B_3 \times \frac{F_{t3}}{F_{03}} + \cdots + B_n \times \frac{F_{tn}}{F_{0n}}\right) - 1\right] \tag{6-3}$$

式中，ΔP 为需调整的价格差额；P_0 为根据进度付款、竣工付款和最终结清等付款证书中，承包人应得到的已完成工程量的金额，此项金额应不包括价格调整、质量保证金的扣留和支付、预付款的支付和扣回、按现行价格计价的变更；A 为定值权重（即不调部分的权重）；$B_1, B_2, B_3, \cdots, B_n$ 为各可调因子的变值权重（即可调部分的权重），是各可调因子在投标函投标总报价中所占的比例；$F_{t1}, F_{t2}, F_{t3}, \cdots, F_{tn}$ 为可调因子的现行价格指数，指根据进度付款、竣工付款和最终结清等约定的付款证书相关周期最后一天的前 42 天的各可调因子的价格指数；$F_{01}, F_{02}, F_{03}, \cdots, F_{0n}$ 为各可调因子的基本价格指数，指基准日的各可调因子的价格指数。

以上价格调整公式中的各可调因子、定值权重和变值权重，以及基本价格指数及其来源，在投标函附录价格指数和权重表中约定。现行价格指数应首先采用工程造价管理机构提供的价格指数，缺乏上述价格指数时，可用工程造价管理机构提供的价格代替。

在计算调整差额时得不到现行价格指数的，可暂用上一次价格指数计算，并在以后的付款中再按实际价格指数进行调整。

2）权重的调整

按变更范围和内容所约定的变更，导致原定合同中的权重不合理时，由承包人和发包人协商后进行调整。

3）工期延误后的价格调整

由发包人原因导致工期延误的，则对于计划进度日期（或竣工日期）后续施工的工程，在使用价格调整公式时，应采用计划进度日期（或竣工日期）与实际进度日期（或竣工日期）的两个价格指数中较高者作为现行价格指数。

由承包人原因导致工期延误的，则对于计划进度日期（或竣工日期）后续施工的工程，在使用价格调整公式时，应采用计划进度日期（或竣工日期）与实际进度日期（或竣工日期）的两个价格指数中较低者作为现行价格指数。

2. 采用造价信息调整

采用造价信息调整的方法主要适用于使用的材料品种较多，每种材料使用量相对较小的房屋建筑与装饰工程。

（1）人工单价和施工机具使用费的调整。发承包双方应按国家或省级建设行政管理部门、行业建设管理部门或其授权的工程造价管理机构发布的人工成本信息、施工机具台班单价或施工机具使用费系数进行调整。

（2）材料和工程设备价格的调整。按照承包人提供的主要材料和工程设备一览表，根据发承包双方约定的风险范围，按以下规定进行调整。①如果承包人投标报价中材料单价低于基准单价，工程施工期间材料单价涨幅以基准单价为基础超过合同约定的风险幅度值时，或材料单价跌幅以投标报价为基础超过合同约定的风险幅度值时，其超过部分按实调整。②如果承包人投标报价中材料单价高于基准单价，工程施工期间材料单价跌幅以基准单价为基础超过合同约定的风险幅度值时，或材料单价涨幅以投标报价为基础超过合同约定的风险幅度值时，其超过部分按实调整。③如果承包人投标报价中材料单价等于基准单价，工程施工期间材料单价涨、跌幅以基准单价为基础超过合同约定的风险幅度值时，其超过部分按实调整。④承包人应当在采购材料前将采购数量和新的材料单价报发包人核对，确认用于本合同工程时，发包人应当确认采购材料的单价和数量。发包人在收到承包人报送的确认资料后 3 个工作日不予答复的，视为已经认可，作为调整合同价款的依据。如果承包人未报经发包人核对即自行采购材料，再报发包人确认调整合同价款的，如发包人不同意，则不做调整。

主要工程材料、设备、人工价格与招标时基期价相比，波动幅度超过合同约定幅度的部分，风险由建设单位承担。

（二）暂估价

暂估价是指招标人在工程量清单中提供的用于支付必然发生，但暂时不能确定价格的材料、工程设备的单价以及专业工程的金额。

1. 给定暂估价的材料、工程设备

（1）不属于依法必须招标的项目。由承包人按照合同约定采购，经发包人确认后，以此为依据取代暂估价，调整合同价款。

（2）属于依法必须招标的项目。由发承包双方以招标的方式选择供应商。依法确定中标价格后，以此为依据取代暂估价，调整合同价款。

2. 给定暂估价的专业工程

1）不属于依法必须招标的项目

应按照前述工程变更事件的合同价款调整方法，确定专业工程价款。以此为依据取

代专业工程暂估价，调整合同价款。

2）属于依法必须招标的项目

应当由发承包双方依法组织招标选择专业分包人，并接受建设工程招标投标管理机构的监督。

（1）除合同另有约定外，承包人不参加投标的专业工程，应由承包人作为招标人，但拟定的招标文件、评标方法、评标结果应报送发包人批准。与组织招标工作有关的费用应当被认为已经包括在承包人的签约合同价（投标总报价）中。

（2）承包人参加投标的专业工程，应由发包人作为招标人，与组织招标工作有关的费用由发包人承担。同等条件下，应优先选择承包人中标。

（3）专业工程依法进行招标后，以中标价为依据取代专业工程暂估价，调整合同价款。

四、工程索赔类

工程索赔类主要包括不可抗力、提前竣工（赶工补偿）和误期赔偿、索赔等事件。

（一）不可抗力

1. 不可抗力的范围

不可抗力是指在合同履行中出现的不能预见、不能避免、不能克服的客观情况。不可抗力的范围一般包括因战争、敌对行动（无论是否宣战）、入侵、外敌行为、军事政变、恐怖主义、骚动、暴动、空中飞行物坠落或其他非合同双方当事人责任或原因造成的罢工、停工、爆炸、火灾等，以及当地气象、地震、卫生等部门规定的情形。发承包双方应当在施工合同中明确约定不可抗力的范围以及具体的判断标准。

2. 不可抗力造成损失的承担

（1）费用损失的承担原则。因不可抗力事件导致的人员伤亡、财产损失及其费用增加，发承包双方应按施工合同约定进行分担，并调整合同价款和工期。施工合同没有约定或者约定不明的，应当根据《建设工程工程量清单计价规范》（GB 50500—2013）规定的下列原则进行分担：工程本身的损害、因工程损害导致第三方人员伤亡和财产损失以及运至施工场地用于施工的材料和待安装的设备的损害，由发包人承担；发包人、承包人人员伤亡由其所在单位负责，并承担相应费用；承包人的施工机械设备损坏及停工损失，由承包人承担；停工期间，承包人应发包人要求留在施工场地必要的管理人员和保卫人员的费用，由发包人承担；工程所需清理、修复费用，由发包人承担。

（2）工期的处理。因发生不可抗力事件导致工期延误的，工期相应顺延。发包人要求赶工的，承包人应采取赶工措施，赶工费用由发包人承担。

（二）提前竣工（赶工补偿）和误期赔偿

1. 提前竣工（赶工补偿）

（1）赶工费用。发包人应当依据相关工程的工期定额合理计算工期，压缩的工期天数不得超过定额工期的 20%，超过的，应在招标文件中明示增加赶工费用。赶工费用的主要内容包括：人工费的增加，如新增加投入人工的报酬、不经济使用人工的补贴等；材料费的增加，如不经济使用材料而增加的费用、材料提前交货可能增加的费用、增加的材料运输费等；施工机具使用费的增加，如可能增加的机械设备投入、不经济使用机械增加的费用等。

（2）提前竣工奖励。发承包双方可以在合同中约定提前竣工的奖励条款，明确每日历天应奖励额度。如果承包人的实际竣工日期早于计划竣工日期，承包人有权向发包人提出并得到提前竣工奖励（提前竣工天数与合同约定的每日历天应奖励额度的乘积）。一般来说，双方还应当在合同中约定提前竣工奖励的最高限额（如合同价款的 5%）。提前竣工奖励列入竣工结算文件中，与结算款一并支付。

如果发包人要求合同工程提前竣工，应征得承包人同意后，与承包人商定采取加快工程进度的措施，并修订合同工程进度计划。发包人应承担承包人由此增加的提前竣工（赶工补偿）费。

2. 误期赔偿

承包人未按照合同约定施工，导致实际进度迟于计划进度的，承包人应加快进度，实现合同工期。合同工程发生误期，承包人应当按照合同约定向发包人支付误期赔偿费。即使承包人支付误期赔偿费，也不能免除承包人按照合同约定应承担的责任和应履行的义务。

发承包双方应在合同中约定误期赔偿费，明确每日历天应赔偿额度。如果承包人的实际进度迟于计划进度，发包人有权向承包人索取并得到误期赔偿费（实际延误天数与合同约定的每日历天应赔偿额度的乘积）。一般来说，双方还应当在合同中约定误期赔偿费的最高限额（如合同价款的 5%）。误期赔偿费列入竣工结算文件中，并应在结算款中扣除。

如果在工程竣工之前，合同工程内的某单项（或单位）工程已通过了竣工验收，且该单项（或单位）工程接收证书中表明的竣工日期并未延误，而是合同工程的其他部分产生了工期延误，则误期赔偿费应按照已颁发工程接收证书的单项（或单位）工程造价占合同价款的比例幅度予以扣减。

（三）索赔

1. 索赔的概念和分类

工程索赔是指在工程合同履行过程中，当事人一方因非己方的原因而遭受经济损失或工期延误，按照合同约定或法律规定，应由对方承担责任，而向对方提出工期和（或）费用补偿要求的行为。

1）按索赔的当事人分类

（1）承包人与发包人之间的索赔。其既包括承包人向发包人的索赔，也包括发包人向承包人的索赔。但是在工程实践中，多是承包人向发包人提出的，本书中所提及的索赔，如未做特别说明，即是指此类情形。

（2）总承包人和分包人之间的索赔。在建设工程分包合同履行过程中，索赔事件发生后，无论是发包人的原因还是总承包人的原因所致，分包人只能向总承包人提出索赔要求，而不能直接向发包人提出。

2）按索赔目的和要求分类

（1）工期索赔，即合同工期补偿要求的行为。

（2）费用索赔，即增加费用要求的行为。

3）按索赔事件的性质分类

（1）工程延误索赔。发包人未按合同要求提供施工条件，或发包人指令工程暂停或不可抗力事件等原因造成工期拖延的，承包人可以向发包人提出索赔；如果是承包人原因导致工期拖延，发包人可以向承包人提出索赔。

（2）加速施工索赔。发包人指令承包人加快施工速度，缩短工期，引起承包人的人力、物力、财力的额外开支，承包人就此提出的索赔。

（3）工程变更索赔。发包人指令增加或减少工程量或增加附加工程、修改设计、变更工程顺序等，造成工期延长和（或）费用增加，承包人就此提出的索赔。

（4）合同终止的索赔。发包人违约或发生不可抗力事件等原因造成合同非正常终止，承包人因其遭受经济损失而提出索赔。如果是承包人的原因导致合同非正常终止，或者合同无法继续履行，发包人可就此提出索赔。

（5）不可预见的不利条件索赔。承包人在工程施工期间，施工现场遇到一个有经验的承包人通常不能合理预见的不利施工条件或外界障碍，如地质条件与发包人提供的资料不符，出现不可预见的地下水、地质断层、溶洞、地下障碍物等，承包人可就此遭受的损失提出索赔。

（6）不可抗力事件的索赔。工程施工期间，因不可抗力事件的发生而遭受损失的一方，可以根据合同中对不可抗力风险分担的约定，向对方当事人提出索赔。

（7）其他索赔。如货币贬值、汇率变化、物价上涨、政策变化等原因引起的索赔。

2. 索赔的依据和前提条件

（1）索赔的依据：工程施工合同文件，国家颁布实施的相关法律、行政法规，工程建设强制性标准，工程施工合同履行过程中与索赔事件有关的各种凭证。

（2）索赔成立的条件：索赔事件已造成了承包人直接经济损失或工期延误；造成费用增加或工期延误的索赔事件是因非承包人的原因发生的；承包人已经按照工程施工合同规定的期限和程序提交了索赔意向通知、索赔报告及相关证明材料。

3. 费用索赔的计算

索赔费用的组成与工程造价的构成基本类似，应以赔偿实际损失为原则，包括直接损失和间接损失。索赔费用的计算方法通常有三种，即实际费用法、总费用法和修正的总费用法。

（1）实际费用法。实际费用法又称分项法，即根据索赔事件所造成的损失或成本增加，按费用项目逐项进行分析、计算索赔金额的方法。这种方法比较复杂，但能客观反映施工单位的实际损失，比较合理，易于被当事人接受，在国际工程中被广泛采用。由于实际费用法所依据的是实际发生的成本记录或单据，因此，在施工过程中，系统并准确地积累记录资料非常重要。

（2）总费用法。总费用法又称总成本法，当发生多次索赔事件后，重新计算工程的实际总费用，再从该实际总费用中减去投标报价估算总费用，即为索赔金额。但在总费用法的计算方法中，没有考虑实际总费用中可能包括由于承包人的原因（如施工组织不善）而增加的费用，投标报价估算总费用也可能由于承包人为谋取中标而报价过低。因此，总费用法并不十分科学，只有在难以精确地确定某些索赔事件导致的各项费用增加额时，总费用法才采用。

（3）修正的总费用法。修正的总费用法是对总费用法的改进，即在总费用计算的原则上，修正一些不合理的因素，得到某项工作调整后的实际总费用，再从该总费用中减去该项工作的报价费用，即为索赔金额。修正的内容如下：将计算索赔款的时段局限于受到索赔事件影响的时间，而不是整个施工期；只计算受到索赔事件影响时段内的施工工作所受影响的损失，而不是计算该时段内所有施工工作所受的损失；与该施工工作无关的费用不列入总费用中；对投标报价费用重新进行核算，即按受影响时段内施工工作的实际单价进行核算，乘以实际完成的该项工作的工程量，得出调整后的实际总费用。修正的总费用法与总费用法相比，有了实质性的改进，它的准确程度已接近于实际费用法。

【例 6-1】 某施工合同约定，施工现场主导施工机械一台，由施工企业租赁，台班单价为 300 元/台班，租赁费为 100 元/台班，人工工资为 40 元/工日，窝工补贴为 10 元/工日，以人工费为基数的综合费率为 35%，在施工过程中，发生了如下事件：①出现异常恶劣天气导致工程停工 2 天，人员窝工 30 个工日；②恶劣天气导致场外道路中断，抢修道路用工 20 工日；③场外大面积停电，停工 2 天，人员窝工 10 工日。为此，施工企业可向业主索赔费用为多少？

【解】 各事件处理结果如下。

（1）异常恶劣天气导致的停工通常不能进行费用索赔。

（2）抢修道路用工的索赔额=20×40×（1+35%）=1080（元）。

（3）停电导致的索赔额=2×100+10×10=300（元）。

总索赔费用=1080+300=1380（元）。

4. 工期索赔的计算

工期索赔是承包人依据合同对由非自身原因导致的工期延误向发包人提出的工期顺延要求。

1）工期索赔中应当注意的问题

（1）划清施工进度拖延的责任。因承包人的原因造成施工进度滞后，属于不可原谅的延期；只有承包人不应承担任何责任的延误，才是可原谅的延期。有时工期延期的原因中可能包含双方责任，此时监理人应进行详细分析，分清责任比例，只有可原谅的延期部分才能批准顺延合同工期。可原谅的延期又可细分为可原谅并给予补偿费用的延期和可原谅但不给予补偿费用的延期；可原谅但不给予补偿费用的延期是由非承包人责任事件的影响，但并未导致施工成本的额外支出，大多属于发包人应承担风险责任事件的影响，如异常恶劣的气候条件影响的停工等。

（2）被延误的工作应是处于施工进度计划关键线路上。只有位于关键线路上工作的滞后，才会影响到竣工日期。但有时也应注意，既要看被延误的工作是否在批准进度计划的关键线路上，又要详细分析这一延误对后续工作的可能影响。因为若对非关键线路上工作的影响时间较长，超过了该工作总时差，也会导致进度计划中非关键线路转化为关键线路，其滞后将造成总工期的拖延。此时，应充分考虑该工作的总时差，给予相应的工期顺延，并要求承包人修改施工进度计划。

2）工期索赔的具体依据

工期索赔的具体依据包括：合同约定或双方认可的施工总进度规划；合同双方认可的详细进度计划；合同双方认可的对工期的修改文件；施工日志、气象资料；业主或工程师的变更指令；影响工期的干扰事件；受干扰后的实际工程进度等。

3）工期索赔的计算方法

（1）直接法。如果某干扰事件直接发生在关键线路上，造成总工期的延误，可以直接将该干扰事件的实际干扰时间（延误时间）作为工期索赔值。

（2）比例计算法。如果某干扰事件仅仅影响某单项工程、单位工程或分部分项工程的工期，要分析其对总工期的影响，可以采用比例计算法。比例计算法虽然简单方便，但有时不符合实际情况，而且比例计算法不适用于变更施工顺序、加速施工、删减工程量等事件的索赔。

（3）网络图分析法。利用进度计划的网络图，分析其关键线路。如果延误的工作为关键工作，则延误的时间为索赔的工期；如果延误的工作为非关键工作，当该工作由于延误超过总时差限制而成为关键工作时，可以索赔的工期为延误时间与总时差的差值；若该工作延误后仍为非关键工作，则不存在工期索赔问题。该方法通过分析干扰事件发生前和发生后网络计划的工期之差来计算工期索赔值，可以用于多种干扰事件共同作用所引起的工期索赔。

4）共同延误的处理

在实际施工过程中，工期延误很少是只由一方造成的，往往是多种原因同时发生（或相互作用）而形成的，故称为“共同延误”。在这种情况下，要具体分析是哪一方原因造成的，应依据以下原则：①首先判断造成延误的哪一种原因是最先发生的，即确定初始延误者，其应对工程延误负责。在初始延误发生期间，其他并发的延误者不承担延误责任。②如果初始延误者是发包人原因，则在发包人原因造成的延误期内，承包人既可得到工期补偿，又可得到经济补偿。③如果初始延误者是客观原因，则在客观因素发生影响的延误期内，承包人可以得到工期补偿，但很难得到费用补偿。④如果初始延误者是承包人原因，则在承包人原因造成的延误期内，承包人既不能得到工期补偿，也不能得到费用补偿。

五、其他类

其他类合同价款调整事项主要指现场签证。现场签证是指发包人或其授权现场代表（包括工程监理人、工程造价咨询人）与承包人或其授权现场代表就施工过程中涉及的责任事件所作的签认证明。现场签证根据签证内容，有的可归于工程变更类，有的可归于索赔类，有的可能不涉及合同价款调整。

1. 现场签证的提出

承包人应发包人要求完成合同以外的零星项目、非承包人责任事件等工作的，发包人应及时以书面形式向承包人发出指令，提供所需的相关资料；承包人在收到指令后，应及时向发包人提出现场签证要求。

承包人在施工过程中，若发现合同工程内容因场地条件、地质水文、发包人要求等不一致时，应提供所需的相关资料，提交发包人签证认可，作为合同价款调整的依据。

2. 现场签证的价款计算

（1）现场签证的工作如果已有相应的计日工单价，现场签证报告中仅列明完成该签证工作所需的人工、材料、工程设备和施工机具台班的数量。

（2）现场签证的工作如果没有相应的计日工单价，应当在现场签证报告中列明完成该签证工作所需的人工、材料、工程设备和施工机具台班的数量及其单价。

承包人应按照现场签证内容计算价款，报送发包人核实并确认后，作为增加的合同价款，与进度款同期支付。

3. 现场签证的限制

合同工程发生现场签证事项，未经发包人签证确认，承包人便擅自实施相关工作的，除非征得发包人书面同意，否则发生的费用由承包人承担。

六、工程总承包合同价款的调整

工程总承包合同价款调整的主要原因有变更、暂估价、暂列金额、计日工、物价波动和法律变化引起的价格调整等事项。

1. 变更

1）变更的提出

（1）发包人指示变更。变更指示应当经发包人同意，除合同另有约定外，变更不应包括准备将任何工作删减并交由他人或发包人自行实施的情况。承包人收到变更指示后，方可实施变更。未经许可，承包人不得擅自对工程的任何部分进行变更。

（2）承包人合理化建议。承包人提出合理化建议的，应向发包人提交合理化建议说明，说明建议的内容、理由以及实施该建议对合同价格和工期的影响。承包人提出的合理化建议降低合同价格、缩短工期或提高经济效益的，双方可以按照专用合同条件的约定进行利益分享。

2）变更估价原则

（1）合同中未包含价格清单，合同价格应按照所执行的变更工程的成本加利润调整。

（2）合同中包含价格清单，合同价格按照如下规则调整：价格清单中有适用于变更工程项目的，应采用该项目的费率和价格；价格清单中没有适用但有类似于变更工程项目的，可在合理范围内参照类似项目的费率或价格；价格清单中没有适用也没有类似于变更工程项目的，该工程项目应按成本加利润原则调整适用新的费率或价格。

3）变更引起的工期调整

由变更引起工期变化的，合同当事人均可要求调整合同工期，由发承包双方协商，并参考工程所在地的工期定额标准，确定增减工期天数。

2. 暂估价

（1）属于依法必须招标的暂估价项目。专用合同条件约定由承包人作为招标人的，招标文件、评标方案、评标结果应报送发包人批准，与组织招标工作有关的费用应当被认为已经包括在承包人的签约合同价中；专用合同条件约定由发包人和承包人共同作为招标人的，与组织招标工作有关的费用在专用合同条件中约定。暂估价项目的中标金额与价格清单中所列暂估价的金额差以及相应的税金等其他费用应列入合同价格。

（2）不属于依法必须招标的暂估价项目。承包人具备实施暂估价项目的资格和条件的，经发包人和承包人协商一致后，可由承包人自行实施暂估价项目。确定后的暂估价项目金额与价格清单中所列暂估价的金额差以及相应的税金等其他费用应列入合同价格。

因发包人原因导致暂估价合同订立和履行迟延的，由此增加的费用和（或）延误的工期由发包人承担，并支付承包人合理的利润。因承包人原因导致暂估价合同订立和履行迟延的，由此增加的费用和（或）延误的工期由承包人承担。

3. 暂列金额

每一笔暂列金额只能按照发包人的指示全部或部分使用，并对合同价格进行相应调整。付给承包人的总金额应仅包括发包人已指示的，与暂列金额相关的工作、货物或服务的应付款项。

对于每笔暂列金额，发包人可以指示用于下列支付：发包人指示变更，决定对合同价格和付款计划表进行调整的、由承包人实施的工作（包括要提供的工程设备、材料和服务）；承包人购买的工程设备、材料、工作或服务，应支付包括承包人已付（或应付）的实际金额以及相应的管理费等费用和利润（管理费和利润应以实际金额为基数，根据合同约定的费率或百分比计算）。

发包人根据上述指示支付暂列金额的，可以要求承包人提交其供应商提供的全部或部分要实施的工程或拟购买的工程设备、材料、工作或服务的项目报价单。发包人可以发出通知指示承包人接受其中的一个报价或指示撤销支付，发包人在收到项目报价单的规定期限内未作回应的，承包人应有权自行接受其中任何一个报价。

4. 计日工

需要采用计日工方式的，经发包人同意后，承包人以计日工计价方式实施相应的工作，其价款按列入价格清单或预算书中的计日工计价项目及其单价进行计算；价格清单或预算书中无相应的计日工单价的，按照合理的成本与利润构成的原则，由发承包双方协商确定计日工单价。计日工由承包人汇总后，列入最近一期进度付款申请单，经发包人批准后列入进度付款。

5. 物价波动

可根据式（6-3）调整价格差额。发承包双方约定采用其他方式调整合同价款的，可以在专用合同条件中另行约定。

6. 法律变化

可参照本节第一部分法规变化类的规定调整合同价款。经发承包双方确认调整的合同价款，作为追加（减）合同价款，应与工程进度款或结算款同期支付。

第二节　工程结算

工程结算是发承包双方根据国家有关法律、法规规定和合同约定，对合同工程实施中、终止时、已完工后的工程项目进行的合同价款计算、调整和确认，包括工程预付款、进度款、竣工结算、最终结清等活动。当年开工、当年不能竣工的工程全面推行施工过程结算和支付。发承包双方应当通过合同约定，按时间节点或进度节点对周期内已完成且无争议的工程量进行价款计算、确认，并按照合同约定比例支付。发承包双方在合同中对施工过程结算的期限应当有明确约定；没有约定的，可以认为其约定期限均为 28 日。

一、预付款

工程预付款是由发包人按照合同约定，在正式开工前由发包人预先支付给承包人，用于购买工程施工所需的材料和组织施工机械与人员进场的价款。

1. 预付款的支付

工程预付款额度，各地区、各部门的规定不完全相同，主要是保证施工所需材料和构件的正常储备。工程预付款额度一般根据施工工期、建安工作量、主要材料和构件费用占建安工程费的比例及材料储备周期等因素经测算来确定。

（1）百分比法。发包人根据工程的特点、工期长短、市场行情、供求规律等因素，招标时在合同条件中约定工程预付款的百分比。包工包料工程的预付款的支付比例不得低于签约合同价（扣除暂列金额）的 10%，不宜高于签约合同价（扣除暂列金额）的 30%。

（2）公式计算法。公式计算法是根据主要材料（含结构件等）占年度承包工程总价的比重、材料储备定额天数和年度施工天数等因素，通过公式计算预付款额度的一种方法。

其计算公式为

$$工程预付款数额=\frac{年度工程总价\times材料比例(\%)}{年度施工天数}\times材料储备定额天数 \tag{6-4}$$

式中，年度施工天数按 365 天计算；材料储备定额天数由当地材料供应的在途天数、加工天数、整理天数、供应间隔天数、保险天数等因素决定。

2. 预付款的扣回

发包人支付给承包人的工程预付款属于预支性质，随着工程的逐步实施，原已支付的预付款应以充抵工程价款的方式陆续扣回，抵扣方式应当由双方当事人在合同中明确约定。扣款的方法主要有以下两种。

（1）按合同约定扣款。预付款的扣款方法由发包人和承包人通过洽商后在合同中予以确定，一般是在承包人完成金额累计达到合同总价的一定比例后，由承包人开始向发包人还款，发包人从每次应付给承包人的金额中扣回工程预付款，发包人至少在合同规定的完工期前将工程预付款的总金额逐次扣回。

（2）起扣点计算法。从未施工工程尚需的主要材料及构件的价值相当于工程预付款数额时起扣，此后每次结算工程价款时，按材料所占比重扣减工程价款，至工程竣工前全部扣清。起扣点的计算公式如下：

$$T=P-\frac{M}{N} \tag{6-5}$$

式中，T 为起扣点（即工程预付款开始扣回时）的累计完成工程金额；M 为工程预付款总额；N 为主要材料及构件所占比重；P 为承包工程合同总额。

【例 6-2】 某工程合同金额 200 万元，合同工期 5 个月，预付款 30 万元，主材费所占比重 60%，每月完成工程量 40 万元，预付款如何扣回？

【解】（1）预付款起扣点：

$$T=P-\frac{M}{N}=200-\frac{30}{60\%}=150（万元）$$

即当累计完成工程量达到 150 万元时，起扣预付款。

（2）预付款扣回时间及数额：前 3 个月累计完成工程量为 120 万元，小于 150 万元，不扣；前 4 个月累计完成工程量为 160 万元，大于 150 万元，所以，应从第 4 个月开始扣预付款，数额为(160−150)×60%=6（万元）；第 5 个月扣预付款数额为 40×60%=24（万元），或 30−6=24（万元）。具体如表 6-1 所示。

表 6-1 预付款扣回时间及数额 单位：万元

金额	第 1 个月	第 2 个月	第 3 个月	第 4 个月	第 5 个月
完成工程量	40	40	40	40	40
扣预付款数额				6	24
进度款支付额	40	40	40	34	16

3. 预付款担保

（1）预付款担保的概念和作用。预付款担保是指承包人与发包人签订合同后领取预付款前，承包人正确、合理使用发包人支付的预付款而提供的担保。其主要作用是保证承包人能够按合同规定的目的使用，并及时偿还发包人已支付的全部预付金额。如果承包人中途毁约，中止工程，使发包人不能在规定期限内从应付工程款中扣除全部预付款的，则发包人有权从该项担保金额中获得补偿。

（2）预付款担保的形式。预付款担保的主要形式为银行保函。预付款担保的担保金额通常与发包人的预付款是等值的。预付款一般逐月从工程进度款中扣除，预付款担保的担保金额也相应逐月减少。承包人的预付款保函的担保金额根据预付款扣回的数额相应扣减，但在预付款全部扣回之前一直保持有效。

预付款担保也可以采用发承包双方约定的其他形式，如由担保公司提供担保，或采取抵押等担保形式。

4. 安全文明施工费

发包人应在工程开工后的 28 天内预付不低于当年施工进度计划的安全文明施工费总额的 60%，其余部分按照提前安排的原则进行分解，与进度款同期支付。发包人没有按时支付安全文明施工费的，承包人可催告发包人支付；发包人在付款期满后的 7 天内仍未支付的，若发生安全事故，发包人应承担连带责任。

二、期中支付

合同价款的期中支付，是指发包人在合同工程施工过程中，按照合同约定对付款周期内承包人完成的合同价款给予支付的款项，也就是工程进度款的结算支付。发承包双方应按照合同约定的时间、程序和方法，根据工程计量结果，办理期中价款结算，支付进度款。进度款支付周期，应与合同约定的工程计量周期一致。

1. 期中支付价款的计算

1）已完工程的结算价款

已标价工程量清单中的单价项目，承包人应按工程计量确认的工程量与综合单价计算。如综合单价发生调整，以发承包双方确认调整的综合单价计算进度款。

已标价工程量清单中的总价项目，承包人应按合同中约定的进度款支付分解，分别列入进度款支付申请中的安全文明施工费和本周期应支付的总价项目的金额中。

2）结算价款的调整

承包人现场签证和得到发包人确认的索赔金额列入本周期应增加的金额中。由发包人提供的材料、工程设备，应按照发包人签约提供的单价和数量从进度款支付中扣除，列入本周期应扣减的金额中。

3）进度款的支付比例

进度款的支付比例按照合同约定，按期中结算价款总额计，不低于60%，不高于90%。政府机关、事业单位、国有企业建设工程进度款支付应不低于已完成工程价款的80%。

2. 期中支付的文件

1）进度款支付申请

承包人应在每个计量周期到期后向发包人提交已完工程进度款支付申请（一式四份），详细说明此周期认为有权得到的款额，包括分包人已完工程的价款。支付申请包括以下内容。

（1）累计已完成的合同价款。

（2）累计已实际支付的合同价款。

（3）本周期合计完成的合同价款，其中包括本周期内已完成单价项目的金额、应支付的总价项目的金额、已完成的计日工价款、应支付的安全文明施工费、应增加的金额。

（4）本周期合计应扣减的金额，其中包括本周期内应扣回的预付款、应扣减的金额。

（5）本周期实际应支付的合同价款。

2）进度款支付证书

发包人应在收到承包人进度款支付申请后，根据计量结果和合同约定对申请内容予以核实，确认后向承包人出具进度款支付证书。若发承包双方对其中部分清单项目的计量结果出现争议，发包人应对无争议部分的工程计量结果向承包人出具进度款支付证书。

3）支付证书的修正

发现已签发的任何支付证书有错误、遗漏或重复的数额，发包人有权予以修正，承包人也有权提出修正申请。经发承包双方复核同意修正的，应在本次到期的进度款中支付或扣除。

三、竣工结算

工程竣工结算是指工程项目完工并经竣工验收合格后，发承包双方按照施工合同的约定，对所完成的工程项目进行的合同价款的计算、调整和确认。

（一）竣工结算款的支付

经发承包双方签字确认的施工过程结算文件作为竣工结算文件的组成部分。未经对方同意，另一方不得就已确认的施工过程结算文件进行重复审核。

国有资金投资建筑工程的发包方，可以自行审核或委托工程造价咨询企业对竣工结算文件进行审核，并在收到竣工结算文件后的约定期限内向承包方提出竣工结算文件审核意见；逾期未答复的，按照合同约定处理，合同没有约定的，竣工结算文件视为已被认可。

非国有资金投资的建筑工程发包方，应当在收到竣工结算文件后的约定期限内予以答复，逾期未答复的，按照合同约定处理，合同没有约定的，竣工结算文件视为已被认可；发包方对竣工结算文件有异议的，应当在答复期内向承包方提出，并可以在提出异议之日起的约定期限内与承包方协商；发包方在协商期内未与承包方协商或者经协商未能与承包方达成协议的，可以委托工程造价咨询企业进行竣工结算审核，并在协商期满后的约定期限内向承包方提出竣工结算文件审核意见。

承包方对发包方提出的工程造价咨询企业竣工结算审核意见有异议的，在接到该审核意见后一个月内，可以向有关工程造价管理机构或者有关行业组织申请调解，也可以依法申请仲裁或者向人民法院提起诉讼。

工程竣工结算文件经发承包双方签字确认的，应当作为工程决算的依据。如合同无相关约定，未经对方同意，另一方不得就已生效的竣工结算文件重复审核。发包方应当按照竣工结算文件及时支付竣工结算款，不得以未完成政府审计、财政评审作为延期工程结算、拖欠工程款的理由。

1. 承包人提交竣工结算款支付申请

承包人应根据办理的竣工结算文件，向发包人提交竣工结算款支付申请。该申请应包括下列内容。

（1）竣工结算合同价款总额。

（2）累计已实际支付的合同价款。

（3）应预留的质量保证金（已缴纳履约保证金的或者提供其他工程质量担保方式的除外）。

（4）实际应支付的竣工结算款金额。

2. 发包人签发竣工结算支付证书

发包人应在收到承包人提交竣工结算款支付申请后规定时间内予以核实，向承包人签发竣工结算支付证书。

3. 支付竣工结算款

发包人签发竣工结算支付证书后的规定时间内，按照竣工结算支付证书列明的金额向承包人支付结算款。

发包人在收到承包人提交的竣工结算款支付申请后规定时间内不予核实，不向承包人签发竣工结算支付证书的，视为承包人的竣工结算款支付申请已被发包人认可；发包人应在收到承包人提交的竣工结算款支付申请规定时间内，按照承包人提交的竣工结算款支付申请列明的金额，向承包人支付结算款。

发包人未按照规定的程序支付竣工结算款的，承包人可催告发包人支付，并有权获得延迟支付的利息。发包人在竣工结算支付证书签发后或者在收到承包人提交的竣工结算款支付申请规定时间内仍未支付的，除法律另有规定外，承包人可与发包人协商将该工程折价，也可直接向人民法院申请将该工程依法拍卖。承包人就该工程折价或拍卖的价款优先受偿。

竣工结算文件应当由发包方报工程所在地县级以上地方人民政府住房城乡建设主管部门备案，作为工程竣工文件一并管理。

【例 6-3】 某工程承包合同总额为 600 万元，主材费占合同总额的 62.5%，预付款额度为 25%，当未完工程尚需的主材费相当于预付款数额时起扣，从每次中间结算工程价款中，按材料费比重抵扣工程价款。质量保证金为合同总额的 3%。实际施工中因设计变更和现场签证发生了 60 万元合同调增额，在竣工结算时支付。各月实际完成合同价值如表 6-2 所示。试计算各月工程款结算额及竣工价款结算额（并将计算结果填入表 6-2 中）。

表 6-2　实际完成合同价值　单位：万元

金额	一月	二月	三月	四月	五月
工程量	80	120	180	180	40
结算额					

【解】（1）预付款=600×25%=150（万元）。

（2）求预付款的起扣点，即当累计完成合同价值=600−150/62.5%=360（万元）时，开始扣预付款。

（3）一月完成合同价值 80 万元，结算 80 万元。

（4）二月完成合同价值 120 万元，结算 120 万元，累计结算工程款 200 万元。

（5）三月完成合同价值 180 万元，到三月累计完成合同价值 380 万元，超过了预付款的起扣点。

三月应扣预付款=(380−360)×62.5%=12.5（万元）。

三月结算工程款=180−12.5=167.5（万元），累计结算工程款 367.5 万元。

（6）四月完成合同价值 180 万元，应扣预付款=180×62.5%=112.5（万元）。

四月结算工程款=180−112.5=67.5（万元），累计结算工程款 435 万元。

（7）五月完成合同价值 40 万元，应扣预付款=40×62.5%=25（万元）。

五月本应扣质量保证金，例中有足够的合同调增价可用来支付。如果变更发生时，在当月进度款中已支付过合同调增价，则仍应在最后一月进度款中预扣质量保证金。

五月结算价款=40−25=15（万元），累计结算价款 450 万元，已支付总价款 600 万元。

（8）质量保证金数额=(600+60)×3%=19.8（万元）。

（9）竣工结算价款=合同总价−已支付价款−质量保证金=660−600−19.8=40.2（万元）。40.2+15=55.2（万元），各月实际结算额如表 6-3 所示。

表 6-3　实际结算额　　单位：万元

金额	一月	二月	三月	四月	五月
工程量	80	120	180	180	40
结算额	80	120	167.5	67.5	55.2

（二）合同解除的价款结算与支付

发承包双方协商一致解除合同的，按照达成的协议办理结算和支付合同价款。

1. 不可抗力解除合同

由于不可抗力解除合同的，发包人除应向承包人支付合同解除之日前已完成工程但尚未支付的合同价款，还应支付下列金额。

（1）合同中约定应由发包人承担的费用。

（2）已实施或部分实施的措施项目应付价款。

（3）承包人为合同工程合理订购且已交付的材料和工程设备货款。发包人一经支付此项货款，该材料和工程设备即成为发包人的财产。

（4）承包人撤离现场所需的合理费用，包括员工遣送费和临时工程拆除、施工设备运离现场的费用。

（5）承包人为完成合同工程而预期开支的任何合理费用，且该项费用未包括在本款其他各项支付之内。

发承包双方办理结算合同价款时，应扣除合同解除之日前发包人应向承包人收回的价款。当发包人应扣除的金额超过了应支付的金额，则承包人应在合同解除后的规定时间内将其差额退还给发包人。

2. 违约解除合同

（1）承包人违约。因承包人违约解除合同的，发包人应暂停向承包人支付任何价款。发包人应在合同解除后规定时间内核实合同解除时，承包人已完成的全部合同价款及按施工进度计划已运至现场的材料和工程设备货款，按合同约定核算承包人应支付的违约金及造成损失的索赔金额，并将结果通知承包人。发承包双方应在规定时间内予以确认或提出意见，并应办理结算合同价款。如果发包人应扣除的金额超过了应支付的金额，承包人应在合同解除后的规定时间内将其差额退还给发包人。发承包双方不能就解除合同后的结算达成一致的，按照合同约定的争议解决方式处理。

（2）发包人违约。因发包人违约解除合同的，发包人除应按照有关不可抗力解除合同的规定向承包人支付各项价款外，还需按合同约定核算发包人应支付的违约金及给承包人造成损失或损害的索赔金额费用。该笔费用应由承包人提出，发包人核实后应与承包人协商确定后的规定时间内向承包人签发支付证书。协商不能达成一致的，按照合同约定的争议解决方式处理。

四、质量保证金的处理

建设工程质量保证金（简称质量保证金）是指发包人与承包人在建设工程承包合同中约定，从应付的工程款中预留，用以保证承包人在缺陷责任期内对建设工程出现的缺陷进行维修的资金。

（一）缺陷责任期的概念和期限

1. 缺陷责任期与保修期的概念区别

1）缺陷责任期

缺陷是指建设工程质量不符合工程建设强制标准、设计文件和承包合同的约定。缺陷责任期是指承包人按照合同约定承担缺陷修复义务，且发包人预留质量保证金（已缴纳履约保证金的除外）的期限。

2）保修期

保修期是指承包人按照合同约定对工程承担保修责任的期限，自工程竣工验收合格之日起计算。按照《建设工程质量管理条例》的规定，保修期限如下。

（1）基础设施工程、房屋建筑的地基基础工程和主体结构工程，为设计文件规定的该工程的合理使用年限。

（2）屋面防水工程、有防水要求的卫生间、房间和外墙面的防渗漏，为 5 年。

（3）供热与供冷系统，为 2 个采暖期、供冷期。

（4）电气管线、给排水管道、设备安装和装修工程，为 2 年。

2022 年，住房和城乡建设部发布的强制性工程建设规范《住宅项目规范（征求意见稿）》规定，住宅建筑的设计工作年限应符合：建筑结构不应低于 50 年，屋面工程防水不应低于 20 年，室内工程防水不应低于 25 年，地下工程防水不应低于建筑结构设计工作年限（即应不低于 50 年）。

2. 缺陷责任期的期限

从工程通过竣工验收之日起计，缺陷责任期一般为 1 年，最长不超过 2 年，由发承包双方在合同中约定。承包人原因导致工程无法按规定期限进行竣工验收的，缺陷责任期从实际通过竣工验收之日起计算。发包人原因导致工程无法按规定期限进行竣工验收的，在承包人提交竣工验收报告 90 天后，工程自动进入缺陷责任期。

（二）质量保证金的预留及返还

1. 质量保证金的预留

发包人应按照合同约定方式预留质量保证金，质量保证金总预留比例不得高于工程价款结算总额的 3%。合同约定由承包人以银行保函替代预留质量保证金的，保函金额不得高于工程价款结算总额的 3%。在工程项目竣工前，已经缴纳履约保证金的，发包人不得同时预留质量保证金。采用工程质量保证担保、工程质量保险等其他方式的，发包人不得再预留质量保证金。

2. 质量保证金的使用

缺陷责任期内，实行国库集中支付的政府投资项目，质量保证金的管理应按国库集中支付的有关规定执行。其他政府投资项目，质量保证金可以预留在财政部门或发包方。缺陷责任期内，如发包方被撤销，质量保证金随交付使用资产一并移交使用单位，由使用单位代行发包人职责。社会投资项目采用预留质量保证金方式的，发承包双方可以约定将质量保证金交由金融机构托管。

缺陷责任期内，由承包人原因造成的缺陷，承包人应负责维修，并承担鉴定及维修费用。如承包人不维修也不承担费用，发包人可按合同约定从质量保证金或银行保函中扣除，费用超出质量保证金额的，发包人可按合同约定向承包人进行索赔。承包人维修并承担相应费用后，不免除对工程的损失赔偿责任。由他人及不可抗力原因造成的缺陷，发包人负责组织维修，承包人不承担费用，且发包人不得从质量保证金中扣除费用。

3. 质量保证金的返还

缺陷责任期内，承包人认真履行合同约定的责任，到期后，承包人向发包人申请返还质量保证金。

发包人在接到承包人返还质量保证金申请后，应于 14 天内会同承包人按照合同约定的内容进行核实。如无异议，发包人应当按照约定将质量保证金返还给承包人。对没有约定返还期限或者约定不明确的，发包人应当在核实后 14 天内将质量保证金返还给承包人，逾期未返还的，依法承担违约责任。发包人在接到承包人返还质量保证金申请后 14 天内不予答复，经催告后 14 天内仍不予答复的，视同认可承包人的返还质量保证金申请。

【例 6-4】　某直辖市城区道路扩建项目进行施工招标，投标截止日期为 2011 年 8 月 1 日。通过评标确定中标人后，签订的施工合同总价为 80 000 万元，工程于 2011 年 9 月 20 日开工。施工合同中约定如下。①预付款为合同总价的 5%，分 10 次按相同比例从每月应支付的工程进度款中扣还。②工程进度款按月支付，进度款金额包括：当月完成的清单子目的合同价款；当月确认的变更、索赔金额；当月价格调整金额；扣除合同约定应当抵扣的预付款和扣留的质量保证金。③质量保证金从月进度付款中按 3%扣留，最高扣至合同总价的 3%。④工程价款结算时人工单价、钢材、水泥、沥青、砂石料及机具使用费采用价格指数法给承包商以调价补偿，各项权重系数及价格指数如表 6-4 所示。根据表 6-5 所示工程前 4 个月的完成情况，计算 11 月应当实际支付给承包人的工程款数额。

表 6-4　工程调价因子权重系数及造价指数

调价因子	人工	钢材	水泥	沥青	砂石料	机具使用费	定值部分
权重系数	0.12	0.10	0.08	0.15	0.12	0.10	0.33
2011 年 7 月指数	91.7 元/日	78.95	106.97	99.92	114.57	115.18	—
2011 年 8 月指数	91.7 元/日	82.44	106.80	99.13	114.26	115.39	—

续表

调价因子	人工	钢材	水泥	沥青	砂石料	机具使用费	定值部分
2011 年 9 月指数	91.7 元/日	86.53	108.11	99.09	114.03	115.41	—
2011 年 10 月指数	95.96 元/日	85.84	106.88	99.38	113.01	114.94	—
2011 年 11 月指数	95.96 元/日	86.75	107.27	99.66	116.08	114.91	—
2011 年 12 月指数	101.47 元/日	87.80	128.37	99.85	126.26	116.41	—

表 6-5 2011 年 9～12 月工程完成情况 单位：万元

支付项目	9 月	10 月	11 月	12 月
截至当月完成的清单子目价款	1200	3510	6950	9840
当月确认的变更金额（调价前）	0	60	-110	100
当月确认的索赔金额（调价前）	0	10	30	50

【解】（1）计算 11 月完成的清单子目的合同价款：6950−3510=3440（万元）

（2）计算 11 月的价格调整金额。

说明：①因为当月的变更和索赔金额不是按照现行价格计算的，所以应当计算在调价基数内；②基准日为 2011 年 7 月 3 日，所以应当选取 7 月的价格指数作为各可调因子的基本价格指数；③人工费缺少价格指数，可以用相应的人工单价代替。

$$价格调整金额=(3440-110+30)\times[(0.33+0.12\times95.96/91.7+0.10\times86.75/78.95+0.08\times107.27/106.97+0.15\times99.66/99.92+0.12\times116.08/114.57+0.10\times114.91/115.18)-1]\approx3360\times[(0.33+0.1256+0.1099+0.0802+0.1496+0.1216+0.0998)-1]=3360\times0.0167\approx56.11（万元）$$

（3）计算 11 月应当实际支付的金额。

11 月应扣预付款：80 000×5%÷10=400（万元）。

11 月应扣质量保证金：(3440−110+30+56.11)×3%≈102.48（万元）。

11 月应当实际支付的进度款金额=3440−110+30+56.11−400−102.48=2913.63（万元）。

五、最终结清

最终结清指合同约定的缺陷责任期终止后，承包人已按合同规定完成全部剩余工作且质量合格的，发包人与承包人结清全部剩余款项的活动。

1. 最终结清申请单

缺陷责任期终止后，承包人已按合同规定完成全部剩余工作且质量合格的，发包人签发缺陷责任期终止证书，承包人可按合同约定的份数和期限向发包人提交最终结清申请单，并提供相关证明材料，详细说明承包人根据合同规定已经完成的全部工程价款金额及承包人认为根据合同规定应进一步支付的其他款项。发包人对最终结清申请单内容有异议的，有权要求承包人进行修正和提供补充资料，由承包人向发包人提交修正后的最终结清申请单。

2. 最终结清支付证书

发包人应在收到承包人提交的最终结清申请单后的规定时间内予以核实，向承包人签发最终结清支付证书。发包人未在规定时间内核实，又未提出具体意见的，视为承包人提交的最终结清申请单已被发包人认可。

3. 最终结清付款

发包人应在签发最终结清支付证书后的规定时间内，按照最终结清支付证书列明的金额向承包人支付最终结清款。承包人按合同约定接收了竣工结算支付证书后，应被认为已无权再提出在合同工程接收证书颁发前所发生的任何索赔。承包人在提交的最终结清申请中，只限于提出工程接收证书颁发后发生的索赔。提出索赔的期限自接收最终支付证书时终止。发包人未按期支付的，承包人可催告发包人在合理的期限内支付，并有权获得延迟支付的利息。

最终结清时，如果承包人被扣留的质量保证金不足以抵减发包人工程缺陷修复费用的，承包人应承担不足部分的补偿责任。

最终结清付款涉及政府投资资金的，按照国库集中支付等国家相关规定和专用合同条款的约定办理。承包人对发包人支付的最终结清款有异议的，按照合同约定的争议解决方式处理。

第三节　挣　值　法

一、挣值法的产生背景

项目费用控制过程中，仅依靠计划费用与实际费用的偏差无法判断费用是否超支或节余，如某项工程计划第一个月完成 100 万元的工程量，监测结果表明第一个月实际完成了 108 万元的工程量。这种情况有可能是进度正常，费用超支了 8 万元；也有可能是费用支出正常，进度提前超额完成了 8 万元的工程量；或是更为复杂的其他情况。

因此，有必要研究费用偏差和进度偏差之间的关系，需引入费用/进度综合度量指标。1967 年，美国国防部针对大型合同的管理，提出了一套成本/进度控制系统标准。该标准被称为 C/SCSC 或 CS 标准，其关注于项目开发时的成本/进度综合绩效评价数据，为此正式采用了赢得值法（earned value management，EVM），也称挣值法，是一种能全面衡量工程费用/进度整体状况的偏差分析方法，用以度量项目进展完成状态，具有反映进度和费用的双重特征。目前，挣值法在国际上已被广泛采用。既可应用于承包商的成本控制，也可应用于业主的投资控制。

二、挣值法的基本理论

1. 三个基本参数

挣值法主要运用三个基本参数进行分析，分别是已完工作预算费用、计划工作预算费用和已完工作实际费用。

（1）已完工作预算费用（budgeted cost for work performed，BCWP）。已完工作预算费用是在某一时间已经完成的工作（或部分工作），以批准认可的预算为标准所需要的资金总额。因发包人正是根据这个值为承包人完成的工程量支付相应的费用，也就是承包人获得（挣得）的金额，故称赢得值或挣值。

$$BCWP=已完成工作量\times预算单价 \tag{6-6}$$

（2）计划工作预算费用（budgeted cost for work scheduled，BCWS）。计划工作预算费用是根据进度计划，在某一时刻应当完成的工作（或部分工作），以批准认可的预算为标准所需要的资金总额。一般来说，除非合同有变更，计划工作预算费用在工程实施过程中应保持不变。

$$BCWS=计划工作量\times预算单价 \tag{6-7}$$

（3）已完工作实际费用（actual cost for work performed，ACWP）。已完工作实际费用是到某一时刻为止，已完成的工作（或部分工作）实际花费的总金额。

$$ACWP=已完成工作量\times实际单价 \tag{6-8}$$

以上三个参数可以形成三条曲线，如图 6-2 所示。

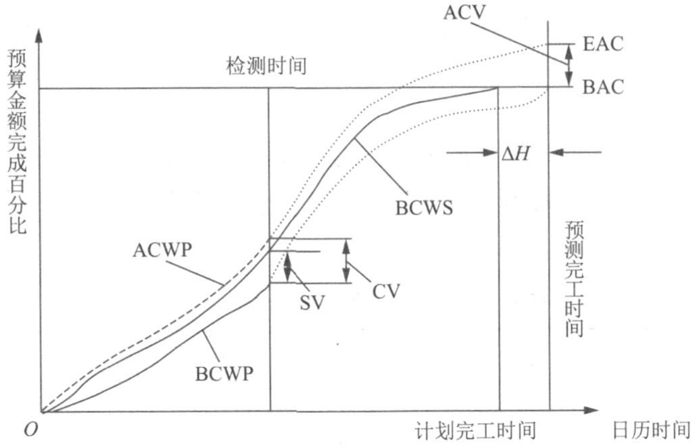

图 6-2　参数曲线图

2. 四个评价指标

在三个基本参数的基础上，可以确定挣值法的四个评价指标。

（1）费用偏差（cost variance）用 CV 表示。

$$CV=BCWP-ACWP \tag{6-9}$$

当 CV<0 时，表示项目运行的实际费用超出预算费用；当 CV>0 时，表示项目实际运行费用节约；当 CV=0 时，实际费用与预算费用一致。

（2）进度偏差（schedule variance）用 SV 表示。

$$SV=BCWP-BCWS \tag{6-10}$$

当 SV<0 时，表示进度延误，即实际进度落后于计划进度；当 SV>0 时，表示实际进度提前；当 SV=0 时，实际进度与计划进度一致。

（3）费用绩效指数（cost performed index）用 CPI 表示。

$$CPI=BCWP/ACWP \tag{6-11}$$

当 CPI<1 时，表示实际费用高于预算费用，超支；当 CPI>1 时，表示实际费用低于预算费用，节支；当 CPI=1 时，实际费用与预算费用一致。

（4）进度绩效指数（schedule performed index）用 SPI 表示。

$$SPI=BCWP/BCWS \tag{6-12}$$

当 SPI<1 时，表示实际进度比计划进度拖后；当 SPI>1 时，表示实际进度比计划进度提前；当 SPI=1 时，实际进度与计划进度一致。

费用（进度）偏差反映的是绝对偏差，结果很直观，有助于费用人员了解项目费用出现偏差的绝对数额，并依此采取一定措施，制定或调整费用支出计划和资金筹措计划。但是，绝对偏差有其不容忽视的局限性。例如，同样是 10 万元的费用偏差，对于总费用 1000 万元的项目和总费用 1 亿元的项目而言，其严重性显然是不同的。因此，费用（进度）偏差仅适合于对同一项目作偏差分析。费用（进度）绩效指数反映的是相对偏差，它不受项目层次的限制，也不受项目实施时间的限制，因而在同一项目和不同项目比较中均可采用。

【例 6-5】 假设某项目预算费用 300 万元，工期 6 个月，每月计划支出 50 万元，第 3 个月检查计划时，累计应完工程预算费用 150 万元，累计已完工程预算费用 100 万元，累计已完工程实际费用 130 万元，见表 6-6。

表 6-6　某项目费用完成情况　　单位：万元

费用项目	第 1 个月	第 2 个月	第 3 个月	第 4 个月	第 5 个月	第 6 个月
BCWS	50	50	50	50	50	50
BCWP	40	30	30			
ACWP	50	40	40			

则到第 3 个月末累计工程进展状况为

$CV=\sum_{i=1}^{3}(BCWP_i-ACWP_i)=100-130=-30$，费用超支 30 万元。

$SV=\sum_{i=1}^{3}(BCWP_i-BCWS_i)=100-150=-50$，进度拖后的工作量为 50 万元。

$CPI=\sum_{i=1}^{3}(BCWP_i/ACWP_i)=100/130\approx0.77$，表明费用超支，实际支出费用应降低到 23%才可与计划支出费用保持一致。

$SPI=\sum_{i=1}^{3}(BCWP_i/BCWS_i)=100/150\approx0.67$，表明进度拖后，实际进度只相当于计划进度的 67%。

3. 三个预测参数

采用挣值法进行费用、进度综合控制时，还可根据当前的费用、进度偏差情况，通过原因分析，对趋势进行预测，预测项目结束时的费用、进度情况。

1）项目完工预算 BAC

项目完工预算（budget at completion，BAC）是指编制计划时预计的项目完工费用。

2）预测的项目完工估算 EAC

预测的项目完工估算（estimate at completion，EAC）是指计划执行过程中，根据当前的费用、进度偏差情况预测的项目完工总费用。

EAC 的计算以项目的实际执行情况为基础，再加上项目未完工程的费用预测。在不同情况下，对未完工程的费用预测不同，因此 EAC 的计算方法也不同。最常见的 EAC 计算方法有以下几种。

（1）未完工程按目前实际效率进行。

EAC=累计已完工程实际费用+未完工程按目前实际效率进行时的费用估算，即

$$EAC=\sum_{i=1}^{t}ACWP_i+\left(\sum_{j=1}^{n}BCWS_j-\sum_{i=1}^{t}BCWP_i\right)\Big/CPI \tag{6-13}$$

式中，t 为检查时刻；n 为总工期。

在【例 6-5】中，预计完工时的总费用为 EAC=130+(300−100)/0.77=389.74（万元），即完工时总费用会超支 89.74 万元。

（2）未完工程按原计划效率进行。

EAC=累计已完工程实际费用+未完工程预算费用

即假定剩余的未完工程完全按计划进行，费用不超支。

$$EAC=\sum_{i=1}^{t}ACWP_i+\left(\sum_{j=1}^{n}BCWS_j-\sum_{i=1}^{t}BCWP_i\right) \tag{6-14}$$

在【例 6-5】中，预计完工时的总费用为 EAC=130+(300−100)=330（万元），即项目完工时总费用会超支 30 万元。

（3）重估未完工程所需费用。

当目前的项目执行情况表明先前的费用估算有根本缺陷或由条件改变而不再适用新的情况时，需要对所有未完工作重新估算费用，可以使用该方法。

$$\text{EAC} = \text{累计已完工程实际费用}+\text{未完工程所需费用的重新估算额} \tag{6-15}$$

3）预测项目完工时的费用偏差 ACV

预测项目完工时的费用偏差（at completion variance，ACV）的公式为

$$\text{ACV}=\text{BAC}-\text{EAC} \tag{6-16}$$

4. 偏差百分比分析

设 SPCI 表示进度偏差百分比，CPCI 表示费用偏差百分比，则

$$\text{SPCI} = \sum_{i=1}^{t}\text{BCWP}_i \Big/ \sum_{j=1}^{n}\text{BCWS}_j \tag{6-17}$$

$$\text{CPCI} = \sum_{i=1}^{t}\text{ACWP}_i \Big/ \sum_{j=1}^{n}\text{BCWS}_j \tag{6-18}$$

在【例 6-5】中，进度偏差百分比和费用偏差百分比分别为

$$\text{SPCI}=100/300 \approx 33\%$$

$$\text{CPCI}=130/300 \approx 43\%$$

说明实际费用累计已支出了总预算费用的 43%，而实际工作量只完成了计划总工作量的 33%，即实际工作进度只是计划工作进度的 33%。

三、挣值法应用示例

【例 6-6】 某承包人按合同工期要求编制了混凝土结构工程施工进度时标网络计划，如图 6-3 所示，并经专业监理工程师审核批准。

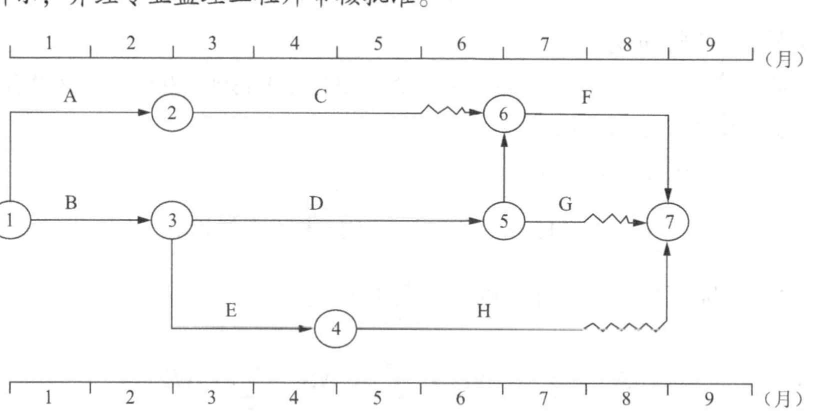

图 6-3　施工进度时标网络计划

该项目的各项工作均按最早开始时间安排，且各项工作每月所完成的工程量相等。各项工作的计划工程量和实际工程量如表 6-7 所示。工作 D、E、F 的实际工作持续时间

与计划工作持续时间相同。

表 6-7　计划工程量和实际工程量表　　单位：米³

项目	工作							
	A	B	C	D	E	F	G	H
计划工程量	8 600	9 000	5 400	10 000	5 200	6 200	1 000	3 600
实际工程量	8 600	9 000	5 400	9 200	5 000	5 800	1 000	5 000

合同约定，混凝土结构工程综合单价为 1000 元/米³，按月结算。结算价按项目所在地混凝土结构工程价格指数进行调整，项目实施期间各月的混凝土结构工程价格指数如表 6-8 所示。以合同签订之日作为基期，基期价格指数为 100%。

表 6-8　混凝土结构工程价格指数

指数	基期	1 月	2 月	3 月	4 月	5 月	6 月	7 月	8 月	9 月
价格指数	100%	115%	105%	110%	115%	110%	110%	120%	110%	110%

施工期间，发包人原因使工作 H 的开始时间比计划的开始时间推迟 1 个月，并由于工作 H 工程量的增加，该工作的工作持续时间延长了 1 个月。

问题：（1）计算每月和累计计划工作预算费用，并简要写出其步骤。

（2）计算工作 H 各月的已完工作预算费用和已完工作实际费用。

（3）计算混凝土结构工程已完工作预算费用和已完工作实际费用。

（4）列式计算 8 月末的费用偏差和进度偏差。

【解】（1）将各项工作计划工程量与单价相乘后，除以该工作持续时间，得到各工作每月计划工作预算费用；再将时标网络计划中各项工作分别按月纵向汇总，得到每月计划工作预算费用；然后逐月累加得到各月累计计划工作预算费用。结果如表 6-9 所示。

表 6-9　计算结果　　单位：万元

项目	投资数								
	1 月	2 月	3 月	4 月	5 月	6 月	7 月	8 月	9 月
每月计划工作预算费用	880	880	690	690	550	370	530	310	
累计计划工作预算费用	880	1760	2450	3140	3690	4060	4590	4900	
每月已完工作预算费用	880	880	660	660	410	355	515	415	125
累计已完工作预算费用	880	1760	2420	3080	3490	3845	4360	4775	4900
每月已完工作实际费用	1012	924	726	759	451	390.5	618	456.5	137.5
累计已完工作实际费用	1012	1936	2662	3421	3872	4262.5	4880.5	5337	5474.5

（2）H 工作 6～9 月每月实际完成工程量为 5000÷4=1250（米³）。

H 工作 6～9 月已完工作预算费用均为 1250×1000=125（万元）。

H 工作 6～9 月已完工作实际费用：

6 月为 125×110%=137.5（万元）；

7 月为 125×120%=150.0（万元）；

8 月为 125×110%=137.5（万元）；

9 月为 125×110%=137.5（万元）。

（3）混凝土结构工程已完工作预算费用和已完工作实际费用计算结果如表 6-9 所示。

（4）计算 8 月末的费用偏差和进度偏差如下。

$$\mathrm{CV}=\sum_{i=1}^{8}(\mathrm{BCWP}_i-\mathrm{ACWP}_i)=4775-5337=-562$$，费用超支 562 万元。

$$\mathrm{SV}=\sum_{i=1}^{8}(\mathrm{BCWP}_i-\mathrm{BCWS}_i)=4775-4900=-125$$，进度拖后 125 万元。

【例 6-7】 某工程计划进度与实际进度如表 6-10 所示。表 6-10 中实线表示计划进度（进度线上方的数据为每周计划费用），虚线表示实际进度（进度线上方的数据为每周实际费用），假定各工作每周计划进度与实际进度均为匀速进度，而且各工作实际完成总工程量与计划完成总工程量相等。

表 6-10　某工程计划进度与实际进度计划表　　单位：万元

工程名称	进度计划											
	1 周	2 周	3 周	4 周	5 周	6 周	7 周	8 周	9 周	10 周	11 周	12 周
A	5	5	5									
	5	5	5									
B		4	4	4	4	4						
			4	4	4	3	3					
C				9	9	9	9					
						9	8	7	7			
D						5	5	5	5			
							4	4	4	5	5	
E								3	3	3		
										3	3	3

问题：（1）根据表 6-10 完成表 6-11。

（2）分析第 6 周末、第 10 周末的费用偏差与进度偏差情况。

【解】　（1）计算每周费用数据，并将结果填入表 6-11。

分析：如果计划工作预算费用与已完工作实际费用已经给出，确定已完工作预算费用时，应注意已完工作预算费用表示线与已完工作实际费用表示线的位置相同，已完工作预算费用总值与计划工作预算费用总值相同。例如，D 工程原计划 4 周内完成，计划费用 20 万元，每周完成 5 万元。由于实际进度为 5 周内完成，则平均每周应完成计划费用 4 万元。根据表 6-10 的数据，按照每周各项工作计划工作预算费用、已完工作预算费用、已完工作实际费用的累计值进行统计，可以得到表 6-11 的数据。

表 6-11　费用数据表　　单位：万元

项目	费用数据											
	1 周	2 周	3 周	4 周	5 周	6 周	7 周	8 周	9 周	10 周	11 周	12 周
BCWS	5	9	9	13	13	18	14	8	8	3		
ΣBCWS	5	14	23	36	49	67	81	89	97	100		
ACWP	5	5	9	4	4	12	15	11	11	8	8	3
ΣACWP	5	10	19	23	27	39	54	65	76	84	92	95
BCWP	5	5	9	4	4	13	17	13	13	7	7	3
ΣBCWP	5	10	19	23	27	40	57	70	83	90	97	100

（2）分析第 6 周末、第 10 周末的费用偏差和进度偏差。

根据表 6-11 中数据可以确定费用偏差与进度偏差。

第 6 周末费用偏差与进度偏差：

$CV=\sum BCWP-\sum ACWP=40-39=1$，费用节约 1 万元；

$SV=\sum BCWP-\sum BCWS=40-67=-27$，进度拖后 27 万元。

第 10 周末费用偏差与进度偏差：

$CV=\sum BCWP-\sum ACWP=90-84=6$，费用节约 6 万元；

$SV=\sum BCWP-\sum BCWS=90-100=-10$，进度拖后 10 万元。

横道图的优点是简单直观，便于了解项目投资的概貌，但这种方法的信息量较少，主要反映累计偏差和局部偏差，因而其应用有一定的局限性。

四、偏差原因分析与纠偏措施

1. 偏差原因分析

在实际执行过程中，最理想的状态是 ACWP、BCWS、BCWP 三条曲线靠得很近、平稳上升，表示项目按预定计划目标进行。如果三条曲线离散度不断增加，则可能出现较大的偏差。

偏差分析的一个重要目的就是要找出引起偏差的原因，从而采取有针对性的措施，减少或避免相同问题的再次发生。在进行偏差原因分析时，首先应当将已经导致和可能导致偏差的多种原因逐一列举出来。导致不同工程项目产生费用偏差的原因具有一定的共性，因而可以通过对已建项目的费用偏差原因进行归纳、总结，为该项目采用预防措施提供依据。

一般来说，产生费用偏差的原因有以下几种，如图 6-4 所示。

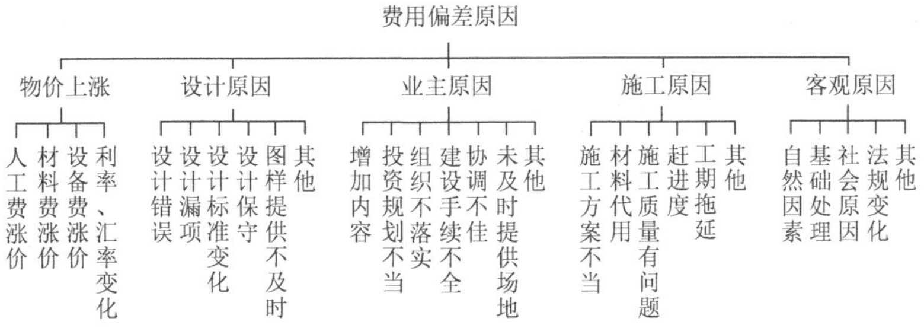

图 6-4　费用偏差原因

2. 纠偏措施

通常要压缩已经超支的费用，而不影响其他目标是十分困难的，一般只有当给出的措施比原计划已选定的措施更为有利时，如使工程范围减小或生产效率提高等，成本才能降低。再如，寻找新的、效率更高的设计方案；购买部分产品，而不是采用完全由自己生产的产品；重新选择供应商，但会产生供应风险，选择需要时间；改变实施过程；变更工程范围；索赔等。挣值法参数分析与对应措施表如表 6-12 所示。

表 6-12　参数分析与对应措施表

序号	图形	三参数关系	分析	措施
1	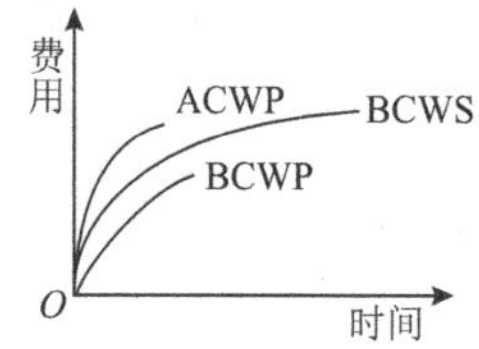	ACWP＞BCWS＞BCWP SV＜0　CV＜0	效率低 进度较慢 投入超前	用工作效率高的人员更换一批工作效率低的人员
2	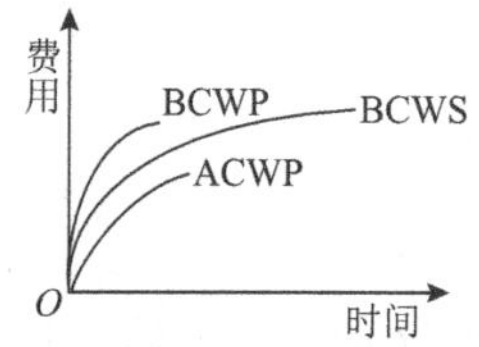	BCWP＞BCWS＞ACWP SV＞0　CV＞0	效率高 进度较快 投入延后	若偏离不大，维持现状
3	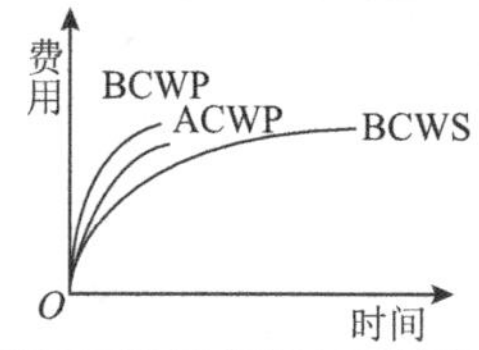	BCWP＞ACWP＞BCWS SV＞0　CV＞0	效率较高 进度快 投入延后	抽出部分人员，放慢进度
4	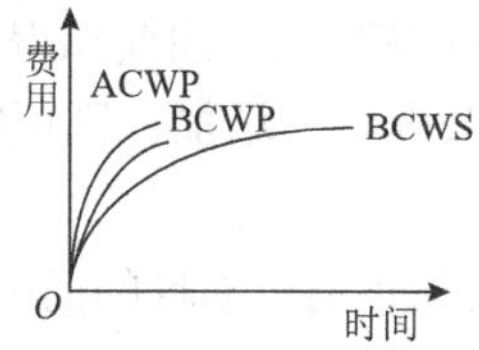	ACWP＞BCWP＞BCWS SV＞0　CV＜0	效率较低 进度较快 投入超前	抽出部分人员，增加少量骨干人员
5	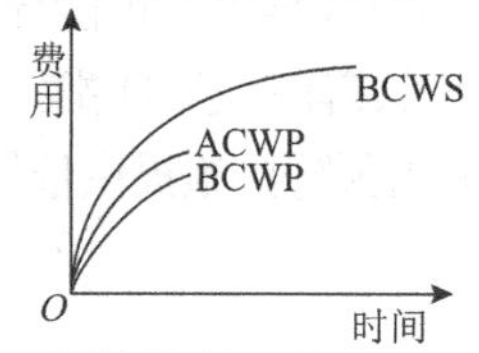	BCWS＞ACWP＞BCWP SV＜0　CV＜0	效率较低 进度慢 投入超前	增加高效人员投入
6	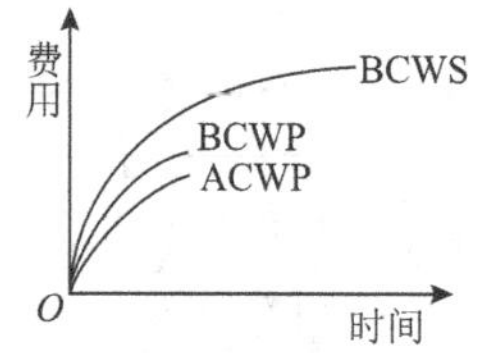	BCWS＞BCWP＞ACWP SV＜0　CV＞0	效率较高 进度较慢 投入延后	迅速增加人员投入

复　习　题

一、单项选择题（每题备选项中，只有一个最符合题意）

1. 对于实行招标的建设工程，一般以施工招标文件中规定的提交投标文件的截止时间前的第（　　）天作为基准日。

A. 14　　B. 28　　C. 7　　D. 21

2. 招标工程量清单是否准确和完整，其责任应当由提供工程量清单的（　　）负责。

A. 承包人　　B. 发包人　　C. 招标代理机构　　D. 监理机构

3. 发包人应当依据相关工程的工期定额合理计算工期，压缩的工期天数超过定额工期（　　）的，应在招标文件中明示增加赶工费用。

A. 5%　　B. 10%　　C. 15%　　D. 20%

4. 在建设工程分包合同履行过程中，索赔事件发生后，无论是发包人的原因还是总承包人的原因所致，分包人只能向（　　）提出索赔要求。

A. 总承包人　　B. 发包人　　C. 监理单位　　D. 施工单位

5. 政府机关、事业单位、国有企业建设工程进度款支付应不低于已完成工程价款的（　　）。

A. 60%　　B. 70%　　C. 80%　　D. 90%

6. 工程预付款扣回，关于起扣点的计算公式下列各项中正确的是（　　）。

A. 起扣点=承包工程价款总额-预付款/预付款所占的比重

B. 起扣点=承包工程价款总额-预付款/直接费所占的比重

C. 起扣点=承包工程材料款的总额-预付款/预付款所占的比重

D. 起扣点=承包工程价款总额-预付款/主要材料所占的比重

7. 挣值法的三个费用值不包括（　　）。

A. 已完成工作的预算费用　　B. 已完成工作的实际费用

C. 计划完成工作的预算费用　　D. 计划完成工作的实际费用

8. 挣值法中，当 BCWP-BCWS<0 时，表示（　　）。

A. 进度延误　　B. 费用节约

C. 费用超支　　D. 进度提前

9. 挣值法成本控制方法中，费用偏差的表达方式正确的是（　　）。

A. 已完成工作的预算费用-计划完成工作的预算费用

B. 计划完成工作的预算费用-已完成工作的实际费用

C. 已完成工作的预算费用-已完成工作的实际费用

D. 已完成工作的实际费用-计划完成工作的预算费用

10. 关于进度绩效指数 SPI 的说法，正确的是（　　）。

A. 当 SPI＜1 时表示进度提前　　B. 当 SPI＞1 时表示进度延误

C. 当 SPI＜1 时表示实际进度比计划进度快　　D. 当 SPI＜1 时表示实际进度比计划进度滞后

二、多项选择题（每题备选项中，至少有两个符合题意，多选、错选不得分）

1. 工程变更类主要包括（　　）等事件。

A. 项目特征不符　　B. 工程量清单缺项　　C. 工程量偏差　　D. 暂估价　　E. 计日工

2. 不可抗力是指在合同履行中出现的（　　）的客观情况。

A. 不能预见　　B. 政策变化　　C. 不能避免　　D. 工程变更　　E. 不能克服

3. 索赔费用的计算方法包括（　　）。

A. 总费用法　　B. 实际费用法　　C. 调值公式法　　D. 直接费用法

E. 修正总费用法

4. 预付款担保的形式有（　　）。

A. 个人担保　B. 现金担保　C. 银行保函
D. 担保公司担保　E. 抵押担保

5. 除了合同另有约定之外，进度款支付申请应包括的内容有（　　）。
A. 本月已完成的工程价款　B. 累计已完成的合同价款
C. 累计未支付的工程价款　D. 应增加和扣减的变更金额
E. 应增加和扣减的索赔金额

6. 以下关于质量保证金的表述，正确的是（　　）。
A. 政府投资项目的质量保证金不可预留在财政部门或发包方
B. 质量保证金总预留比例不得高于工程价款结算总额的 5%
C. 缺陷责任期内，实行国库集中支付的政府投资项目，质量保证金的管理应按国库集中支付的有关规定执行
D. 缺陷责任期内，如发包人被撤销，质量保证金随交付使用资产一并移交使用单位，由使用单位代行发包人职责
E. 社会投资项目采用预留质量保证金方式的，发承包双方可以约定将质量保证金交由发包方管理

7. 挣值法主要运用三个基本参数综合分析进度偏差和费用偏差，这三个基本参数是（　　）。
A. BCWP　B. ACWP　C. BCWS　D. CV　E. SV

8. 用挣值法控制项目费用时，要运用到（　　）项的成本值进行分析。
A. 整个工作的计划费用　B. 已完成工作的预算费用
C. 计划完成工作的预算费用　D. 计划完成工作的实际费用
E. 已完成工作的实际费用

9. 某工程进行偏差分析后，ACWP>BCWP，BCWS<BCWP，则表示（　　）。
A. 成本超支　B. 成本节约　C. 进度提前　D. 进度拖后
E. 无偏差

10. 表示进度延误的有（　　）。
A. 进度绩效指数 SPI>1　B. 进度绩效指数 SPI<1
C. 费用绩效指数 CPI<1　D. 进度偏差 SV 为正值
E. 进度偏差 SV 为负值

三、计算题

1. 某业主与承包商签订了某建筑安装工程施工总承包合同，合同总价为 2000 万元。工期为 1 年，主要材料及构件费比重占 60%。承包合同规定如下。

（1）业主向承包商支付当年合同价 25%的工程预付款，预付款从未施工工程尚需的主要材料及构配件价值相当于工程预付款时起扣，每月以抵充工程款的方式陆续收回。

（2）工程质量保证金为合同总价的 3%，业主每月从承包商的工程款中按 3%的比例扣留。在保修期满后，保证金及其利息扣除已支出费用后的剩余部分退还给承包商。

（3）除设计变更和其他不可抗力因素外，合同总价不作调整。

（4）由业主直接提供的材料和设备应在发生当月的工程款中扣回其费用。

承包商各月完成的建安工作量及业主直供材料设备价值见表 6-13。

表 6-13　建安工作量及业主直供材料设备价值　　单位：万元

金额	1～6 月	7 月	8 月	9 月	10 月	11 月	12 月
计划完成建安工作量	900	200	200	200	190	190	120
实际完成建安工作量	900	180	220	205	195	180	120
业主直供材料设备价值	90	35	24	10	20	10	5

（1）计算工程预付款的额度。
（2）计算工程预付款的起扣点。
（3）工程师各月应签证的工程款是多少？应签发付款凭证金额是多少？

2. 某业主与承包商签订的工程施工合同中含两个子项工程，估算工程量甲项为 2300 立方米、乙项为 3200 立方米，经双方协商合同单价甲项为 180 元/米^3、乙项为 160 元/米^3。承包合同规定：
（1）开工前业主应向承包商支付合同价款 20%的预付款；
（2）业主自第一个月起，从承包商的工程款中，按 3%的比例扣留质量保证金；
（3）当子项工程实际工程量超过估算工程量 10%时，可调整单价，调整系数为 0.9；
（4）根据市场情况规定价格调整系数平均按 1.2 计算；
（5）监理工程师签发月度付款最低金额为 25 万元；
（6）预付款在最后两个月扣除，每月扣 50%。
承包商每月实际完成并经监理工程师签证确认的工程量如表 6-14 所示。

表 6-14　承包商每月完成的工程量　　单位：米^3

工程名称	1 月	2 月	3 月	4 月
子项工程甲	500	800	800	600
子项工程乙	700	900	800	600

（1）预付款是多少？
（2）每月工程量价款、工程师应签证的工程款及实际签发的付款凭证金额是多少？

3. 某施工单位通过竞标获得了某工程项目。甲、乙签订了有关工程价款的合同，其中包含如下主要内容：
（1）工程造价为 800 万元，主要材料费占施工产值的比重为 70%；
（2）预付备料款为工程造价的 25%，在最后一个月扣除；
（3）工程进度逐月计算；
（4）工程质量保证金为工程造价的 3%，从逐月工程款中扣除，待保修期满后一次性返还；
（5）材料价差调整按规定进行，最后实际上调各月均为 10%，竣工结算时一次性支付。
各月完成的实际产值如表 6-15 所示。

表 6-15　工程各月实际完成产值

月份	1	2	3	4	5
完成产值/万元	80	130	215	180	195

竣工验收时，发现原合同中未约定工程保修年限，甲方经与乙方协商，双方同意按相关规定中的最低保修年限作为本合同的保修年限执行。
（1）该工程的预付款、起扣点为多少（精确到小数点后两位）？
（2）该工程 2～4 月，每月拨付的工程款是多少？累计工程款是多少？
（3）5 月办理工程竣工结算时，该工程造价是多少？竣工结算时，甲方应付的工程尾款是多少？
（4）试给出本工程基础、主体结构、防水、装饰装修、给排水工程等的合理保修年限各为多少？

4. 对某项目前 20 周的进展情况进行统计调查，列于表 6-16，要求：
（1）计算每项工作的 BCWP 及第 20 周末的 BCWS、ACWP、BCWP 合计；
（2）计算第 20 周末的 CV、SV、CPI、SPI 并分析成本和进度状况。

表 6-16　某项目前 20 周的进展情况统计调查

工作代号	拟完工程预算费用/万元	已完工程量百分比	已完工程实际费用/万元	挣值
A	200	100%	210	
B	220	100%	220	
C	400	100%	430	
D	250	100%	250	
E	300	100%	310	
F	540	50%	400	
G	840	100%	800	
H	600	100%	600	
I	240	0	0	
J	150	0	0	
K	1600	40%	800	
L	2000	0	0	
M	100	100%	90	
N	60	0	0	
合计				

四、思考题

了解平战结合工程、“平急两用”公共基础设施建设，如西安市的雁塔西路人防中心、安东街人防中心、大庆路等。

【延伸阅读】国家体育场设计优化

国家体育场（鸟巢）位于北京奥林匹克公园中心区内，建筑顶面呈鞍形，南北长 333 米、东西宽 296 米，最高处高 69 米，总建筑面积约 25.8 万平方米，建筑的设计使用年限为 100 年，是北京市重要标志性建筑，如图 6-5 所示。

瑞士赫尔佐格和德梅隆建筑事务所、中国建筑设计研究院与奥雅纳工程顾问公司组成的瑞–中设计联合体承担国家体育场设计工作。在原工程设计方案中，固定座位 8 万个，活动座位 2 万个，大跨度屋盖可开启部分位于体育场田径跑道外沿的上方，固定屋盖中间开口长度为 139 米，宽度为 73 米，可开启面积约为 9575 平方米。

图 6-5　国家体育场

按照“安全、质量、工期、功能、成本”五统一的要求，落实“绿色奥运、科技奥运、人文奥运”三大理念和“节俭办奥运”方针，国家体育场工程设计方案于2004年下半年进行了优化调整，并于2004年7月底暂停了施工。

根据有关部门和专家论证会的审查意见，设计联合体对原初步设计进行了以下调整：在保持“鸟巢”艺术品质基础上，严格控制工程建安成本，确保项目建设总投资控制目标的实现；取消可开启屋盖，扩大固定屋盖的开孔；取消东、西看台上9000个活动座位。

2004年12月28日，国家体育场工程正式复工。设计工作优化调整工作于2004年11月下旬完成。优化调整后的方案维持了“鸟巢”的设计概念，减少用钢量1.2万吨，膜结构减少0.9万平方米。优化后的总投资约为31.3亿元人民币（其中建安成本为22.67亿元），比最初35亿元的预算造价减少了约4亿元。使用功能完全满足奥运会赛时需求，安全性能得到进一步提高，同时降低了建安费用。

在修改初步设计中，中国建筑设计研究院负责结构建模、主要计算分析、初步设计报告编制和全部初步设计图纸。为了有效控制工程造价，在修改初步设计与其后的施工图中，探讨并采取了多种结构优化措施。对主桁架、桁架柱、次结构的布置进行了调整，结构抗震性能和节点构造得到改善；利用有效宽度的概念，提出焊接薄壁箱形构件的设计方法；根据主结构与次结构受力的特点，合理确定杆件计算长度系数；考虑安装顺序对用钢量的影响，合理确定临时支撑塔架的位置和数量；通过合理选用钢材材质，做到优材优用；在ANSYS软件平台上开发了设计与优化功能，适应复杂大跨度结构设计的需求；对采用预应力技术的可行性进行了深入的研究。通过采取上述综合的优化措施，有效减少了结构用钢量，取得了良好的技术经济效果。

第 二 课 堂

[1] 广联达（Glodon）计价软件

[2] 普华 Power On 系统

[3] 中国建设工程造价管理协会（http://www.ccea.pro）

[4] 陕西工程造价信息网（http://www.sxzj.net）

[5]《建设工程造价鉴定规范》（GB/T 51262—2017）

第七章　工程项目管理策划

☆导读

项目管理策划是对未来（某项）工作进行全面的构思和安排。本章针对本书介绍的项目管理理论和方法，阐述了项目管理策划及其应用，并通过案例展示项目管理在实际建筑工程中的应用过程。将项目管理理论方法和项目管理规范做法与具体项目实践相结合，读者可参考案例将项目管理的方法应用于实际工程中。本章各节关系如图 7-1 所示。

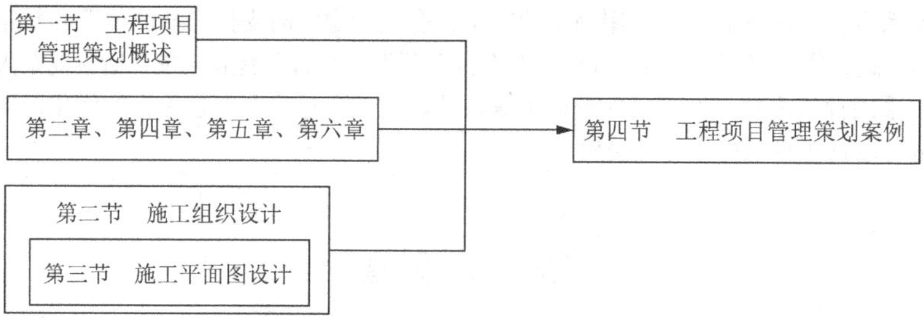

图 7-1　本章各节关系图

问题引入

1. 战略规划对项目规划有何影响？
2. 项目策划对项目规划有何影响？
3. 为什么要“科学编制并实施城市综合交通体系规划”？

【导例】我国古代工程实施程序

在我国古代高度集权的社会制度下，国家工程的策划、设计和施工，有一套独特的程序。

《左传》中记载了东周修建都城的过程，在取得周边诸侯的同意后，“己丑，士弥牟营成周，计丈数，揣高卑，度厚薄，仞沟洫，物土方，议远迩，量事期，计徒庸，虑材用，书糇粮，以令役于诸侯”。《左传》比较具体地记载了在 2500 多年前我国古代城墙工程的建设过程，包括工程策划、测量放样、设计城墙的厚度和壕沟的深度、计算土方工作量和土方调配、计划工期、计算用工量、考虑工程费用和准备粮食的后勤供应，并向诸侯摊派征调劳动力。

唐长安城始建于隋开皇二年（公元 582 年），入唐后改称长安，仍为都城，仅作了局部修建和扩充。至盛唐时，长安为当时规模最大、最为繁华的国际都市。天祐元年（公元 904 年）朱温挟持昭宗迁都洛阳，毁长安宫室民居，唐长安城遂为废墟。城遗址大部分被今西安市区和近郊占压。

唐长安城由廓城、宫城、皇城三个部分构成，如图 7-2 所示。唐长安城平面长方形，面积达 83.1 平方公里，总体按中轴线对称布局。廓城每面有三座城门，宫城位于廓城北部中央，皇城接宫城之南，内有左宗庙、右社稷，并设有中央衙署及附属机构。廓城内分布着以纵横 25 条街道划分的里坊区和东、西两市。唐贞观八年（公元 634 年）于太极宫东北的龙首原高地上建永安宫，次年更名大明宫。龙朔三年（公元 663 年）后这里成为主要朝会之所。玄宗时又于藩邸兴庆坊建兴庆宫。此外，唐长安城的东南隅，还有风景游览区曲江池，将风景区与都城相结合，是中国古代城市规划的一个创举。

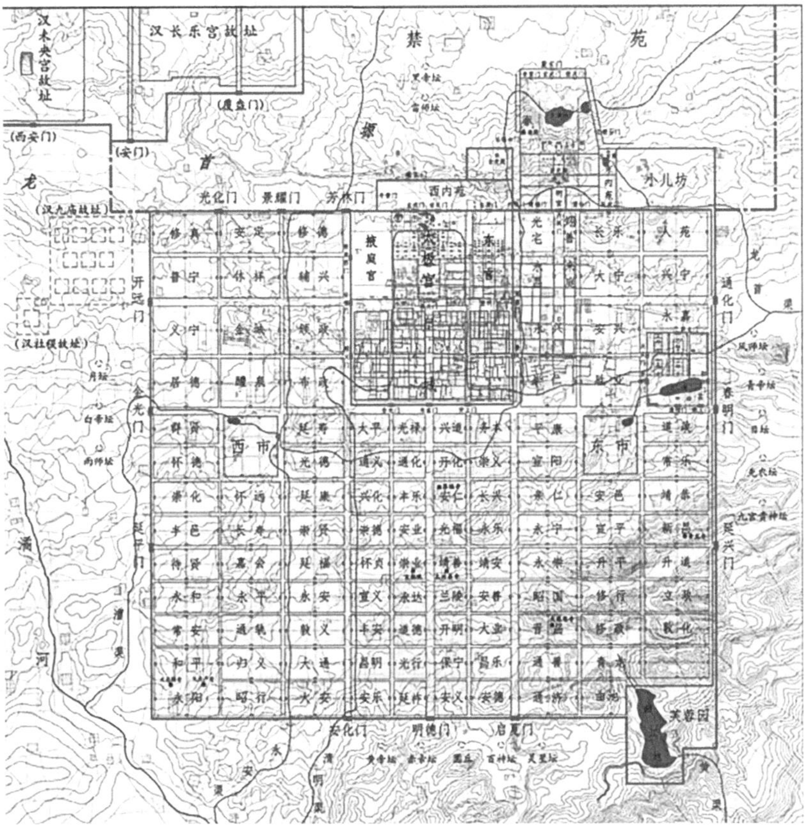

图 7-2　唐长安城格局复原图

资料来源：吴良镛（2014）

唐长安城是中国古代里坊制都城最完善的形态。它采用中轴对称布局，规划严谨，街坊整齐。设置了封闭式皇城以处府衙，封闭式里坊控制居民。其居民区是城内面积的 7/8，为人口的集中和城市工商业的发展创造了条件。东、西两市成为当时中西贸易和文化交流的一个中心。唐长安城的规划布局，对东亚一些国家的都城建设产生过重大影响。

到了清代，建筑工程建设程序已经十分完备，有包括选址、勘察地形、设计、勘估（工程量和费用预算）、施工和竣工后保修一套完整的流程。在整个过程中有计划、设计、成本管理（估价、预算、成本控制、事后审计等）、施工质量管理、竣工验收、保修等管理工作。这个流程与现代工程建设过程十分相似。

资料来源：赵珍（2019）

第一节　工程项目管理策划概述

一、项目管理策划的概念

项目管理策划是为达到项目管理目标，在调查、分析有关信息的基础上，遵循一定的程序，对未来（某项）工作进行全面的构思和安排，制定和选择合理可行的执行方案，并根据目标要求和环境变化对方案进行修改、调整的活动。

二、项目管理策划的内容

项目管理策划应由项目管理规划策划和项目管理配套策划组成。

1. 项目管理规划策划

项目管理规划策划可分为项目管理规划大纲和项目管理实施规划。

（1）项目管理规划大纲应是项目管理工作中具有战略性、全局性和宏观性的指导文件，包括 15 项内容：项目概况；项目范围管理；项目管理目标；项目管理组织；项目采购与投标管理；项目进度管理；项目质量管理；项目成本管理；项目安全生产管理；绿色建造与环境管理；项目资源管理；项目信息管理；项目沟通与相关方管理；项目风险管理；项目收尾管理。

（2）项目管理实施规划应对项目管理规划大纲的内容进行细化，包括 17 项内容：项目概况；项目总体工作安排；组织方案；设计与技术措施；进度计划；质量计划；成本计划；安全生产计划；绿色建造与环境管理计划；资源需求与采购计划；信息管理计划；沟通管理计划；风险管理计划；项目收尾计划；项目现场平面布置图；项目目标控制计划；技术经济指标。

建设项目是指在一个总体规划范围内，统一立项审批、单一或多元投资、经济独立核算的建设工程，由建设单位编制“建设项目管理规划”；工程项目是指建设项目内的单位、单项工程或独立使用功能的交工系统（一般含多个），由承包单位编制“工程项目管理规划”（规划大纲和实施规划），如日常的施工组织设计、项目管理计划等；专业工程项目（上下水、强弱电、风暖气、桩基础、内外装等）由专业承包单位编制“工程项目管理实施规划”，规划大纲可略。

2. 项目管理配套策划

项目管理配套策划是除了项目管理规划策划文件内容以外的所有项目管理策划要求。项目管理配套策划应是与项目管理规划策划相关联的项目管理策划过程。组织应将项目管理配套策划作为项目管理规划策划的支撑措施纳入项目管理策划过程，包括三项内容：确定项目管理规划的编制人员、方法选择、时间安排；安排项目管理规划各项规定的具体落实途径；明确可能影响项目管理实施绩效的风险应对措施。

三、项目管理策划的编制依据和程序

1. 编制依据

项目管理规划大纲的编制依据：项目文件、相关法律法规和标准；类似项目经验资料；实施条件调查资料。

项目管理实施规划的编制依据：适用的法律、法规和标准；项目合同及相关要求；项目管理规划大纲；项目设计文件；工程情况与特点；项目资源和条件；有价值的历史数据；项目团队的能力和水平。

项目管理配套策划的编制依据：项目管理制度；项目管理规划；实施过程需求；相关风险程度。

2. 编制程序

1）项目管理规划大纲的编制程序

（1）明确项目需求和项目管理范围。

（2）确定项目管理目标。

（3）分析项目实施条件，进行项目工作结构分解。

（4）确定项目管理组织模式、组织结构和职责分工。

（5）规定项目管理措施。

（6）编制项目资源计划。

（7）报送审批。

2）项目管理实施规划的编制程序

（1）了解相关方的要求。

（2）分析项目具体特点和环境条件。

（3）熟悉相关法规和文件。

（4）实施编制活动。

（5）履行报批手续。

四、项目管理策划的编制要求

项目管理规划大纲文件应具备下列内容：项目管理目标和职责规定；项目管理程序和方法要求；项目管理资源的提供和安排。

项目管理实施规划文件应满足下列要求：规划大纲内容应得到全面深化和具体化；实施规划范围应满足实现项目目标的实际需要；实施项目管理规划的风险应处于可以接受的水平。

为保证项目管理配套策划有效性，组织应建立以下基础工作过程：积累以往项目管理经验；制定有关消耗定额；编制项目基础设施配置参数；建立工作说明书和实施操作标准；规定项目实施的专项条件；配置专用软件；建立项目信息数据库；进行项目团队建设。

第二节　施工组织设计

一、施工组织设计概述

施工组织设计是以施工项目为对象编制的，用以指导施工技术、经济和管理的综合性文件，是对施工活动实行科学管理的重要手段，它具有战略部署和战略安排的双重作用。施工组织设计应包括编制依据、工程概况、施工部署、施工进度计划、施工准备与资源配置计划、主要施工方法、施工现场平面布置和主要施工管理计划等基本内容。施工管理计划应包括进度管理计划、质量管理计划、安全管理计划、环境管理计划、成本管理计划和其他管理计划等内容。

施工组织设计应由项目负责人主持编制，可根据项目实际需要分阶段编制和审批。施工组织应实行动态管理，当发生重大变动时（工程设计有重大修改，有关法律、法规、规范与标准实施、修订和废止，主要施工方法有重大调整，主要施工资源配置有重大调整，施工环境有重大改变），应及时进行修改或补充，经修改或补充的施工组织设计应重新审批后实施。项目施工前，应进行施工组织设计逐级交底；项目施工过程中，应对施工组织设计的执行情况进行检查，分析并适时调整；工程竣工验收后，施工组织设计应按照《建设工程文件归档规范》要求进行归档保存。

施工组织设计按编制对象，可分为施工组织总设计、单位工程施工组织设计和施工方案三个层次。

二、施工组织总设计

施工组织总设计是以若干单位工程组成的群体工程或特大型项目为主要对象编制的施工组织设计，对整个项目的施工过程起统筹规划、重点控制的作用。施工组织总设计应由总承包单位技术负责人审批。

施工组织总设计包括工程概况、总体施工部署、施工总进度计划、总体施工准备与主要资源配置计划、主要施工方法和施工总平面布置等内容。

（1）工程概况应包括项目主要情况和项目主要施工条件等内容。

（2）总体施工部署对于施工的重点和难点应进行简单分析。

（3）施工总进度计划应按照项目总体施工部署的安排进行编制，可采用网络图或横道图表示，并附必要说明。

（4）总体施工准备包括技术准备、现场准备和资金准备等。

（5）主要资源配置计划包括劳动力配置计划和物资配置计划等。

（6）施工组织总设计应对项目涉及的单位（子单位）工程和主要分部（分项）工程所采用的施工方法进行简要说明，对脚手架工程、起重吊装工程、临时用水用电工程、季节性施工等专项工程所采用的施工方法应进行简要说明。

（7）施工总平面布置应按照项目分期（分批）施工计划进行布置，并绘制总平面布置图。

三、单位工程施工组织设计

单位工程施工组织设计是以单位（子单位）工程为主要对象编制的施工组织设计，对单位（子单位）工程的施工过程起指导和制约作用。单位工程施工组织设计应由施工单位技术负责人或技术负责人授权的技术人员审批。规模较大的分部（分项）工程和专项工程的施工方案应按单位工程施工组织设计进行编制和审批。

单位工程施工组织设计主要包括工程概况、施工部署、施工进度计划、施工准备与资源配置计划、主要施工方案、施工现场平面布置等内容。

（1）工程概况应包括工程主要情况、各专业设计简介和工程施工条件等内容。

（2）工程施工目标应根据施工合同、招标文件和本单位对工程管理目标的要求确定，包括进度、质量、安全、环境和成本等目标，各项目标应满足施工组织总设计中确定的总体目标。

（3）单位工程施工进度计划应按照施工部署的安排进行编制。

（4）施工准备应包括技术准备、现场准备和资金准备等。

（5）资源配置计划应包括劳动力配置计划和物资配置计划等。

（6）单位工程应按照《建筑工程施工质量验收统一标准》（GB 50300）中分部、分项工程的划分原则，对主要分部、分项工程制定施工方案。

（7）施工现场平面布置图应按照施工现场平面布置中相应规定，并结合施工组织总设计，按不同施工阶段分别绘制。

四、施工方案

施工方案是以分部（分项）工程或专项工程为主要对象编制的施工技术与组织方案，用于具体指导其施工过程。施工方案应由项目技术负责人审批；重点、难点分部（分项）工程和专项工程施工方案应由施工单位技术部门组织相关专家评审，施工单位技术负责人批准。由专业承包单位施工的分部（分项）工程和专项工程的施工方案，应由专业承包单位技术负责人或其授权的技术人员审批；有总承包单位时，应由总承包单位项目技术负责人核准备案。

施工方案主要包括工程概况、施工安排、施工进度计划、施工准备与资源配置计划、施工方法及工艺要求等内容。

第三节　施工平面图设计

一、施工总平面图设计

1. 施工总平面图设计的原则

（1）平面布置科学合理，施工场地占用面积少。

（2）合理组织运输，减少二次搬运。

（3）施工区域的划分和场地的临时占用应符合总体施工部署和施工流程的要求，减少相互干扰。

（4）充分利用既有建（构）筑物和既有设施为项目施工服务，降低临时设施的建造费用。

（5）临时设施应方便生产和生活，办公区、生活区、生产区宜分离设置。

（6）符合节能、环保、安全和消防等要求。

（7）遵守当地主管部门和建设单位关于施工现场安全文明施工的相关规定。

2. 施工总平面布置应符合的要求

（1）根据项目总体施工部署，绘制现场不同施工阶段（期）的总平面布置图。

（2）施工总平面布置图的绘制应符合国家相关标准要求并附必要说明。

3. 施工总平面图设计的内容

（1）项目施工用地范围内的地形状况。

（2）全部拟建建（构）筑物和其他基础设施的位置。

（3）项目施工用地范围内加工、运输、存贮、供电、供水供热、排水排污设施及临时施工道路和办公、生活用房。

（4）施工现场必备的安全、消防、保卫和环境保护等设施。

（5）相邻的地上、地下既有建（构）筑物及相关环境。

4. 施工总平面图的设计步骤

设置大门并引入场外交通道路→布置大型机械设备→布置仓库和堆场→布置加工厂→布置场内临时运输道路→布置临时房屋→布置临时水电管线网和其他动力设施→绘制图例。

1）设置大门并引入场外交通道路

施工现场宜考虑设置两个以上大门，大门应考虑周边路网情况、转弯半径和坡度限制，大门的高度和宽度应满足车辆运输需要，尽可能考虑与加工场地、仓库位置的有效衔接。

2）布置大型机械设备

布置塔吊时，应考虑其覆盖范围、可吊物件的重量及构件的运输和堆放，同时还应考虑塔吊的附墙杆件及使用后的拆除和运输。布置混凝土泵位置时，应考虑泵管的输送距离、混凝土罐车行走方便，一般情况下，立管应相对固定，泵车可以现场流动使用。

3）布置仓库和堆场

一般应接近使用地点，其纵向宜与交通线路平行，尽可能利用现场设施卸货，货物装卸时间长的仓库应远离路边。

4）布置加工厂

应使材料和构件的运输量小，垂直运输设备发挥较大的作用，有关联的加工厂适当集中。

5）布置场内临时运输道路

施工现场的主要道路应进行硬化处理，主干道应有排水措施。临时道路要把仓库、加工厂、堆场和施工点贯穿起来，按货运量大小设计双行道或单行循环道满足运输和消防要求。主干道宽度单行道不小于 4 米，双行道不小于 6 米；载重车转弯半径不宜小于 15 米。

6）布置临时房屋

（1）尽可能利用已建的永久性房屋为施工服务，如不足，再修建临时房屋。临时房屋应尽量利用可装拆的活动房屋且满足消防要求。有条件的应使生活区、办公区和施工区相对独立。宿舍内应保证有必要的生活空间，室内净高不得小于 2.4 米，通道宽度不得小于 0.9 米，每间宿舍居住人员不得超过 16 人。

（2）办公用房宜设在工地入口处。

（3）作业人员宿舍一般宜设在现场附近，方便工人上下班，有条件时也可设在场区内。作业人员用的生活福利设施宜设在人员相对较集中的地方，或设在出入必经之处。

（4）食堂宜布置在生活区，也可视条件设在施工区与生活区之间。如果现场条件不允许，也可采用送餐制。

7）布置临时水电管线网和其他动力设施

临时总变电站应设在高压线进入工地入口处，尽量避免高压线穿过工地。临时水池、水塔应设在用水中心和地势较高处。管网一般沿道路布置，供电线路应避免与其他管道设在同一侧，同时支线应引到所有用电设备使用地点。应按批准的工地临时水、电施工技术方案组织实施。

8）绘制图例

施工总平面图应按绘图规则、比例、规定代号和规定线条绘制，把设计的各类内容分类标绘在图上，标明图名、图例、比例尺、方向标记和必要的文字说明等。

二、单位工程施工平面图设计

单位工程施工平面布置图一般按地基基础、主体结构、装饰装修和机电设备安装三个阶段分别绘制。

1. 单位工程施工平面图设计的内容

（1）工程施工场地状况。

（2）拟建建（构）筑物的位置、轮廓尺寸、层数等。

（3）工程施工现场的加工设施、存贮设施、办公和生活用房等的位置与面积。

（4）布置在工程施工现场的垂直运输设施、供电设施、供水供热设施、排水排污设施和临时施工道路等。

（5）施工现场必备的安全、消防、保卫和环境保护等设施。

（6）相邻的地上、地下既有建（构）筑物及相关环境。

2. 单位工程施工平面图的设计依据和原则

1）设计依据

（1）有关拟建工程的自然条件调查资料和技术经济调查资料等。

（2）建筑设计资料：建筑总平面图；已有和拟建的地下、地上管道位置；建筑区域的竖向设计和土方平衡图；有关施工图设计资料。

（3）施工资料：施工进度计划，施工方案，各种材料、构件等需求量计划。

2）设计原则

（1）在保证施工顺利进行的前提下，现场布置应尽量紧凑，节约土地。

（2）合理布置施工现场的运输道路及各种材料堆场、加工厂、仓库位置，各种机具的位置，尽量使得运距最短，从而减少或避免二次搬运。

（3）力争减少临时设施的数量，降低临时设施费用。

（4）临时设施的布置，尽量便利工人的生产和生活，使工人至施工区的距离最近。

（5）符合环保、安全和防火要求。

根据上述基本原则并结合施工现场的具体情况，施工平面图的布置可有几种不同的方案，需进行技术经济比较，从中选出经济、安全、合理的方案。

3. 单位工程施工平面图的设计步骤

确定起重机械的位置→确定搅拌站、仓库、材料堆场、加工厂的位置→布置运输道路→布置行政管理、文化福利用临时设施→布置水电管线→计算技术经济指标。

1）起重机械的布置

井架、门架等固定式垂直运输设备的布置，要结合建筑物的平面形状、高度，考虑材料、构件的重量，考虑机械的负荷能力和服务范围，做到便于运送，便于组织分层分段流水施工，便于楼层和地面的运输，运距要短；塔式起重机的布置要结合建筑物的形状及四周的场地情况布置，起重高度、幅度和起重量要满足要求，使材料和构件可达建筑物的任何使用地点，路基按规定进行设计和建造；履带起重机和轮胎起重机等自行式起重机的行驶路线要考虑吊装顺序、构件重量、建筑物平面形状、高度、堆放场位置及吊装方法；在考虑起重机械的布置时，还要注意避免机械能力的浪费。

2）搅拌站、仓库、材料堆场、加工厂的布置

布置时要尽量靠近使用地点或在起重机起重能力范围内，运输、装卸要方便；搅拌站要与砂、石堆场和水泥库一起考虑，既要靠近，又要便于大宗材料的运输装卸；木材棚、钢筋棚和水电加工棚可离建筑物稍远，并有相应的堆场；仓库、材料堆场的布置，经计算应能适应各个施工阶段的需要；易燃、易爆品的仓库位置，必须遵守防火、防爆安全距离的要求；石灰、淋灰池要接近灰浆搅拌站布置；在城市施工时，不得在现场熬制沥青。

3）运输道路的布置

应按材料和构件运输的需要，沿着仓库和堆场进行布置，使之畅行无阻。宽度要符合规定，单行道不小于 3～3.5 米，双车道不小于 5.5～6 米。路基要经过设计，转弯半径要满足运输要求。要结合地形在道路两侧设排水沟。现场应设环形路，在易燃品附近要尽量设计成进出容易的道路。木材场两侧应有 6 米宽通道，端头处应有 12 米×12 米回车场。消防车道不小于 3.5 米。

4）行政管理、文化福利用临时设施的布置

布置应使用方便，不妨碍施工，符合防火、安全的要求，一般设在工地出入口附近。要努力节约，尽量使用已有设施或正式工程，必须修建时要经过计算确定面积。

5）供水设施的布置

临时供水首先要经过计算、设计，然后进行设置。其中包括水源选择、取水设施、储水设施、用水量计算、配水布置、管径的计算等。单位工程施工组织设计的供水计算和设计可以简化或根据经验进行安排。消防用水一般利用城市或建设单位的永久消防设施，如需自行安排，应按有关规定设置。消防水管线布置应靠近十字路口或道边。高层建筑施工用水要设置蓄水池和加压泵，以满足高处用水需要。管线布置应使线路总长度小，消防管和生产、生活用水管可以合并设置。

6）临时供电设计

临时供电设计包括用电量计算、电源选择、电力系统选择和配置。用电量包括电动机、电焊机用电量与室内、室外照明容量。如果是扩建工程，可计算出施工用电总数，以供建设单位解决，不另设变压器。如果是独立的工程施工，要计算出现场施工用电和照明用电的数量，选用变压器和导线截面及类型。变压器应布置在现场边缘高压线接入处，离地应大于 30 厘米，在 2 米以外四周用高度大于 1.7 米铁丝网围住以保安全，但不要布置在交通要道口处。

三、施工平面图管理

1. 流程化管理

施工总平面图应随施工组织设计内容一起报批，过程修改应及时并履行相关手续。

2. 施工平面图现场管理要点

1）目的

使场容美观、整洁，道路畅通，材料放置有序，施工有条不紊，安全文明，相关方满意，管理方便、有序。

2）总体要求

满足施工需求、现场文明、安全有序、整洁卫生、不扰民、不损害公共利益、绿色环保。

3）出入口管理

现场大门应设置警卫岗亭，安排警卫人员 24 小时值班，检查人员出入证、材料运输单等，以达到管理有序、安全的目的。根据《建设工程施工现场环境与卫生标准》（JGJ 146—2013）规定：施工现场出入口应标有企业名称或企业标识，主要出入口明显处应设置工程概况牌，施工现场大门内应有施工现场总平面图和安全管理、环境保护与绿色施工、消防保卫等制度牌和宣传栏。

4）规范场容

（1）施工平面图设计应科学、合理，临时建筑、物料堆放与机械设备定位应准确，施工现场场容绿色环保。

（2）在施工现场周边按相关规范要求设置临时维护设施。

（3）现场内沿临时道路设置畅通的排水系统。

（4）现场道路及主要场地做硬化处理。

（5）设专人清扫办公区和生活区，并对施工作业区和临时道路洒水、清扫。

（6）建筑垃圾应设定固定区域封闭管理，并及时清运。

5）环境保护

工程施工可能对环境造成的影响有：大气污染、室内空气污染、水污染、土壤污染、噪声污染、光污染、垃圾污染等。对这些污染均应按有关环境保护的法规和相关规定进行预防与治理。

6）消防保卫

（1）必须按照《中华人民共和国消防法》的规定，建立和执行消防管理制度。

（2）现场道路应符合施工期间的消防要求。

（3）设置符合要求的防火设施和报警系统。

（4）在火灾易发生区域施工和储存、使用易燃易爆器材，应采取特殊消防安全措施。

（5）现场严禁吸烟。

（6）施工现场严禁焚烧各类废弃物。

（7）严格现场动火证的管理。

7）卫生防疫管理

（1）加强对工地食堂、炊事人员和炊具的管理。食堂必须有卫生许可证，炊事人员必须持健康证上岗，炊具配置应符合相关规定的要求。确保卫生防疫，杜绝传染病和食物中毒事故发生。

（2）根据需要制定和执行防暑、降温、消毒、防病等措施。

第四节　工程项目管理策划案例

本案例以邮电通信大楼建设项目为例，依据现代项目管理理论，结合工程实际，说明建筑工程项目按照项目管理模式进行管理的一般过程。本案例的主要内容有：项目概况，项目范围确定，项目管理组织形式，项目进度计划安排，项目资源计划，项目费用计划，项目质量计划与质量保证，项目风险计划和项目控制过程等。本案例应用的主要方法和工具有：里程碑事件计划、工作分解结构、责任分配矩阵、网络计划技术、横道图、资源（费用）负荷图、资源（费用）累计图、项目报告、挣值法等。

一、项目概况

1. 项目简介

某市邮电局原有大楼建于20世纪60年代，为当地的邮电通信事业做出了很大贡献。但是随着现代邮电通信事业的飞速发展，当时设计的大楼结构功能越来越满足不了现实需求，基础设施落后，配套设施不齐全，功能较为单一，与周围环境的相容性也很差。因此，经上级主管部门批准，按市政府统一规划，邮电局决定另征一块土地，建设一幢设施先进、功能齐全的智能型邮电通信大楼。

所征用的土地整体呈矩形，东西长，南北短，实测占地面积 4618 平方米。项目设计建造一幢具有一流设施的智能型邮电通信大楼，共 24 层，其中地下一层，一至五层为裙楼，以上为主楼。大楼西侧采用大弧面，建筑主体直接落地。地下室机动车库可停车 58 辆，建筑周围布置绿地，道路周边绿化，地块绿化覆盖率 23%，地块西侧设有地上机动车位，可停车 20 辆，各个配套项目已向有关单位征询，可配套解决。项目合计地上建筑面积 30 000 平方米，地下建筑面积 2150 平方米，总建筑面积 32 150 平方米，综合容积率 6.96，综合覆盖率 46%，项目投资 1.9 亿元，建设周期 2.5 年，要求工程于 2003 年 1 月 1 日开工。

2. 项目承包方

经过招投标，本项目由××建筑公司承担。××建筑公司是民营大型建筑一级施工企业，有三十多年的施工经验，拥有先进的技术装备和高素质的管理、施工队伍，具有土木建筑、设备安装、高级装饰、道桥修筑、技术开发、混凝土构件生产、房地产开发、物资贸易等综合施工经营能力，是首批通过 GB/T 19002—ISO 9002 国际质量体系认证的国内建筑企业之一。面向 21 世纪，公司坚持走“科技兴企，质量兴业”之路，建立和完善现代企业制度，努力发展成为现代化新型企业。

公司在接到项目后，按照项目经理负责制要求，内聘项目经理，组建项目部，对项目全过程进行管理。

3. 项目特点

项目部首先对邮电通信大楼项目的特点进行了分析，认为本项目是一个系统的综合工程，包括勘察设计和施工工程两方面的内容，实施项目的主要特点如下。

（1）对大楼工程进行全过程、全专业的方案设计和施工设计。

（2）施工工程包括：主体结构、装修、水暖通风、电气、消防、电梯和智能化系统的施工；地下车库和地上机动车位工程；配套市政工程的道路和绿化建设。

（3）大楼建筑物内部主要设备先进，达到智能型邮电通信功能。

二、项目范围确定

1. 项目目标与项目描述

根据承包合同，项目部与项目业主、监理方等项目相关方经过讨论，协商确定了项目的目标。

（1）交付物成果。设计建造一幢具有一流设施的智能型邮电通信大楼，地上建筑面积 30 000 平方米，地下建筑面积 2150 平方米，总建筑面积 32 150 平方米。

（2）工期要求。2003 年 1 月 1 日至 2005 年 6 月 30 日，历时 2.5 年。

（3）成本要求。总投资 19 000 万元。

为了使项目各相关方和项目团队成员准确理解项目内容，明确项目目标，项目部用简练的表格形式对项目进行了描述，如表 7-1 所示。

表 7-1　项目描述

项目名称	邮电通信大楼建设项目
项目目标	2.5 年完成邮电通信大楼的设计、建造工程，总投资 1.9 亿元
交付物	一幢总建筑面积 32 150 平方米、具有一流设施的智能型邮电通信大楼
交付物完成准则	工程设计、建造、室内和室外装修
工作描述	主体结构、公用系统、智能化系统、室外道路和绿化工程
工作规范	依据国家建设工程的有关规范
所需资源估计	人力、材料、设备的需求预计
重大里程碑	开工日期 2003 年 1 月 1 日，工程设计完成日期 2003 年 7 月 14 日，地基与基础工程完工日期 2003 年 10 月 27 日，主体工程完工日期 2004 年 10 月 21 日，安装工程完工日期 2005 年 2 月 18 日，装修工程完工日期 2005 年 5 月 19 日，验收工程日期 2005 年 6 月 18 日
项目经理审核意见：按要求保质保量完成任务	
签名：×××	日期：2003 年 1 月

2. 项目重大里程碑

针对项目的目标要求，结合项目的特点和各方的要求，项目部分析确定了本项目主要里程碑事件，完成了反映项目重大里程碑事件关系的里程碑计划图，如图 7-3 所示。

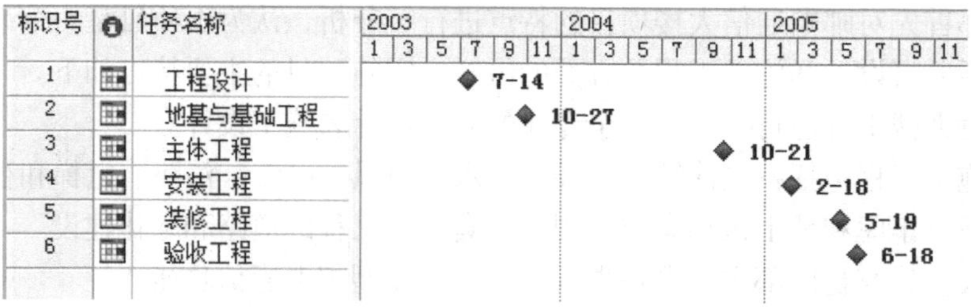

图 7-3　项目里程碑计划图

3. 项目工作分解

本项目涉及范围较广，工程量大，工作内容多，为了明确项目的工作范围，项目部按照工作分解结构的原理，对项目进行了分解，经过与业主协商讨论，确定了项目的工作范围，如图 7-4 所示。

4. 项目的工作描述

在项目分解完成后，为了使项目团队成员更准确地理解项目所包含各项工作的具体内容和要求，项目部对工作分解结构分解所得的所有工作进行了描述。工作描述的依据是项目目标、项目描述和项目工作分解结构，其结果是工作描述表。表 7-2 给出了施工图设计（1140）的工作描述。

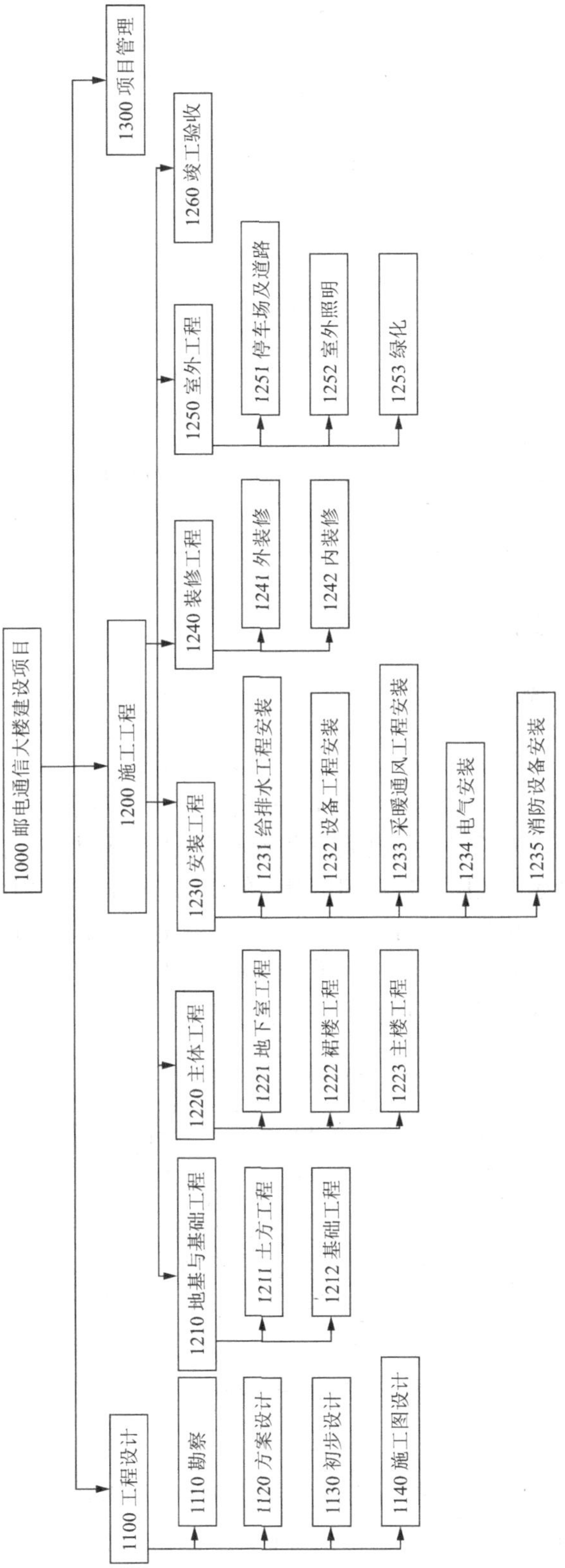

图7-4　项目工作分解结构图

表 7-2　施工图设计的工作描述

工作名称	施工图设计
工作交付物	施工图
验收标准	项目经理签字，确定施工方案
技术条件	施工图设计规范
工作描述	根据项目要求和设计规范，进行施工图设计并报批
假设条件	勘察和方案设计工作均正确无误
信息源	勘察和方案初步设计所收集的信息
约束条件	初步设计所确定的大纲
其他需要描述的问题	风险：初步设计大纲不准确 防范计划：勘察工作要详细、准确，以保证初步设计大纲的正确性
签名：×××	日期：2003 年 1 月

三、项目管理组织形式

1. 项目组织结构形式

公司由原来的职能式管理模式改为以项目为核心的管理模式，主要部门有人力资源部、经营计划部、财务部、技术部、工程部、采购部、质量部等，对承接的项目按照项目管理的方式进行管理。为了保证邮电通信大楼建设项目顺利进行，需要公司各部门共同协作，实现项目总目标。按照项目经理负责制的要求，公司通过内部招聘的方式委派一名项目经理负责项目，并按照项目经理的需求，调配相关部门人员组成项目组织机构对项目进行管理。该建设项目的组织形式采用矩阵式，如图 7-5 所示。本项目的组织机构分为两个部分：项目管理层——项目部，项目作业层——专业作业队。

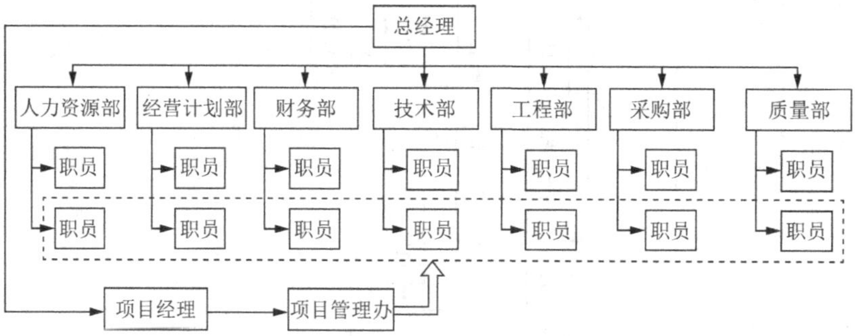

图 7-5　邮电通信大楼建设项目组织形式

1）项目管理层

项目部在项目经理领导下，负责项目从开工到竣工全过程施工生产经营的管理，是公司在本项目上的管理层，同时对作业层具有管理和服务双重职能。作业层工作的质量取决于项目部的工作质量。项目部是项目经理的办事机构，为项目经理决策提供信息依据，同时又要执行项目经理的决策意图，向项目经理全面负责。根据项目实际情况，项目部的设置如图 7-6 所示。

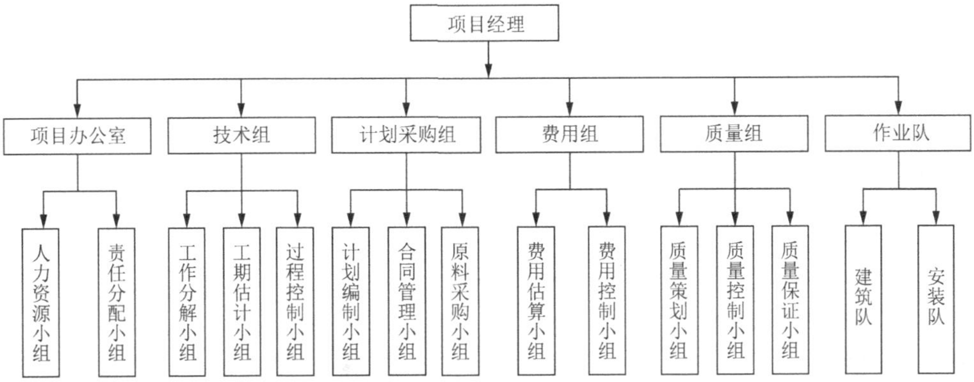

图 7-6　邮电通信大楼建设项目部组织结构示意

2）项目作业层

项目劳动力主要来源于公司的劳务资源（部分从社会聘用），公司的劳动力资源由人力资源部进行管理。项目经理部根据项目任务编制劳动力需求量计划，由公司人力资源部和公司领导进行权衡，项目经理部根据公司领导的权衡结果，进行供需双向选择，与施工队签订劳务合同，明确需要的工种、人员数量、进出场时间和有关奖罚条款等，正式将劳动力组织引入项目，形成项目作业层。施工队进入项目后，以项目部为主，共同组建专业作业队。打破工种界限，实行混合编班，提倡一专多能、一岗多职，形成既具有专业工种，又有协作配套人员，并能独立施工的专业作业队。对组建的专业作业队设置“项目经理作业助理”，其作为项目经理在单位工程上的委托代理人，对项目经理负责，实行从单位工程开工到竣工交付使用的全过程管理。

2. 项目责任分配

为了在执行过程中对项目进行有效的监督、协调和管理，项目部采用责任分配矩阵形式对参与项目各方的责任进行表述，如表 7-3 所示。

表 7-3　邮电通信大楼建设项目责任分配情况

任务名称	项目办公室	技术组	经营计划组	采购组	质量组	费用组	建筑队	安装队	项目经理
1100 工程设计	○		○						★
1110 勘察	○	▲			◆		○		
1120 方案设计	○	▲							
1130 初步设计	○	▲							
1140 施工图设计	○	▲							
1210 地基与基础工程	○		○						★

续表

任务名称	项目办公室	技术组	经营计划组	采购组	质量组	费用组	建筑队	安装队	项目经理
1211 土方工程	○				◆		▲		
1212 基础工程	○				◆		▲		
1220 主体工程	○		○						★
1221 地下室工程	○	○			◆		▲		
1222 裙楼工程	○	○			◆		▲		
1223 主楼工程	○	○			◆		▲		
1230 安装工程	○		○						★
1231 给排水工程安装	○			○	◆	○		▲	
1232 设备工程安装	○			○	◆	○		▲	
1233 采暖通风工程安装	○			○	◆	○		▲	
1234 电气安装	○			○	◆	○		▲	
1235 消防设备安装	○			○		○		▲	
1240 装修工程	○		○						★
1241 外装修	○				◆		▲		
1242 内装修	○				◆		▲		
1250 室外工程	○		○						★
1251 停车场及道路	○				◆		▲		
1252 室外照明	○			○	◆		▲	○	
1253 绿化	○				◆		▲		
1260 竣工验收	▲	○	◆	○	○	○			★
1300 项目管理	▲	○	○	○	○	○			★

注：▲——负责；○——参与；◆——监督；★——批准

四、项目进度计划安排

为了准确编制项目进度计划，需要确定项目各项工作的先后关系，同时估计各项工作的工作量和持续时间。本项目是一个系统的综合工程，技术难度大，涉及部门多，工序繁杂。项目实施过程中，有些工作之间存在明确的先后关系，但有些工作可以平行进行，先后关系不明确，正是这些工作的先后顺序影响了项目的总工期。由于项目工作工序很多，且工作之间存在一定的先后约束关系，如果工作量估计不准，就会引起一系列的连锁反应，甚至会使项目工期延长和费用增加。为此，项目部遵循工作独立的原则，经过认真分析研究，综合协调资源供应、技术、工艺、现场条件、工作效率和劳动定额等情况，并结合类似工程信息，通过与项目各方多次讨论，确定了工程各项工作的先后关系，对各项工作的工作量作了比较客观准确的估计，同时根据初步计划的人力资源情况，对每项工作的工作时间作了初步估计。

在上述工作基础上，项目部依据项目的工作分解结构和各种限制约束条件等，编制了用网络计划图和横道图表示的项目进度计划，如图 7-7 和图 7-8 所示。网络计划图反映了项目工作逻辑关系、工作时间参数及其他进度信息，使计划始终处于项目管理人员的控制之中。横道图表示工作的开始和结束时间，简单明了，直观易懂。

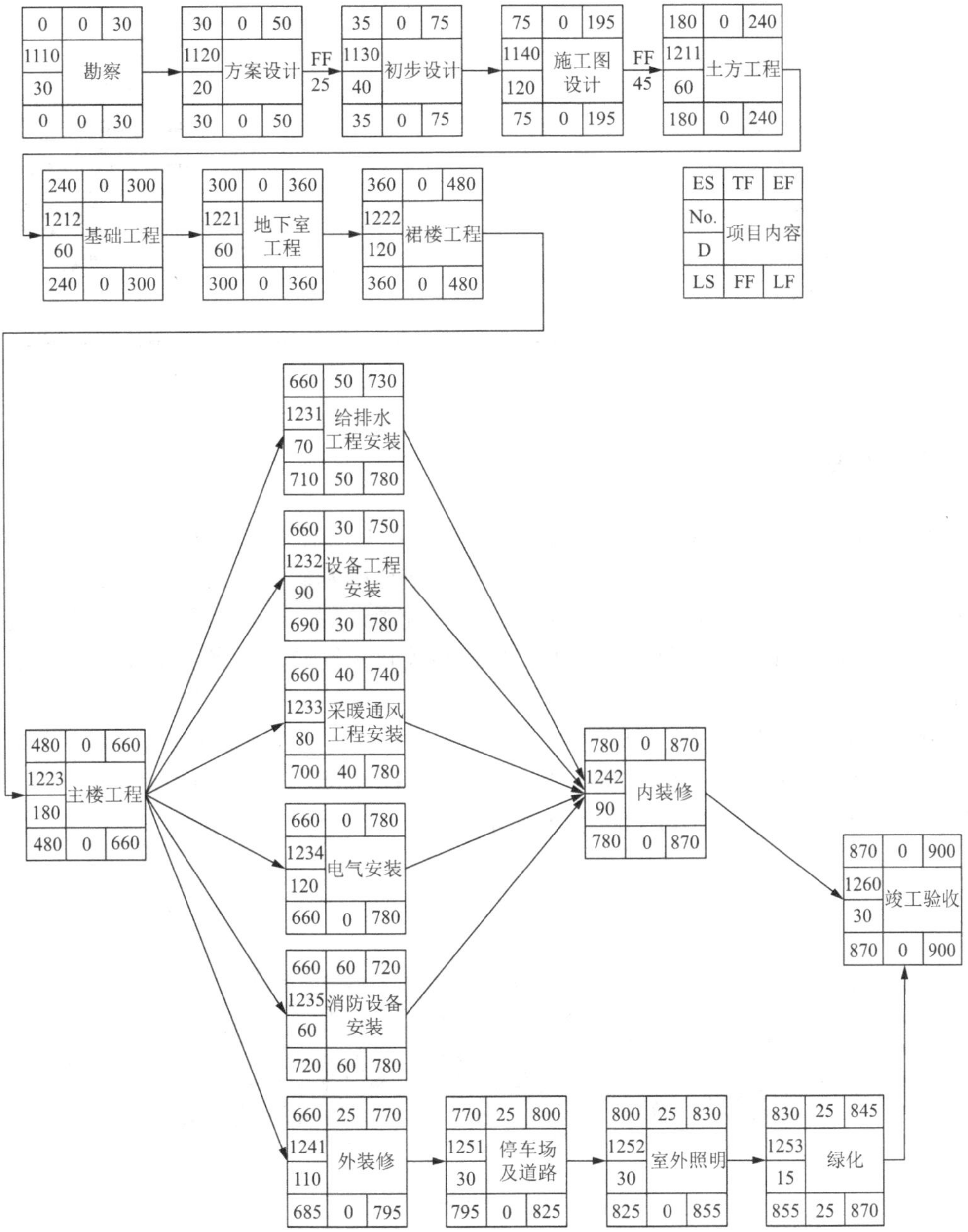

图 7-7　邮电通信大楼建设项目网络计划图

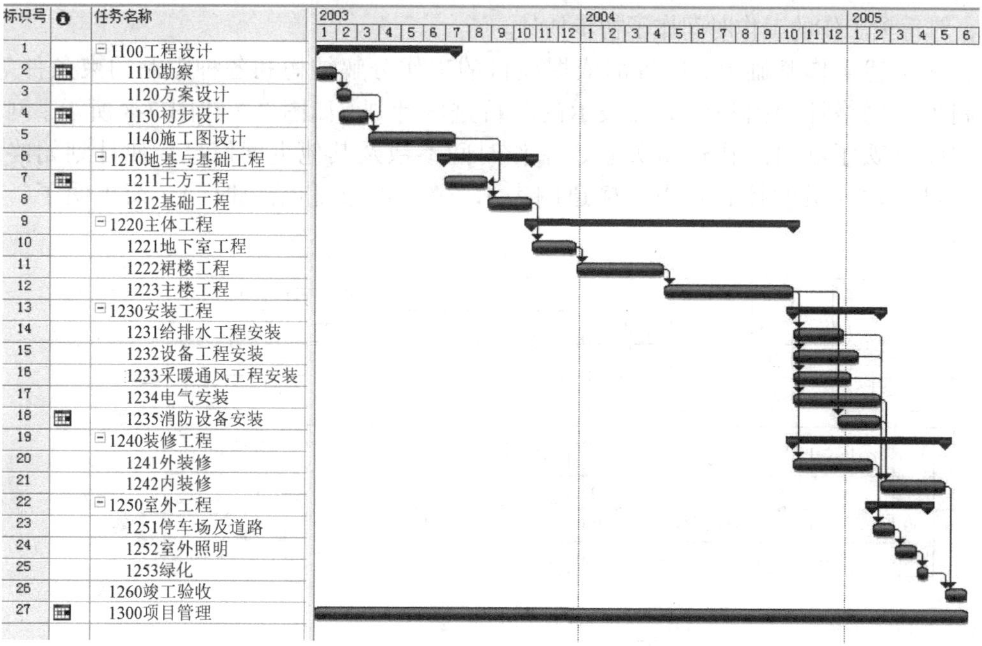

图 7-8　邮电通信大楼建设项目横道图

五、项目资源计划

项目资源计划是指在项目执行过程中，决定项目工作所需要的资源类型（人力、设备、材料）及其数量的规划过程，它是费用估计的基础。项目部在做项目资源计划时，依据项目特点，着重进行了项目的人力资源计划。本项目所涉及的人力资源主要有工程师、管理人员和工人三种类型，在项目不同阶段，各种类型的人员所需数量不同。

按照项目工作进度计划，结合类似工程信息，根据公司人力资源情况，项目部对项目工作分解结构中项目单元所需的人力资源进行了详细的计划，同时做出了项目人力资源负荷图和累计图，如图 7-9 和图 7-10 所示。

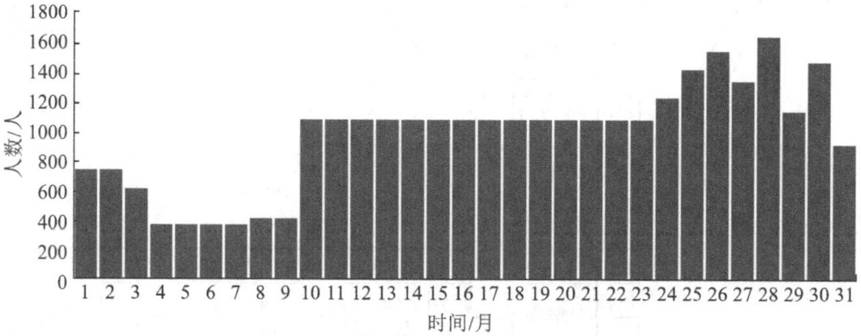

图 7-9　人力资源负荷图

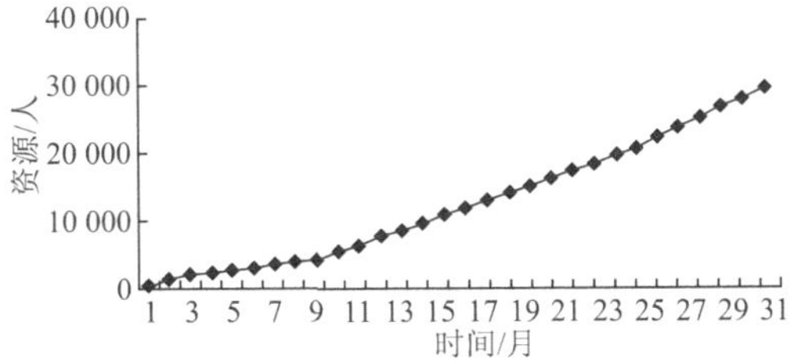

图 7-10　人力资源累计图

六、项目费用计划

费用计划是指项目部要根据项目所需各项资源的使用计划和项目的费用目标，对项目工作分解结构所分解的每个工作单元的费用进行估计，并根据费用条目确定每个工作单元的费用预算及整个项目的费用预算。同时结合项目进度计划，做出项目费用负荷图和累计图。通过这些直观的图表，可以明确在整个项目期间费用的需求状况，以便提前做好安排。项目部根据费用目标，结合进度、质量和当地环境等多种因素，运用了类比估计法和自下而上估计法等，初步对项目费用进行估计。然后根据费用条目，包括劳动力、原材料、机器设备和库存成本等，经过反复研究和详细测算，确定了项目的预算费用，如表 7-4 所示。并结合项目的横道图，绘制了项目费用负荷图和累计图，如图 7-11 和图 7-12 所示。

表 7-4　项目预算费用

任务名称	工日	工期/天	资源名称	人力资源数目/人	固定投入/万元	人力费用/万元	总费用/万元
1100 工程设计							
1110 勘察	15 000	30	工程师	500	130	90	220
1120 方案设计	10 000	20	工程师	500	10	60	70
1130 初步设计	15 000	40	工程师	375	20	90	110
1140 施工图设计	15 000	120	工程师	125	20	90	110
1210 地基与基础工程							
1211 土方工程	10 000	60	工人	167	80	20	100
1212 基础工程	50 000	60	工人	833	300	100	400
1220 主体工程							
1221 地下室工程	50 000	60	工人	833	700	100	800
1222 裙楼工程	100 000	120	工人	833	2 800	200	3 000
1223 主楼工程	150 000	180	工人	833	8 148	300	8 448
1230 安装工程							
1231 给排水工程安装	12 000	70	工人	171	140	24	164
1232 设备工程安装	18 000	90	工人	200	700	36	736
1233 采暖通风工程安装	15 000	80	工人	188	290	30	320
1234 电气安装	18 000	120	工人	150	700	36	736
1235 消防设备安装	18 000	60	工人	300	500	36	536

续表

任务名称	工日	工期/天	资源名称	人力资源数目/人	固定投入/万元	人力费用/万元	总费用/万元
1240 装修工程							
1241 外装修	50 000	110	工人	455	600	100	700
1242 内装修	50 000	90	工人	556	900	100	1 000
1250 室外工程							
1251 停车场及道路	25 000	30	工人	833	250	50	300
1252 室外照明	10 000	30	工人	333	80	20	100
1253 绿化	10 000	15	工人	667	80	20	100
1260 竣工验收	20 000	30	管理人员	667	20	80	100
1300 项目管理	225 000	900	管理人员	250	50	900	950
小计	886 000				16 518	2 482	19 000
工程师/（元/工日）		60					
管理人员/（元/工日）		40					
工人/（元/工日）		20					

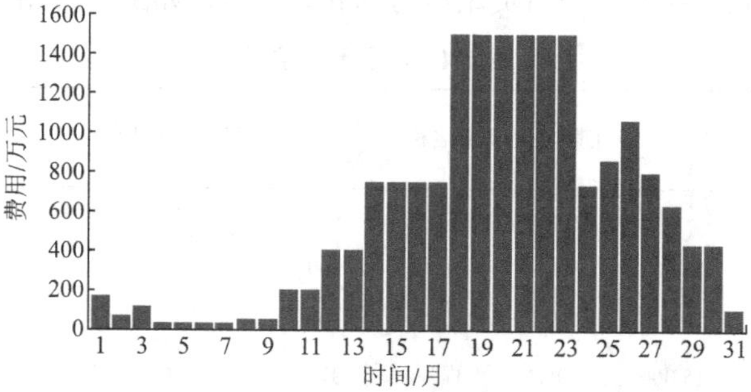

图 7-11　项目费用负荷图

图 7-12　项目费用累计图

七、项目质量计划与质量保证

工程项目质量是国家现行的有关法律法规、技术标准、项目合同对工程安全、使用、经济、美观等特性的综合要求。本项目的质量管理以分项工程作为质量控制点，采用分阶段控制和分析等方法，找出偏差，采取纠偏措施，并以项目质量报告的形式呈现。

1. 项目的质量目标和计划

本项目实现的质量目标是“合格”。项目部为实现项目目标，制定出项目的质量保证计划，如表 7-5 所示。

表 7-5　项目质量保证计划

项目质量	内容
质量管理范围和控制内容	（1）功能和使用价值的实现程度 （2）工程的安全性和可靠性 （3）自然和社会环境的适应性 （4）工程费用和施工进度的控制状态 内容：工程设计、地基与基础工程、主体工程、安装工程、装修工程和室外工程全过程
质量管理的方法和手段	PDCA 循环；“三全”管理；三阶段管理
质量管理的结果	质量管理报告

2. 项目质量控制

项目部确定了邮电通信大楼工程质量控制系统，如表 7-6 所示。项目部对质量管理采取的具体措施如下。

表 7-6　质量控制系统过程

时间阶段	计划内容	
事前预控	施工准备质量控制	质量控制系统组织 质量保证体系审查 机械设备质量控制 施工质量和施工方法审查 材料和构件质量控制 现场管理环境检查 图纸会审和技术交底
事中控制	施工过程质量控制	工序质量控制 工序之间的交接检查 中间产品和隐蔽工程质量控制 分部分项工程质量评定 设计变更审查
事后控制	竣工质量验收	竣工验收质量评定 验收文件审核

（1）建立品质管理体系，按照 ISO 9002、ISO 14000 建立质量保障体系。
（2）树立质量第一的思想，在关键质量控制点上实行一票否决制。
（3）按照业主要求、国家标准、行业标准制定项目质量标准并执行。

（4）制定各阶段验收规程、施工规程，并按规程检查。

（5）明确项目的变更流程和变更事后管理。

（6）配合业主，做好工程验收工作。

根据工程实体质量形成过程，质量控制被划分为三个阶段来控制。无论是投入物质资源的控制，还是施工安装过程的控制，都应对影响工程实体质量的五个重要因素进行全面控制，即 4M1E，影响工程质量的因素如表 7-7 所示。

表 7-7　影响工程质量的因素

影响因素	内容
人	管理者资质 操作者资质
材料、器材	材料、构件质量 建筑设施、器材
机械设备	生产设备 施工机械设备
方案、工艺	施工组织设计 施工方案、施工计划 工艺技术
环境	现场施工环境 自然环境条件 工程技术条件 项目管理条件

抓住影响工序施工质量的主要因素，才能事先对影响项目重要部位或薄弱环节质量的原因进行分析，并提出相应的措施，以便进行预控。因此，在工程中设立质量控制点尤为重要。本工程的质量控制点如表 7-8 所示。

表 7-8　质量控制点的设置

分项工程	质量控制点	控制方法
地基与基础工程	基坑	测量
	基础垫层的标高	测量
	预留孔洞	测量
	基础尺寸	测量
主体工程	砌体	检查
	钢筋混凝土	检查、检验
	门窗安装	检查
安装工程	电气安装	检查、调试
	水暖安装	检查、调试
	设备安装	检查、调试
装修工程	内装饰	检查、检验
	外装饰	检查、检验

续表

分项工程	质量控制点	控制方法
室外工程	停车场及道路	检查、检验
	室外照明	检查、调试

3. 项目质量报告

项目质量报告如表 7-9 所示。项目质量报告反映了项目完成的质量情况，由项目经理签字确认。

表 7-9　项目质量报告

项目名称：邮电通信大楼
施工单位：××建筑公司 B 项目部
开工日期：2003 年 1 月 1 日

建筑面积：32 150 平方米	结构类型：框架高层	竣工日期：2005 年 6 月 30 日
分项工程	质量等级标准	评定标准
地基与基础工程	保证项目符合相应质量检验评定标准的规定	合格
	基本项目每项抽检处符合相应质量检验评定标准的规定，其中：合格率为 70%	
	允许偏差项目：80%抽查点在允许偏差范围内	
主体工程	保证项目符合相应质量检验评定标准的规定	合格
	基本项目每项抽检处符合相应质量检验评定标准的规定，其中：合格率为 85%	
	允许偏差项目：85%抽查点在允许偏差范围内	
装修工程	保证项目符合相应质量检验评定标准的规定	合格
	基本项目每项抽检处符合相应质量检验评定标准的规定，其中：合格率为 50%	
	允许偏差项目：75%抽查点在允许偏差范围内	
安装工程	保证项目符合相应质量检验评定标准的规定	合格
	基本项目每项抽检处符合相应质量检验评定标准的规定，其中：合格率为 85%	
	允许偏差项目：90%抽查点在允许偏差范围内	
结论：该工程为合格工程		
项目经理：×××	检查员：×××	日期：2005 年 6 月 30 日

注：表中质量等级按照 2005 年国家、行业标准评定

八、项目风险计划

1. 项目风险估计

为了准确估计项目可能的风险，项目部编制了规范的表格，在项目检查时，由过程

控制小组成员填写。项目部汇总整理后，经过研究讨论，征询专家意见，确定了项目可能的风险，如表 7-10 所示。

表 7-10　项目风险识别表

项目名称	邮电通信大楼					
项目方	邮电大楼建设项目部		项目经理	×××		
业主方	某市邮电局					
项目进行阶段	施工阶段					
编号			填表日期	2003 年 1 月 1 日		
方面	类型	风险	识别			措施
			高	中	低	
环境方面	气象条件	可能不利的天气		√		接受
	周边环境	施工时必须保持公共环境			√	减少
	财产损失	有潜在损失		√		回避
施工方面	进度	进度目标是否清楚			√	预防
		原材料供应情况			√	预防
		人员配备情况		√		接受
	费用	是否定期进行成本结算		√		预防
		成本与计划和预算相比情况			√	转移
	质量	质量目标是否清楚			√	预防
		是否对照质量计划进行检查工作			√	接受
		是否进行图纸会审、技术交底			√	接受
		隐蔽工程是否检查验收			√	接受
		是否有技术措施计划			√	接受
管理方面		项目管理目标是否清晰			√	减少
		项目班子成员是否工作勤奋，对可能遇到的风险是否都经过讨论			√	预防
		决策是否征求各方面的意见		√		减少
		是否对经验教训进行分析总结			√	预防

项目部在征询专家意见的基础上，经过定量分析，对风险进行量化，并依据风险对项目的影响程度对风险进行排序，制定风险应对措施。

2. 风险应对计划

对于量化的项目风险，制定应对策略和技术手段。主要采取回避、转移、减少、接受等方法和措施来预防和规避风险。本项目针对风险所采取的应对措施主要如下。

（1）跟踪识别的风险。

（2）识别剩余的风险。

（3）修改风险管理计划。

（4）保证风险计划的实施。

（5）评估风险应对的效果。

在项目定期检查会上，项目部对项目各个阶段风险识别表上列举的检查内容进行讨论，确定具体的风险应对措施，如表 7-11 所示。

表 7-11　项目风险应对计划表

<table>
<tr><td>项目名称</td><td colspan="3">邮电通信大楼</td></tr>
<tr><td>项目方</td><td colspan="3">邮电大楼建设项目部</td></tr>
<tr><td>业主方</td><td colspan="3">某市邮电局</td></tr>
<tr><td>项目进行阶段</td><td colspan="3">施工阶段</td></tr>
<tr><td>编号</td><td></td><td>填表日期</td><td>2003 年 1 月 1 日</td></tr>
<tr><td>方面</td><td>类型</td><td>风险</td><td>风险的应对措施</td></tr>
<tr><td rowspan="3">环境方面</td><td>气象条件</td><td>可能不利的天气</td><td>及时安排，预防为主</td></tr>
<tr><td>周边环境</td><td>施工时必须保持公共环境</td><td>订立制度，严格执行</td></tr>
<tr><td>财产损失</td><td>有潜在损失</td><td>参加保险，转移为主，预防为辅</td></tr>
<tr><td rowspan="10">施工方面</td><td rowspan="3">进度</td><td>进度目标是否清楚</td><td rowspan="14">在项目的关键点采用挣值法进行分析，找出进度和费用偏差的原因，采取相应的措施
在项目实施前，制定相应风险应对的备用措施，如预算应急费、技术后备措施、进度后备措施
施工前必须进行技术图样和合同评审，召开技术交底会
制定技术计划和施工组织设计，定期检查、考核
隐蔽工程严格检查、记录，签署意见，办理验收手续
制定相关规章制度，认真落实执行；同时加强信息的沟通，总结经验，不断改进，预防和规避风险</td></tr>
<tr><td>原材料供应情况</td></tr>
<tr><td>人员配备情况</td></tr>
<tr><td rowspan="2">费用</td><td>是否定期进行成本结算</td></tr>
<tr><td>成本与计划和预算相比情况</td></tr>
<tr><td rowspan="5">质量</td><td>质量目标是否清楚</td></tr>
<tr><td>是否对照质量计划进行检查工作</td></tr>
<tr><td>是否进行图纸会审、技术交底</td></tr>
<tr><td>隐蔽工程是否检查验收</td></tr>
<tr><td>是否有技术措施计划</td></tr>
<tr><td colspan="2" rowspan="4">管理方面</td><td>项目管理目标是否清晰</td></tr>
<tr><td>项目班子成员是否工作勤奋，对可能遇到的风险是否都经过讨论</td></tr>
<tr><td>决策是否征求各方面的意见</td></tr>
<tr><td>是否对经验教训进行分析总结</td></tr>
</table>

九、项目控制过程

1. 项目控制方法

在项目实施过程中，项目部从技术、资源、组织和管理措施四方面出发，通过项目进度报告、重大突发性事件报告、项目变更申请报告、项目执行状态报告、项目关键点检查报告和项目工作完成报告等一系列记录表格来监控项目的执行状态，通过与项目计划对比，动态分析出现或可能出现的偏差，权衡其已造成或可能造成的影响，从而采取一定的应对措施来保证项目的顺利实施。项目控制的过程如图 7-13 所示。表 7-12 和表 7-13 给出了以主楼工程为例的项目执行状态报告和项目关键点检查报告。

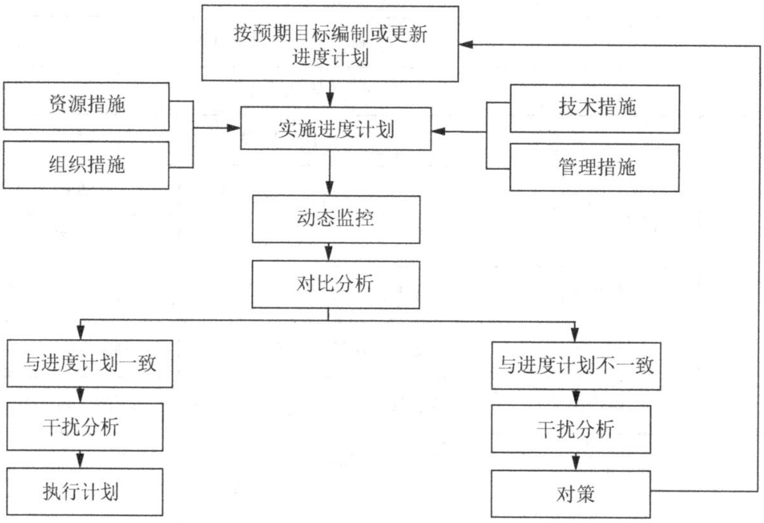

图 7-13　项目进度控制过程分析

表 7-12　项目执行状态报告

任务名称	主楼工程	任务编码	1223
报告日期	2004 年 1 月 30 日	状态报告份数	2
实际进度与计划进度相比		进度偏差 7 天	
对总工期的影响		总工期拖延 7 天	
提交物是否能满足性能要求		是	
任务能否按时完成		拖期	
现在人员配备状况		人员不足	
现在技术状况		正常	
任务完成预测		增加人员后，能保证工期	
潜在的风险分析及建议		设备安装存在拖延可能，应预防	
任务负责人审核意见：查明原因，采取措施　签名：×××　日期：2004 年 2 月 1 日			

表 7-13　项目关键点检查报告

工作名称	主楼工程	抄送部门	项目部
关键点名称	钢筋绑扎	检查的时间	2004 年 7 月 30 日
检查实施人	×××	任务编码	1223
报告日期	2004 年 8 月 2 日	报告份数	2
检查的项目内容	钢筋规格、数量是否符合设计要求，搭接是否符合设计和规范要求		
实际进程描述	与计划进程对比，拖期 10 天		
存在的问题	钢筋绑扎部分达不到施工规范要求		
建议与预测	加强施工人员管理，增加人员投入		
检查负责人：×××	签名：×××	日期：2004 年 8 月 4 日	

2. 项目挣值分析

针对本项目特点，决定每两周对项目的进度计划执行情况和费用使用情况进行检查（里程碑事件必须检查），通过检查，将进展状态的各种数据用挣值法分析。出现偏差要查明原因，采取措施，及时调整计划。项目施工过程中，在月末将本月的 BCWS、BCWP、ACWP 值测算后记录到表 7-14 中。根据表 7-14 可绘制反映项目执行状态曲线，如图 7-14 所示。

表 7-14　项目 BCWS、BCWP、ACWP 参数表　　单位：万元

参数	1 月	2 月	3 月	4 月	5 月	6 月	7 月	8 月
∑BCWS	166.7	243.3	360	394.2	428.3	462.5	496.7	553.3
∑BCWP	160	230	340	368	396	424	452	502
∑ACWP	160	230	340	368	396	424	452	502
参数	9 月	10 月	11 月	12 月	13 月	14 月	15 月	16 月
∑BCWS	610	816.7	1 023.3	1 430	1 836.7	2 593.3	3 350	4 106.7
∑BCWP	552	752	952	1 352	1 752	2 502	3 252	4 002
∑ACWP	552	752	952	1 352	1 752	2 502	3 252	4 002
参数	17 月	18 月	19 月	20 月	21 月	22 月	23 月	24 月
∑BCWS	4 863.3	6 370	7 876.7	9 383.3	10 890	12 397	13 903	14 646
∑BCWP	4 752	6 177	7 602	9 027	10 452	11 877	13 302	14 352
∑ACWP	4 752	6 085.3	7 418.7	8 752	10 085	11 419	12 752	13 610
参数	25 月	26 月	27 月	28 月	29 月	30 月	31 月	
∑BCWS	15 515	16 579	17 380	18 020	18 460	18 900	19 000	
∑BCWP								
∑ACWP								

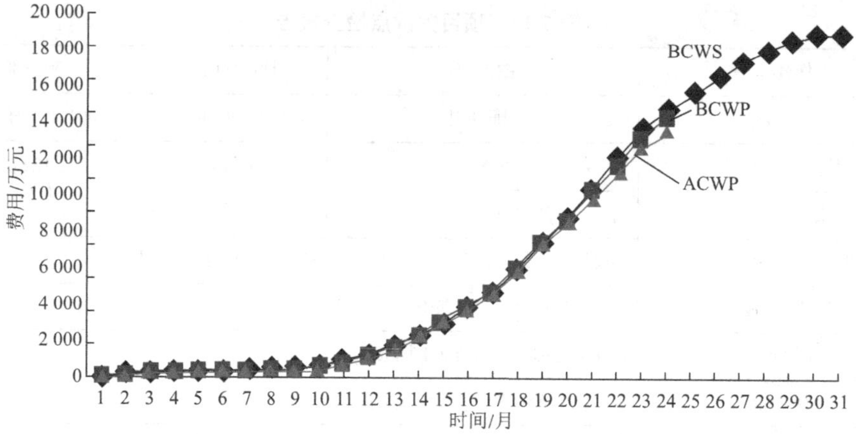

图 7-14　项目执行状态曲线

在项目检查点（主楼工程）完工后，安装工程开始后一个月，由表 7-14 可知：

BCWS＝14 646（万元）；BCWP＝14 352（万元）；ACWP＝13 610（万元）

CV＝BCWP－ACWP＝14 352－13 610＝742（万元）>0（费用节约）

SV＝BCWP－BCWS＝14 352－14 646＝－294（万元）<0（进度延误）

项目完工预计的费用：

EAC＝ACWP+ (ΣBCWS–BCWP) =13 610+ (19 000–14 352) =18 258（万元）

根据计算和分析结果说明，项目费用节约、进度延误，应采取措施，加快进度。

本项目为邮电通信大楼工程，总建筑面积 32 150 平方米，总投资 1.9 亿元。在项目实施过程中，项目部按照项目管理的要求，运用现代项目管理理论，通过可视化的表格和计算机软件对项目进行辅助管理，取得了很好的效果，项目的各项目标均得到了较好实现。

复　习　题

一、单项选择题（每题备选项中，只有一个最符合题意）

1. 项目管理策划应由项目管理规划策划和项目（　　）组成。
   A. 管理配套策划　B. 管理目标　C. 管理规划目标　D. 管理组织构架
2. 工程项目管理实施规划在专业工程项目中由（　　）主持编制。
   A. 建设单位　B. 承包单位　C. 专业承包单位　D. 监理单位
3. 工程项目管理策划是指导项目管理工作的（　　）文件。
   A. 操作性　B. 实施性　C. 纲领性　D. 作业性
4. 项目管理实施规划的编制依据，不包括（　　）。
   A. 技术经济指标　B. 项目管理规划大纲
   C. 项目资源和条件　D. 项目合同及相关要求
5. 施工组织设计是以（　　）为对象编制的。
   A. 施工项目　B. 施工内容　C. 施工单位　D. 施工目标
6. 不属于单位工程施工组织设计主要内容的是（　　）。
   A. 工程概况　B. 施工现场平面布置　C. 主要施工方案　D. 总体施工准备
7. 施工组织设计应由（　　）主持编制。
   A. 施工单位技术负责人　B. 项目负责人

C. 施工单位技术负责人授权的技术人员　　D. 项目技术负责人

8. 施工总平面图的设计步骤中首先要考虑的是（　　）。

A. 设置项目人员办公室　　B. 设置工程占地围墙

C. 设置工程质量检测室　　D. 设置大门，引入场外道路

9. 关于单位工程施工平面图设计步骤的顺序，正确的是（　　）。

A. 确定起重机的位置→确定搅拌站、仓库、材料堆场、加工厂的位置→布置运输道路→布置行政管理、文化福利用临时设施→布置水电管线→计算技术经济指标

B. 确定起重机的位置→确定搅拌站、仓库、材料堆场、加工厂的位置→布置运输道路→布置水电管线→布置行政管理、文化福利用临时设施→计算技术经济指标

C. 确定搅拌站、仓库、材料堆场、加工厂的位置→确定起重机的位置→布置运输道路→布置行政管理、文化福利用临时设施→布置水电管线→计算技术经济指标

D. 确定搅拌站、仓库、材料堆场、加工厂的位置→确定起重机的位置→布置运输道路→布置水电管线→布置行政管理、文化福利用临时设施→计算技术经济指标

10. 关于施工现场工人宿舍的说法，正确的是（　　）。

A. 室内净高不得小于 2.2 米，通道宽度不得小于 0.9 米，每间宿舍居住人员不得超过 12 人

B. 室内净高不得小于 2.2 米，通道宽度不得小于 1.0 米，每间宿舍居住人员不得超过 16 人

C. 室内净高不得小于 2.4 米，通道宽度不得小于 0.9 米，每间宿舍居住人员不得超过 16 人

D. 室内净高不得小于 2.4 米，通道宽度不得小于 1.0 米，每间宿舍居住人员不得超过 12 人

二、多项选择题（每题备选项中，至少有两个符合题意，多选、错选不得分）

1. 属于项目管理规划大纲内容的有（　　）。

A. 项目概况　　B. 总体工作计划

C. 项目范围管理　　D. 项目合同及相关要求

E. 技术经济指标

2. 关于建设工程项目管理策划的叙述，正确的是（　　）。

A. 建设项目的其他参与单位不需要编制项目管理规划

B. 业主方也可以委托总承包方编制建设工程项目管理策划

C. 建设工程项目管理策划属于业主方项目管理的范畴

D. 建设工程项目管理策划涉及项目从施工阶段至保修期

E. 建设工程项目管理策划必须随着情况的变化而进行动态调整

3. 项目管理规划大纲可由（　　）负责编制。

A. 承包单位　　B. 建设单位

C. 设计单位　　D. 监理单位

E. 供货单位

4. 关于施工组织设计（方案）的说法，正确的有（　　）。

A. 施工组织设计应由项目负责人主持编制，在开工前完成编制与审批后按此组织实施

B. 施工组织总设计应由总承包单位技术负责人审批；单位工程施工组织设计应由施工单位技术负责人或技术负责人授权的技术人员审批

C. 施工方案应由项目技术负责人审批；重点、难点分部（分项）工程和专项工程施工方案应组织相关专家评审后，项目技术负责人再批准

D. 由专业承包单位施工的分部（分项）工程或专项工程的施工方案，应由专业承包单位技术负责人或其授权的技术人员审批；有总承包单位时，应由总承包单位项目技术负责人核准备案

E. 施工组织应实行动态管理，当发生重大变动时，应进行相应的修改或补充，经修改或补充的施工组织设计应重新审批后实施

5. 施工组织设计按编制对象，可分为（　　）。

A. 施工组织总设计
B. 单项施工组织设计
C. 单位工程施工组织设计
D. 施工方案
E. 分项工程施工组织设计

6. 施工过程中，施工组织设计应进行修改或补充的情况有（　　）。

A. 工程设计有重大修改
B. 有关标准规范修订和废止
C. 原审批人员发生变更
D. 主要施工资源配置有重大调整
E. 施工环境有重大改变

7. 单位工程施工组织设计应由（　　）审批。

A. 项目负责人
B. 项目技术负责人
C. 施工单位技术负责人
D. 施工单位负责人
E. 施工单位技术负责人授权的技术人员

8. 施工总平面图的设计内容包括（　　）。

A. 建筑物、构筑物位置、平面轮廓
B. 供水、给水、排水等管线和设施
C. 钢筋、木材加工场地
D. 幕墙玻璃质量检测室
E. 装饰装修半成品组装场地

9. 施工总平面图的设计原则是（　　）。

A. 依据施工部署、施工方案
B. 尽量减少使用原有设施，保证安全
C. 减少二次搬运、减少占地
D. 生活区、办公区应合在一起
E. 符合环境保护要求

10. 单位工程施工平面图设计的原则是（　　）。

A. 节约时间，减少矛盾
B. 减少材料二次搬运
C. 计算技术经济指标
D. 符合环保、安全和防火要求
E. 现场布置应尽量紧凑

三、简答题

1. 项目管理规划大纲包括哪些基本内容？
2. 简述项目管理实施规划的编制程序。
3. 简述单位工程施工组织设计中施工方案主要包括哪些内容。
4. 简述施工总平面图的设计步骤。

四、案例分析题

某民用高层住宅楼工程，为28层钢筋混凝土剪力墙结构。建设单位采用了公开招标方式，在招标公告中明确要求投标者必须具备甲级施工总承包资质。甲施工企业准备投标，遵循现行《建设工程项目管理规范》（GB/T 50326—2017），该企业准备用施工组织设计代替项目管理规划大纲。

（1）施工组织设计与项目管理规划大纲有什么区别？

（2）用施工组织设计代替项目管理规划大纲的条件是什么？

（3）项目管理规划大纲的内容是什么？

五、思考题

了解酒泉卫星发射中心、西昌卫星发射中心的建设背景和过程。

【延伸阅读】港珠澳大桥工程项目管理规划实践

港珠澳大桥（Hong Kong-Zhuhai-Macao Bridge）是中国珠三角伶仃洋海域上一座横跨中国香港、澳门、广东珠海的桥隧超级集群工程，于2009年12月15日动工建设，2017年7月7日实现主体工程全线贯通，2018年2月6日完成主体工程验收，同年10月24日上午9时顺利开通运营。该桥是世界上总体跨度最长、钢结构桥体最长、海底沉管隧道最长的跨海大桥。

1. 项目概况

港珠澳大桥工程起自香港国际机场附近的香港口岸人工岛，向西接珠海/澳门口岸人工岛、珠海连接线，止于珠海洪湾，总长约55公里，其中海中桥隧主体工程约29.6公里。根据三地达成的共识，海中桥隧工程香港段（起自香港散石湾，止于粤港分界线）、三地口岸和连接线由三地各自建设，海中桥隧主体工程（粤港分界线至珠海和澳门口岸段）由粤港澳三地共同建设。

大桥主体工程采用桥隧结合方案，穿越伶仃西航道和铜鼓航道段约6.7公里采用隧道方案，其余路段约22.9公里采用桥梁方案。为实现桥隧转换和通风井设置，主体工程隧道两端各设置一个海中人工岛，东人工岛东边缘距粤港分界线约385米，西人工岛东边缘距伶仃西航道约1800米，两人工岛最近边缘间距约5250米。双向六车道高速公路标准建设，设计速度采用100公里/小时，桥梁总宽33.1米，隧道宽度采用2×14.25米、净高采用5.1米，全线桥涵设计汽车荷载等级采用公路-Ⅰ级，同时满足香港Structure Design Manual for Highways and Railways（《公路与铁路结构设计手册》）中规定的活载要求，设计使用寿命120年。其他技术标准符合原交通部颁发的《公路工程技术标准》（JTG B01—2003）规定。通航标准按交通运输部《关于港珠澳大桥通航净空尺度和技术要求的批复》（交水发〔2008〕97号）执行。

大桥主体工程极具复杂性，涉及桥梁工程、隧道工程、桥隧人工岛、交通工程和房建工程五类。主体工程是“一国两制”下三地共建的超级工程，其制度、技术、环境、组织和生态的复杂性，给建设管理带来了挑战。

2. 项目管理规划的思路

由于港珠澳大桥主体工程建设管理的复杂性，需要开展复杂性项目管理与一般性项目管理的融合。“常规”问题需要通过相对结构化的方法来加以组织和管理；而“复杂”问题需通过复杂性降解，成为程序化和规范化管理，会变为“常规”问题，再进行组织和管理。

工程建设管理以合同管理为核心载体，以质量、进度、投资、HSE[①]、信息和创新管理为核心要素，以组织、采购、风险和关键技术管理为保障，从设计到建造，秉承全生命周期管理和价值工程理念，全面实施综合集成管理。

港珠澳大桥专用技术和管理标准如图7-15所示。设计和建造阶段相关专用技术和管理标准已纳入主体工程所有设计和建造阶段招标文件中，对参建各方形成技术和管理标准约束。

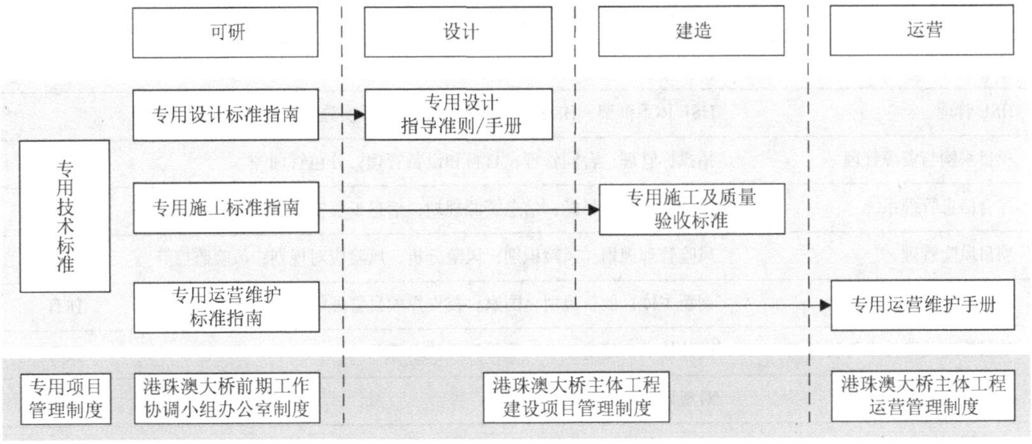

图7-15　港珠澳大桥主体工程专用技术和管理标准组成

① 即健康（health）、安全（safety）和环境（environment）。

3. 项目管理规划的实施

1）项目管理规划内容

港珠澳大桥工程项目管理规划的范围和主要内容如表 7-15 所示，相较于常规的项目管理规划内容，“项目愿景、目标与理念”“项目管理策略”“项目创新管理（知识）”“项目管理关键技术与装备”“法律管理（实践）”是《建设工程项目管理规范》（GB/T 50326—2017）中没有的，属港珠澳大桥独有。其中“法律管理（实践）”是针对港珠澳大桥“一国两制”的特点做出的安排，采用全过程法律顾问咨询的方式，为项目重大决策提供法律意见和决策支持，防控重大法律风险。项目沟通管理和项目收尾管理，在最初正式的项目管理规划体系文件中没有明确体现，项目伙伴关系等相关理念主要体现在港珠澳大桥的文化和合同管理中。

表 7-15　项目管理规划的范围和内容

范围	内容	备注
项目管理规划理论基础		重点
摘要		重点
前言		重点
项目愿景、目标与理念		重点、独有
项目管理策略	项目管理总体策略；项目专用技术和管理标准；主要参建单位责任/任务目标等	独有
项目范围管理	约束条件分析；标段划分及初步组织方案；总体工作计划时间表等	
项目组织管理	港珠澳大桥管理局组织结构设置；参建各方组织管理；外部组织协调；项目管理的工作制度和流程；项目文化等	
项目质量管理	质量规划；实施质量保证；实施质量控制等	
项目沟通管理（伙伴关系）	港珠澳大桥的文化和合同管理	升级
项目投资管理	投资控制总目标；投资管理的范围及职责界定；造价管理思路、重点和措施；财务管理思路、重点和措施等	
计划进度管理	计划管理；进度控制等	
HSE 管理	HSE 体系框架；HSE 体系建立；HSE 体系实施等	
项目采购与资源管理	招投标管理；合同管理；材料和设备管理；分包管理等	
综合信息管理系统	综合信息管理目标；信息资源规划；信息工程实施方案	
项目风险管理	风险管理规划；风险识别；风险分析；风险应对规划；风险监控等	
项目创新管理（知识）	创新主体；创新规划；国家科技支撑项目管理等	独有
项目管理关键技术与装备	设计技术；建造技术；项目管理技术等	独有
项目收尾管理	对规划文件的总结	升级
法律管理（实践）	《融合与发展——港珠澳大桥法律实践》	独有

2）项目管理制度框架

港珠澳大桥在总体策划指导下，在工程开工之初建立了系统和完备的项目管理制度和规范以及关键控制流程，这为后期实施项目管理提供了依据；除了项目管理制度外，港珠澳大桥还针对粤港澳三地在技术标准、管理流程等方面开展创新，包括项目建设期、运营期等。

港珠澳大桥是粤港澳三地政府首次合作共建的超大型跨海跨境交通工程，涉及多主体、多层次、多阶段、多法域决策治理，为了在边界限制条件下实现三地政府的诉求，三地政府联合协商制定了“三地政府协议—管理局章程—具体管理制度”三层框架，为实现三地政府的共建共管提供了依据。

4. 项目管理成效和启示

港珠澳大桥主体工程项目管理规划中，对建设目标作出了准确清晰的界定，通过了解三地政府和其他利益相关者需求，分析现有资源约束，考虑国际工程背景和现实中国情境，借鉴交通及其他行业优秀管理成果，构建与港珠澳大桥工程本质和项目管理本质匹配的管理策略。融合复杂性思维和项目管理思维，降解超级工程的管理复杂性；明确工程愿景和目标，整合全球优质资源；制定项目管理规划体系，为落实管理工作提供行动纲领。为实现港珠澳大桥“建设世界级跨海通道、为用户提供优质服务、成为地标性建筑”的建设目标提供了有力保障。

资料来源：高星林等（2023）

第二课堂

[1] 数字孪生（digital twin）
[2] 建筑行业 AI 大模型 AecGPT
[3] 重大工程案例研究和数据中心（http://www.mpcsc.org）
[4] 北斗卫星导航系统
[5] BIMMAKE
[6] 广联达项目数据决策系统（PMSmart）

第八章　工程项目管理智能化

☆导读

管理信息化有助于工程高效管理，建筑信息模型（BIM）、智能建造和智慧工地是实现工程项目管理数智化的重要手段。BIM 侧重于“建筑模型”，智能建造侧重于“建造过程和方式”，智慧工地则侧重于“建造条件和场景”。基于这些技术，有利于打通原有管理模式下的数据孤岛，实现建设工程全要素数据的全面集成，进而推动工程项目管理智能化。本章各节关系如图 8-1 所示。

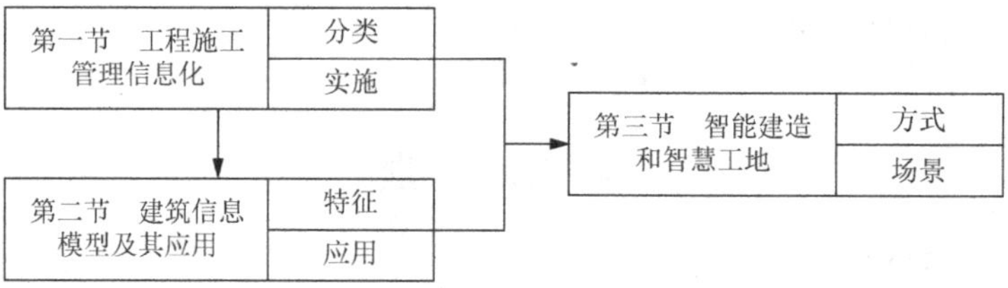

图 8-1　本章各节关系图

问题引入

1. 建筑工业化、数字化、智能化的区别与联系是什么？
2. 人工智能对工程管理有何影响？
3. 建筑机器人的典型应用场景有哪些？

【导例】数 字 建 造

新一轮科技革命有两个基本特征，在技术形态层面体现为人工智能，在产业形态层面体现为数字经济。建筑业、制造业、交通运输业等行业向数字化方向转型是必然趋势。

1. 数字化转型

在整个建筑业发展过程中，要把工作全过程尽可能地通过数字化进行表达，实现设计、施工、采购和日常办公数字化。只有积累了一定量的数据，才能够通过人工智能技术进行分析，提升相关业务水平。

通过数字化技术对工程项目进行优化设计。BIM 应用就是数字化，可消除 40%的工程量变更，排除 90%的图纸错误，减少 60%的返工。数字建造有四项支撑技术：数字化技术与仿真技术、工程建造信息物理系统、自动化工程机械与工程建造机器人、工程大数据与智能决策数据。同时，通过优化设计、施工、运营三个环节，实现工程建造向服务建造和平台化建造转变。

尤其在工程大数据与智能决策数据方面，通过工程软件“补短板”，解决“软件无基”问题；通过数字工地“扬长项”，力争跻身世界先进行列；通过工程机械“促升级”，提升智能化水平；通过工程大数据“强优势”，为智能建造打好基础。

2. 数字建造的内涵

数字建造是在新一轮科技革命大背景下，数字技术与工程建造系统融合形成的工程建造创新发展模式。数字建造利用现代信息技术，通过规范化建模、全要素感知、网络化分享、可视化认知、高性能计算和智能化决策支持，实现数字链驱动下的工程项目立项策划、规划设计、施（加）工、运维服务的一体化协同，进而促进工程价值链提升和产业变革，其目标是为用户提供以人为本、绿色可持续的智能化工程产品与服务。数字建造不仅是建造技术的提升，更是经营理念的转变、建造方式的变革、企业发展的转型和产业生态的重塑。

3. 数字建造框架体系

数字建造涉及工程技术、业务协同和产业转型等多个方面，如图 8-2 所示。

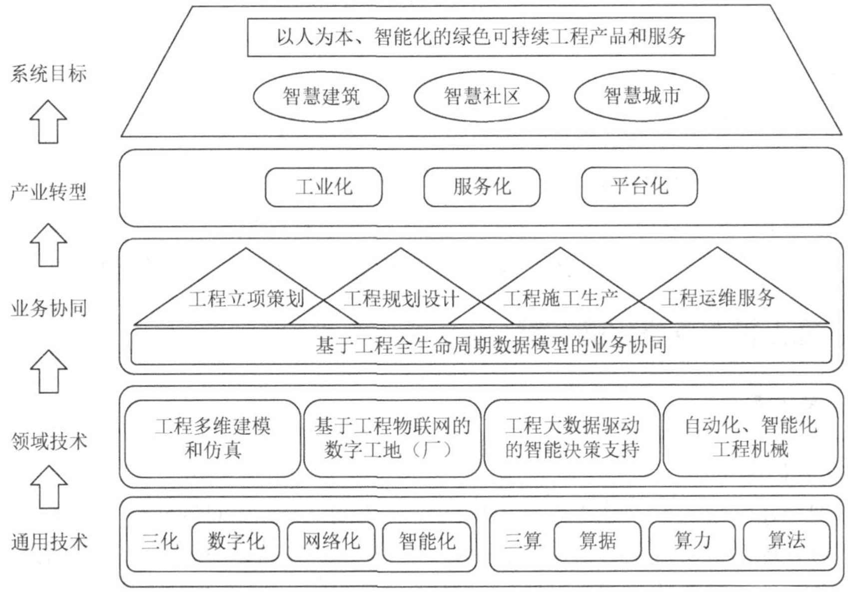

图 8-2　数字建造框架体系

4. 工程建造模式创新

（1）智能建造与数字建造。数字建造是智能建造的基础，立足工程建造行业现状，以数字建造为切入点，补齐工程建造机械化、自动化方面的短板，切实推进工程建造数字化变革，在逐步提升工程建造整体效率的同时，为智能建造积累数字资源，积极拥抱人工智能技术发展的最新成果，有序推进工程建造自动化、数字化、智能化、智慧化的协调发展，是工程建造理性发展的可行之道。

（2）绿色建造与数字建造。绿色建造是与工业产品制造领域中绿色制造相对应的概念。绿色建造是包括建造方式在内的产品全生命周期过程，甚至是一种工程建造理念，绿色建筑与绿色建造的内涵是相同的。数字建造技术与绿色建筑相结合，可以更好地展现和挖掘绿色建筑价值。

（3）精益建造与数字建造。精益建造的核心理念是将制造业的“精益思想”在建筑业加以改造和应用，最大限度地消除建筑施工过程中的浪费和不确定性，最大限度满足顾客个性化要求，从而实现工程价值的最大化。精益建造强调以顾客需求为中心，构建工程建造价值链，持续消除价值链上的浪费，实现工程价值的最大化。

（4）极端建造与数字建造。极端建造是指在极端环境下进行的工程建造，如太空建造、海洋建造（深海、远海等）、沙漠建造、高海拔区域建造、极深地下空间建造和高危环境下建造等。极端建造具有十分强烈的超前意识，颠覆性地改变人们对工程建造产品的认识。而数字建造技术发展的趋势就是将人从繁重的建造活动中解放出来，最终实现无人建造，或尽可能少的人力资源投入的建造，为极端环境下的工程建造奠定技术基础。

资料来源：丁烈云（2019）

第一节　工程施工管理信息化

一、施工信息的分类

（1）按内容属性分为技术类、经济类、管理类和法律类等管理信息。

（2）按管理目标分为成本、质量、安全、进度等管理信息。

（3）按生产要素分为劳动力、材料、机械设备、技术、资金等管理信息。

二、施工管理信息化的实施

1. 计算机网络

1）计算机局域网

施工现场建立覆盖整个施工管理机构的计算机网络系统，对内构建一个基于计算机局域网的项目管理信息交流平台，覆盖总承包商、业主、各指定分包商、工程监理和联合设计单位，达到信息的快速传递和共享，对外联通互联网，并与联合体各公司总部相连。

2）对外宣传网页

对外宣传网页可显示本工程相关的新闻动态、通知公告、工程信息、施工技术、财务信息、思想建设等方面的信息。

2. 办公平台系统

使用办公自动化系统，为工程的信息沟通和共享提供统一的平台，实现总承包商信息发布、文件管理、内部邮件、手机短信提醒、办公事务的自动流转等。办公自动化系统内置工作流程系统，可实现各项业务流程的管理，如文件流转及审批。

3. 管理信息系统

项目管理信息系统通常包括成本管理、进度管理、质量管理、材料及机械设备管理、合同管理、安全管理、文档资料管理等子系统。

（1）成本管理子系统。主要功能包括：资金计划、业主资金到位计划、分包付款、借款支付、资金到位记录及资金使用与资金计划分析等。

（2）进度管理子系统。其以网络计划技术为核心，实现施工计划的制定和控制。对工程的重要计划节点实行人、材、物、机械、资金等资源平衡，实现预期工程工期。

（3）质量管理子系统。主要功能包括：建立质量标准数据库，制定关键节点质量计划，汇总产生所承包范围内的整套质量管理资料，查看和审批分包商的质量报告和质量控制意见，建立质量通病及纠正、预防措施信息库。

（4）材料及机械设备管理子系统。主要功能包括：编制与管理采购进度计划、资金使用计划、设备制造计划、设备安装计划、设备调试及试车计划。

（5）合同管理子系统。主要功能包括：合同制作、合同实施、合同查询等，最终将合同文件提交档案管理系统进行统一备案保存。

（6）安全管理子系统。主要功能包括：建立安全管理及技术规范信息库、编制安全保证计划、安全档案与表单管理、安全教育与安全检查、事故记录及处理、安全评分等。

（7）文档资料管理子系统。其对各子系统中形成的资料实现直接查询，以及其他类型资料的直接管理，如资料台账建立、内容录入、执行情况跟踪等，也可形成完整的工程竣工资料文件。

三、项目信息安全管理

1）项目信息保护

通过数据备份、磁盘镜像、磁盘阵列等冗余备份技术，来保证数据信息的静态存储安全。网络数据库配置防火墙等防止黑客入侵的设备，软件应及时升级，关键服务器采用双机热备份，保证系统能提供可靠持续的服务。

2）网络安全管理要求

内部网络与外部网络互联时，要确保保密的等级与安全设施是否对应，必要时与外部网络进行物理隔离；建立用户身份认证制度和访问控制机制，按用户级别、岗位和需求进行授权，限制用户的非权限访问；必要时，对网上传输的重要文件进行加密处理；网络系统安装防病毒软件，并定时升级。

第二节　建筑信息模型及其应用

BIM是指在建设工程全生命周期内，对其物理和功能特性进行数字化表达，并依此进行设计、施工、运营过程和结果的总称。BIM技术的广泛应用，给工程建设和管理带来深刻变革，大大推动了建筑业数字化发展。

一、BIM 技术的基本特征

BIM 是以工程项目相关信息数据作为模型的基础，建立建筑模型，通过数字信息仿真模拟建筑物所具有的真实信息，包括三维几何形状信息，如建筑构件的材料、性能、价格、重量、位置、进度等，使工程建设整个进程中显著提高效率、大量减少风险，以支持建设工程全生命周期管理。BIM 实质上是一个数据库，该数据库以产品模型为主，是一个工程项目物理和功能特征的数字化表达。

1. 模型操作的可视化

BIM 提供全面的建筑表达和真实的数字模型，可提高沟通效率，降低成本，提高工程质量。模型的可视化操作和三维表达的形式可展示工程建设过程及多种互动关系。

2. 模型信息的完备性

除对工程对象进行 3D（three dimension，三维）几何信息和拓扑关系的描述外，还包括完整的工程信息描述，如对象名称、结构类型、建筑材料等设计信息，施工工序、进度、成本、质量以及人、机、材等施工信息，工程安全性能、材料耐久性能等维护信息，对象之间的工程逻辑关系等。

3. 模型信息的关联性

BIM 中的对象是可识别且相互关联的，系统能够对模型的信息进行统计和分析，并生成相应的图形和文档。如果模型中的某个对象发生变化，与之关联的所有对象都会随之更新，以保持模型的完整性。

4. 模型信息的一致性

在建筑生命周期不同阶段模型信息是一致的，同一信息不需重复输入，而且 BIM 能自动演化，模型对象在不同阶段可以简单地进行修改和扩展，而不需重新创建。

5. 模型信息的动态性

BIM 中的信息可随着工程建设不同阶段和变化而更新和调整，作为一个动态的数据存储和管理工具。

6. 模型信息的可拓展性

BIM 需要在不同阶段具有一定深度并具有可扩展和调整的能力。通常把不同阶段模型和信息的深度称为“模型深度等级”（level of development，LOD），通常用 100～500 代表不同阶段的深度要求，可在工程进展过程中不断细化加深。

二、BIM 软件

对 BIM 进行创建、使用、管理的软件，简称 BIM 软件。其具备的基本功能有：模型输入、输出；模型浏览或漫游；模型信息处理；相应的专业应用；应用成果处理和输出；支持开放的数据交换标准。此外，BIM 软件应具有与物联网、移动通信、地理信息系统（geographic information system，GIS）等技术集成或融合的能力。软件的专业功能应符合下列规定：满足专业或任务要求；符合相关工程建设标准及其强制性条文；支持专业功能定制开发。

施工 BIM 包括深化设计模型、施工过程模型和竣工验收模型。模型宜在施工图设计模型基础上创建，也可根据施工图等已有工程项目文件进行创建。

1. 模型的创建

（1）模型创建前，应根据建设工程不同阶段、专业、任务的需要，对模型及子模型的种类和数量进行总体规划。

（2）模型可采用集成方式创建，也可采用分散方式按专业或任务创建。

（3）各相关方应根据任务需求建立统一的模型创建流程、坐标系及度量单位、信息分类和命名等模型创建和管理规则。

（4）不同类型或内容的模型创建宜采用数据格式相同或兼容的软件。当采用数据格式不兼容的软件时，应能通过数据转换标准或工具实现数据互用。

2. 模型的使用

（1）模型的创建和使用宜与完成相关专业工作或任务同步进行。

（2）模型使用过程中，模型数据交换和更新可采用下列方式：按单个或多个任务的需求，建立相应的工作流程；完成一项任务的过程中，模型数据交换一次或多次完成；从已形成的模型中提取满足任务需求的相关数据形成子模型，并根据需要进行补充完善；利用子模型完成任务，必要时使用完成任务生成的数据更新模型。

（3）模型创建和使用过程中，应确定相关方各参与人员的管理权限，并应针对更新建立不同版本。

三、BIM 技术在工程管理中的应用

（一）BIM 技术应用实施模式及职责

1. 实施模式

（1）建设单位主导的实施模式。由建设单位主导，确定 BIM 应用策略和总协调方，选择适当的 BIM 技术应用模式，各参与方协同采用 BIM 技术，完成 BIM 技术应用。典型建设单位（业主）BIM 实施模式的组织架构如图 8-3 所示。

（2）承包商主导的实施模式。由工程项目相关方自行或委托第三方机构应用 BIM 技术，完成自身承担的工程建设内容。典型承包商 BIM 实施模式的组织架构如图 8-4 所示。

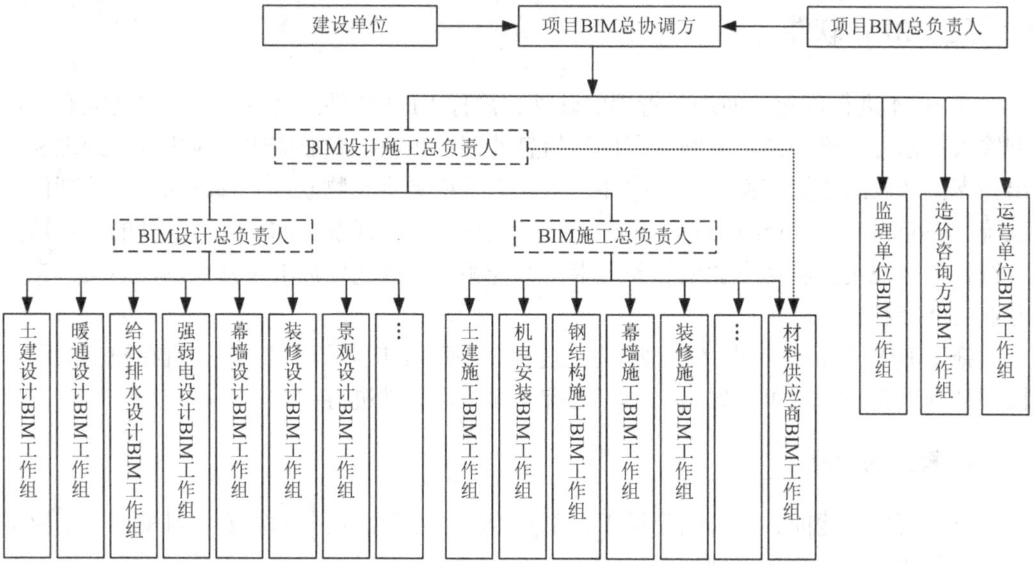

图 8-3　典型建设单位（业主）BIM 实施模式的组织架构

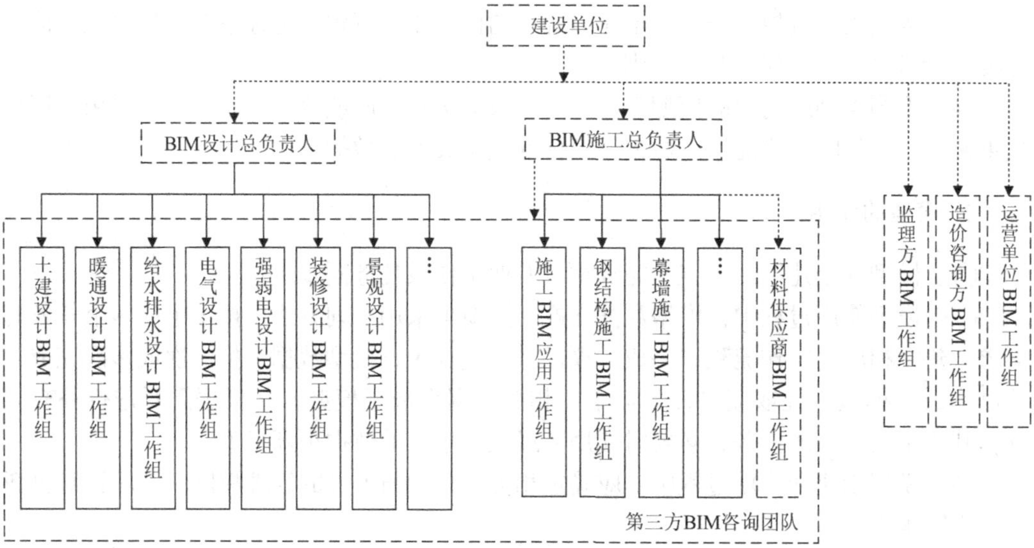

图 8-4　典型承包商 BIM 实施模式的组织架构

2. 相关方职责

1）建设单位职责

（1）组织策划项目 BIM 实施策略，确定项目的 BIM 应用目标、应用要求，并落实相关费用。

（2）委托工程项目 BIM 总协调方。BIM 总协调方可以是满足要求的建设单位相关部门、设计单位、施工单位或第三方咨询机构。

（3）与各参与方签订合同。

（4）接收通过审查的 BIM 交付模型和成果档案。

2）BIM 总协调方职责

（1）制定项目 BIM 应用方案，并组织管理和贯彻实施。

（2）收集、整合和发布 BIM 成果，并为项目各参与方提供 BIM 技术支持；审查各阶段参与方提交的 BIM 成果并提出审查意见，协助建设单位进行 BIM 成果归档。

（3）根据建设单位 BIM 应用的实际情况，协助其开通和辅助管理、维护 BIM 项目协同平台。

（4）组织开展对各参与方 BIM 工作流程的培训。

（5）监督、协调和管理各分包单位的 BIM 实施质量和进度，并对项目范围内最终的 BIM 成果负责。

3）施工总承包单位职责

（1）配置 BIM 团队，并根据项目 BIM 应用方案的要求提供 BIM 成果，利用 BIM 技术进行节点组织、控制管理，提高项目施工质量和效率。

（2）接收设计 BIM，并基于该模型，完善施工 BIM，且在施工过程中及时更新，保持适用性。

（3）根据项目 BIM 应用方案编写项目施工 BIM 实施方案，并制定项目施工 BIM 实施方案的各应用点。

（4）施工单位项目 BIM 负责人负责内外部的总体沟通和协调，组织施工 BIM 的实施工作，根据合同要求提交 BIM 工作成果，并保证其正确性和完整性。

（5）接受 BIM 总协调方的监督，对总协调方提出的交付成果审查意见及时整改落实。

（6）根据合同确定的工作内容，统筹协调各分包单位施工 BIM，将各分包单位的交付模型整合到施工总承包的施工 BIM 交付模型中。

（7）利用 BIM 技术辅助现场施工管理，安排施工顺序节点，保障施工流水合理，按进度计划完成工程目标。

4）专业分包单位职责

（1）配置 BIM 团队，并根据项目 BIM 应用方案和项目施工 BIM 实施方案的要求，提供 BIM 成果，并保证其正确性和完整性。

（2）接收施工总承包的施工 BIM，并基于该模型，完善分包施工 BIM，且在施工过程中及时更新，保持适用性。

（3）根据项目 BIM 应用方案和项目施工 BIM 实施方案，编写分包项目施工 BIM 实施方案，并制定分包项目施工 BIM 实施方案的各应用点。

（4）分包单位项目 BIM 负责人负责内外部的总体沟通和协调，组织分包施工 BIM 实施工作。

（5）接受 BIM 总协调方和施工总承包方的监督，并对其提出的审查意见及时整改落实。

（6）利用 BIM 技术辅助现场施工管理，安排施工顺序节点，保障施工流水合理，按进度计划完成工程目标。

（二）BIM 技术在进度管理中的应用

（1）施工进度模拟。通过将 BIM 与施工进度计划相链接，将空间信息和时间信息整合在一个可视的 4D（four dimension，四维）模型中（即 3D+时间维度），可直观、精确地反映整个工程施工过程。同时，还能实时追踪当前的进度状态，分析影响进度的因素，协调各专业制定应对措施，从而缩短工期、降低成本和提高质量。

（2）资金和资源动态分析。BIM 技术能够动态模拟计划进度与实际进度的差异，展示资金和资源的分布曲线和变化趋势。通过分析计划与实际的消耗情况，可以调整施工时间和资源投入，达到最优的成本控制效果，方便资金资源的安排和调配。

（3）实时进度跟踪监控。基于 BIM 可以进行实时的进度跟踪监控，包括管理目标计划、创建跟踪视图、更新工程进度等。

第一，管理目标计划。基于 BIM 的目标计划中，每个施工过程都定义了计划开始时间、计划完成时间、实际开始时间、实际完成时间，以及完成该工作的工程量、资源量等信息。随着计划时间和实际时间的变化，BIM 技术可以自动调整和计算，修正目标计划并更新相应的资源数据。

第二，创建跟踪视图。基于 BIM 的进度模型可以实时跟踪项目每一流水施工作业的进程，包括计划总览、工作分派、提醒、施工日报、工作面交接和实体工作库等内容。通过表格、甘特图、网络图、4D/5D 模型、资源曲线和直方图等多种形式的跟踪视图，可从不同角度进行进度分析和控制。

第三，更新工程进度。在施工实施过程中，需要根据实际情况及时输入每个施工过程的实际开始时间和实际完成时间，并与目标计划进行比较分析。通过分析施工工作是提前还是滞后，进而进行后续计划的变更调整，以确保进度计划的可控性。

（4）进度分析和优化。基于 BIM 的进度管理体系可以进行网络结构优化、进度可视化模拟、计划与实际进度对比等，从不同角度指导项目进度的控制目标。

根据 BIM 进度跟踪结果，进行计划进度和实际进度的偏差分析，并提供多种可视化、形象化的模拟分析。全面分析进度偏差量，进行持续改进，根据偏差情况采取有针对性的纠偏措施，如压缩关键线路工作时间、追赶进度、优化工期等。通过资源均衡、组织搭接作业或平行作业等方法，在固定工期下实现进度优化。

（三）BIM 技术在成本管理中的应用

通过 BIM 技术将项目成本管理与 3D 和 4D 模型集成，形成 5D（five dimension，五维）模型。成本维度将建筑元素和工程活动与成本数据进行关联，实现对项目成本的估算、控制和优化。

（1）工程算量。BIM 不仅包含二维图纸的位置和尺寸等信息，还包含材料等详细信息，计算机可以识别模型中不同构件及其几何物理信息（时间维度、空间维度等），自动统计构件数量。这一过程简化了算量工作，减少了人为错误，并节约了人力和时间。

BIM 技术可以生成所需材料的名称、数量和尺寸等信息，保持与设计的一致性。在设计变更时，BIM 能够自动更新，实现动态查询及统计预算工程量和成本信息。BIM 能够对比中标工程量、施工预算量、实际使用量，进行盈亏平衡分析，以控制各层级和各专业的用量。

BIM 算量能够关联施工内容，包括施工范围、合同、清单、工程量等信息，实现自动汇总报量和结算，减少相关人员的劳动，提高准确率。通过自动核算预算成本，并与实际成本进行对比分析，能够实时统计各项成本状态，所形成的数据可作为项目决策的参考依据。

（2）成本控制。BIM 技术可以通过模型自动提取工程量，并与企业定额库进行关联，快速生成定额清单，从而提高编制效率和准确性。根据模型模拟的工程进度，对物料消耗进行统计和计算，建立实际成本数据库，实现成本与进度的动态管理。通过模型反馈现场的实际消耗情况，并与预测消耗进行对比，能够及时发现偏差并采取措施。

通过在模型中导入费用轴，根据工程的分阶段要求，可以自动计算工程量和详尽的费用，更好地掌控项目资金的支付和使用。通过模型和现场数据，实时统计项目的实际成本，包括人工、材料、设备、分包等要素。

（四）BIM 技术在质量管理中的应用

（1）碰撞检测。利用 BIM 技术建立三维模型，可对建筑结构、设备、管线等进行空间上的对比和分析，以发现潜在的碰撞问题。通过软件平台的碰撞检测功能，可以检查各专业之间是否存在实体相交（硬碰撞）或间距不足（软碰撞）的问题，这有助于避免设计变更、返工、工期延误等风险。当发现碰撞问题时，BIM 技术能够根据避让原则生成碰撞报告和标识，并提供优化模型的指导，方便各方及时解决问题。

（2）质量问题管理。BIM 技术可以通过利用移动设备、云平台、二维码等技术，对施工现场的质量问题进行快速定位、记录、上传、分配和跟踪。当在施工过程中进行质量检查时，可以利用手机对问题进行拍照、录音和文字记录，并与三维模型进行关联。这些记录可以上传到云端，实现电脑和手机数据同步，并在模型中以文档图钉的方式展示。这样可以协助人员对质量问题进行管理和跟踪。将质量问题与模型进行关联，实现质量信息的可视化和实时更新，并对问题进行分类、分级和统计，有助于加强质量管理和提升施工质量。

（五）BIM 技术在安全管理中的应用

（1）施工安全教育。利用 BIM 技术的可视化、模拟性的优势特点，将特殊施工工艺和专项施工方案做成视频动画，向技术人员和工人进行交底，普及施工过程中的安全注意事项；结合 BIM 和虚拟现实（virtual reality，VR）技术，施工作业人员通过佩戴 VR 眼镜，可真实体验安全情景模拟，有效提高施工作业人员的安全意识，降低事故发生率，提升安全教育效果。

（2）施工现场的安全措施布置。施工现场的安全措施通常是临时的，随着施工阶段的进展会被安装和拆除。仅靠施工现场巡查进行安全措施布置，可能会导致安全措施滞后甚至遗漏等问题。因此，应用 BIM 和 4D 模拟技术，确定建筑各部位、各施工阶段的安全隐患，布置相应的安全措施，如在临边洞口处应设置防护栏杆。施工单位可以根据模拟的结果进行安全设施备料，按照进度计划安装洞口防护栏、设备围栏等安全措施。

（3）施工安全模拟。针对工程项目中复杂、危险性大的施工工序，应用 BIM 技术对其施工过程进行预演，在模拟环境中更加直观地查找危险源，明确出现的原因、位置、时间，对原有施工方案中潜藏的安全问题实施优化处理，确保施工过程中安全。例如，应用 BIM 对深基坑施工、高大模板施工等安全隐患较大的施工过程进行模拟，及时发现问题并采取措施加以应对。

（六）BIM 技术在合同管理中的应用

（1）依据合同中的 BIM 要求进行 BIM 管理。通过梳理工程项目合同中的 BIM 要求，可明确项目中使用 BIM 的目标和范围，确保所有参与方都清楚地了解 BIM 的应用方式和要求，从而更好地协同工作，便于工程项目顺利进行。业主在工程项目合同中设置的 BIM 要求应主要包括以下几点。

（a）BIM 实施计划。具体包括：BIM 项目应用的宗旨和目标，BIM 应用的建设阶段及参与方，BIM 应用清单，BIM 应用组织体系，建模软件、文件存档格式和版本。

（b）项目各阶段模型提交要求。具体包括：设计、施工、竣工、验收和运营管理等阶段模型提交的广度和深度标准，各建设阶段 BIM 授权使用的范围、对象和权限。

（c）合同双方的责任和义务。合同双方的责任和义务主要是指与 BIM 活动相关的、合同签订双方的责任和义务。不同的工程合同类别有不同的权责。

（d）信息管理。信息管理是基于 BIM 的工程管理的关键。面向 BIM 的项目信息包括各单体项目、各专业、各阶段的关键指标信息，将这些信息按一定的结构进行融合，形成工程项目各参与方、各阶段的信息流网络。BIM 项目要求在每个建设阶段均有专人负责信息管理工作，将其作为一个 BIM 角色成员。一般由建设方安排人员担任 BIM 信息管理员，主要负责账户维护、数据备份和模型数据变更记录等日常工作，以保证数据安全、准确。

（e）风险管理。BIM 应用中产生的额外风险必须由所有参与方公平地共同分摊，各参与方应对自己在模型中提交的成果负责，参与方要进行 BIM 风险管理。

（f）知识产权和保密。不同于 2D（two dimension，二维）施工图纸，BIM 包含大量的数字化信息，更加容易提取出全部或者局部模型，因此更应重视知识产权保护和保密工作。BIM 合同条款中应包括：所有参与方均是 BIM 成果的版权所有者；所有参与方在某个阶段都应有一个与职责和义务相匹配的授权，可在项目中对成果进行复制、传播和应用；如果有参与方想要将 BIM 成果应用于其他项目上，需得到建设方的同意，且对由此产生的风险负责；在本项目 BIM 成果基础上开发的新成果，归开发者所有；所有参与方均应对约定的事项履行保密义务；建设方可以在合同中规定模型的所有权、转让权和使用权。

（2）合同执行和界面管理。由于工程项目涉及的任务和工作量通常较大，涉及多个不同的专业领域，如结构、机电、装修等。一个完整的工程项目通常涉及多个专业的分包，因此具有多级合同体系。各专业分包单位应用 BIM 技术建立各专业模型，导入 BIM 协同平台，在相应部位施工前，根据施工进度及时更新和集成 BIM，便于各专业协同施工，辅助各分包合同顺利执行。并且根据平台中各分包专业的 BIM，可以确定工作界面的配合时间、技术、范围及参与责任方，能避免由缺陷或遗漏引起的设计变更、附加工程增加、现场窝工等，便于施工现场的界面管理。

（七）BIM 技术在信息管理中的应用

（1）BIM 内置信息分类编码、工程量清单或定额

应用 BIM 技术能够集成与工程项目相关的信息，并且在 BIM 中可以内置项目信息的分类和编码，保证每一项信息匹配唯一且固定的编码。BIM 中信息分类和编码的确定，使工程信息具有层次性和唯一性，可大幅提高信息检索和提取的效率，并且通过统一的信息分类编码，各参与方可以在项目中使用相同的术语和标准，避免术语不一致导致的沟通障碍，促进各参与方的信息传递。

在 BIM 中也可以内置工程量清单或者定额，在 BIM 信息分类和编码基础上，实现一键生成工程量清单。传统的算量流程是设计院先完成施工图纸，咨询公司在施工图纸基础上进行描图或者二次建模，再导入算量软件中，通过套定额等方式经过计算生成工程量清单。而 BIM 算量的方式以三维正向设计为开端，自动提取模型数据并计算直接生成工程量清单。因此，借助 BIM 可以在正式出图前控制设计限额，降低建造成本。

（2）信息集成管理

第一，BIM 可以整合项目工程信息，不同于传统 CAD（computer-aided design，计算机辅助设计）软件，建筑对象的名称、位置、材料、供应商等信息都作为对象的属性信息储存在 BIM 中，极大方便了信息提取，也可根据项目需求自定义建筑对象的属性信息。

第二，在 BIM 中可以链接进度计划、成本计划、劳动力使用计划、资金使用计划等，有助于项目参与者更好地了解项目进展、资源分配、劳动力需求和资金使用情况，从而提高项目管理效率，并且可通过链接不同计划，实现对各项计划的综合分析，更好地实现项目计划的集成和信息共享。

第三，应用 BIM 技术还可以链接设计说明、施工方案、技术规范、传感器、气象数据信息等，实现更全面、准确和智能的信息集成，提供更多的决策支持和项目管理功能。

第三节　智能建造和智慧工地

一、智能建造

2020 年 7 月，《住房和城乡建设部等部门关于推动智能建造与建筑工业化协同发展的指导意见》提出，要“以大力发展建筑工业化为载体，以数字化、智能化升级为动力，创新突破相关核心技术，加大智能建造在工程建设各环节应用，形成涵盖科研、设计、生产加工、施工装配、运营等全产业链融合一体的智能建造产业体系”。

1. 智能建造的基本特征

目前，国内外尚未形成相对统一的定义。部分专家学者分别从不同角度试图对智能

建造给予解释。但概括起来，智能建造应具有以下基本特征：以新一代信息技术融合应用为基础；以实现数字化集成设计、精益化生产施工、工业化组织管理为核心；以数智化管控平台和建筑机器人开发应用为着力点；以减少对人的依赖，实现安全建造，提高品质、效率和效益，助力数字交付为目标。

2. 智能建造相关重点任务

（1）加快推动新一代信息技术与建筑工业化技术协同发展，在建造全过程加大 BIM、互联网、物联网、大数据、云计算、移动通信、人工智能、区块链等新技术的集成与创新应用。大力推进先进制造设备、智能设备及智慧工地相关装备的研发、制造和推广应用，提升各类施工机具的性能和效率，提高机械化施工程度。加快传感器、高速移动通信、无线射频、近场通信及二维码识别等建筑物联网技术应用，提升数据资源利用水平和信息服务能力。加快打造建筑产业互联网平台，推广应用钢结构构件智能制造生产线和预制混凝土构件智能生产线。

（2）加强技术攻关，推动智能建造和建筑工业化基础共性技术和关键核心技术研发、转移扩散和商业化应用，加快突破部品部件现代工艺制造、智能控制和优化、新型传感感知、工程质量检测监测、数据采集与分析、故障诊断与维护、专用软件等一批核心技术。探索具备人机协调、自然交互、自主学习功能的建筑机器人的批量应用。研发自主知识产权的系统性软件与数据平台、集成建造平台。推进工业互联网平台在建筑领域的融合应用，建设建筑产业互联网平台，开发面向建筑领域的应用程序。加快智能建造科技成果转化应用，培育一批技术创新中心、重点实验室等科技创新基地。围绕数字设计、智能生产、智能施工，构建先进适用的智能建造及建筑工业化标准体系，开展基础共性标准、关键技术标准、行业应用标准研究。

（3）推进数字化设计体系建设，统筹建筑结构、机电设备、部品部件、装配施工、装饰装修，推行一体化集成设计。积极应用自主可控的 BIM 技术，加快构建数字设计基础平台和集成系统，实现设计、工艺、制造协同。加快部品部件生产数字化、智能化升级，推广应用数字化技术、系统集成技术、智能化装备和建筑机器人，实现少人甚至无人工厂。加快人机智能交互、智能物流管理、增材制造等技术和智能装备的应用。以钢筋制作安装、模具安拆、混凝土浇筑、钢构件下料焊接、隔墙板和集成厨卫加工等工厂生产关键工艺环节为重点，推进工艺流程数字化和建筑机器人应用。以企业资源计划（enterprise resource planning，ERP）平台为基础，进一步推动向生产管理子系统的延伸，实现工厂生产的信息化管理。推动在材料配送、钢筋加工、喷涂、铺贴地砖、安装隔墙板、高空焊接等现场施工环节，加强建筑机器人和智能控制造楼机等一体化施工设备的应用。

（4）探索适用于智能建造与建筑工业化协同发展的新型组织方式、流程和管理模式。加快培育具有智能建造系统解决方案能力的工程总承包企业，统筹建造活动全产业链，推动企业以多种形式紧密合作、协同创新，逐步形成以工程总承包企业为核心、相关领先企业深度参与的开放型产业体系。鼓励企业建立工程总承包项目多方协同智能建造工作平台，强化智能建造上下游协同工作，形成涵盖设计、生产、施工、技术服务的产业链。

（5）加强智能建造及建筑工业化应用场景建设，推动科技成果转化、重大产品集成创新和示范应用。发挥重点项目以及大型项目示范引领作用，加大应用推广力度，拓宽各类技术的应用范围，初步形成集研发设计、数据训练、中试应用、科技金融于一体的综合应用模式。发挥龙头企业示范引领作用，在装配式建筑工厂打造“机器代人”应用场景，推动建立智能建造基地。

二、智慧工地

智慧工地是以物联网、大数据、云计算、人工智能等信息技术为驱动的新型施工管理模式。它对工地上的人、机、料、法、环等生产要素进行全面感知和数据收集，通过深度处理和分析这些信息和数据，促进项目施工管理的信息共享和协作，以实现工地现场管理的数字化、网络化和智能化。

1. 智慧工地基本特点和总体架构

1）智慧工地基本特点

（1）技术驱动。智慧工地依赖于物联网、云计算、人工智能、大数据、移动互联网等先进的信息技术。

（2）全面感知与数据收集。智慧工地对工地上的生产要素进行全面的感知和数据收集，这些数据是智慧工地运行和决策的基础。

（3）信息的共享和协作。智慧工地通过系统间的信息共享和协作，实现更高效的资源利用和更科学的决策制定。

智慧工地的意义在于通过全面感知和数据收集工地要素，加强安全管理，改善施工环境，优化资源配置，提升施工效率，推动工程管理方式向数字化、网络化和智能化转型升级。

2）智慧工地总体架构

智慧工地总体架构如图 8-5 所示，主要可分为三个层次，每一层都有其特定的功能，共同构成了一个高效、智能的工地管理系统。

（1）感知层。这一层是智慧工地的基础，主要包括各种传感器、监控设备、无人机等终端设备。这些设备负责实时感知和收集工地上的数据，包括人员、机械设备、物资、环境等，这些数据是智慧工地运行和决策的基础。

（2）网络层。这一层是智慧工地的数据通道和处理中枢，它起到桥梁和枢纽作用，连接感知层和应用层，保证数据的高效流动和准确处理。包括 4G 网络、5G 网络、光纤通信、卫星通信和物联网管理中心等网络设备和技术，它们保证了数据高速、稳定的传输，使得数据能够实时、准确地传送到需要的地方。此外，这一层还包括云计算、大数据等技术，它们负责对收集到的大量数据进行存储、处理和分析，为上层应用提供支持。

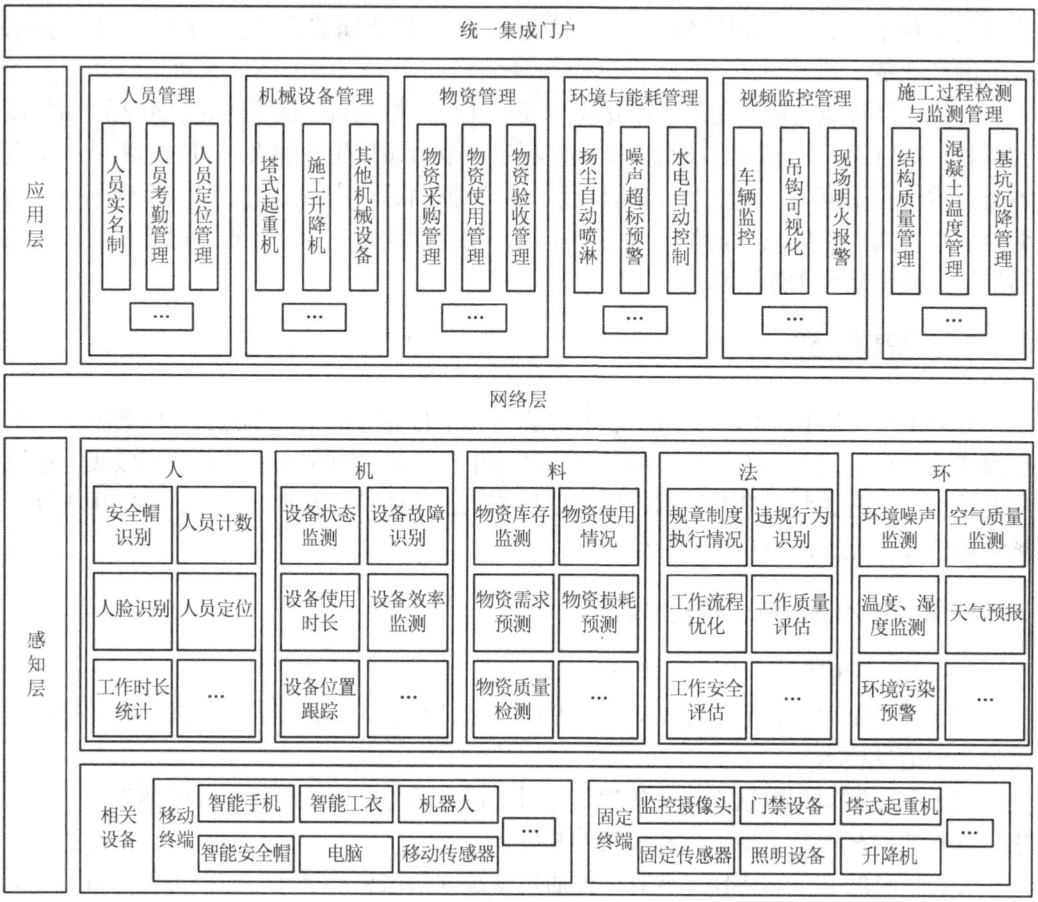

图 8-5　智慧工地总体架构

（3）应用层。这一层是智慧工地的核心，主要包括各种基于数据的智能应用。这些应用利用网络层处理和分析的数据，提供各种智能化的管理和服务，包括人员管理、机械设备管理、物资管理、环境与能耗管理、视频监控管理、施工过程检测与监测管理等。这些应用不仅提高了工地的效率和安全性，也为管理者提供了全面、准确的工地状态信息，帮助他们做出科学的决策。

2. 智慧工地建设

1）智慧工地建设目标

（1）增强安全。通过实时监控和预警系统，减少工地事故，提升工地的整体安全性。

（2）提升效率。通过实时数据分析和预测，优化资源配置，提高工作效率，实现项目精细化管理，降本增效。

（3）降低成本。通过精确的项目管理和优化的资源利用，降低项目的总体成本。

（4）保护环境。采用环保的建设和运营方式，减少对环境的影响。

（5）提升质量。通过精确的数据分析和优化的工作流程，提升项目的整体质量。

（6）协同工作和信息共享。智慧工地建设和应用应能实现建设工程各相关方的协同工作和信息共享。

（7）满足施工单位管理诉求。智慧工地建设应充分考虑施工单位的管理使用诉求，实现成本控制、质量控制、安全控制和进度控制。

（8）实现全方位监测。智慧工地建设应覆盖工地现场的各个关键环节，包括绿色施工、安全质量、物料管理等，实现对各类数据的实时监测和分析。

2）智慧工地建设原则

（1）满足社会监管需求。智慧工地建设应积极响应政府监管部门在建设管理、安全监管、社会治安、生态环境等方面的动态监管要求，为监管部门提供事前预警预控、事中指挥控制、事后科学分析的强有力支持。

（2）优化管理效率。智慧工地建设应满足工程建设相关单位和项目管理者的需求，通过理清现场脉络、提高管理效率、降低管理成本等方式，实现高效管理。

（3）资源整合与节约。智慧工地建设应坚持整合资源、厉行节约，整合工地现有资源，实现设备终端、信息系统的共建共享共用，避免不必要的资源浪费。

（4）实现全方位覆盖。智慧工地建设应覆盖工地现场的人、机、料、法、环五个方面，利用 5G、人工智能、XR（extended reality，扩展现实）、BIM、边缘计算等先进技术，实现感知、分析、服务、应急、监管“五位一体”的工地管理智能化，探索新型的工地运行态势呈现、智能分析决策、应急联动指挥的管理模式。

（5）全过程覆盖。智慧工地建设应贯穿工程项目实施全过程，直至竣工验收，以确保项目的顺利进行。

（6）人文关怀。智慧工地建设应充分体现人文关怀，提供安全健康的生产生活环境和完备健全的生产生活服务，保障现场工作人员和建设者的积极工作生活需要。

3）智慧工地基础设施

智慧工地基础设施作为智慧工地管理系统的核心组成部分，主要包括硬件设施和软件设施两大部分。

（1）硬件设施。硬件设施是智慧工地的物理基础，包括但不限于传感器、自动识别装置、网关、路由器、服务器和显示屏等设备。这些设备负责收集、传输和处理工地的各类信息，为智慧工地的决策提供数据支持。

传感器：包括温度、湿度、噪声、振动、空气质量、人员定位等各种传感器，用于监测工地环境和工作状态。

自动识别装置：如二维码扫描器、射频识别（radio frequency identification，RFID）标签读取器等，用于物资管理和人员定位。

网关和路由器：负责将传感器和自动识别装置收集到的信息，通过有线或无线网络发送到数据中心。

服务器：接收、存储和处理收集到的大量数据，为决策提供数据支持。

显示屏：用于实时显示工地状态、警报信息、工作进度等信息，帮助管理人员进行决策。

（2）软件设施。软件设施是智慧工地的技术支撑，主要有数据处理软件、数据分析软件和数据显示软件，包括但不限于工程管理、设计协作、任务分配、安全检查、资源优化等方面的应用程序和系统。这些软件负责处理、分析和显示收集到的数据，为智慧工地的管理提供技术支持。

数据处理软件：负责对收集到的大量数据进行清洗、整合、存储和检索，使其成为有用的信息。

数据分析软件：通过统计学、机器学习等方法，从数据中提取有价值的信息，生成报告和预警，帮助管理人员做出决策。

数据显示软件：将处理和分析后的数据，以图表、地图等方式可视化，使管理人员能够直观了解工地状态。

3. 智慧工地运行

1）人员管理模块的运行

（1）该模块可使用以下智能化手段来采集数据：身份证识别、虹膜识别、掌指静脉识别、脸部识别、指纹识别、RF-SIM（radio frequency-subscriber identity model，射频-用户身份模块）卡、射频识别、智能安全帽、反光衣等穿戴设备等。

（2）该模块应采集以下数据：基础信息、考勤记录信息、工资记录信息、合同信息、资格证书信息、评价记录信息、教育培训记录信息、人员定位信息等。

（3）数据采集、上传及存储应满足以下要求：人员管理数据信息宜保存至工程竣工，可采用本地或云存储方式，采用本地存储需在项目部放置服务器，对人员信息进行存储备份，云存储则需要在本地形成有线/无线的网络环境，确保信息可以同步云端。

（4）模块应包含以下功能：实名制管理、考勤管理、薪资管理、诚信或不良行为记录评价管理、教育培训管理、人员定位管理等。

2）机械设备管理模块的运行

施工现场的机械设备种类很多，为了提高施工的智能化水平，对机械设备的智能应用一般有两种模式：一是对传统机械设备的智能化，如在挖掘机、塔式起重机上加装传感器、监控系统等智能硬件；二是直接使用智能化的机械设备，如使用砌筑机器人等。在施工过程中，传统机械设备仍有很高的使用频率，而施工机器人的使用还相对有限。同时考虑到传统的垂直运输机械在施工过程中使用周期较长、安全隐患较大，最常用的垂直运输机械是塔式起重机和施工升降机，这两种机械的智能化程度相对较高，应用较为广泛。因此，在智慧工地的机械设备管理模块的运行中，主要考虑对塔式起重机和施工升降机的运行进行智能监控。

（1）该模块可使用以下智能化手段来采集数据：可在塔式起重机上加装传感器、摄像头等智能硬件，采集吊钩的位置数据、识别群塔的碰撞隐患等；在施工升降机上加装摄像头等，采集升降机的运行状态数据等。还应在起重机或升降机上加装身份识别装置［包括但不限于人脸识别、指纹识别、IC卡（integrated circuit card，集成电路卡）识别］，采集特种作业人员信息。

（2）该模块应采集以下数据：基础信息、作业人员信息、定位信息、运行状态信息、预报警记录、维修保养信息等。塔式起重机运行状态数据应包括小车幅度、吊钩高度、回转角度、吊物重量、力矩百分比、风速等；施工升降机运行状态数据应包括荷载、高度、运行速度等。

（3）数据采集、上传及存储应满足相关标准要求。

（4）模块应包含以下功能：对塔式起重机的智能监控应包括小车幅度超限报警、吊钩高度超限报警、回转角度超限报警、超载超力矩报警、风速超限报警、群塔碰撞报警、塔式起重机吊臂或吊物进入禁行区域报警、制动控制、作业数据分析、报警数据分析、非法人员操作报警等；对施工升降机的智能监控应包括超载报警、高度超限报警、运行速度超限报警、吊笼内人数超限报警、前后门开启报警、非法人员操作报警等。

3）物资管理模块的运行

（1）该模块可使用以下智能化手段来采集数据：射频识别芯片、二维码、人工智能识别技术等。

（2）该模块应采集以下数据：基础信息、物资进场验收数据、入库信息、出库信息、物资调拨信息、物资跟踪信息、物资退场信息、物资台账等。

（3）数据采集、上传及存储方面应满足以下要求：物资管理数据信息宜保存至工程竣工，可采用本地或云存储方式。

（4）模块应包含以下功能：供应商信息录入和变更管理、物资采购计划管理、进场验收管理、物资称重和点数计量管理、票据信息管理、物资库存管理及库存量不足报警等。

4）环境与能耗管理模块的运行

（1）该模块可使用以下智能化手段来采集数据：扬尘检测仪、噪声检测仪、气象检测仪、智能水表、智能电表、有毒有害气体监测设备、智能烟感等，还可采用智能地磅对固体废弃物自动称量，环境信息数据采集设备功能要求应符合相关标准规定。

（2）该模块应采集以下数据：扬尘浓度、噪声值、温度、湿度、风速、风向、用水量、用电量、固体废弃物量（产生量、回收量和排放量）、污水 pH 和悬浮物数据、现场有毒有害气体浓度数据、工地消防安全监测数据等。

（3）数据采集、上传及存储应满足相关标准要求。

（4）模块应包含以下功能：扬尘监测数据超标报警及喷淋设备自动和远程开关，噪声值超标报警，温度、湿度、风速超过规定值报警，固体废弃物排放量超标报警，根据环境监测数据自动推送科学施工提醒，水电超用滥用自动控制，有毒有害气体超标报警，火灾的自动识别、预警和联动处置等。

5）视频监控管理模块的运行

（1）该模块可使用以下智能化手段来采集数据：全景摄像头、无人机、人工智能技术等。

（2）该模块应采集以下数据：人员外部特征、人员行为、人员位置变化、材料位置变化、机械设备运行状态、车辆进出信息、车辆位置变化、重点区域、制高点、施工进度、场容场貌等。

（3）数据采集、上传及存储应满足相关标准要求。

（4）模块应包含以下功能：施工区、办公区、生活区实时监控，人员未佩戴安全帽或未穿防护服报警，人员进入危险区域报警，人员抽烟报警，车辆清洗情况监控，吊钩可视化，现场明火报警等。

6）施工过程检测与监测管理模块的运行

（1）该模块可使用以下智能化手段来采集数据：三维激光扫描仪、智能靠尺、智能测距仪、智能卷尺、智能阴阳角尺等智能实测实量设备，试验室试块养护监测设备，混凝土温度监测设备，基坑施工监测设备，模板脚手架监测设备等。

（2）该模块应采集以下数据：构件/结构的实测实量数据（平整度、垂直度、角度、距离、楼板厚度、钢筋间距等）、标养室温度湿度、混凝土温度、基坑安全监测数据、模板支撑体系监测数据等。

（3）数据采集、上传及存储方面应满足以下要求：数据采集设备应支持互联网通信，并具备离线存储、离线数据自动上传功能；实测实量数据、混凝土强度、检验批数据等，存储时间不得低于项目的保修期。

（4）模块应包含以下功能：构件/结构质量检测和验收，标养室恒温恒湿自动报警和控制，混凝土温度超标报警，基坑锚索应力监测和预警，基坑基础墙结构倾斜变形预警，基坑周边沉降和水平位移预警，基坑周边建筑物变形预警，基坑周边水位自动监测和预警，模板沉降、立杆轴力、杆件倾角、支架整体水平位移监测和预警，脚手架水平位移、倾斜监测和预警等。

4. 智慧工地信息技术

1）现场施工管理信息技术

利用 BIM、移动互联网等信息技术实现施工现场可视化、虚拟化协同管理。依托标准化项目管理流程，结合移动应用技术，通过基于施工 BIM 的深化设计，以及现场布置、施工组织、进度、材料、设备、质量、安全、竣工验收等管理应用，实现施工现场信息高效传递和实时共享，提高施工管理水平。

2）成本分析与控制信息技术

通过建立大数据分析模型，充分利用项目成本管理信息系统积累的海量业务数据，按业务板块、地区、重大工程等维度进行分类、汇总，对“工、料、机”等核心成本要素进行分析，挖掘出关键成本管控指标并利用其进行成本控制，从而实现工程项目成本管理的过程管控和风险预警。

3）电子商务采购技术

通过云计算技术与电子商务模式的结合，搭建基于云服务的电子商务采购平台。平台功能主要包括采购计划管理、互联网采购寻源、材料电子商城、订单送货管理、供应商管理、采购数据中心等。

4）多方协同管理技术

以云计算、大数据、移动互联网和 BIM 等技术为支撑，构建多方参与的协同工作信息化管理平台。通过工作任务协同管理、质量和安全协同管理、图档协同管理、项目成果物的在线移交和验收管理、在线沟通服务等，实现项目各参与方之间信息共享、实时沟通，提高项目多方协同管理水平。

5）物资全过程监管技术

利用信息化手段建立从工厂到现场的“仓到仓”全链条一体化物资、物流、物管体系。通过手持终端设备和物联网技术，实现集装卸、运输、仓储等整个物流供应链信息的一体化管控和项目物资、物流、物管的全过程监管。

6）劳务工人信息管理技术

利用物联网技术，集成各类智能终端设备建立现场劳务工人信息化系统，实现实名制管理、考勤管理、安全教育管理、视频监控管理、工资监管、后勤管理以及基于业务的各类统计分析等，提高项目现场劳务用工管理水平。

7）建筑垃圾监管技术

高度集成射频识别、车牌识别系统（vehicle license plate recognition，VLPR）、卫星定位系统、地理信息系统、移动通信等技术，建立施工现场建筑垃圾综合监管信息平台，对施工现场建筑垃圾的申报、识别、计量、运输、处置、结算、统计分析等环节进行信息化管理，推动建筑垃圾管理的规范化、系统化、智能化。

复　习　题

一、单项选择题（每题备选项中，只有一个最符合题意）

1. 信息可随着工程建设不同阶段和变化而更新和调整，这是建筑信息模型的（　　）。

A. 一致性　　B. 关联性　　C. 动态性　　D. 可拓展性

2. 根据项目 BIM 应用方案编写项目施工 BIM 实施方案，并完成项目施工 BIM 实施方案制定的各应用点，这是（　　）的职责。

A. 建设单位　　B. 施工总承包单位　　C. 专业承包单位　　D. BIM 总协调方

3. 风险管理属于 BIM 技术在工程项目（　　）中的应用。

A. 进度管理　　B. 合同管理　　C. 质量管理　　D. 安全管理

4. 关于智能建造的基本特征，下列说法正确的是（　　）。

A. 应以助力数字交付为目标

B. 应以数智化管控平台和建筑机器人开发应用为基础

C. 应以新一代信息技术融合应用为核心

D. 应以实现数字化集成设计、精益化生产施工、工业化组织管理为目标

5. 关于智慧工地的总体架构，下列说法不正确的是（　　）。

A. 感知层是智慧工地的基础　　B. 网络层是智慧工地的数据通道和处理中枢

C. 应用层连接感知层和网络层　　D. 每一层都有其特定的功能和责任

6. 关于智慧工地基础设施，下列说法正确的是（　　）。

A. 硬件设施是智慧工地的技术支撑

B. 软件设施是智慧工地的物理基础

C. 软件设施主要有数据处理软件、数据分析软件和数据显示软件

D. 硬件设施负责处理、分析和显示收集到的数据

二、多项选择题（每题备选项中，至少有两个符合题意，多选、错选不得分）

1. BIM 技术实施过程中，以下属于建设单位的职责的有（　　）。

A. 制定项目 BIM 应用方案　　B. 组织开展对各参与方的 BIM 工作流程的培训

C. 组织策划项目 BIM 实施策略　　D. 委托工程项目 BIM 总协调方

E. 接收通过审查的 BIM 交付模型和成果档案

2. BIM 技术在工程项目成本管理中的应用主要体现在（　　）。

A. 工程算量　　B. 成本控制　　C. 资金和资源动态分析　　D. 合同执行

E. 信息管理

3. BIM 技术在工程项目质量管理中的应用主要包括（　　）。

A. 碰撞检测　B. 知识产权和保密　C. 界面管理　D. 质量问题管理
E. 工程量清单

4. 智慧工地的基本特点是（　　）。
A. 技术驱动　B. 模型的完备性　C. 全面感知与数据收集
D. 信息的共享和协作　E. 信息的可拓展性

5. 关于智慧工地的建设原则，下列说法中正确的是（　　）。
A. 资源整合与节约　B. 人文关怀　C. 满足施工单位管理诉求
D. 全过程覆盖　E. 满足社会监管需求

6. 智慧工地运行中，施工过程检测与监测管理模块应包含（　　）功能。
A. 构件/结构质量检测和验收　B. 基坑周边沉降和水平位移预警
C. 物资称重和点数计量管理　D. 固体废弃物排放量超标报警
E. 基坑周边水位自动监测和预警

三、简答题

1. 项目管理信息系统通常包括哪些？
2. BIM 技术具有哪些基本特征？
3. BIM 技术在工程管理中应用的范围有哪些？
4. 智能建造的基本特征是什么？
5. 智慧工地的基本特点是什么？
6. 智慧工地信息技术有哪些？

四、思考题

1. 工业 4.0 是当前制造业的趋势，到 2035 年我国将迈入智能建造世界强国行列，请分析我国工程建造当前所处的发展阶段。
2. 了解数字设计、智能建造、绿色建造、绿色施工、智慧工地、智慧交通、智慧管理的联系和区别。
3. 了解国防工程及其智能化的发展趋势。

【延伸阅读】北京大兴国际机场航站区工程 BIM 技术应用

1. 项目描述

北京大兴国际机场航站区工程项目（图 8-6）是以航站楼为核心，由多个配套项目共同组成的大型建筑综合体。总建筑面积约 143 万平方米，属国家重点工程。其中，航站楼及换乘中心核心区工程建筑面积约 60 万平方米，为现浇钢筋混凝土框架结构。结构超长超大，造型变化多样，施工人员众多，对施工技术和管理的要求较高，需引进新技术协助工程施工。

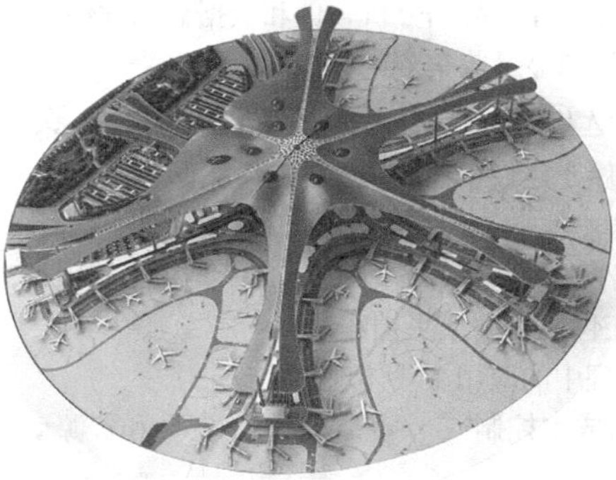

图 8-6　北京大兴国际机场

2. 解决方案

本工程在项目管理、方案模拟、商务管理、动态管理、预制加工和深化设计等方面应用了 BIM 技术，如图 8-7 所示。

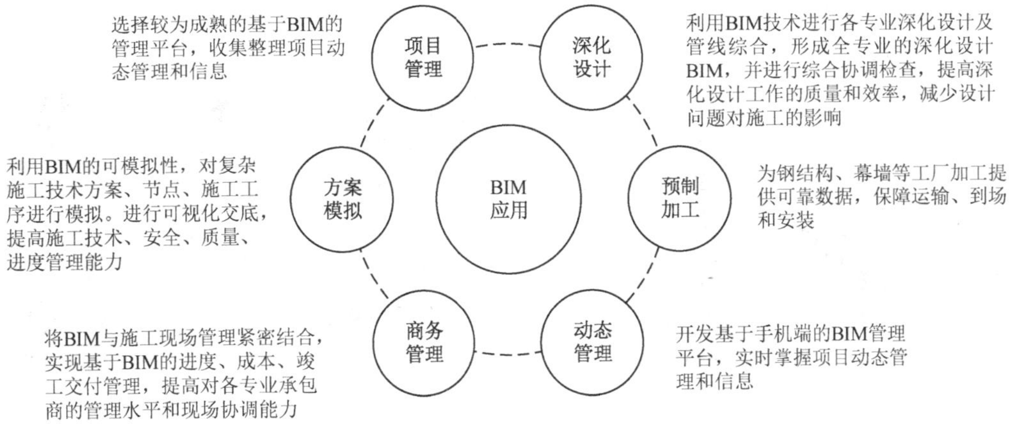

图 8-7　BIM 技术应用

BIM 组织架构如图 8-8 所示。

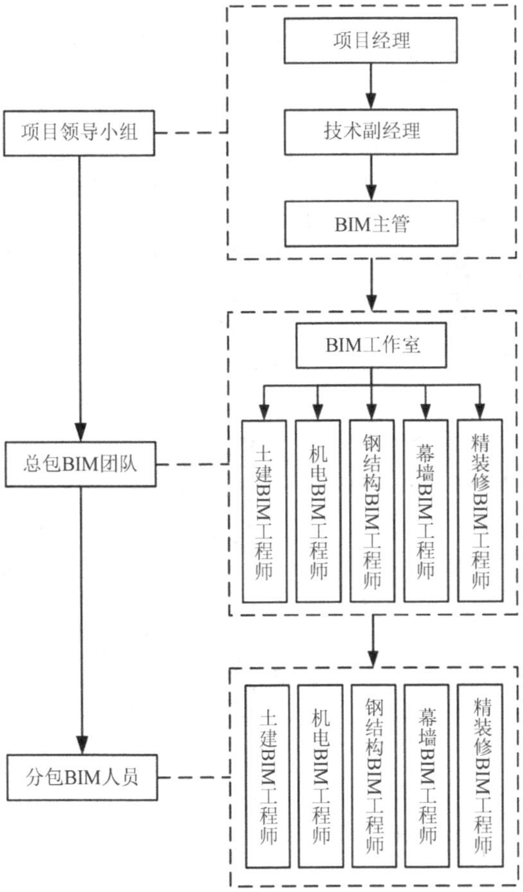

图 8-8　组织架构图

3. 实际应用

1）模型的应用

利用地表模型、土方模型、边坡模型和桩基模型（图 8-9），进行地质条件的模拟和分析、土方开挖工程算量、节点做法可视化交底，细化管理 8275 根桩基，将 BIM 作为技术交底、动画制作和 BIM 管理平台应用的基础数据。

根据勘测报告和地质文件建立地表模型及土层模型

（a）地表模型

按照项目土方开挖方案和技术文件建立土方开挖的BIM

（b）土方模型

创建了1300根护坡桩模型及其节点做法模型

（c）边坡模型

施工现场8275根基础桩按真实尺寸1∶1反映在基坑模型中

（d）桩基模型

图 8-9　模型创建

2）创建洞口族文件及标注族文件

基于创建好的二次结构洞口及标注族文件，可自动生成二次结构洞口及标注（图 8-10），标注工作量减少 80%以上，也避免了由人为失误导致的标注错误，极大地提高了标注的准确性和统一性。通过合理化管线排布，提高机电专业施工效率 10%～15%。

图 8-10　二次洞口族文件

3）钢骨混凝土结构施工做法模拟

在施工准备阶段，深化设计人员利用 BIM 技术，将所有钢骨混凝土结构和钢筋进行放样模拟（图 8-11）；在钢结构加工阶段，利用 BIM 完成钢骨开孔和钢筋连接器焊接工作，并形成完善的深化设计方案以指导现场施工。

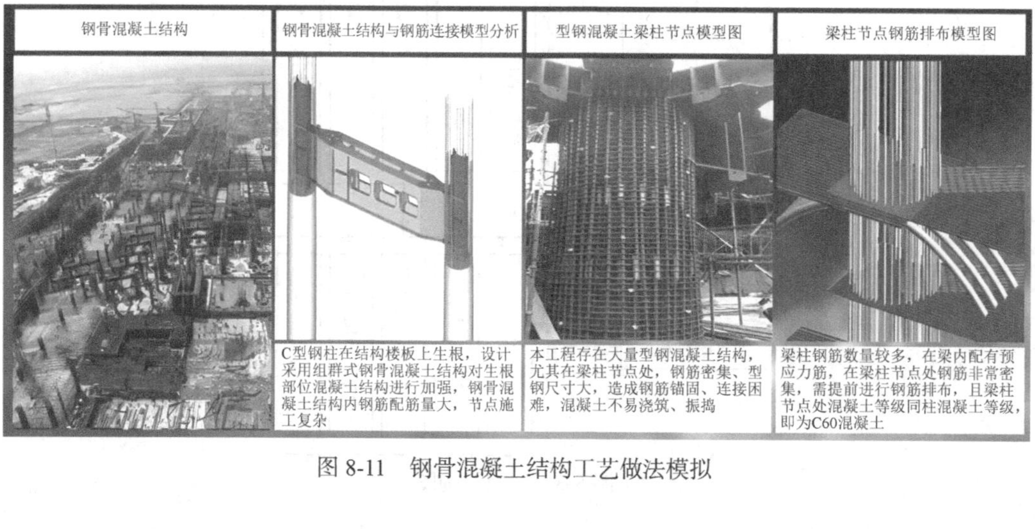

图 8-11　钢骨混凝土结构工艺做法模拟

4）隔震支座施工工艺模拟

对隔震支座近 20 道工序进行工艺模拟（图 8-12），增强技术交底准确性和一致性，加深现场施工人员对施工节点的理解程度，缩短交底的时间，保证施工工序统一性和施工质量。本工程建成后将成为世界上最大的单体隔震建筑，共使用隔震橡胶支座 1124 套，如此大面积、大规模使用超大直径隔震支座，在国内外尚属首例。

图 8-12　隔震支座工艺模拟

5）临时钢栈道实施方案模拟

本工程首次将钢栈道应用于超大平面的建筑施工过程中，以解决深槽区关键部位塔吊吊次不足的问题。在方案策划和实施过程中，充分利用 BIM 技术进行方案比选，对钢栈道的生根形式、构件选择、支撑体系和运输车辆在运行中的受力情况，进行详细的模拟和验算，快速高效解决了钢栈道的结构设计、使用方式和位置选择等技术难点，如图 8-13 所示。

图 8-13　钢栈道模拟

6）钢结构方案模拟

建立空间 BIM，进行节点建模及有限元计算、结构整体的变形计算和施工过程模拟。

7）流水段管理

通过基于 BIM 的流水段管理，对现场施工进度、各类构件完成情况进行精确管理。

8）物资提取

将模型直接导入到 BIM 5D 平台，软件会根据操作者所选的条件，自动生成土建专业和机电专业的物资计划需求表，提交物资采购部门进行采购，物资提取所用时间减少 15%～20%。

9）进度及资金资源曲线分析

通过将 BIM 与进度计划相关联，可直观地掌握工程进度情况，还可以利用 BIM 软件进行工程资金、资源曲线分析，实现对施工进度的精细化管理。

10）桩基础专项应用

对桩基施工每区段、每个桩、每道工序进行进展监控，并通过数据平台进行多维度分析，通过移动端平台，能及时发布桩基施工进展情况和施工偏差检查结果，第一时间通报偏差责任单位，可对比计划与实际情况，以及工序完成情况，实现管理高效性和记录准确性。

利用 BIM5D 管理平台，对工程的技术、进度、质量、安全进行管理，将管理信息传递效率提高 15%～20%，决策效率提升 10%以上。

资料来源：《北京城建集团北京新机场航站区工程项目》，https://www.glodon.com/case/267.html，2024 年 8 月 20 日；严巍和张可嘉（2018）

第 二 课 堂

[1] 工程项目数智化管理（用友）
[2] 工程项目管理协同（斯维尔）
[3] 工程项目智能监理（筑术云）
[4] 工程项目一体化管理（RIB 4.0）
[5] 工程管理数字平台（鲁班）
[6] BIM+智慧工地数据决策系统（广联达）

注：参见线上资源 http://mooc1.chaoxing.com/course/97531147.html

参考文献

白思俊. 2018. 项目管理案例教程. 3 版. 北京: 机械工业出版社.

白思俊. 2021. 现代项目管理概论. 3 版. 北京: 电子工业出版社.

曹吉鸣. 2016. 工程施工组织与管理. 2 版. 上海: 同济大学出版社.

陈馈, 王江卡, 周蓓. 2022. 中国楼. 郑州: 河南科学技术出版社.

陈旭, 闫文周, 郭庆军, 等. 2011. 工程项目管理. 北京: 化学工业出版社.

成虎. 2017. 工程管理概论. 3 版. 北京: 中国建筑工业出版社.

成虎, 李洁, 佘健俊, 等. 2024. 工程项目管理. 5 版. 北京: 中国建筑工业出版社.

丛培经, 赵世强, 曹小琳. 2024. 工程项目管理. 6 版. 北京: 中国建筑工业出版社.

丁烈云. 2019. 数字建造导论. 北京: 中国建筑工业出版社.

丁士昭. 2024. 工程项目管理. 2 版. 北京: 高等教育出版社.

高星林, 李永奎, 张劲文, 等. 2023. 港珠澳大桥工程管理创新与实践. 北京: 科学出版社.

何清华. 2008. 项目管理案例. 北京: 中国建筑工业出版社.

科兹纳 H. 2022. 创新项目管理. 郭庆军, 张静晓, 邓勇亮, 等译. 北京: 电子工业出版社.

科兹纳 H. 2023. 项目管理：计划、进度和控制的系统方法. 13 版. 杨爱华, 王丽珍译. 北京: 电子工业出版社.

乐云. 2013. 建设工程项目管理. 北京: 科学出版社.

乐云, 李永奎. 2011. 工程项目前期策划. 北京: 中国建筑工业出版社.

李慧民. 2017. 工程经济与项目管理. 北京: 科学出版社.

梁思成. 2011. 中国建筑史. 北京: 生活・读书・新知三联书店.

全国一级建造师执业资格考试用书编写委员会. 2024. 建设工程项目管理. 北京: 中国建筑工业出版社.

全国造价工程师职业资格考试培训教材编审委员会. 2023. 建设工程计价. 北京: 中国计划出版社.

任宏, 陈园. 2013. 工程管理概论. 2 版. 北京: 中国建筑工业出版社.

任宏, 张巍. 2005. 工程项目管理. 北京: 高等教育出版社.

赛云秀. 2012. 项目管理. 北京: 国防工业出版社.

莎 H, 诺沃辛 W. 2018. 工程管理知识体系指南. 4 版. 何继善, 等译. 北京: 中国建筑工业出版社.

盛天宝, 陆明心, 韩岗. 2005. 工程项目管理与案例. 北京: 冶金工业出版社.

孙锡衡, 程铁信. 2001. 全国统一建筑安装工程工期定额计算方法与使用. 北京: 中国计划出版社.

汪应洛. 2013. 工程管理概论. 西安: 西安交通大学出版社.

王延树. 2007. 建筑工程项目管理. 北京: 中国建筑工业出版社.

温晓慧, 赵婧, 谢丹凤. 2024. 工程项目智慧管理. 北京: 高等教育出版社.

吴良镛. 2014. 中国人居史. 北京: 中国建筑工业出版社.

严巍, 张可嘉. 2018. 北京新机场航站楼（核心区）项目施工 BIM 应用. 建筑技艺, (6): 90-96.

闫文周, 吕宁华. 2015. 工程项目管理. 北京: 清华大学出版社.

中国建设监理协会. 2023a. 建设工程合同管理. 北京: 中国建筑工业出版社.

中国建设监理协会. 2023b. 建设工程监理概论（土木建筑工程）. 北京: 中国建筑工业出版社.

中国建设监理协会. 2023c. 建设工程进度控制（土木建筑工程）. 北京: 中国建筑工业出版社.

中国建设监理协会. 2023d. 建设工程投资控制（土木建筑工程）. 北京：中国建筑工业出版社.
中国建设监理协会. 2023e. 建设工程质量控制（土木建筑工程）. 北京：中国建筑工业出版社.
中国优选法统筹法与经济数学研究会项目管理研究委员会. 2017. 中国现代项目管理发展报告（2016）. 北京：中国电力出版社.
中华人民共和国住房和城乡建设部. 2000. 全国统一建筑安装工程工期定额. 北京：中国计划出版社.
中华人民共和国住房和城乡建设部. 2015. 工程网络计划技术规程（JGJ/T 121—2015）. 北京：中国建筑工业出版社.
中华人民共和国住房和城乡建设部，国家市场监督管理总局. 2022. 建筑与市政工程施工质量控制通用规范（GB 55032—2022）. 北京：中国建筑工业出版社.
中华人民共和国住房和城乡建设部，国家市场监督管理总局. 2023. 建筑与市政工程绿色施工评价标准（GB/T 50640—2023）.北京：中国计划出版社.
中华人民共和国住房和城乡建设部，国家市场监督管理总局. 2024. 房屋建筑和市政基础设施项目工程建设全过程咨询服务合同（示范文本）（GF—2024—2612）.
中华人民共和国住房和城乡建设部，中华人民共和国国家质量监督检验检疫总局. 2013. 建设工程监理规范（GB/T 50319—2013）. 北京：中国建筑工业出版社.
中华人民共和国住房和城乡建设部，中华人民共和国国家质量监督检验检疫总局. 2017a. 建设工程项目管理规范（GB/T 50326—2017）. 北京：中国建筑工业出版社.
中华人民共和国住房和城乡建设部，中华人民共和国国家质量监督检验检疫总局. 2017b. 建设项目工程总承包管理规范（GB/T 50358—2017）. 北京：中国建筑工业出版社.
中华人民共和国住房和城乡建设部，中华人民共和国国家质量监督检验检疫总局. 2009. 建筑施工组织设计规范（GB/T 50502—2009）. 北京：中国建筑工业出版社.
中华人民共和国住房和城乡建设部，中华人民共和国国家工商行政管理总局. 2017. 建设工程施工合同（示范文本）（GF—2017—0201）. 北京：中国建筑工业出版社.
周直. 2000. 工程项目管理. 北京：人民交通出版社.

附录　综合分析题

综合分析题一

背景资料：某工程基础底板施工，合同工期 50 天，项目经理部根据业主提供的电子版图纸编制了施工进度计划图（附图-1），底板施工暂未考虑流水施工，在施工准备和施工过程中发生了以下事件。

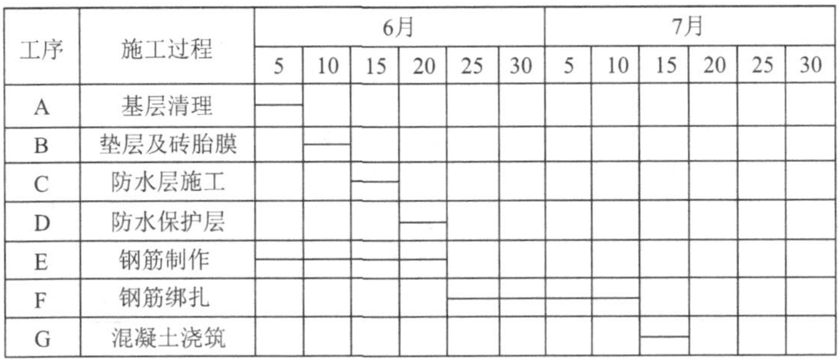

附图-1　施工进度计划图

事件一：建设单位在审批该施工进度计划（横道图）时指出，计划未考虑工序 B 与 C、D 与 F 之间的技术间歇（养护）时间，要求项目经理部修改，两处间歇（养护）时间均为 2 天，项目经理按要求调整了计划，经监理批准后实施。

事件二：施工单位采购的防水材料进场复试不合格，致使工序 C 比调整后的计划开始时间延后了 3 天；因业主未能按时提供正式图纸，致使工序 E 在 6 月 11 日才开始。

事件三：基于安全考虑，建设单位要求仍按原合同约定的时间完成底板施工，为此施工单位采取调整劳动力计划、增加劳动力等措施，在 15 天内完成了 2700 吨钢筋制作，工效为 4.5 吨/（人 · 工日）。

问题：

1. 绘制事件一中调整后的双代号网络图，并用双线表示出关键线路。

2. 考虑事件一、事件二的影响，计算总工期（假定各工序持续时间不变），如果钢筋制作、钢筋绑扎和混凝土浇筑按两个流水段组织等节拍流水施工，其总工期将变为多少天？是否满足原合同约定的工期？

3. 计算事件三中钢筋制作的劳动力投入量，编制劳动力需求计划时，需要考虑哪些参数？

4. 根据本案例的施工过程，总承包单位可以依法实行哪些专业承包和专业作业？

综合分析题二

某市政工程，项目的合同工期为 38 周。经总监理工程师批准的施工总进度计划如附图-2 所示，各工作可以缩短的时间及其增加的赶工费如附表-1 所示，其中 H、L 分别为道路的路基、路面工程。

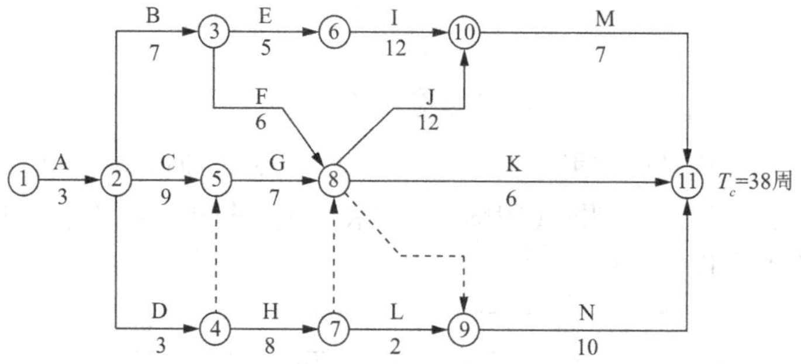

附图-2　原双代号网络图

附表-1　各工作可以缩短的时间及其增加的赶工费

分部工程名称	A	B	C	D	E	F	G	H	I	J	K	L	M	N
可缩短的时间/周	0	1	1	1	2	1	1	0	2	1	1	0	1	3
增加的赶工费/（万元/周）	—	0.7	1.2	1.1	1.8	0.5	0.4	—	3.0	2.0	1.0	—	0.8	1.5

问题：

1. 开工 1 周后，建设单位要求将总工期缩短 2 周，让监理单位拟订一个合理赶工方案，以便与施工单位洽商，如何调整？为什么？

2. 建设单位依据调整后的方案与施工单位协商，并按此方案签订了补充协议，施工单位修改了施工总进度计划。在 H、L 施工前，建设单位通过设计单位将原 400 米的道路延长至 600 米。则该道路延长后 H、L 的持续时间分别为多少周（设工程量按单位时间均值增加）？对修改后的施工总进度计划的工期是否有影响？为什么？

3. 施工中建设单位提供的施工条件发生变化，导致 I、J、K、N 四项工作分别拖延 1 周，为确保工程按期完成，必须支出赶工费。如果该项目投入使用后，每周净收益 5.6 万元，从建设单位角度出发，是让施工单位赶工合理还是延期完工合理？为什么？

综合分析题三

某开发区国有资金投资办公楼建设项目，业主委托相应机构编制了招标文件和招标控制价，并采用公开招标方式进行项目施工招标。该项目招标公告和招标文件中的部分规定如下。

（1）招标人不接受联合体投标。

（2）投标人必须是国有企业或进入开发区合格承包商信息库的企业。

（3）投标人报价高于最高投标限价和低于最低投标限价的，均按废标处理。

（4）投标保证金的有效期应当超出投标有效期 30 天。

在项目投标和评标过程中发生了以下事件。

事件一：投标人 A 在对设计图纸和工程量清单复核时，发现分部分项工程量清单中某分项工程的特征描述与设计图纸不符。

事件二：投标人 B 采用不平衡报价的策略，对前期的工程和工程量可能减少的工程适度提高了报价；对暂估价材料采用了与招标控制价中相同材料的单价计入了综合单价。

事件三：投标人 C 结合自身情况，并根据过去类似工程投标经验数据，对该项目投标情况进行了预估，如附表-2 所示。编制投标文件及参加投标的相关费用为 3 万元。经过评估，投标人 C 最终选择了投低标。

附表-2　方案的效果、概率及损益情况

方案	中标概率	效果	概率	损益值/万元
高标	0.3	好	0.3	500
		中	0.6	400
		差	0.1	250
低标	0.6	好	0.2	300
		中	0.6	200
		差	0.2	100

事件四：评标中，评标委员会成员普遍认为招标人规定的评标时间不够。

问题：

1. 根据招标投标法及实施条例，逐一分析项目招标公告和招标文件中（1）～（4）项规定是否妥当，并分别说明理由。

2. 事件一中，投标人 A 应当如何处理？

3. 事件二中，投标人 B 的做法是否妥当？并说明理由。

4. 事件三中，投标人 C 选择投低标是否合理？并通过计算说明理由。

5. 针对事件四，招标人应当如何处理？并说明理由。

综合分析题四

某工程项目，业主通过招标方式确定了承包商，双方采用工程量清单计价方式签订了施工合同。该工程共有 10 个分项工程，工期 150 天，施工期为 3 月 3 日至 7 月 30 日。合同规定，工期每提前 1 天，承包商可获得提前工期奖 1.2 万元；工期每拖后 1 天，承包商需承担逾期违约金 1.5 万元。开工前承包商提交并经审批的施工进度计划，如附图-3 所示。

该工程如期开工后，在施工过程中发生了经监理人核准的如下事件。

事件一：3 月 6 日，由于业主提供的部分施工现场条件不充分，工作 B 作业时间拖延 4 天，工人窝工 20 个工日，施工机械 B 闲置 5 天（台班费：800 元/台班）。、

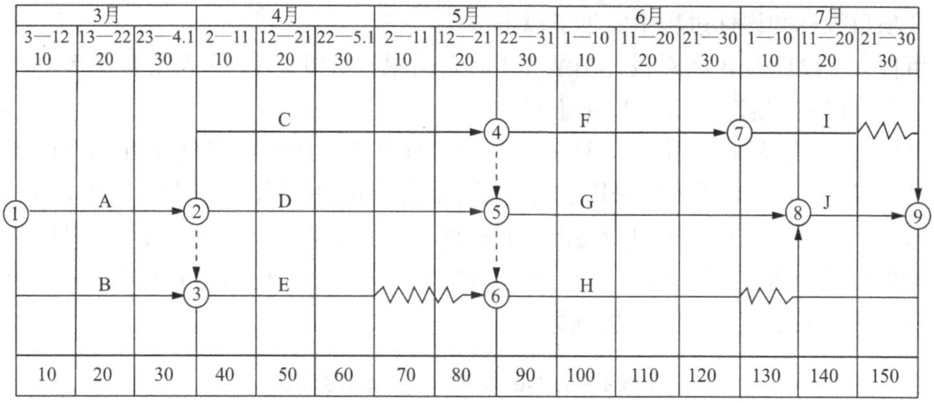

附图-3 施工进度计划图

事件二：4 月 25～26 日，当地供电中断，导致工作 C 停工 2 天，工人窝工 40 个工日，施工机械 C 闲置 2 天（台班费：1000 元/台班）；工作 D 没有停工，但因停电改用手动机具替代原动力机械 D，使工效降低，导致作业时间拖延 1 天，增加用工 18 个工日，原动力机械 D 闲置 2 天（台班费：800 元/台班），增加手动机具使用 2 天（台班费：500 元/台班）。

事件三：按合同规定由业主负责采购且应于 5 月 22 日到场的材料，直到 5 月 26 日早上才到场；5 月 24 日发生了脚手架倾倒事故，因处于停工待料状态，承包商未及时重新搭设；5 月 26 日上午承包商安排 10 名架子工重新搭设脚手架；5 月 27 日恢复正常作业。由此导致工作 F 持续停工 5 天，该工作班组 20 名工人持续窝工 5 天，施工机械 F 闲置 5 天（台班费：1200 元/台班）。

截止到 5 月末，其他工程内容的作业持续时间和费用均与原计划相符。承包商分别于 5 月 5 日（针对事件一、事件二）和 6 月 10 日（针对事件三）向监理人提出索赔。

机械台班均按每天一个台班计。

问题：

1. 分别指出承包商针对三个事件提出的工期和费用索赔是否合理，并说明理由。

2. 对于能被受理的工期索赔事件，分别说明每项事件应被批准的工期索赔为多少天。如果该工程最终按原计划工期（150 天）完成，承包商是可获得提前工期奖还是需承担逾期违约金？相应的数额为多少？

3. 该工程架子工日工资为 180 元，其他工种工人日工资为 150 元，人工窝工补偿标准为日工资的 50%；机械闲置补偿标准为台班费的 60%；管理费和利润的计算费率为人材机费用之和的 10%，规费和税金的计算费率为人材机费用、管理费和利润之和的 9%。计算应批准的费用索赔为多少元。

4. 按初始安排的施工进度计划（附图-3），如果该工程进行到 6 月末时检查进度情况为：工作 F 完成 50%的工作量，工作 G 完成 80%的工作量，工作 H 完成 75%的工作量。绘制实际进度前锋线，分析这三项工作进度有无偏差，并分别说明对工期的影响。

综合分析题五

某建设项目，业主将其中一个单项工程通过工程量清单计价方式招标确定了中标单位，双方签订了施工合同，工期为 6 个月。每月分部分项工程项目和单价措施项目费用如附表-3 所示。

附表-3　分部分项工程项目和单价措施项目费用表　　单位：万元

费用名称	月份						合计
	1	2	3	4	5	6	
分部分项工程项目费用	30	30	30	50	36	24	200
单价措施项目费用	1	0	2	3	1	1	8

总价措施项目费用为 12 万元（其中安全文明施工费用为 6.6 万元）。其他项目费用包括：暂列金额为 10 万元，业主拟分包的专业工程暂估价为 28 万元，总包服务费用按 5%计算；管理费和利润以人材机费用之和为基数计取，计算费率为 8%；规费和税金以分部分项工程项目费用、措施项目费用、其他项目费用之和为基数计取，计算费率为 10%。

施工合同中有关工程款结算和支付的约定如下。

（1）开工前，业主向承包商支付预付款，包括扣除暂列金额和安全文明施工费用后的签订合同价的 20%和安全文明施工费用的 60%。预付款在合同期的后 3 个月从应付工程款中平均扣回。

（2）开工后，安全文明施工费用的 40%随工程进度款在第 1 个月支付，其余总价措施费用在开工后的前 4 个月随工程进度款平均支付。

（3）工程进度款按月结算，业主按承包商应得工程进度款的 90%支付。

（4）其他项目费用按实际发生额与当月发生的其他工程款同期结算支付。

（5）当分部分项工程工程量增加（或减少）幅度超过 15%时，应调整相应的综合单价，调价系数为 0.9（或 1.1）。

（6）施工期间材料价格上涨幅度不超过基期价格 5%的费用由承包商承担，超过 5%的费用由业主承担。

（7）工程竣工结算时扣留 3%的工程质量保证金，其余工程款一次性结清。

施工期间，经监理人核实及业主确认的有关事项如下。

（1）第 3 个月发生合同外零星工作，现场签证费用 4 万元（含管理费和利润），某分项工程因设计变更增加工程量 20%（原清单工程量 400 立方米，综合单价 180 元/米^3），增加相应单价措施费用 1 万元，对工期无影响。

（2）第 4 个月业主的专业分包工程完成，实际费用 22 万元；另有某分项工程的某种材料价格比基期价格上涨 12%（原清单中，该材料数量 300 平方米，材料价格 200 元/米^2）。

问题：

1. 该单项工程签约合同款为多少万元？业主在开工前应支付给承包商的预付款为

多少万元？开工后第 1 个月应支付的安全文明施工费为多少万元？

2. 第 3 个月承包商应得工程款为多少万元？业主应支付给承包商的工程款为多少万元？

3. 第 4 个月承包商应得工程款为多少万元？业主应支付给承包商的工程款为多少万元？

4. 假设该单项工程实际总造价比签约合同价增加了 30 万元，在竣工结算时业主应支付承包商的工程结算款为多少万元？

综合分析题六

背景资料：某办公楼工程，地下二层，地上十层，总建筑面积 2700 平方米，现浇钢筋混凝土框架结构。建设单位与施工总承包单位签订了施工总承包合同。双方约定工期为 20 个月，建设单位供应部分主要材料。

在合同履行过程中，发生了下列事件。

事件一：施工总承包单位按规定向项目监理工程师提交了施工总进度网络图，如附图-4 所示，该计划通过了监理工程师的审查和确认。

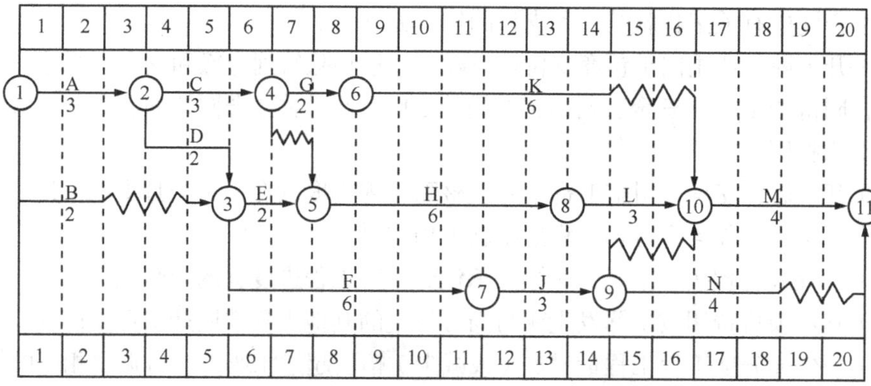

附图-4　施工总进度计划网络图

时间单位：月

事件二：工作 B（特种混凝土工程）进行 1 个月后，建设单位原因修改设计导致停工 2 个月。设计变更后，施工总承包单位及时向监理工程师提出了费用索赔申请，如附表-4 所示，索赔内容和数量经监理工程师审查符合实际情况。

附表-4　费用索赔申请一览表

序号	内容	数量	计算式	备注
1	新增特种混凝土工程费	500 立方米	500×1 050=525 000 元	新增特种混凝土工程综合单价 1 050 元/米^3
2	机械设备闲置费补偿	60 台班	60×210=12 600 元	台班费 210 元/台班
3	人工窝工费补偿	1 600 工日	1 600×85=136 000 元	人工工日单价 85 元/工日

事件三：在施工过程中，建设单位供应的主材未能按时交付给施工总承包单位，致使工作K的实际进度在第11月底时拖后3个月；部分施工机械由于施工总承包单位原因，未能按时进场，工作H的实际进度在第11月底时拖后1个月；在工作F进行过程中，施工工艺不符合施工规范要求导致发生质量问题，被监理工程师责令整改，工作F的实际进度在第11月底时拖后1个月。施工总承包单位就工作K、H、F工期拖后分别提出了工期索赔。

事件四：施工总承包单位根据材料清单采购了一批装修材料，经计算分析，各种材料价款占该批材料价款的比例及累计百分比如附表-5所示。

附表-5　各种装修材料占该批材料价款的累计百分比一览表

序号	材料名称	所占比例	累计百分比
1	实木门扇（含门套）	30.10%	30.10%
2	铝合金窗	17.91%	48.01%
3	细木工板	15.31%	63.32%
4	瓷砖	11.60%	74.92%
5	实木地板	10.57%	85.49%
6	白水泥	9.50%	94.99%
7	其他	5.01%	100.00%

问题：

1. 事件一中，施工总承包单位应重点控制哪条线路（以网络图节点表示）？

2. 事件二中，费用索赔申请一览表中有哪些不妥之处？分别说明理由。

3. 事件三中，分别分析工作K、H、F的总时差，并判断其进度偏差对施工总工期的影响，分别判断施工总承包单位就工作K、H、F工期索赔是否成立？

4. 事件四中，根据“ABC分类法”，分别指出重点管理材料名称（A类材料）和次要管理材料名称（B类材料）。

科学出版社

教师教学服务指南

为了更好服务于广大教师的教学工作，科学出版社打造了“科学EDU”教学服务公众号，教师可通过扫描下方二维码，享受样书、课件、会议信息等服务。

样书、电子课件仅为任课教师获得，并保证只能用于教学，不得复制传播用于商业用途。否则，科学出版社保留诉诸法律的权利。

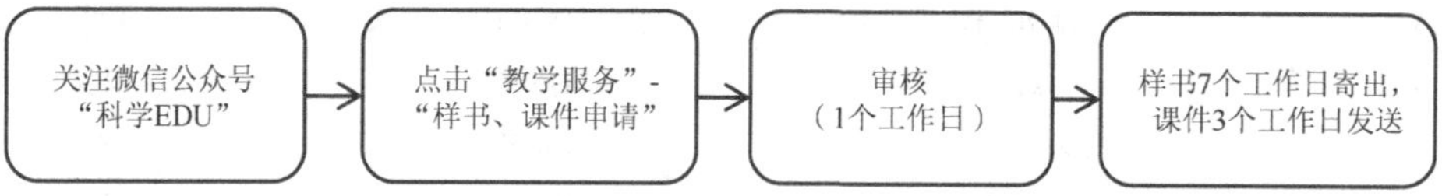

关注科学 EDU，获取教学样书、课件资源

面向高校教师，提供优质教学、会议信息

分享行业动态，关注最新教育、科研资讯

科学 EDU